플랫폼 레볼루션
PLATFORM REVOLUTION

플랫폼 레볼루션

Platform
Revolution

4차 산업혁명 시대를 지배할 플랫폼 비즈니스의 모든 것

마셜 W. 밴 앨스타인, 상지트 폴 초더리, 제프리 G. 파커 지음 | 이현경 옮김

부·키

지은이

마셜 W. 밴 앨스타인 보스턴 대학의 교수이며, 매사추세츠 공과대학(MIT) 디지털 경제 이니셔티브 방문 교수이자 연구원이다. 정보 경제학의 세계적인 전문가이며 정보 기술(IT)의 생산성과 네트워크 효과 이론에 핵심적인 기여를 했다. 전직 기업가이기도 했던 그는 스타트업과 글로벌 100대 기업들을 대상으로 컨설팅을 수행하고 있다. 예일 대학에서 학사 학위를, MIT에서 석사 학위 및 박사 학위를 받았다.

상지트 폴 초더리 플랫폼 싱킹 랩스(Platform Thinking Labs)의 설립자로서 전 세계 C-레벨 임원들을 대상으로 플랫폼 비즈니스 모델에 대해 조언해 주고 있다. 인시아드(INSEAD) 비즈니스 스쿨의 상주 기업가이자 글로벌 엔터프라이스 센터의 연구원이다. 2014년 G20 정상회의 등 주요 콘퍼런스의 기조 연설자로 활동했으며, 2016년 서울에서 열린 스마트크라우드 쇼에 초청되기도 했다. 2016년 세계적인 경영 사상가 순위인 싱커스 50 레이더(Thinkers 50 Radar)에 선정되었다. 저서로『플랫폼 스케일(Platform Scale)』이 있다.

제프리 G. 파커 현재 다트머스 대학 교수이며, MIT 디지털 경제 이니셔티브의 방문 교수이자 연구원이다. 양면 네트워크 이론의 공동 개발자로서 네트워크 효과에 대한 연구에 큰 기여를 했다. 정부와 기업의 고위 임원들을 대상으로 컨설팅을 하며, 각종 콘퍼런스와 산업계가 주최하는 행사에서 강연했다. 프린스턴 대학에서 학사 학위를, MIT에서 이학 석사 및 박사 학위를 받았다.

옮긴이 이현경 성균관대학교 문헌정보학과를 졸업하고, 서울외대 통번역대학원에서 석사 학위를 받았다. IT 기업과 대학 도서관 등에서 근무했으며, 현재는 전문 번역가로 활동하고 있다. 옮긴 책으로『몸의 지능』,『컬트 오브 레고』,『월스트리트저널 인포그래픽 가이드』,『레고 스페이스』,『나만의 비주얼 아이디어 인포그래픽』,『비밀의 언어: 암호의 역사와 과학』,『데이터 디자인』등이 있다.

플랫폼 레볼루션

2017년 6월 9일 초판 1쇄 발행
2024년 1월 17일 초판 37쇄 발행

지은이 마셜 W. 밴 앨스타인, 상지트 폴 초더리, 제프리 G. 파커
옮긴이 이현경
펴낸곳 부키(주)
펴낸이 박윤우
등록일 2012년 9월 27일 등록번호 제312-2012-000045호
주소 서울시 마포구 양화로 125 경남관광빌딩 7층
전화 02) 325-0846
팩스 02) 325-0841
홈페이지 www.bookie.co.kr
이메일 webmaster@bookie.co.kr
제작대행 올인피앤비 bobys1@nate.com
ISBN 978-89-6051-598-7 03320

이 도서의 국립중앙도서관 출판예정도서목록(CIP)은 서지정보유통지원시스템 홈페이지
(http://seoji.nl.go.kr)와 국가자료공동목록시스템(http://www.nl.go.kr/kolisnet)에서
이용하실 수 있습니다.(CIP제어번호:2017010658)

나의 A, 나의 X, 나의 E를 위하여.

언제나 그 자리를 지켜 준 데비카를 위하여.

어머니, 메리 린 굿리치 파커 여사를 기억하며.

20세기 후반에 등장한 디지털 혁명, 인터넷 혁명은 어떻게 모바일 혁명으로 진화하고 있는가? 그 변화의 중심에 선 플랫폼 혁명은 어떻게 전통적인 거대 산업을 몰락시키고 새로운 세계 경제의 재편을 이끌고 있는가? 제4차 산업혁명의 핵심적인 변화를 '플랫폼 혁명'이라고 부르는 저자들은 2020년을 향해 돌진하고 있는 전 지구적 비즈니스 지형도를 놀랍도록 통찰력 있게 꿰뚫고 있다. 독자들은 이 책을 통해 어떻게 제4차 산업혁명의 테크놀로지가 초연결 사회와 공유 경제를 만드는지, 그것이 세계 경제를 어떻게 승자 독식 사회로 이끄는지 이해하게 될 것이다. 우리에게 특별히 취약한 플랫폼적 사고를 일깨워 주고 빅데이터의 의미를 다시금 성찰하게 만드는 이 책은 새로운 세상을 이끌 젊은이들에게 각별히 유익한 지침서가 될 것이다. **— 정재승, 카이스트 바이오 및 뇌공학과 교수**

온라인 플랫폼에 대한 권위 있는 안내서. 플랫폼이 무엇인지, 어떻게 작동하는지, 비즈니스와 경제적 측면에서 어떤 의미를 갖는지 등이 이 책 한 권에 들어 있다. 명확한 용어와 통찰력 있는 사례, 실용적인 교훈을 통해 플랫폼의 개념을 이해하기 쉽게 설명한다. **— 할 배리언, 구글 수석 이코노미스트**

플랫폼은 지난 20여 년 동안 경제를 완전히 바꿔 놓았지만 아직 가장 큰 변화는 오지 않았다. 이 책은 플랫폼 전략을 세우고 앞으로 닥칠 파괴적 혁신의 승자와 패자를 예측하는 데 도움이 되는 포괄적인 프레임워크를 제시하고 있다.

— 수전 애티, 스탠퍼드 대학 교수, 전 마이크로소프트 수석 이코노미스트

이 책은 당신이 속한 업계를 어떻게 뒤엎을 수 있을지 알려 주는 매뉴얼이다. 당신은 이 책을 읽을 수도 있고, 현재나 미래의 경쟁자의 손에 이 책이 들어가지 않게 할 수도 있다. 둘 중에서 어떤 것을 골라야 할지 내가 보기엔 너무 쉽다.

— 앤드루 맥아피, MIT 선임 과학자, 『제2의 기계 시대』의 공동 저자

나의 MBA 학생들에게 필독서로 권해야 하는 책으로 최신 연구 결과를 훌륭하게 정리해 놓았다. 이 책에서 중요한 핵심은 플랫폼에 기반을 둔 경제학을 잘 이해할 때 플랫폼 전략은 모든 참여자에게 이익을 줄 수 있다는 사실이다. 이 책을 읽고 당신의 비즈니스 파트너에게도 권하라. 후회하지 않을 것이다.

— 에릭 브리뇰프슨, MIT 슬론 경영대학원, 『제2의 기계 시대』의 공동 저자

저자들은 매우 응집력 있고 포괄적인 방식으로 플랫폼에 대한 깊이 있는 개념적 통찰과 실질적 조언을 풍부하게 제시하고 있다. 플랫폼은 현 시대 가장 중요한 비즈니스 조직이다. **— 정밍, 알리바바 최고전략책임자**

디지털 경제에서 플랫폼은 빠른 속도로 산업을 바꾸고 있다. 이 책은 비즈니스 리더들에게 기존 기업을 플랫폼 기업으로 바꾸게끔 영감을 주는 안내서이다.
— **짐 하게만 스나베, 전 SAP 최고경영자**

저자들의 플랫폼에 대한 구체적인 의견 제시는 우리에게 플랫폼에 대한 사고의 전환을 요구한다. 저자들은 실제 성공과 실패 사례에 기초하여 보다 명확한 분석을 제시함으로써 단순히 이론적 논의에만 그치는 것을 영리하게 피했다. 플랫폼 비즈니스를 창업하거나 경영하는 것을 진지하게 고민 중인 이들에게 믿음직한 길라잡이가 될 것이다. — 『**라이브러리 저널**』

완벽하다. 그리고 도발적이다. — 『**월스트리트 저널**』

저자들은 네트워크 효과가 야기한 '혁명'에 대해 '인터넷 시대의 시장 지배력의 근원'이라는 보다 포괄적인 비전을 제시하면서 이러한 시장 지배력이 시장의 승자 독식 경향을 강화할 가능성이 있다고 말한다. 그들은 플랫폼 비즈니스 모델이 꽃을 피우기 위해서는 기본 비즈니스 전략과 정부 규제와 같은 다양한 문제에 대한 근본적인 사고의 전환이 요구된다고 주장한다. — 『**뉴욕 타임스**』

플랫폼의 위력을 잘 설명하고 있는 책으로 저자들은 플랫폼 기업들이 정보와 상호작용을 주 자산으로 하는 고부가가치 시장에서 생산자와 소비자를 어떻게 만나게 하는지 잘 보여 준다. 이들의 상호작용이 가치 창출원이며 경쟁 우위의 보고라는 것이다. — 『워싱턴 포스트』

이 책은 플랫폼 혁명을 뜨겁게 부르짖을 뿐 아니라 어떻게 하면 새로운 변화에 적응할 수 있을지에 대한 냉철한 조언을 아끼지 않는다. 독자는 플랫폼 승자(그리고 때로는 패자)들이 통과하는 경제적·사회적 역학 관계에 대해 자세히 살펴볼 수 있다. — 『포브스』

플랫폼을 다룬 최초의 책은 아니지만 내용의 명확성과 사실에 기반을 둔 분석은 비즈니스 부문 베스트셀러가 되기에 충분했다. — 『유러피언 매거진』

차례

우려스러운 한국의 플랫폼 경쟁력

플랫폼 혁명이 우리 앞으로 성큼 다가왔다. 플랫폼 비즈니스 모델은 전 세계의 전통적인 파이프라인 비즈니스 모델을 대체할 것이다. 얼마 전 이 책『플랫폼 레볼루션』의 저자 중 한 명(상지트 폴 초더리)이 서울을 방문하여 변화의 현장을 직접 확인했다. 플랫폼 혁명은 한국에 있는 다수의 거대 기업들에게 매우 큰 의미를 지닌다. 삼성전자와 LG전자 모두 안드로이드 플랫폼을 바탕으로 성장하면서 자사만의 생태계를 조성하고 관리하려고 지속적으로 노력하고 있다. 현대자동차 같은 자동차 기업이 자동차를 하나의 플랫폼으로 바라보려고 시도하는 동안 삼성전자와 같은 전자 기업들은 무인 자동차 탑승객들을 위한 새로운 사용 사례를 만들려고 기회를 엿보고 있다. 중공업의 디지털화 또한 한국형 플랫폼 모델을 만들 수 있는 중요한 기회가 될 것이다. SK텔레콤을 비롯한 네트워크 사업자들은 반드시 이러한 변화에 대비해야 한다.

비즈니스 리더와 정부 지도자들은 세계적인 소비자 플랫폼 생태계에서 한국의 경쟁력에 대해 많은 우려를 하고 있다. 네이버가 개발한 라인(LINE)은 아시아에서 부상한 최초의 대형 메시지 플랫폼이지만, 중국의 위챗(WeChat)이 빠른 속도로 추월하고 말았다. 지도자들은 과연 상대적으로 규모가 작은 내수 시장에서 강력한 중국 플랫폼과 경쟁하는 게 가능한지 의문을 품고 있다.

우리가 『플랫폼 레볼루션』을 집필한 것은 이러한 새로운 경제 모델의 전망과 함정에 대해 알리고 경영자와 정책 입안자들이 다가올 변화를 대비해 준비하고 계획하는 데 도움을 주기 위해서이다. 오늘날 대다수의 플랫폼이 미국에서 발전하여 성장했다. 그러나 세계 각국 정부가 먼저 시작된 플랫폼을 규제하기 위해 개입하는 동안 중국을 필두로 인도와 일본 등지에서 시작된 신세대 아시아 플랫폼들이 전 세계로 세력을 확장해 가고 있다. 최근까지 많은 사람들은 아시아 시장의 독자적인 특성 때문에 이들이 세계적인 플랫폼으로 자리 잡기가 어려울 것으로 내다봤다. 그러나 알리바바(Alibaba)와 텐센트(Tencent)가 두각을 나타내고 있는 것을 보면 아시아 플랫폼이 글로벌 시장에서 경쟁자들을 바짝 추격할 기회는 얼마든지 있을 것이다. 이런 점에서 우리는 한국의 플랫폼 기업노 이제는 글로벌 시장을 목표로 움직일 때가 되었다고 확신하고 있다.

플랫폼은 이미 세상 자체를 바꾸고 있다

우리는 이 책 『플랫폼 레볼루션(Platform Revolution)』을 현재 벌어지고 있는 중요한 경제적·사회적 현상, 즉 비즈니스와 조직 모델로서 플랫폼의 출현에 대해 구체적이고 꼼꼼하며 권위 있는 연구에 바탕을 둔 최초의 지침서로 만들고자 했다.

플랫폼 모델은 오늘날 가장 빠른 성장세로 가장 강력하게 기존 질서를 파괴한 기업들, 즉 구글, 아마존, 마이크로소프트부터 우버(Uber), 에어비앤비(Airbnb), 이베이(eBay)가 거둔 성공의 토대였다. 게다가 플랫폼은 경제와 사회의 다른 영역, 이를테면 의료와 교육, 에너지와 행정 분야에까지 변화를 가져오기 시작했다. 이제 누가 무슨 일을 하든 플랫폼이 직원, 사업가, 전문가, 소비자, 또는 시민으로서의 삶에 이미 큰 변화를 일으켰을 가능성이 높다. 그리고 앞으로 더 큰 변화의 바람이 우리 일상에 불어닥칠 것이다.

지난 20여 년간 우리는 강력한 경제적·사회적·기술적인 힘이 극히 소수만이 이해할 수 있는 방식으로 세계를 변화시킬 것임을 인식했다. 우리는 그러한 힘이 무엇인지, 그 힘이 어떻게 작용하는지를 연구하는 데 전념했다. 과연 이 힘이 어떻게 전통적인 기업을 무너뜨리고 시장 판도를 뒤바꾸고 직업 세계를 바꿀 것인지, 또 이러한 힘을 이용하는 스타트업 기업들이 전통적인 산업을 지배하고 새로운 산업을 창출하기 위해 이를 어떻게 지렛대로 삼을 것인지에 대해 연구해 왔다.

플랫폼 비즈니스 모델이 이러한 힘의 실체임을 깨달은 우리들은 각자의 학문적 배경과 기업 근무 경험을 바탕으로 플랫폼 비즈니스를 창출하는 데 깊이 관여하고 있는 기업들과 긴밀히 협력했다. 인텔, 마이크로소프트, SAP, 톰슨 로이터(Thomson Reuters), 인튜이트(Intuit), 500스타트업(500 Startups), 하이얼 그룹(Haier Group, 海爾集團), 텔레콤 이탈리아(Telecom Italia) 등이 그들이며, 이들 기업에 대한 이야기는 뒷장에서 다루겠다.

우리가 이 책을 집필한 목적은 플랫폼 모델이 급격히 부상하면서 제기된 다음과 같은 여러 문제를 해결하는 데 있다.

- 우버와 에어비앤비 같은 플랫폼 기업들은 사업을 시작하고 어떻게 단 몇 년 안에 전통적인 거대 산업을 파괴하고 지배하게 되었을까?(이 책 전체에서 이 문제를 다루긴 하는데, 특히 4장에서 집중적으로 거론할 것이다.)
- 플랫폼 기업들은 어떻게 전통적인 기업들이 고용한 직원들보다 극히 적은 인원만 데리고도 그들을 이길 수 있을까?(1장과 2장을 보라.)
- 플랫폼의 출현은 경제 성장과 비즈니스 경쟁 원리를 어떻게 변화시켰을까? 플랫폼 비즈니스가 과거의 거대 산업과 어떻게 닮았을까? 또 어떤 점에서 다를까?(2장과 4장을 보라.)
- 특정 기업과 비즈니스 리더들은 플랫폼 비즈니스 방법론을 사용하거나 오용한 결과, 이렇게 그리고 왜 성공의 정점으로 치솟거나 나락으로 떨어질까? 아니면 둘 다인가? 블랙베리(Blackberry)

는 왜 4년 만에 시장 점유율이 49%에서 2%까지 떨어졌을까? 1980년대에 스티브 잡스(Steve Jobs)는 플랫폼 모델을 가지고 어떻게 헛발질했을까? 그런 다음 2010년대에는 어떻게 극적으로 제대로 된 길로 들어섰을까?(2장과 7장을 보라.)

● 어떤 기업들은 생산자와 소비자를 동시에 신규 플랫폼으로 끌어오는 문제를 해결하는데, 어떤 기업들은 왜 처절히 실패할까? 왜 어떤 경우에는 무료 가격 정책이 훌륭한 전략이지만 어떤 경우에는 치명적인 실패를 낳을까?(5장과 6장을 보라.)

● 왜 어떤 플랫폼 무대에서는 경쟁 시장이 꽃을 피우는데, 왜 어떤 곳에서는 순식간에 단일 플랫폼이 지배하는 승자독식 시장이 생겨나는 걸까?(10장을 보라.)

● 플랫폼이 성장하면서 악용되는 경우가 생긴다. 이베이 쇼핑객이 사기를 당하기도 하고, 매치닷컴(Mactch.com)에서 데이트 상대를 찾던 여성이 폭행을 당하기도 하며, 에어비앤비를 통해 빌려준 집이 난장판이 되기도 한다. 이에 대한 비용은 누가 감당해야 할까? 그리고 플랫폼 사용자들을 어떻게 보호할 수 있을까?(8장과 11장을 보라.)

이 같은 질문에 답하기 위해 세 명의 저자들은 우리가 생활하고 일하고 여가를 보내며 살아가는 세상을 바꾸고 있는 새로운 경제 시스템을 설명할 실질적인 안내서를 만들기로 했다. 『플랫폼 레볼루션』은 플랫폼 모델을 연구하고 그 비밀을 파헤치는 데 몰두해 온 세 저자의 직업적 배경에서 파생한 결과물이다.

이 책의 공저자 두 사람—제프리 파커(Geoffrey Parker)와 마셜 밴 앨스타인(Marshall Van Alstyne)—은 모두 매사추세츠 공과대학(MIT)에서 박사 과정 학생이던 시절인 1997~2000년, 한창 닷컴 열풍이 뜨거웠을 무렵부터 부상한 네트워크 경제에 흥미를 느꼈다. 그 당시에는 모두가 들떠 있었다. 멋진 신기술을 자랑하며 회사 이름 앞뒤에 각각 '이(e)'나 '컴(com)'을 붙인 스타트업에 벤처 투자자들이 몰려들자 나스닥 주가 지수가 80% 이상 치솟았다. 사업의 성공을 판가름하는 전통적인 지표가 낡은 것처럼 보이면서, 몇몇 기업들은 수익을 한 푼도 거두지 않았으면서도 주식 상장에 대대적으로 성공하기도 했다. 학생과 교수들도 학교를 그만두고 신기술 기업 창업에 나섰다.

아니나 다를까 시장은 붕괴했다. 2000년 3월부터 수조 달러어치의 지면 가치가 단 몇 달 만에 증발했다. 이렇게 폭삭 망한 잔해들 사이에서 살아남은 기업들도 있었다. 웹밴(Webvan, 한때 AOL과 함께 유망한 닷컴 기업의 상징으로 손꼽히던 인터넷 슈퍼마켓-옮긴이)과 펫닷컴(Pets.com, 1998년 11월에 미국에서 창업한 반려동물 용품 판매 온라인 사이트-옮긴이)은 사라졌고, 아마존과 이베이는 살아남아서 번창했다. 일찍이 지지른 잘못 때문에 쫓겨났다가 복귀한 스티브 잡스는 애플을 거대 기업으로 변모시켰다. 결국 인터넷 업계는 2000년도 침체기의 바닥에서 벗어나 보다 탄탄대로의 길에 들어섰다.

왜 어떤 인터넷 기업들은 성공을 거두고 어떤 기업들은 실패했을까? 단순히 운 때문이었을까? 아니면 보다 깊은 원리가 작용했기 때문일까? 신생 네트워크 경제를 지배하는 규칙은 무엇일까? 제프리와 마셜은 이 같은 문제의 답을 찾기 시작했다.

그러나 답을 찾는 것은 예상보다 훨씬 어려웠다. 결국 공동 저자 두 사람은 '양면 네트워크(two-sided networks)'라는 새로운 경제 이론을 개발해야만 했다. 『하버드 비즈니스 리뷰(Harvard Business Review)』에 실린 이들의 논문 「양면 시장을 위한 전략(Strategies for Two-Sided Markets)」은 토머스 R. 아이젠먼(Thomas R. Eisenmann) 하버드 대학 교수와 공동 집필한 것으로 인터넷 비즈니스 이론 가운데 가장 널리 가르치는 내용이 되었으며, 전 세계 MBA 강의실에서는 여전히 이 이론을 가르치고 있다. 제프리와 마셜의 통찰은 다른 학자들의 연구 결과와 함께 비즈니스 규제에 대한 주류의 사고를 바꾸는 데 일조했다. 이후 MIT 디지털 경제 이니셔티브(MIT Initiative on the Digital Economy)에서 두 사람은 AT&T, 던 앤 브래드스트리트(Dun & Bradstreet), 시스코(Cisco), IBM, 인텔, 조본(Jawbone), 마이크로소프트, 세일즈포스(Salesforce), SAP, 톰슨 로이터를 비롯한 기업들 다수와 함께 자신들의 연구 결과를 더욱 발전시켰다.

이 책의 세 번째 저자인 상지트 초더리(Sangeet Choudary)는 1990년대 닷컴 호황기에 고등학생이었다. 그러나 그는 이미 인터넷의 위력에 매료되어 있었다. 특히 빠르고 확장성 있는 성장을 가능하게 해주는 비즈니스 모델을 창출하는 인터넷의 힘에 푹 빠져 있었다. 나중에 상지트는 야후와 인튜이트에서 혁신 및 신규 벤처 사업의 책임자로 일하면서 인터넷 스타트업들의 성공과 실패를 가르는 요인들을 더 깊이 파헤치기 시작했다. 상지트는 실패한 비즈니스 모델을 연구하는 과정에서 벤처 투자자 및 기업가들과 대화를 나누게 되었고, 이를 통해 새롭고 무한대로 확장 가능한 비즈니스 모델, 즉 플랫폼의 중요성이 점점 커지고 있다는 사실을 알아냈다.

2012년 상지트는 풀타임으로 플랫폼 비즈니스에 전념하기 시작했다. 그가 내세운 대전제는 세계가 더 긴밀히 연결될수록 플랫폼 네트워크의 힘을 더 잘 이용하는 기업이 승자가 될 것이라는 명제였다. 상지트는 스타트업들을 비롯해 포춘 100대 기업에 이르기까지 전 세계 다양한 기업들을 대상으로 플랫폼 전략을 컨설팅했으며, 전 세계 언론이 그의 블로그(http://platformed.info)를 인용하고 있다.

2013년 봄, 제프리와 마셜은 우연히 상지트의 블로그를 보자마자 세 사람이 힘을 합치면 참 좋겠다고 생각했다. 실제로 우리 세 사람이 뭉친 것은 2013년 여름, MIT에서 3주 동안 플랫폼의 역학 관계에 대한 관점을 일치시키기 위해 만나면서였다. 그 이후로 우리는 MIT 플랫폼 전략 서밋(MIT Platform Strategy Summit)의 공동 의장을 맡으면서 G20 정상 회의, 이머스 이데이(Emerce eDay, 네덜란드 경제지 『이머스』가 일 년에 하루 동안 여는 컨퍼런스로 주로 디지털 트렌드와 혁신에 대해 다룬다-옮긴이), 테드(TED)와 같은 세계적인 포럼에서 플랫폼 모델에 대해 강연하고, 각국 주요 대학에서도 플랫폼에 대해 강의했으며, 전 세계 비즈니스 고객들과 함께 플랫폼 전략 이행을 놓고 협업해 왔다.

이제 우리 세 사람은 『플랫폼 레볼루션』을 집필했으며, 이 책은 우리가 플랫폼에 대해 응집력 있게 포괄적으로 사고한 결과물을 한 데 묶기로 한 첫 번째 시도라 할 수 있다.

다행히도 우리는 세계 유수 기업들의 아이디어와 경험을 활용할 수 있었다. 이는 우리가 그간 다양한 산업군에 속한 100개 이상의 기업들이 플랫폼 전략을 개발하고 이행하는 데 함께한 덕분이었다. 플랫폼을 구축하고 관리하거나 이런 움직임에 대응하는 조직의 리더들이 MIT 플랫폼 전략 서밋에서 자신들의 사례를 서로 공유하고 우리에게도 제공했다. 대표적인 참여 기업들로는 온라인 교육 플랫폼 에드엑스(edX), 삼성, 미국의 API 업체인 아피지(Apigee), 액센츄어

(Accenture), 온라인 데이팅 사이트 오케이큐피드(OKCupid), 알리바바(Alibaba) 등이 있었다. 또 우리는 디지털 경제를 이해하는 데 헌신해 오면서 연례 '정보 시스템과 경제학에 관한 워크숍(Workshop on Information Systems and Economics, WISE)'과 '보스턴 대학교 플랫폼 전략 연구 심포지엄'에 참석한 세계 최고의 석학들, 행동 설계·데이터 과학·시스템 설계 이론·애자일 방법론(agile methodologies, 공동 작업과 빈번한 시험, 신속한 반복을 강조하며, 특히 문제에 근접해 있는 사람에게 의사 결정권을 주는 문화를 강조하면서 소프트웨어 개발에 혁명적인 변화를 불러일으켰다. 다수의 테크놀로지 회사에서 사용하는 표준적인 방법이 되었다-옮긴이)과 같은 인접 분야의 주요 학자들과 협력하면서 많은 도움을 받았다.

우리가 이 책을 집필한 이유는 디지털 연결성과 이를 가능케 한 플랫폼 모델이 세상을 영원히 바꿀 거라고 믿기 때문이다. 플랫폼 주도의 경제 혁신은 사회 전반에 혜택을 줄 뿐 아니라 부를 창출하고 성장을 도모하며 인류의 요구에 응하는 기업과 다른 조직에게도 엄청난 혜택을 가져다줄 것이다. 이와 동시에 플랫폼 주도 경제는 전통적으로 성공과 실패를 지배해 온 규칙에도 큰 변화를 줄 것이다. 우리는 이 책이 신생 기업들과 기존 기업들, 규제 기관 및 정책 입안가들, 그리고 관심 있는 시민들이 플랫폼이 차지한 새로운 세계를 효과적으로 탐색하는 데 도움이 되기를 바란다.

마셜 W. 밴 앨스타인

상지트 폴 초더리

제프리 G. 파커

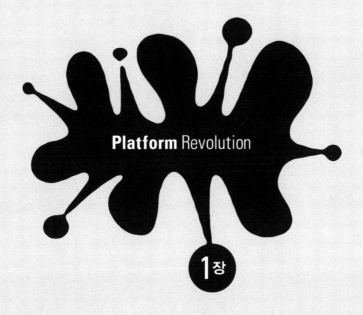

Platform Revolution

1장

지금 이 순간

시장은 이미 플랫폼이 지배하고 있다

상상을 초월하는 플랫폼의 파괴력

2007년 10월, 짧은 기사가 온라인 뉴스레터에 실렸다. 커피 메이커에서부터 대형 제트기에 이르기까지 모든 제품의 디자인을 설계하는 산업 디자이너들이 보는 뉴스레터였다. 다가올 두 개의 산업 디자인 관련 컨벤션에 참석을 계획 중인 디자이너들에게 색다른 거처를 제안한다는 내용이었다. 그 무렵 국제산업디자인단체협의회(ICSID)와 미국산업디자이너협회(IDSA)가 공동으로 컨벤션을 개최할 예정이었다.

다음 주 샌프란시스코에서 열리는 2007년 ICSID/IDSA 세계 디자이너대회/교류 행사에 참석하려고 하시나요? 그런데 아직 머물 곳을 찾지 못했다고요? 그렇다면 파자마 차림으로 인맥을 쌓아 보는 것은 어떨까요. 맞습니다. '시내 호텔보다 더 저렴한 숙소'를 안내하려는 겁니다. 디자인 업계 동료의 집에 머무는 나를 머릿속에 그려 보세요. 낡은 에어 매트리스에서 잠깐 눈을 붙인 후에 개운한 기분으로 팝-타르트와 오렌지 주스를 먹고 마시며, 오늘 열릴 행사에 대해 이야기를 나누는 겁니다.

'파자마 차림으로 인맥 쌓기'를 제안한 사람은 브라이언 체스키

(Brian Chesky)와 조 게비아(Joe Gebbia)였다. 이 두 사람은 신참 디자이너로 샌프란시스코로 이주하고 나서야 함께 살기로 한 아파트의 임대료가 자기들에게 너무 비싸다는 사실을 깨달았다. 돈이 떨어진 두 사람은 즉흥적으로 컨벤션 참석자들을 위한 파트타임 관광 가이드 서비스와 에어 매트리스를 제공하기로 했다. 체스키와 게비아는 주말 동안 머물 손님 세 명을 받아 천 달러를 벌어서 다음 달 임대료를 낼 수 있었다.

이들의 즉흥적인 아파트 공유 경험은 이제 세계 최대 산업으로 꼽히는 분야에 혁명을 가져오게 된다.

체스키와 게비아는 세 번째 창업 멤버로 네이선 블레차르지크(Nathan Blecharczyk)를 영입했다. 저렴한 방을 빌려주고 돈 받는 일을 장기적인 사업으로 전환하는 데 블레차르지크의 도움을 얻기 위해서였다. 물론 그들이 살고 있는 샌프란시스코 아파트의 남는 공간을 빌려주는 것만 갖고는 많은 수익을 낼 수 없었다. 그래서 이들 세 사람은 누구나 어디서든지 남는 소파나 손님방을 여행객들에게 빌려줄 수 있는 웹사이트를 디자인했다. 그 대가로 회사—체스키와 게비아가 살던 아파트의 에어 매트리스에서 이름을 딴 에어 베드＆브렉퍼스트(Airbnb)—는 임대료 일부를 떼어 간다.

세 명의 동업자들은 먼저 호텔 방을 종종 동나게 하는 행사들에 집중했다. 이들이 처음으로 히트를 친 행사는 2008년 텍사스 주 오스틴에서 열린 사우스 바이 사우스웨스트(South by Southwest, SXSW) 페스티벌이었다. 그러나 이들은 곧 현지인들이 제공하는 친절하고 저렴한 숙소에 대한 수요가 1년 내내 전국적으로 존재하며, 심지어 전 세계적으로도 수요가 있다는 사실을 발견했다.

현재 에어비앤비는 119개 국가에서 활발한 사업을 펼치는 거대 기업이다. 에어비앤비에는 원룸 아파트에서부터 말 그대로 성에 이르기까지 50만 건 이상의 숙소가 등록되어 있고, 서비스 이용자가 1000만 명을 넘어섰다. 2014년 4월 마지막 투자 라운드(미국의 벤처캐피탈은 일반적으로 벤처 기업에 대하여 단계적인 방식으로 투자를 수행한다. 초기 벤처 기업에 1차 투자가 이뤄지면 그다음 단계인 2차, 3차 라운드 등에 추가로 자금을 공급하여 투자 기업에 대한 지분율을 확대하는데, 여기에서는 에어비앤비에 대한 투자자들의 마지막 투자 단계를 일컫는다-옮긴이)에서 평가한 에어비앤비의 기업 가치는 100억 달러를 넘었다. 이를 능가하는 회사는 소수의 세계 최대 호텔 체인들뿐이다.

10년도 안 되어 에어비앤비는 점점 늘고 있는 고객층을 전통적인 숙박 서비스 산업으로부터 빨아들였다. 이 모든 성과가 호텔 방 하나 소유하지 않은 채 이룬 것이다.

이런 변화는 매우 극적이고 예상치 못한 것이었다. 그러나 이는 불가능해 보이는 일련의 산업 격변 가운데 하나일 뿐 에어비앤비와 유사한 DNA를 공유하는 다른 사례들은 많다.

- 스마트폰 기반 차량 서비스 기업 우버는 2009년 3월, 단일 도시(샌프란시스코)에서 서비스를 시작했다. 5년도 안 되어 투자자들은 우버의 기업 가치를 500억 달러 이상이라고 평가했다. 게다가 우버는 전 세계 200개 이상 도시에서 전통적인 택시 산업에 도전장을 내밀었고, 아예 택시 산업을 대체할 기세이다. 물론 단 한 대의 차량도 소유하지 않고서.

● 중국의 거대 소매 기업 알리바바에는 자사가 소유한 여러 비즈 니스 포털 중 한 사이트(타오바오Taobao, 즉 이베이와 유사한 소비자 간 전자 상거래 시장)에서만 10억 종에 달하는 상품을 구비하고 있 으며 영국의 주간지 『이코노미스트(Economist)』는 알리바바를 '세계 최대의 장터'라고 불렀다. 물론 단 한 개의 재고도 소유하 지 않고서.

● 15억 명이 넘는 가입자가 방문해서 정기적으로 뉴스를 읽고 사 진을 보고 음악을 듣고 동영상을 보는 동안 벌어들이는 연 광고 수익이 약 140억 달러(2015년)에 달하는 것을 보면, 페이스북 (Facebook)은 세계 최대의 미디어 기업임이 틀림없다. 물론 직접 창작한 콘텐츠 하나 없이.

전통적인 관점에서 시장 지배력은커녕 기업 생존에 필수적인 자원 을 소유하지 않은 신생 기업들이 어떻게 단 몇 달 만에 주요 사업 부 문에 침투해서 정복할 수 있는 걸까? 그리고 왜 지금 이런 현상이 산 업별로 잇따라 일어나는 걸까?

답은 새로운 비즈니스 모델인 플랫폼의 위력에 있다. 플랫폼은 기 술을 이용해 사람과 조직, 자원을 인터랙티브한 생태계에 연결하여, 엄청난 가치를 창출하고 교환할 수 있게 해 준다. 에어비앤비, 우버, 알리바바, 페이스북은 아마존, 유튜브(YouTube), 이베이, 위키피디아 (Wikipedia), 아이폰(iPhone), 업워크(Upwork), 트위터(Twitter), 카약 (KAYAK), 인스타그램(Instagram), 핀터레스트(Pinterest)를 비롯한 수 십 개 이상의 혁신적인 플랫폼 가운데 일부일 뿐이다. 각각의 플랫폼은 독특하며 저마다 특화된 산업과 시장에 집중하면서 플랫폼의 힘을 이용하여 세계 경제에 큰 변화를 몰고 왔다. 앞으로 이에 비견할 만한 혁신이 더 자주 나타날 것이다.

플랫폼은 단순해 보이면서도 비즈니스와 경제와 사회를 철저히 바꾸는 매우 혁신적인 개념이다. 앞으로 설명하겠지만, 실제로 정보를 핵심 재료로 다루는 산업은 모두 플랫폼 혁명의 후보 대상이다. 한 예로 '최종 상품'이 정보인 기업(교육과 미디어 기업)뿐 아니라 고객 요구에 대한 정보, 가격 변동에 대한 정보, 수요와 공급, 그리고 시장 추세에 대한 정보 접근이 중요한 기업들 모두 플랫폼 혁명의 대상이다. 거의 대부분의 비즈니스가 이 후보군에 들어간다.

따라서 빠른 속도로 성장하는 세계적인 브랜드들이 플랫폼 기업이라

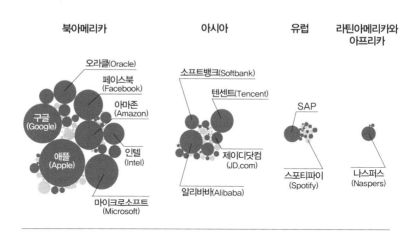

⟨그림 1.1⟩ 시가 총액으로 봤을 때 가치를 창출하는 플랫폼 기업들이 북아메리카에 집중되어 있으며, 대규모의 동종 시장을 형성하고 있는 중국의 플랫폼 기업들이 빠르게 성장하고 있다. 보다 세분화된 시장을 갖추고 있는 유럽 플랫폼 기업의 가치는 북아메리카 플랫폼 기업의 4분의 1 미만이며, 아프리카와 라틴아메리카의 개발도상국들이 그 뒤를 바짝 쫓고 있다.

출처: 피터 에번스(Peter Evans), 글로벌 엔터프라이즈 센터(Center for Global Enterprise).

는 사실은 당연해 보인다. 실제로 2014년 시가 총액 기준 세계 5대 기업 중 세 개—애플, 구글, 마이크로소프트—가 모두 플랫폼 비즈니스 모델을 따르고 있다. 그중 구글은 2004년 기업 공개로 세상에 나왔다.

애플은 그보다 몇 년 전, 거의 파산 직전까지 가기도 했었다. 당시 애플은 플랫폼이 아닌 폐쇄형 비즈니스 모델로 운영되고 있었다. 이 제는 거대 기업인 월마트(Walmart)와 나이키(Nike)에서 대형 농기계 생산업체 존 디어(John Deere)와 제너럴일렉트릭(GE), 그리고 디즈니(Disney)에 이르기까지 모두 자신들의 비즈니스에 플랫폼 방식을 도입하기 위해 사력을 다하고 있다. 정도의 차이는 있지만 플랫폼 비즈니스는 전 세계 이곳저곳에서 경제적으로 큰 비중을 차지하고 있으며 앞으로도 계속 그 비중이 늘어날 것이다(《그림 1.1》을 보라).

플랫폼의 파괴력은 몇 년 전만 해도 생각할 수 없었던 방식으로 개인의 삶을 바꾸고 있다.

- 소 페어리스는 뉴욕의 광고 회사 중역이다. 그는 부업으로 부동산 투자를 했다. 교육 플랫폼인 스킬셰어(Skillshare)에서 부동산 강좌를 맡아 강의했고, 강좌를 통해서 열의에 찬 젊은 투자자 수백 명 앞에서 설 수 있었는데, 이는 발표 기술 연마에도 도움이 되었다. 페어리스는 갈고 닦은 발표 실력으로 투자금 100만 달러를 모금했고, 그 돈으로 부동산 투자 회사를 창업한 뒤 다니던 광고 회사를 그만뒀다.

- 런던에 살고 있는 22세의 경영학도 타란 마타루는 매년 열리는 '소설 쓰기의 달' 기간 중 책 한 권을 써야겠다고 결심했다. 그는

이야기 공유 플랫폼인 와트패드(Wattpad)에 발췌본을 올렸고, 순식간에 500만 명의 독자를 모았다. 그의 첫 장편 소설 『서머너(Summoner)』는 영국을 포함해 10개국에서 출간됐으며, 그는 이제 전업 작가로 활동하고 있다.

● 아이오와 주 디모인에 살고 있는 제임스 어윈은 소프트웨어 매뉴얼 제작자이면서 역사광이었다. 어느 날 오후 커뮤니티 기반의 뉴스 플랫폼인 레딧(Reddit)을 훑어보다가 어떤 사람이 올린 질문을 보았다. 만일 현대 미국의 해병대가 고대 로마 제국과 맞붙었다면 어떤 일이 벌어졌을까? 제임스가 여기에 작성한 답글은 열성적인 팔로어들을 끌어모았고, 이후 몇 주도 지나지 않아 그 내용을 영화화하는 계약이 체결됐다. 지금 어윈은 원래 하던 일을 그만두고 시나리오 작성에 전념하고 있다.

교사, 변호사, 사진작가, 과학자, 배관공, 전문 치료사 등등 직종을 불문하고 플랫폼이 우리가 하는 일에 변화와 기회를, 때로는 완전히 새로운 도전을 가져다줄 가능성은 매우 높다.

플랫폼 혁명이 여기 있다. 그리고 세계가 플랫폼 혁명을 향해 문을 활짝 열고 있다. 그런데 정확히 플랫폼이란 무엇일까? 왜 플랫폼이 특별할까? 그리고 플랫폼의 혁신적인 힘은 우리에게 무엇을 말하는 걸까? 이러한 질문에 대한 답을 나머지 장에서 살펴보려고 한다.

먼저 기본 정의를 내리는 것부터 시작하자. 플랫폼은 외부 생산자와 소비자가 상호작용을 하면서 가치를 창출할 수 있게 해 주는 것에 기반을 둔 비즈니스이다. 플랫폼은 이러한 상호작용이 일어날 수 있도록 참여를 독려하는 개방적인 인프라를 제공하고 그에 맞는 거버넌스를 구축한다. 플랫폼의 가장 중요한 목적은 사용자들끼리 꼭 맞는 상대를 만나서 상품이나 서비스, 또는 사회적 통화를 서로 교환할 수 있게 해 주어 모든 참여자가 가치를 창출하게 하는 데 있다.

이런 식으로 하나씩 분리해서 들여다보면 플랫폼의 작동 원리는 매우 단순해 보인다. 그러나 오늘날의 플랫폼은 시간과 공간의 벽을 허물어 버리는 디지털 기술을 등에 업고, 더욱 정확하고 신속하고 간편하게 생산자와 소비자를 연결해 주는 스마트하고 정교한 소프트웨어 도구를 양손에 쥔 채 거의 기적에 가까운 결과물을 만들어 내고 있다.

플랫폼은 무엇을 어떻게 바꾸고 있나

플랫폼 기업의 폭발적 증가로 분출된 강력한 힘을 이해하기 위해서는 그동안 대부분의 시장에서 가치가 어떻게 만들어지고 어디로 흘러갔는지를 생각해 보면 된다. 기업들이 전반적으로 채택하고 있는 전통적인 시스템을 우리는 '파이프라인(pipeline)'이라고 말한다. 플랫폼과 달리 파이프라인은 가치의 창출과 이동이 단계적으로 일어나며, 이때 파이프라인의 한쪽 끝에는 생산자가, 반대편 끝에는 소비자가 있다. 회사는 먼저 제품이나 서비스를 디자인한다. 그런 다음 제품을 제조해서 판매하거나 서비스를 제공하기 위한 시스템이 작동한다. 마지막으로 고객이 등장해서 제품이나 서비스를 구매한다. 이와 같은 간결한 단선적 형태로 인해 우리는 파이프라인 비즈니스를 '선형적 가치 사슬(linear value chain)'이라고 설명하기도 한다.

최근 몇 년간 점점 더 많은 기업들이 파이프라인 구조에서 플랫폼 구조로 전환하고 있다. 이 같은 변화 속에서 단순했던 파이프라인 방식이 생산자와 소비자 그리고 플랫폼이 변수로 개입되는 복합적인 관계로 변하고 있다. 플랫폼 세계에서 다른 종류의 이용자들—일부 생산자와 일부 소비자, 그리고 때에 따라 생산자와 소비자 역할을 동시에 수행하는 사람들—이 서로 만나고, 상호작용을 일으키면서 플랫폼이 제공하는 자원을 사용한다. 이런 과정에서 이들은 가치 있는 무언가를 교환하고 소비하며 때로는 함께 만들어 내기도 한다. 가치는 생산자에서 소비자까지 일직선으로 흘러가지 않고, 사람들에 의해 다양한 장소에서 다양한 방식으로 만들어지고 변경되며 교환되고 소비된다. 그리고 이 모든 것들이 플랫폼에 의한 연결을 통해 가능해졌다.

모든 플랫폼은 저마다 다르게 작동하고 다른 유형의 사용자들을 끌어들이며 다양한 형태의 가치를 만들어 낸다. 이와 같은 기본 요소들을 모든 플랫폼 비즈니스에서 동일하게 찾아볼 수 있다. 예를 들어 휴대 전화 산업에는 현재 두 개의 주요 플랫폼—애플의 iOS와 구글이 지원하는 안드로이드—이 있다. 둘 중 하나의 플랫폼에 가입한 소비자는 해당 플랫폼이 제공하는 가치—예를 들어 스마트폰에 내장된 카메라의 이미지 편집 기능—를 소비한다. 그러나 이들 소비자들은 일련의 개발자들이 플랫폼의 기능을 확장하기 위해 만든 콘텐츠를 소비하기도 한다. 다시 말해서 사용자가 애플 아이폰을 통해 접근한 앱이 제공하는 가치를 소비한다는 뜻이다. 그 결과 플랫폼이 창출한 가치의 교환이 이뤄진다.

말 그대로 전통적인 선형적 가치 사슬에서 플랫폼의 복합적인 가치 매트릭스로 변화가 진행되었다는 사실이 단순하게 들릴 것이다. 그러나 그 안에 담긴 의미는 꽤 복잡하다. 플랫폼 모델이 한 산업에서 다른 산업으로 확산되면서 비즈니스는 거의 모든 측면에서 혁신적인 변화를 맞이하고 있다. 그러한 변화들 중 몇 가지를 살펴보자.

게이트키퍼가 사라지고 있다

최근까지만 해도 대부분의 기업들은 제품을 기반으로 세워졌는데, 그 제품은 파이프라인의 한쪽 끝에서 디자인되고 제조된 다음, 다른 쪽 끝에 있는 소비자에게 전달되었다.[*] 오늘날 많은 파이프라인 기반의 기업들이 여전히 존재한다. 그러나 플랫폼 기반 기업들이 동일한 시장에 진출하면 거의 언제나 플랫폼 기업들이 이긴다.

한 가지 이유는 파이프라인 기업들이 생산자에서 소비자로 흘러가는 가치 흐름을 통제할 때 비효율적인 게이트키퍼에 의존하는 데 있다. 전통적인 출판 산업에서 편집자는 그들 앞에 놓인 수천 종의 원고들과 필자들 중에서 몇 권의 책과 저자를 선별하면서 자신의 선택이 인기를 얻길 바란다. 이런 과정은 시간이 매우 많이 들고 노동 집약적인 데다 직관과 추측에 많이 의존한다. 이와 반대로 아마존의 킨들(Kindle) 플랫폼만 있으면 누구나 책을 출간할 수 있다. 킨들 플랫폼은 실시간으로 소비자의 피드백을 받아 가면서 어떤 책이 성공하고 어떤 책이 실패할지 결정할 수 있다. 플랫폼 시스템이 보다 빠르고 효율적으로 확장하면서 성장할 수 있었던 것은 전통적 게이트키퍼—편집자—가 전체 독자 커뮤니티에서 제공하는 자동 시장 신호로 대체되기 때문이다.

---

[*] 간결성을 위해 우리는 제품과 서비스를 모두 '제품'이라는 용어로 칭한다. 제품과 서비스의 주된 차이는 제품은 만질 수 있는 물리적 객체인 반면 서비스는 형태가 없으며 활동을 통해 전달된다. 전통적인 비즈니스에서 둘 다 선형적 가치 사슬, 즉 파이프라인을 통해 소비자에게 인도된다. 바로 이 점에서 두 용어를 합쳐 써도 합당하다고 본다.

게이트키퍼가 사라지게 되면 소비자들은 더 자유롭게 자신들에게 적합한 상품을 고를 수 있다. 전통적인 고등 교육 체계 안에서 학생과 학부모들은 누구에게나 일괄적으로 적용되는 학사 행정, 강의, 시설, 연구 및 모든 것들을 묶음 형태로 구매할 수밖에 없다. 게이트키퍼 역할을 수행하는 대학은 학생들에게 대학 교육을 세트로 구매하라고 요구할 수 있다. 그래야만 그들이 학사 과정이 제공하는 가치인 학위를 받을 수 있기 때문이다. 그러나 선택권이 주어진다면 대다수의 학생들은 자신들이 원하는 서비스를 직접 고르려고 할 것이다. 고용주들이 대체 가능한 다른 학위증을 적극 수용할 의사가 있다면, 대학은 일괄적인 교육 서비스를 제공하던 관습에 더 많은 도전을 받게 될 것이다. 아니나 다를까, 이러한 대안적인 형태의 학위 과정을 개발하는 것이 코세라(Coursera)와 같은 플랫폼 교육 기업의 주된 목표 중 하나이다.

컨설팅 회사와 로펌들도 번들로 서비스를 판매하고 있다. 기업 고객은 전문 서비스에 대해 높은 비용을 지불할 의사가 있을 수 있다. 그러나 이런 서비스를 이용하려면 상대적으로 경험이 적은 주니어급 컨설턴트의 서비스까지도 높은 가격에 함께 구매하지 않으면 안 된다. 앞으로는 능력이 출중한 변호사와 컨설턴트들의 경우 기업 고객들로부터 개별적으로 일을 수주하고, 한때 로펌이나 컨설팅 회사가 제공했던 각종 지원 업무와 자잘한 서비스는 플랫폼을 통해 처리하게 될 것이다. 업워크와 같은 플랫폼은 이미 예비 고용주들에게 전문적인 서비스를 제공하는 한편 전통적인 게이트키퍼들이 강요했던 묶음 방식 판매 관행을 없애 버렸다.

공급자 성격이 달라지고 있다

전통적으로 호텔 산업이 어떻게 운영되었는지를 생각해 보라. 힐튼 (Hilton)이나 메리어트(Marriott) 같은 호텔 기업들이 성장하기 위해서는 자신들의 정교한 예약·결제 시스템을 사용하는 기존 브랜드를 통해 판매할 객실을 늘려야 했다. 즉 지속적으로 부동산 시장을 돌아다니며 전망이 밝은 지역의 부동산에 투자하거나 새로운 건물을 짓고, 막대한 비용을 들여 호텔을 관리하고 업그레이드하고 확장하고 개선해야 한다는 것을 의미한다.

어떤 의미에서 스타트업 에어비앤비는 힐튼이나 메리어트와 동종의 사업을 하고 있는 거나 마찬가지이다. 대형 호텔 기업들처럼 에어비앤비도 정교한 가격 책정 및 예약 시스템을 통해 고객들이 직접 원하는 객실을 검색해서 예약하고 비용을 지불할 수 있게 해 준다. 그러나 에어비앤비는 플랫폼 모델을 호텔 사업에 적용했다. 즉 에어비앤비는 단 하나의 객실도 보유하고 있지 않지만, 대신에 개별 판매자들로 하여금 고객들에게 직접 객실을 제공할 수 있게 해 주는 플랫폼을 만들어 관리한다. 그 대가로 에어비앤비는 플랫폼을 통해 지불된 임대료의 9~15%(평균 11%)를 수수료로 가져간다.[1]

여기서 알 수 있는 것은 에어비앤비나 다른 경쟁 플랫폼의 성장세가 전통적인 호텔 기업에 비해 빠르다는 사실이다. 기업의 성장이 더 이상 자본의 투입과 물리적 자산의 관리 능력에 따른 제약을 받지 않게 되었기 때문이다. 호텔 체인들이 신규 부동산을 선정해서 매입한 후, 새로운 리조트를 설계해 건설하고, 신규 직원을 고용한 다음 훈련시키기까지 몇 년은 족히 걸릴 것이다. 반대로 에어비앤비의 부동산 '재고'는 임대할 객실을 소유한 사용자들이 가입하는 속도만큼 늘어난다. 그 결과 에어비앤비는 단 몇 년 만에 전통적인 호텔 경영자들이 수십 년간 고위험 투자를 하고 피땀을 흘려 가며 성취하길 바랐던 규모로 성장하고 수익을 거두었다.

플랫폼 시장에서는 공급의 성격이 달라진다. 이제 공급이란 한때 수요처에 불과했던 커뮤니티에서 유휴 자원, 장치, 설비 등을 제공하는 것을 의미하게 되었다. 군더더기 없이 높은 효율성을 자랑하는 전통적인 기업들은 실시간 재고 시스템을 운영하지만, 신생 플랫폼 기업들은 '아예 내 것이 아닌 재고(not-even-mine inventory)' 시스템을 운영한다. 렌터카 업체 허츠(Hertz)가 비행기 도착 시간까지 공항으로 자동차를 보낼 수 있다면, 나머지는 예상대로 진행될 것이다. 이제 릴레이라이즈(RelayRides)는 떠나는 여행객들의 자동차를 빌려서 도착하는 여행객들에게 빌려준다. 빈 차를 세워 두느라 주차비를 지불해야 했던 사람들이 이제는 돈을 받게 된다. 릴레이라이즈가 보험에 가입하여 소유주 외 다른 사람들도 해당 자동차를 사용할 수 있게 만든 것이다. 허츠와 기존 렌터카 업체들만 제외하고 모든 사람들에게 윈윈이다. 텔레비전 방송국들은 스튜디오를 만들고 직원을 뽑아서 영상을 제작한다. 전혀 다른 비즈니스 모델인 유튜브는 그 어떤 방송국보다 많은 시청자를 보유하고 있으며, 시청자들이 직접 만든 콘텐츠를 활용한다. 모두가 윈윈이다. 한때 영상 제작을 거의 독점하다시피 했던 텔레비전 방송국과 영화사들만 제외하고⋯⋯. 싱가포르에 본거지를 둔 비키(Viki)는 아시아 영화와 드라마에 자막을 올리는 번역자들의 오픈 커뮤니티를 이용하여 전통적인 미디어 가치 사슬에 도전장을 내밀었다. 비키는 자사의 번역자들이 자막을 올린 동영상의 라이선스를 다른 나라 배급업체에게 제공한다.

따라서 플랫폼은 시장에 새로운 공급처를 제공하여 전통적인 경쟁 구도를 파괴한다. 어떻게든 고정 비용을 회수해야 하는 호텔들이 그런 비용이 없는 회사들과 경쟁하지 않으면 안 되는 상황에 놓이게 된 것이다. 이런 상황이 신규 기업들에게 효과적인 것은 플랫폼의 중개를 통해 유휴 자원을 시장에 끌어올 수 있기 때문이다. 공유 경제 (sharing economy)는 많은 아이템, 이를테면 자동차, 배, 심지어 잔디 깎는 기계 등이 대부분 놀고 있다는 생각에서 출발했다. 플랫폼이 출현하기 전에도 이런 유휴 자원을 가족이나 가까운 친지에게 빌려줄 수는 있었겠지만, 낯선 이들에게 빌려주기는 매우 어려웠을 것이다. 집을 빌려준 다음에 온전한 상태로 남아 있을지(에어비앤비), 자동차가 망가진 데 없이 고스란히 반납될지(릴레이라이즈), 빌려준 잔디 깎는 기계가 과연 반납될지(네이버굿즈NeighborGoods) 신뢰하기 어렵기 때문이다.

개별적으로 신용과 신뢰성을 확인하는 데 들이는 노력은 교환 저해 요인으로 작용하는 높은 거래 비용의 대표적 예라 할 수 있다. 플랫폼은 채무 불이행 보험을 들어주고 올바른 처신을 독려하는 평판 시스템을 도입하여 거래 비용을 크게 낮추었다. 그렇게 새로운 시장을 조성하자 그곳에서 새로운 생산자들이 새로운 무언가를 처음으로 만들기 시작했다.

품질 관리 방식이 바뀌고 있다

우리는 킨들 플랫폼이 독자들의 피드백을 이용해 어떤 책이 폭넓게 읽힐지 결정하는 방식을 목격해 왔다. 모든 종류의 플랫폼이 이와 유사한 피드백 고리(feedback loop)에 의존한다. 에어비앤비와 유튜브

같은 플랫폼은 이러한 피드백 고리를 이용하여 전통적인 호텔 및 텔레비전 채널과 경쟁한다. 이러한 플랫폼이 콘텐츠의 품질(유튜브의 경우)이나 서비스 제공자의 평판(에어비앤비의 경우)에 대한 커뮤니티의 반응을 수집할수록 이후 시장에서 상호작용이 더 효율적으로 이뤄진다. 다른 소비자들의 피드백은 자신이 원하는 동영상과 숙소를 쉽게 찾을 수 있게 해 준다. 부정적인 피드백을 많이 받은 상품은 대개 플랫폼에서 완전히 사라진다.

반대로 전통적인 파이프라인 기업들은 통제 메커니즘—편집자, 관리자, 감독자—에 기대어 품질을 보장하고 시장 안에서 벌어지는 상호작용의 틀을 만들어 간다. 이와 같은 통제 메커니즘은 확장해 나가기엔 비용이 많이 들고 비효율적이다.

위키피디아가 거둔 성공은 플랫폼이 커뮤니티 피드백을 이용하여 전통적인 공급 사슬을 대체할 수 있다는 사실을 보여 준다. 오랜 역사를 자랑하는 브리태니커 백과사전 같은 참고 자료는 한때 비용이 많이 들고 복잡하면서 관리하기 어려운 학자, 작가, 편집자들로 구성된 중앙집중식 공급 사슬을 통해 제작되었다. 위키피디아가 플랫폼 모델을 사용하여 구축한 콘텐츠는 질적인 면과 다루는 범위 측면에서 브리태니커 백과사전에 필적한다. 이는 위키피디아가 외부 필자 커뮤니티를 이용하여 콘텐츠를 늘리고 감시해 왔기 때문이다.

기업 활동의 초점이 이동하고 있다

플랫폼의 가치는 대부분 사용자 커뮤니티에 의해 생성된다. 따라서 플랫폼 비즈니스는 반드시 내부 활동에서 외부 활동으로 초점을 옮겨야 한다. 이러한 과정에서 기업이 전도된다. 다시 말해서 안과 밖이 바뀐다. 이를테면 마케팅, 정보 기술, 운영에서 전략에 이르기까지 모든 기능이 점점 회사 밖의 사람들과 자원, 그리고 기능으로 옮겨 가면서 전통적인 비즈니스 내부에 존재하던 기능을 보완하거나 대체한다.

이렇게 안팎이 뒤집어지는 과정을 기술하는 용어는 비즈니스 기능별로 다르다. 예를 들어 마케팅 측면에서, 코카콜라의 최고정보책임자인 롭 케인(Rob Cain)은 메시지 전달 시스템을 정의하는 데 사용되었던 핵심 용어가 브로드캐스트(broadcast)에서 세그멘테이션(segmentation)으로 바뀐 다음, 바이럴리티(virality)와 소셜 인플루언스(social influence)로 바뀌었다고 말한다. 그리고 푸시(push)는 풀(pull)로, 메시지의 방향이 사내에서 사외로 향하는 아웃바운드(outbound)는 밖에서 안으로 들어오는 인바운드(inbound)로 옮겨 갔다고 말한다. 이 모든 용어의 변화는 한때 회사 직원들과 대행업체들이 확산시켰던 마케팅 메시지가 이제는 소비자들에 의해 확산되고 있음을 보여 준다. 그리고 이는 곧 플랫폼이 지배하는 세계에서 커뮤니케이션의 특성이 뒤바뀌었음을 반영한다.[2]

마찬가지로 정보 기술 시스템도 백오피스(back-office)인 ERP(Enterprise Resource Planning) 시스템에서 프런트오피스(front-office)인 CRM (Customer Relationship Management) 시스템으로 진화하고 있으며, 가장 최근에는 아예 사무실 밖을 의미하는 아웃 오브 디 오피스(out-of-the-office) 실험이 소셜 미디어와 빅데이터를 활용하여 이뤄지고 있다. 이는 내부에서 외부로 초점이 움직이고 있음을 보여 준다. 기업 재무도 주주 가치와 회사 보유 자산의 미래 현금 흐름 가치를 중시하던 관점에서 이해 당사자 가치와 회사 외부에서 발생하는 상호작용의 역할을 중시하는 쪽으로 옮겨 가고 있다.

운영 관리도 마찬가지이다. 회사 재고와 공급 사슬 체계를 최적화하는 데에서 회사가 직접 통제하지 않는 외부 자산 관리 쪽으로 변화하고 있다. 광고 회사 하바스 미디어(Havas Media)의 전략 담당 수석 부사장 톰 굿윈(Tom Goodwin)은 이와 같은 변화를 "세계 최대의 택시 회사 우버는 한 대의 자동차도 보유하지 않고, 세계 최대의 미디어 회사 페이스북은 콘텐츠를 생산하지 않으며, 최대의 기업 가치를 지닌 소매 기업 알리바바는 재고가 없다. 또 세계 최대 숙박업체 에어비앤비는 부동산을 보유하고 있지 않다."[3]라고 간결하게 설명한다. 바로 커뮤니티가 이런 자원을 공급한다.

전략도 변화하고 있다. 독자적인 내부 자원을 통제하고 경쟁 장벽을 세우는 쪽에서 외부에 있는 자원들을 조율하고 활력이 넘치는 커뮤니티와 관계를 맺는 쪽으로 바뀌어 가고 있다. 이제 혁신은 더 이상 사내 전문가들과 연구 개발팀의 영역에 머물지 않고, 크라우드소싱과 플랫폼에 있는 독립적인 참여자들의 아이디어를 통해 일어난다.

외부 자원은 내부 자원을 완전히 대체할 수 없다. 오히려 보완재로 작용하는 경우가 더 많다. 그러나 플랫폼 기업들은 생태계 거버넌스를 생산 최적화보다 강조하고, 외부 파트너를 설득하는 것을 내부 직원을 통제하는 것보다 더 중요하게 여긴다.

플랫폼을 이해하지 못하는 기업에게 미래는 없다

앞으로 이 책에서 보게 되겠지만, 플랫폼의 출현은 교육, 미디어, 채용 부문에서 의료, 에너지, 정부 부문에 이르기까지 경제와 사회 전반에 변화를 몰고 오고 있다. 〈그림 1.2〉은 완벽하진 않지만, 주목할 만한 플랫폼 활동이 벌어지고 있는 산업과 해당 산업 부문에서 활동하는 일부 플랫폼 기업들을 표로 작성한 것이다. 플랫폼이 지속적으로 진화하고 있으며, 많은 플랫폼이 한 가지 이상의 목적을 수행한다는 사실, 그리고 새로운 플랫폼 기업이 매일 나타나고 있다는 점을 주목하기 바란다. 이 표에 있는 대다수의 기업을 이미 알고 있는 독자들도 있을 것이고 그렇지 않은 독자들도 있을 것이다. 그중 몇몇 기업들의 뒷이야기를 이 책에서 다룰 예정이다. 우리가 이 책을 쓴 목적은 포괄적이거나 체계적인 개요를 제공하는 데 있기보다는 세계 무대에서 플랫폼 기업의 전망이 어떠한지, 또 그 중요성이 얼마나 커지고 있는지 보여 주는 밑그림을 그리는 데 있다.

〈그림 1.2〉는 플랫폼 비즈니스가 놀라울 정도로 다양하다는 사실을 보여 준다. 일견 트위터와 제너럴일렉트릭, X박스와 트립어드바이저, 인스타그램과 존 디어 같은 회사들 사이에 공통점이 있어 보이지 않는다. 그러나 이 모든 기업들의 비즈니스는 근본적으로 플랫폼 DNA를 공유하고 있다. 다시 말해서 모두 생산자와 소비자들 사이에서 어떤 상품이 교환되든지 서로에게 적합한 상품을 찾아 주고 상호작용을 촉진하기 위해 존재한다.

플랫폼의 부상으로 전략, 운영, 마케팅, 생산, 연구 개발, 인적 자원 관리를 포함한 거의 모든 전통적인 기업 경영 방식이 급격한 변화를 맞이하고 있다. 우리는 현재 불안정한 시대를 살고 있으며, 이는 모든 기업과 비즈니스 리더에게 영향을 미칠 것이다. 앞으로 도래할 플랫폼 세상이 가장 큰 원인이다.

그 결과 플랫폼에 대한 전문 지식은 비즈니스 리더들에게 꼭 필요한 자질이 되었다. 그래서 대부분의 사람들—비즈니스 리더를 포함

산업	사례
농업	존 디어(John Deere), 인튜이트 파살(Intuit Fasal)
커뮤니케이션과 네트워킹	링크드인(Linkdeln), 페이스북(Facebook), 트위터(Twitter), 틴더 (Tinder), 인스타그램(Instagram), 스냅챗(Snapchat), 위챗(WeChat)
소비재	필립스(Philips), 매코믹 푸드(McCormick Foods)의 플레이버 프린트 (FlavorPrint)
교육	유데미(Udemy), 스킬셰어(Skillshare), 코세라(Coursera), 에드엑스 (edX), 듀오링고(Duolingo)
에너지와 중공업	네스트(Nest), 테슬라(Tesla)의 파워월(Powerwall), 제너럴일렉트릭 (General Electtric), 에너낙(EnerNOC)
금융	비트코인(Bitcoin), 렌딩 클럽(Lending Club), 킥스타터(Kickstarter)
의료	코힐로(Cohealo), 심플리인슈어드(SimphyInsured), 카이저 퍼머넌 트(Kaiser Permanente)
게임	X박스(Xbox), 닌텐도(Nintendo), 플레이스테이션(PlayStation)
인력 및 직업 서비스	업워크(Upwork), 파이버(Fiverr), 99디자인스(99designs), 시터시티 (Sittercity), 리걸줌(LegalZoom)
지역 서비스	옐프(Yelp), 포스퀘어(Foursquare), 그루폰(Groupon), 앤지스리스트 (Angie's List)
물류와 배달	먼처리(Munchery), 푸드판다(Foodpanda), 하이얼 그룹(Haier Group)
미디어	미디엄(Medium), 비키(Viki), 유튜브(YouTube), 위키피디아 (Wikipedia), 허핑턴 포스트(Huffington Post), 킨들 퍼블리싱(Kindle Publishing)
운영체제	iOS, 안드로이드(Android), 맥(Mac) OS, 마이크로소프트 윈도 (Microsoft Windows)
소매업	아마존(Aamzon), 알리바바(Alibaba), 월그린(Walgreens), 버버리 (Burberry), 샵킥(Shopkick)
교통	우버(Uber), 웨이즈(Waze), 블라블라카(BlablaCar), 그랩택시 (GrabTaxi), 올라캡스(Ola Cabs)
여행	에어비앤비(Airbnb), 트립어드바이저(TripAdvisor)

〈그림 1.2〉 플랫폼 비즈니스로 인해 현재 변하고 있는 산업 부문과 해당 부문에서 활동하는 플랫폼 기업의 사례.

한—이 여전히 플랫폼의 출현에 대해 제대로 알기 위해 고군분투하고 있다.

다음 장에서 우리는 플랫폼 비즈니스 모델과 그것이 실제로 경제 전반에 미치고 있는 영향력에 대하여 포괄적으로 안내하려 한다. 앞으로 독자 여러분과 나누게 될 내용은 폭넓은 연구에 기초하고 있을 뿐 아니라 우리가 전 세계 여러 나라들의 다양한 산업과 비영리적인 영역에 존재하는 크고 작은 플랫폼 기업들을 대상으로 수행한 컨설팅에 바탕을 두고 있다.

독자들은 어떻게 플랫폼이 작동하는지, 플랫폼이 취하는 다양한 구조와 이들이 창출하는 다양한 형태의 가치가 무엇인지, 그리고 플랫폼이 대상으로 삼고 있는 거의 무한대에 가까운 사용자들에 대해 정확히 이해하게 될 것이다. 만일 독자들 중에 플랫폼 사업을 계획 중이거나 플랫폼의 힘을 이용하기 위해 기존 조직에 변화를 주고 싶은 사람들이 있다면 이 책은 복잡한 플랫폼을 설계하는 법, 론칭하는 법, 운영 · 관리하면서 성공적으로 성장시키는 법을 알려 주는 매뉴얼이 될 수 있을 것이다. 설령 플랫폼 비즈니스와 관련이 없다고 하더라도 플랫폼이 사업가로서, 전문가로서, 소비자로서, 평범한 시민으로서 독자에게 어떤 영향을 줄 것인지 알려 줄 수 있을 것이다. 그리고 플랫폼이 점점 더 지배력을 행사하는 경제 상황에서 어떻게 하면 즐겁게 (그리고 유익하게) 참여할 수 있을지 배우게 될 것이다.

오늘날 급속도로 변화하는 경제 상황에서 어떤 역할을 맡았든지 간에 지금이야말로 플랫폼 세계의 원칙을 통달해야 할 때이다. 자, 다음 페이지로 넘어가라. 우리가 기꺼이 도울 것이다.

❏ 플랫폼의 가장 중요한 목적은 사용자들을 서로 연결해 주고 상품과 서비스, 또는 사회적 통화를 교환하게 해 줌으로써 모든 참여자들이 가치를 창출할 수 있게 하는 데 있다.

❏ 플랫폼 비즈니스는 자신들이 소유하거나 통제하지 않는 자원을 활용하여 가치를 창출하기 때문에 전통적인 비즈니스보다 훨씬 빠르게 성장할 수 있다.

❏ 플랫폼은 대부분의 가치를 자신들의 서비스를 이용하는 커뮤니티로부터 창출한다.

❏ 플랫폼은 기업을 안팎으로 뒤집으며 비즈니스의 경계를 허물고, 전통적으로 내부 지향적이던 기업들이 외부로 초점을 이동시키도록 한다.

❏ 플랫폼의 출현은 이미 주요 산업군에 많은 변화를 가져왔으며 앞으로도 이와 동일한 수준의 변화를 가져올 것이다.

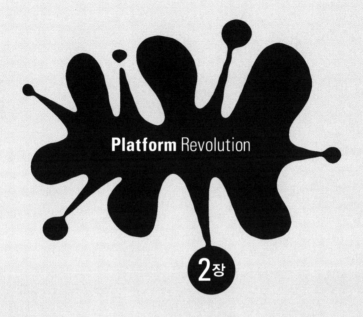

Platform Revolution

2장

플랫폼의 파워
왜 거대 기업이 플랫폼에 밀리고 있나

플랫폼 비즈니스 경쟁력의 원천

2014년 6월, 매우 복잡한 주제에 대한 공개적인 논쟁이 뉴욕 대학교의 유명 재무학 교수와 실리콘밸리의 명성 있는 벤처 투자자 사이에서 몇 주 동안 계속됐다.

이 논쟁은 어스워스 다모다란(Aswath Damodaran)—뉴욕 대학교 석좌 교수이자, 기업 금융과 가치 평가에 관한 텍스트북을 집필하는 저자이며, 2013년 권위 있는 허버트 사이먼 상(Herbert Simon Award)을 수상—이 스마트폰 앱으로 운전자와 탑승객을 연결해 주는 플랫폼 기업인 우버의 기업 가치를 추산한 글을 발표하면서 시작됐다.

같은 달 초, 투자자들은 금융 자본 12억 달러를 우버에 투자하고, 그 대가로 시장 가치가 대략 170억 달러에 달할 것으로 평가되는 이 회사의 지분을 얻을 수 있었다. 다모다란 교수는 이를 가리켜 '수익이 고작 몇 억 달러에 불과한 스타트업으로서는 상상할 수도 없는 금액' 이라고 말했다.[1] 그는 우버의 가치가 그토록 높다는, 혹은 그보다 더 높다는 다른 이들의 주장이 실리콘밸리의 자만심을 보여 주는 또 다른 증거라고 보았다.

다모다란 교수의 판단은 고전적인 재무 공식에 바탕을 두었다. 그는 세계 택시 시장의 규모, 우버의 시장 점유율 기대치, 그리고 우버가 낼 수 있는 수익을 추산했다. 그러고 나서 위험조정 현금흐름(risk-adjusted cash flow)을 적용해 우버의 수익가치를 추산한 뒤 이 기업의 가치를 59억 달러로 평가했다. 그는 존경스러울 정도로 솔직담백하게 온라인에 자신이 사용한 스프레드시트를 공개하여 다른 사람들이 자신의 평가를 검토하고 시험해 볼 수 있도록 했다.

도전장을 내민 사람은 빌 걸리(Bill Gurley)였다. 벤치마크 캐피탈(Benchmark Capital)의 파트너이자 우버의 실리콘밸리 투자자 중 한 사람이었으며, 오픈테이블(OpenTable), 질로(Zillow), 이베이와 같이 주가가 치솟은 기술 기업을 가장 먼저 알아보는 것으로 유명한 벤처 투자자였다. 걸리는 170억 달러조차 저평가된 것 같다면서 다모다란의 추정치가 25배는 적다고 주장했다.[2] 걸리는 다모다란이 산출한 총 시장 규모와 우버의 시장 점유율 기대치에 의문을 제기하며, 그 근거로 경제학자 브라이언 아서(W. Brian Arthur)의 네트워크 효과에 대한 분석을 들었다.[3]

전형적인 플랫폼 형태를 띤 우버는 매칭 서비스(matching service)를 수행한다. 우버는 탑승객이 운전자를 찾는 것을 돕고, 마찬가지로 운전자가 탑승객을 찾는 것도 돕는다. 특정 도시에서 운전자들의 등록과 적용 밀도가 올라가면, 놀라운 성장 동력이 촉발된다. 탑승객들은 친구들에게 우버 서비스에 대해 이야기하고, 어떤 이들은 남는 시간에 직접 우버 운전자로 나서기도 한다. 답승객들의 대기 시간은 줄어들고, 운전자들의 운전 중단 시간도 줄어든다. 운전 중단 시간이 줄어든다는 말은 운전자의 운임이 더 낮아져도 같은 금액을 벌 수 있음을 의미한다. 동일한 업무 시간 동안 더 많은 탑승객을 태울 수 있기 때문이다. 따라서 운전 중단 시간이 줄어든다는 말은 우버를 통해서 운임을 낮춰 수요를 끌어올리고, 이는 곧 적용 밀도를 더 높여서 선순환을 이끌어 낼 수 있음을 의미한다.

걸리는 어떻게 선순환이 작용하는지를 보여 주기 위해 자신의 글에 다른 투자자가 그린 그림을 삽입했다. 그것은 데이비드 삭스(David Sacks)의 냅킨 스케치(그림 2.1)인데, 삭스는 기업용 소셜 네트워크 서비스인 야머(Yammer)의 공동 창업자이며 페이팔(PayPal)에서 근무하기도 했었다.

삭스의 냅킨 스케치는 네트워크 효과(network effects)의 전형적인 사례를 잘 포착하고 있다. 이 그림은 각각의 참여자가 느끼는 우버의 가치가 사용자가 늘어날수록 어떻게 더 커지는지 보여 준다. 또한 그 결과 더욱 많은 사용자를 끌어들이게 되고, 그로 인해 서비스의 가치

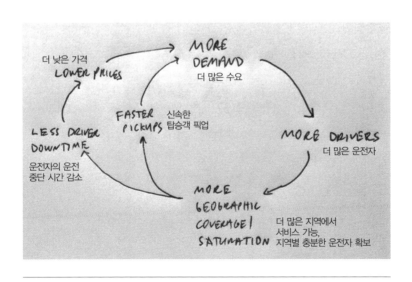

〈그림 2.1〉 우버의 선순환에 대한 데이비드 삭스의 냅킨 스케치.

가 한층 더 커지게 된다는 것도 보여 준다.

네트워크 효과란 여러 플랫폼 사용자들이 각 사용자를 위해 창출한 가치에 미치는 영향력이다. 그리고 긍정적인 네트워크 효과(positive network effects)란 잘 관리되고 있는 대형 플랫폼 커뮤니티가 각 플랫폼 사용자를 위해 상당한 가치를 생산해 내는 능력이다. 반면 부정적인 네트워크 효과(negative network effects)란 형편없이 관리되는 플랫폼 커뮤니티가 각 플랫폼 사용자를 위해 창출하는 가치를 떨어뜨릴 가능성을 말한다.

나중에 확인하겠지만 긍정적인 네트워크 효과는 플랫폼 비즈니스에서 가치 창출과 경쟁력의 주요 원천이라 할 수 있다. 그러나 네트워크 효과는 부정적일 수도 있다. 이번 장에서 우리는 어떻게, 그리고 왜 부정적인 네트워크 효과가 발생하는지, 이에 대해 플랫폼 비즈니스 관리자가 무엇을 할 수 있을지 설명할 것이다. 그러나 무엇보다도 긍정적인 네트워크 효과를 통한 가치 창출의 원리를 이해하는 것이 가장 중요한 첫걸음이다.

걸리의 데이터에 따르면, 2014년 중반 무렵 이미 네트워크 효과가 발생하여 우버의 성장을 추동하기 시작했다. 우버의 CEO 트래비스 캘러닉(Travis Kalanick)이 2009년에 초기 투자금을 유치했을 때, 본거지인 샌프란시스코의 택시와 리무진 서비스 시장 규모는 1억2000만 달러였다. 우버 자체 통계에 따르면, 그로부터 5년이 지난 2014년 시장은 이미 세 배로 커졌으며 지금도 계속 성장하고 있다. 이러한 계산 자체만 갖고도 다모다란의 평가액인 59억 달러에서 투자자들의 평가액인 170억 달러로 평가 금액을 높이는 것은 충분히 정당화될 수 있다. 이러한 내부 정보를 알지 못한 다모다란은 네트워크 효과를 자신의 계산식에서 감안하지 않았던 것이다. 후일 다모다란은 이 같은 사실을 명쾌하고 논리 정연하게 인정했다.

수요에도 규모의 경제가 구현되고 있다

네트워크 효과는 기술 혁신이 주도하는 새로운 경제 현상을 대변한다. 20세기 산업화 시대의 거대 독점 기업들은 규모의 공급 경제(supply economies of scale)에 기초해 생겨났다. 규모의 공급 경제는 생산 효율성에 따라 추동됐고, 이는 생산량 증가를 통해 제품이나 서비스의 단위 생산 비용을 낮추는 방식이었다. 이러한 규모의 공급 경제는 선진 공업 경제 국가의 대기업들에게 엄청난 비용 우위를 제공하여 다른 경쟁자들의 따라잡기를 매우 어렵게 만들었다.

산업화 시대에 성장한 거대 기업을 생각해 보라. 철강 생산에서 용융한 선철(銑鐵, 용광로에 철광석과 코크스 등을 넣어 녹여 만든 철로 탄소를 비롯한 불순물이 많이 섞여 있다-옮긴이)에 고압의 바람을 불어 넣는 베서머 제강법(Bessemer process, 영국의 헨리 베서머가 직접 베서머 전로라는 용광로를 개발해 만들어 낸 제강법-옮긴이)은 불순물을 제거할 뿐 아니라 철강 생산 비용을 톤당 40파운드에서 7파운드로 절감했다. 5톤짜리 베서머 용광로 18개를 운영하는 배로 적철석 철강 회사(Barrow Hematite Steel Co.)는 20세기에 들어서면서 세계 최대의 철강 제조사가 되었다. 마찬가지로 공기 중의 질소로 비료를 만들어 내는 독일의 하버-보슈 공정(Haber-Bosch process)은 오늘날 소비되는 식량 생산의 절반에 이용되는데, 이 공정은 화학 회사 바스프(BASF)가 거대 기업으로 부상하는 데 기여하였다. 바스프는 여전히 세계 최대 화학 회사이다. 그리고 미국의 토머스 에디슨이 발명한 전구와 값싼 전력 생산으로 제너럴일렉트릭(General Electric)이 뜨는 동안 헨리 포드는 대량 생산 시스템을 적용하여 포드 자동차 회사(Ford Motor Company)의 성장을 가속화했다. 비즈니스 규모가 크면 클수록 생산, 마케팅, 유통 비용은 더 떨어졌으며, 이러한 선순환 효과는 기업들이 꾸준히 성장하고 이익을 창출하는 데 도움을 주었다(이런 방식이 정부의 개입이나 제조업 중심의 구경제를 쓸모없게 만드는 파괴적 기술 변화로 인해 좌절을 맛보기 전까지).

21세기 인터넷 시대에 과거 거대 기업들에 상응할 만한 독점 기업들은 규모의 수요 경제(demand economices of scale, 네트워크 효과에 대한 개념을 크게 대중화시킨 두 명의 전문가 할 배리언Hal Varian 구글 수석 이코노미스트와 칼 샤피로Carl Shapiro 경영학 교수가 사용한 용어)[4]를 통해 생겨났다. 규모의 공급 경제와 달리 규모의 수요 경제는 생산자 측 수익 방정식에서 한쪽 절반을 차지하는 수요 측면의 기술 향상을 이용한다. 규모의 수요 경제는 소셜 네트워크의 효율성, 수요 결집, 앱 개발, 기타 네트워크가 크면 클수록 사용자들에게 더 많은 가치를 가져다주는 현상에 따라 움직인다. 규모의 수요 경제는 한 플랫폼 시장에서 가장 몸집이 큰 기업에게 네트워크 효과 우위를 제공하기도 하며, 이때 네트워크 효과 측면에서 우위에 있는 기업을 경쟁업체들이 따라잡기란 극히 어렵다.

규모의 수요 경제는 긍정적인 네트워크 효과의 근원이며 오늘날 경제 가치의 주된 동력이다. 규모의 공급 경제가 더 이상 중요하지 않다는 말이 아니다. 규모의 공급 경제는 지금도 중요하다. 그러나 규모의 수요 경제가 네트워크 효과의 형태를 띠면서 가장 중요한 차별화 요인이 되었다.

멧커프의 법칙(Metcalfe's law)은 네트워크 효과가 네트워크 참여자들뿐만 아니라 네트워크를 소유하거나 관리하는 이들을 위해 어떻게 가치를 창출하는지 요약해서 설명하는 데 매우 유용하다. 이더넷(Ethernet)의 공동 창업자이자 3Com의 창립자인 로버트 멧커프(Robert Metcalfe)는 전화망의 가치는 전화망 가입자 수가 증가할수록 비선형적으로 증가하며 이에 따라 가입자들 간에 더 많은 연결을 만들어 낸다고 지적했다.

네트워크에 단 한 개의 노드만이 존재할 때 연결은 불가능하다. 우리가 아는 한 MIT 교수는 '역사상 가장 위대한 세일즈맨 상'은 최초의 전화기를 판 사람에게 줘야 한다고 농담 삼아 말하곤 한다. 틀림없이 그 상황에서는 전화기의 가치란 0이었다. 단 한 대의 전화기만 가지고는 누구에게도 전화를 걸 수 없기 때문이다. 그러나 사람들이 전화기를 더 많이 구매하면 할수록 전화기의 가치는 늘어난다. 2대의 전화기로는 1개의 연결이 가능하다. 4대의 전화기로는 6개의 연결을 생성하고, 12대가 있으면 66개가 된다. 그리고 전화기 100대가 있으면 가능한 연결 수가 4950개가 된다. 이를 가리켜 비선형 성장(nonlinear growth) 또는 볼록 성장(convex growth)이라고 한다. 그리고 이러한 성장 패턴은 정확히 1990년대의 마이크로소프트와 지금의 애플 및 페이스북, 내일의 우버와 같은 기업들에서 볼 수 있는 성장 패턴이다.(이를 뒤집으면, 2000년대 블랙베리의 볼록 붕괴convex collapse를 설명할 수 있다. 사용자들이 블랙베리 플랫폼을 떠나면서 네트워크 노드 손실로 인해 네트워크 가치 자체가 곤두박질쳤으며, 이로 인해 더 많은 사람들이 블랙베리를 버리고 다른 기기로 갈아탔다.)

중대한 경제적 결과가 이러한 패턴을 따른다. 네트워크 효과를 통해 이룩한 성장은 시장 확대로 이어진다. 신규 구매자들이 시장에 들어오는 이유는 네트워크에 참여하는 친구들의 수가 점점 늘어나는 데 매력을 느끼기 때문이다. 만일 가격까지 떨어지면—대부분 기술이 성숙하고 생산량이 증가하면 가격이 떨어진다—매력적인 가격으로 인해 네트워크 효과가 커지면서 거대한 시장 채택 현상을 불러온다.

양면 네트워크 효과가 발휘되고 있다

데이비드 삭스의 냅킨 스케치는 우버의 성장을 이끈 두 번째 원동력을 보여 준다. 우리는 이 원동력을 가리켜 양면 네트워크 효과(two-sided network effect)라고 부른다.[5] 멧커프의 전화기 사례에서 전화 가입자는 더 많은 가입자를 끌어들인다. 그러나 우버의 사례는 양면 시장과 관련이 있다. 즉 탑승객이 운전자를 끌어들이고, 운전자는 탑승객을 끌어들인다. 이와 유사한 역학 관계는 다른 플랫폼 비즈니스에서도 많이 볼 수 있다. 구글의 안드로이드 앱 개발자들은 소비자들을 끌어들이고, 소비자들은 앱 개발자들을 끌어들인다. 업워크(이전에는 이랜스-오데스크Elance-oDesk였음)에서 구인 목록은 프리랜서들을 끌어들이고, 프리랜서들은 더 많은 구인 목록을 생성하게 만든다. 페이팔에서는 판매자가 구매자를 끌어들이고, 구매자는 판매자를 끌어들인다. 에어비앤비에서는 호스트가 게스트를 끌어들이고, 게스트는 호스트를 끌어들인다. 이 모든 비즈니스가 긍정적인 피드백과 함께 양면 네트워크 효과를 일으킨다.

네트워크의 성장을 촉진시키는 데 이와 같은 네트워크 효과의 중요성이 매우 커지자 플랫폼 기업들은 종종 돈을 들여서라도 시장의 한쪽으로 참여자들을 끌어들이려 한다. 플랫폼의 한쪽 면에 참여자들을 불러올 수 있으면 다른 쪽도 따라올 거라는 사실을 아는 것이다. 긍정적인 피드백을 동반한 양면 네트워크 효과는 어떻게 우버가 빌 걸리와 다른 투자자들로부터 받은 수백만 달러에 달하는 투자금을 30달러짜리 무료 이용권을 찍어서 뿌리는 데 사용할 수 있었는지 설명해 준다. 우버가 쿠폰으로 시장 점유율을 사들인 것은 추후 우버에 가입하여 제값을 모두 지불할 운전자와 탑승객들 간의 선순환을 끌어내기 위함이었다.

　이와 유사한 (비非기술적 기업) 사례가 동네 술집에서 매주 하루를 정해 여성에게만 술값을 할인해 주는 행사를 여는 경우이다. 술집에 여성이 오면 남자들이 나타나고, 남자들은 기꺼이 두 사람 술값을 모두 내고 마신다. 따라서 양면 시장에서는 A시장과 관련된 B시장의 성장이 A시장의 성장을 가능하게 한다면 때로 A시장에서 재정적 손실을 감내하는 것—그것도 일시적이 아니라 영구적으로 감내하는 것—이 경제적으로 합리적일 수 있다. 단 여기서 유일한 전제 조건은 B시장에서 거두게 될 수익이 반드시 A시장에서 입은 손실보다 커야 한다는 것이다.

가격, 브랜드, 입소문으로는 한계가 있다

네트워크 효과를 다른 유사한 시장 형성 도구들, 이를테면 가격 효과(price effects) 및 브랜드 효과(brand effects)와 구별할 수 있어야 한다. 이 둘의 차이점에 대한 오해는 플랫폼 비즈니스 모델의 가치를 평가할 때 지금도 혼란을 불러일으키며, 이런 오해가 1997년부터 2000년에 벌어진 닷컴 기업들의 성공과 몰락을 야기했다.

닷컴 기업 호황기 동안 이토이즈(eToys), 웹밴, 프리피시(FreePC)와 같은 스타트업의 투자자들은 시장 점유율을 사실상 비즈니스 성공을 판가름하는 유일한 잣대로 간주했다. "빨리 몸집을 키우자" 또는 "키우지 않으면 망한다"라는 구호에 홀린 당시 투자자들은 고객을 낚아 어마어마한 시장 점유율로 우위를 차지할 욕심에 기업들이 돈을 물 쓰듯 하는 것을 독려하기까지 했다. 그리고 닷컴 기업들은 이에 적극 응했다. 예를 들면 닷컴 회사들은 할인과 쿠폰을 남발하여 가격 효과를 일으켰다. 지극히 낮은—심지어 거의 0원에 가까운—가격으로 고객을 끌어오는 것은 적어도 한시적으로는 시장 점유율을 확보할 수 있는 가장 확실한 방법이다. 당시 월간『와이어드(Wired)』편집장 크리스 앤더슨(Chris Anderson)이 2009년에 출간한 베스트셀러『프리: 비트 경제와 공짜 가격이 만드는 혁명적 미래(Free: The Future of a Radical Price)』에서는 공짜에 대한 복음을 설파했다. 저자는 상품이나 서비스의 가격을 '공짜(free)'로 책정한 후 '고급(premium)' 기능에 대해서만 유료화를 하는 '프리미엄(freemium, free+premium)' 방식으로 가야 한다고 주장했다.

문제는 가격 효과가 그리 오래가지 않는다는 데 있다. 가격 효과는 할인이 종료되거나 다른 회사가 더 저렴한 가격을 제시하는 순간 사라진다. 일반적으로 고객의 1~2%만이 무료 고객에서 유료 고객으로 전환한다. 따라서 벤처 인큐베이터 회사인 테크스타스(Techstars)의 CEO이자 창업자인 데이비드 코언(David Cohen)이 말하듯이, 무료 가격 모델을 수익형으로 전환하려면 그전에 수백만 명의 고객을 확보해야만 한다.[6] 부분 유료화 모델인 프리미엄 방식은 수익을 내기 어려운 무임 승차자들을 양산한다. 1999년 프리피시가 향후 매출에 대한 기대를 안고 광고를 보는 대가로 펜티엄급 PC를 무료로 주고 나서 직면한 현실이 바로 그랬다.[7]

브랜드 효과는 더 복잡하다. 브랜드 효과는 사람들이 특정 브랜드와 품질을 연관 지을 때 생긴다. 그러나 브랜드 효과는 가격 효과와 마찬가지로 지속시키기 어려운 경우가 많다. 게다가 비용이 훨씬 더 많이 든다. 온라인 장난감 회사 이토이즈는 아마존 및 토이저러스 (Toys "R" Us)와 경쟁하겠다는 희망을 품고 브랜드 구축에 수백만 달러를 지출했다. 식품, 책, 커피, 기타 기본적인 상품을 미국 내 주요 도시에서 한 시간 이내 무료 배송을 약속한 온라인 기업 코즈모(Kozmo)는 배우 우피 골드버그(Whoopi Goldberg)를 회사 대변인으로 고용하고 주식으로 비용을 지불했다. 그리고 회사는 파산했다. 2000년 1월, 닷컴 붕괴가 일어나기 직전, 19개의 스타트업들이 슈퍼볼 광고 자리를 구매했으며, 각각 200만 달러 이상을 들여 브랜드 인지도를 구축하려 했다. 10여 년 후, 그중 여덟 곳은 이 세상에서 사라졌다.[8]

가격 효과와 브랜드 효과는 분명히 스타트업의 성장 전략으로 필요하다. 그러나 오직 네트워크 효과만이 우리가 위에서 기술한 선순환을 만들어 내며, 이는 영구적인 사용자 네트워크를 구축한다. 이런 현상을 우리는 록인(lock-in)이라고 부른다.

네트워크 효과와 혼동하기 쉬운 또 다른 성장 구축 도구가 바이럴리티(virality, 바이러스가 확산하는 방식처럼 정보 제공자가 메시지를 퍼뜨리면 이를 받아들이는 정보 수용자를 중심으로 온라인과 오프라인상에 2차적으로 퍼져 나가는 것을 말한다-옮긴이)이다. 'going viral(입소문이 나다)'에서 온 바이럴리티라는 표현은 어떤 아이디어나 브랜드가 한 인터넷 사용자에서 다른 인터넷 사용자에게 급속도로 폭넓게 퍼지는 현상을 말한다.

바이럴리티는 사람들을 네트워크로 끌어올 수 있다. 이를테면 무척 귀엽고 웃기고 놀라운 동영상을 즐기는 팬들이 자기 친구들을 유튜브로 데려오는 경우가 한 예이다. 그러나 네트워크 효과는 사람들을 계속 거기에 머물게 한다. 바이럴리티는 플랫폼 밖에 있던 사람들을 데리고 와서 가입하게끔 유도하는 반면, 네트워크 효과는 플랫폼 안에 있는 사람들 사이에서 가치를 늘리는 것이다.

2000년 닷컴 호황이 내리막길을 걷기 시작할 무렵, 이 책의 저자 두 명(제프리 파커와 마셜 밴 앨스타인)은 막 MIT 박사 학위를 취득한 직후였다. 우리는 호황과 불황의 주기를 매우 흥미롭게 지켜보면서 벤치마크와 세쿼이아(Sequoia) 같은 똑똑한 투자 회사들이 높은 수익을 거두기도 하고 막대한 손실을 내기도 하는 것을 목격했다.(벤치마크 캐피탈은 벤처 투자 회사로 우버에 투자하는 등 지금은 제대로 가고 있지만, 기술 미디어 웹사이트인 시넷CNET이 역사상 최대의 닷컴 재앙[9] 중 하나로 꼽은 웹밴에 투자하기도 했다. 세쿼이아 캐피탈도 마찬가지였지만, 애플, 구글, 페이팔에는 제대로 투자했다.)

성공한 기업과 실패한 기업을 결정짓는 것이 무엇인지 궁금했던 우리는 수십 가지 사례를 조사하면서 대부분의 실패 기업들이 가격이나 브랜드 효과에 크게 의존했다는 사실을 알아냈다. 반면 성공한 기업은 실제로 효과가 있는 아이디어를 생각해 냈다. 이를테면 한 사용자 그룹으로부터 트래픽을 유도해 냄으로써 다른 사용자 그룹으로부터 수익을 내는 것이다. 우리는 알아낸 양면 네트워크 효과를 수학적으로 분석하여 논문에 설명하였다.[10] 오늘날 이베이, 우버, 에어비앤비,

업워크, 페이팔, 구글과 같은 성공적인 플랫폼 기업들이 이 모델을 다양한 형태로 잘 보여 주고 있다.[11]

무엇이 네트워크 효과를 극대화하는가

독자들도 알고 있듯이 네트워크 효과는 네트워크의 규모에 따라 달라진다.[12] 따라서 한 가지 중요한 필연적 결과는 이렇다. 효과적인 플랫폼은 빠르고 쉽게 확장함으로써 네트워크 효과로부터 창출한 가치의 규모를 늘린다.

지금은 생각도 잘 나지 않지만 인터넷 포털 중에서 야후가 구글보다 더 인기 있던 시절이 있었다. 야후보다 4년 늦게 시작한 구글이 어떻게 야후를 따라잡았는지를 보면 양면 네트워크의 확장성이 얼마나 중요한지 생생히 알 수 있다.

야후는 처음에 사람이 직접 편집하는 데이터베이스로 시작했다. 카테고리 아래에 하위 카테고리 형태의 트리 구조를 사용하여 웹페이지들을 분류했는데, 사서들이 분류하거나 생물학자가 식물과 동물의 종을 나눌 때 사용하는 방식이었다. 한동안은 이 방법이 효과를 거두었다. 그러나 1990년대와 2000년대 초 인터넷 사용자와 웹페이지를 생산하는 사람 수가 기하급수적으로 증가하면서 얼마 후 야후 직원들이 직접 계층 구조의 데이터베이스를 편집하는 방식은 확장성이 떨어진다는 사실이 분명해졌다.[13] 한 웹페이지 개발자는 야후에 웹페이지를 제출하고 나면 결과물이 마스터 목록에 나타날 때까지 몇 날 몇 주를 기다려야 했다고 회상했다.

이와 달리 구글은 웹페이지 개발자들의 결과물을 이용하여 웹 검색자들을 도울 방법을 찾아냈다. 구글의 페이지 랭크 알고리즘은 어떤 웹페이지가 다른 웹페이지와 어떻게 연결되어 있는지를 고려한다. 웹페이지 개발자들은 더 많은 사람들을 끌어들이기 위해 그들이 원하는 것이 무엇인지를 일찌감치 고민한다. 중요도가 더 높은 웹페이지에서 거는 링크가 많을수록 검색 결과에서 최우선순위에 놓임을 뜻한다. 결국 구글의 알고리즘은 네트워크의 양쪽 측면을 모두 만족시킨다. 알고리즘은 사람인 직원보다 확장성이 뛰어날 뿐 아니라 웹 링크를 핵심 분류 도구로 사용함으로써 초점을 회사 내부에서 회사 외부로 옮겼으며 이는 일반 대중의 선택이 웹에서 일어나는 작용을 좌우할 수 있게끔 만들었다. 이는 야후보다 훨씬 확장성이 큰 모델이다.

구글의 이야기가 말하듯, '자유로운 진입(frictionless entry)'을 허용하는 네트워크는 거의 아무런 장벽 없이 유기적으로 성장할 수 있다. 자유로운 진입은 사용자가 플랫폼에 빠르고 쉽게 들어와 가치 창출 활동에 참여할 수 있게 해 준다. 플랫폼이 빨리 성장할 수 있게 해 주는 핵심 요인인 것이다.

스레드리스(Threadless)는 정보 기술 서비스, 웹 디자인, 컨설팅 분야 전문가들이 설립한 티셔츠 회사다. 이들의 비즈니스 모델은 매주 외부 참가자들을 대상으로 디자인 콘테스트를 주최한 다음, 가장 인기 있는 디자인의 티셔츠만 찍어서 점점 늘어나고 있는 광범위한 고객층에게 판매하는 것이다. 스레드리스는 예술적 재능을 지닌 사람을 고용할 필요가 없다. 숙련된 디사이너들이 상과 명예를 얻으려고 경쟁하기 때문이다. 이들은 마케팅을 할 필요도 없다. 열정적인 디자이너들이 친구들에게 자신의 디자인에 투표해 달라고, 자신의 티셔츠를 팔아 달라고 애원할 것이기 때문이다. 이들은 판매량을 추정할 필요가 없다. 투표에 참여하는 고객들이 이미 얼마나 살 것인지 밝혔기 때문이다. 스레드리스는 생산을 아웃소싱해서 취급 비용과 재고 비용을 줄일 수 있었는데, 이와 같이 자유로운 진입 모델 덕분에 구조적인 제약을 최소화하면서 빠르고 쉽게 확장할 수 있었다.

스레드리스가 이러한 비즈니스 모델을 생각해 낸 것은 순전히 우연이었다. 원래 창업자들은 웹 서비스 사업을 시작할 생각이었다. 이들은 웹사이트를 필요로 하는 회사들을 대상으로 컨설팅 서비스를 할 계획이었다. 그러나 웹 컨설팅 서비스는 판매로 확장되지 않았다. 각각의 프로젝트에 대해서 개별적으로 협상에 응해야 했으며 반드시 전담 직원이 따로 있어야 했다. 그리고 프로젝트가 끝난다 해도 진행했던 사례를 그대로 재판매할 수도 없었다. 회사 창업자들은 자신들의 역량을 보여 줄 부차적인 프로젝트의 일환으로 티셔츠 콘테스트 웹사이트를 열었다. 사실 이 웹사이트는 창업자 중 한 명이 지원했던 오프라인 콘테스트의 온라인 버전에 불과했다. 이렇게 실험적으로 시도했던 벤처가 폭발적인 인기를 끌자, 이 사업의 엄청난 확장성이 가져다 줄 이점이 너무나 명확해졌다.

네트워크가 확장되려면 반드시 양쪽 시장이 동일한 비율로 성장해야 한다. 예를 들어 우버 운전자 한 사람은 시간당 평균 세 명의 승객을 태울 수 있다. 우버 입장에서 승객이 한 명인데 운전자가 1000명이나 되는 것은 의미가 없을 것이다. 승객은 1000명인데 운전자가 한 명인 것도 마찬가지이다. 에어비앤비는 호스트와 게스트를 모두 늘리는 데 동일한 문제에 직면했다. 만일 한쪽이 지나치게 많아질 경우 쿠폰이나 할인을 통해 다른 쪽에 있는 참여자를 끌어들이면 사업이 잘 될 수 있다.

어떤 경우에는 플랫폼의 성장이 '사이드 전환(side switching)' 효과에 의해 촉진되기도 한다. 사이드 전환은 플랫폼의 한쪽에 있는 사용자가 반대편에도 참여할 때 발생한다. 예컨대 상품이나 서비스를 소비하던 사람이, 다른 사람이 소비하는 상품과 서비스를 생산하기 시작하는 경우이다. 어떤 플랫폼에서는 사용자가 쉽게, 반복적으로 사이드 전환을 한다.

일례로 우버는 승객들 중에서 운전자를 새로 모집하며, 에어비앤비는 게스트들 중에서 새로운 호스트를 모집한다. 확장 가능한 비즈니스 모델과 자유로운 진입, 그리고 사이드 전환까지 모두 네트워크 효과에서 윤활유 역할을 한다.

부정적인 네트워크 효과를 방지하는 전략

지금까지 우리는 긍정적인 네트워크 효과를 중점적으로 다뤘다. 그러나 플랫폼 네트워크를 빠르게 성장하게 해 주는 바로 그 요인들이 빠른 실패의 원인이 되기도 한다. 네트워크의 성장은 부정적인 네트워크 효과를 양산하여 참여자들을 떠나게 만들고 심지어 플랫폼 비즈니스를 망하게도 한다.

예를 들어 양적 성장으로 인해 생산자와 소비자 간에 가능한 매칭의 수가 늘어나면서 최적의 매칭을 찾기가 어려워지거나 아예 불가능해지는 경우 부정적인 네트워크 효과가 나타난다. 이런 난관에 봉착하지 않으려면 '자유로운 진입'을 허용하되 반드시 효과적인 큐레이션(curation)을 통해 균형을 유지해야 한다. 여기서 큐레이션이란 플랫폼이 사용자들의 접근과 이들이 참여하는 활동, 그리고 다른 사용자들과 맺는 관계를 필터링하고 통제하고 제한하는 프로세스를 말한다. 플랫폼의 품질이 잘 관리되면, 사용자들은 자기들에게 딱 맞는, 그래서 상당한 가치를 제공하는 것들을 쉽게 찾을 수 있다. 큐레이션이 아예 존재하지 않거나 제대로 관리되지 않으면 사용자들 사이에서 엄청나게 많은 매칭이 일어나도 자신에게 딱 맞는 것을 찾기 어려워진다.

소셜 데이팅 플랫폼 오케이큐피드는 확장성을 제대로 관리하지 않으면 네트워크 붕괴의 원인이 될 수 있다는 사실을 알아냈다. 오케이큐피드 CEO 크리스천 러더(Christian Rudder)에 따르면, 데이팅 웹사이트에 사용자가 많아지면 자연스럽게 플랫폼상의 남성들이 가장 아름다운 여성에게 몰리게 된다. 이러한 남성들의 활동이 늘어나면 문제가 생긴다. 가장 매력적인 여성에게 접근하는 남성들 가운데 대다수의 매력도가 매우 떨어질 것이기 때문이다. 한마디로 대다수 남성들에게 그 여성은 '넘볼 수 없는 대상'이 된다. 이렇게 'B급 남성'(이 책의 저자들이 아닌, 크리스천 러더가 사용한 표현!)들이 'A급 여성'들에게 데이트 신청을 마구 해 대면 좋아할 사람이 아무도 없다. 아름다운 여성들은 전혀 걸러지지 않은 남성들의 관심 때문에 불만을 느끼고 사이트를 떠날 수도 있다. 한편 B급 남성들도 불만을 느끼는 건 마찬가지다. 자기가 선택한 여성이 아무런 반응을 보이지 않기 때문이다. 그리고 가장 아름다운 여성들과 잘 어울릴 수 있었던 소수의 매력 있는 남성들도 불만을 느낀다. 그들이 원하는 여성들이 플랫폼을 떠났기 때문이다.[14]

일단 이런 일이 벌어지면 다양한 호감도 등급에 분포하는 모든 남성들이 바로 그다음 등급에 속한 여성에게로 몰리고 다시 똑같은 사이클

이 반복된다. 네트워크 효과는 반전되고 비즈니스 모델은 붕괴된다.

이 문제를 해결하기 위해 오케이큐피드는 여러 단계에 걸친 네트워크 매칭을 적용한 큐레이션 전략을 실행했다. 첫 번째 단계는 관심 사항이 비슷한 사람들끼리 매칭해 주는 것이었다. 양쪽 모두 담배를 피우는가? 양쪽 모두 문신과 공포 영화를 좋아하는가? 양쪽 모두 공룡이 있었다고 믿는가? 이 단계에서 적절치 않은 매칭은 걸러지고 이를 통해 매칭 대상이 줄어든다.

두 번째 매칭 단계는 상대적인 호감도—'그녀의 수준에 맞는가'—에 대한 질문에 답하는 것이다. 만일 오케이큐피드의 알고리즘이 다른 사용자들의 반응에 기초하여 (예컨대) 조가 메리보다 훨씬 호감도가 떨어진다고 판단한다면, 조가 정기적으로 데이트 상대를 검색할 때 메리의 사진은 검색되지 않게 할 것이다.(메리의 사진은 매우 상세한 검색 결과에만 나타날 것이다.) 또한 조는 자신의 호감도와 비교했을 때 어울릴 만하다고 여겨지는 여성들에게만 보일 것이다. 결과는 양측 모두 윈윈이다. 메리는 훨씬 만족스러울 것이다. 플랫폼이 자신이 원하는 상대를 찾는 것을 도와준 데다 무분별한 데이트 신청 메시지를 막아 주었기 때문이다. 마찬가지로 조도 훨씬 만족스러울 것이다. 이전에는 메시지를 보내도 묵묵부답이었지만 이제는 여성들이 그의 메시지에 답장을 보낼 것이기 때문이다.

물론 이러한 알고리즘이 의미하는 바는 분명하다. 한 남성이 오케이큐피드에서 여성을 검색했을 때 평균적인 외모의 여성들 사진만 보게 된다면 그건 그 남자가 비록 자신의 외모를 영화배우급으로 여겼다 해도 실제로는 그렇지 않을 가능성이 높다는 것을 뜻한다는 것이다. 그렇지만 자기와 어울리는 상대를 만나게 될 확률은 훨씬 높아지므로 장기적으로는 만족도가 더 높아질 것이다.

오케이큐피드가 수행하는 것과 같은 교묘한 큐레이션은 부정적인 네트워크 효과를 크게 줄일 수 있다. 동시에 이런 전략은 긍정적인 네트워크 효과를 키울 수도 있다. 네트워크 참여자의 수가 늘어나면서 그들에 대한 정보의 양도 증가한다. 통계학자라면 누구라도 처리할 데이터가 늘어날수록, 데이터로부터 유추한 사실들의 정확도와 가치가 올라간다고 말할 것이다. 따라서 네트워크가 크면 클수록 큐레이션의 품질도 더 향상된다. 우리는 이런 현상을 '데이터 주도 네트워크 효과(data-driven network effects)'라고 부른다. 물론 이는 지속적인 테스트와 업데이트, 개선이 이뤄지는 잘 설계된 큐레이션 도구를 보유하고 있느냐에 달려 있다.

반대로 형편없는 큐레이션은 더 큰 잡음을 양산하여 플랫폼의 유용성을 떨어뜨리고 심지어 플랫폼을 망쳐 버리기도 한다. 챗룰렛(Chatroulette)의 폭발적인 성장에 이은 부정적인 피드백 고리는 극적이었던 성공만큼이나 극적인 몰락으로 이어졌다.

챗룰렛은 전 세계에 있는 사람들을 임의로 매칭하여 웹캠으로 대화할 수 있게 해 준다. 사람들은 언제든지 새로운 접속을 시도하거나 기존 접속을 끊음으로써 대화창을 떠날 수 있다. 이상할 정도로 중독성 있는 이 사이트는 2009년 사용자 20명에서 시작하여 6개월 후에는 150만 명을 넘어섰다.

맨 처음에는 챗룰렛에 가입 요건도, 아무런 통제 장치도 없었으며, 이로 인해 나중에는 '벌거숭이 털북숭이' 문제가 일어나게 되었다. 감시 활동 없이 네트워크가 성장하자 다 벗은 털북숭이 남자들이 채팅에 나타나는 경우가 늘어났고, 그렇지 않은 대다수의 사람들이 네트워크를 이탈하게 되었다. 정상적인 사용자들이 떠나자 플랫폼의 노이즈 수준이 올라가면서 부정적인 피드백 고리에 시동이 걸렸다.

챗룰렛은 플랫폼의 성장과 더불어 늘어난 사용자 접근을 걸러 내야 한다는 사실을 깨달았다. 이제는 사용자들이 다른 사용자들을 걸러 낼 수 있을 뿐 아니라 알고리즘을 이용하여 불쾌한 이미지를 사용하는 접속자들을 추려 낸다. 그러면서 챗룰렛은 다시 성장하고 있다. 그러나 이전보다는 성장 속도가 느리다.

성공적인 플랫폼은 모두 콘텐츠나 사람들 간의 관계를 필요에 맞게 매칭해야 하는 문제에 직면한다. 성공적인 플랫폼이 되려면 성장의 어떤 지점에서는 반드시 효과적인 큐레이션이라는 관문을 통과해야 함을 의미한다. 큐레이션 문제는 다음 장에서 또 다룰 것이다.

4가지 네트워크 효과의 강점과 약점

양면 네트워크(생산자와 소비자가 모두 있는 것)에는 4가지 유형의 네트워크 효과가 있다. 플랫폼을 설계하고 관리할 때 이들을 모두 이해하고 고려하는 것이 매우 중요하다.

양면 시장에서 '동일면 네트워크 효과(same-side effects)'는 시장의 한쪽 면에 있는 사용자가 같은 쪽 사용자에게 영향을 주면서 생긴 네트워크 효과를 말한다. 그러니까 소비자가 다른 소비자에게 영향을 끼치고, 생산자가 다른 생산자에게 영향을 끼치는 것이다. 반대로 '교차 네트워크 효과(cross-side effects)'는 시장의 한쪽 면에 있는 사용자가 다른 쪽에 있는 사용자에게 영향을 끼치면서 생긴 네트워크 효과를 말한다. 즉 소비자가 생산자에게, 생산자가 소비자에게 미치는 효과이다. 동일면 네트워크 효과와 교차 네트워크 효과 모두 긍정적이거나 부정적일 수 있다. 이는 시스템의 구조와 적용 규칙에 따라 달라진다. 지금부터 이 4가지 유형의 네트워크 효과가 어떻게 작동하는지 설명하겠다.

첫 번째 범주인 '긍정적인 동일면 네트워크 효과(positve same-side effects)'에는 동일한 유형의 사용자 수가 늘어날 때 사용자들에게 돌아가는 긍정적인 혜택이 포함된다. 벨 전화회사 네트워크의 가입자 수가 늘어나면서 유발되는 효과가 한 예이다. '벨' 전화로 연락할 수 있는 친구와 이웃이 늘어나면 늘어날수록 벨 전화 가입자로서 얻는 가치는 더 늘어난다. 오늘날 이와 비슷하게 소비자와 소비자 간(C2C)의 긍정적인 네트워크 효과를 볼 수 있는 것이 X박스 다중접속온라인게임(MMOG) 같은 게임 플랫폼이다. 플랫폼에 게이머들이 많으면 많을수록 더 재미있게 게임을 할 수 있다.

긍정적인 동일면 네트워크 효과는 생산자 면에서도 볼 수 있다. 예를 들면 어도비(Adobe)의 보편화된 이미지 제작 및 공유 플랫폼을 생각해 보라. PDF 플랫폼을 사용하여 이미지를 만들고 공유하는 사람들이 많으면 많을수록 사용자가 동일한 플랫폼에서 이미지를 제작함으로써 얻게 되는 이점도 더 커진다.

그러나 동일면 네트워크 효과가 모두 긍정적인 것은 아니다. 플랫폼 한쪽 면의 수적 성장이 단점이 될 때도 있다. 이것을 '부정적인 동일면 네트워크 효과(negative same-side effect)'라고 부른다. 예를 들어 정보 기술 플랫폼 코비신트(Covisint)를 생각해 보자. 이 회사는 클라우드 기반 네트워킹 도구를 개발하는 데 관심이 있는 기업들과 서비스 제공업체들을 연결해 준다. 코비신트 플랫폼을 이용하는 경쟁 공급업체들의 수가 증가하면서 고객들이 플랫폼을 찾아왔고, 공급업체들은 이를 반겼다. 그러나 공급업체들이 너무나 많아지자 서로에게 적절한 제공업체와 고객들을 찾기가 점점 더 어려워졌다.

교차 네트워크 효과는 소비자나 생산자가 플랫폼의 반대쪽 사용자들의 수에 따라 이득을 보거나 손실을 볼 때 발생한다. '긍정적인 교차 네트워크 효과(positive cross-side effects)'는 반대편 시장의 참여자 수가 증가하면서 이득을 얻게 될 때 발생한다. 비자카드와 같은 지불 메커니즘을 생각해 보자. 비자카드를 받는 상점(생산자)이 늘어나면 쇼핑객(소비자)들은 보다 쉽고 편리하게 쇼핑을 할 수 있고, 이는 곧 긍정적인 교차 네트워크 효과를 발생시킨다. 물론 이 같은 효과는 반대의 상황에서도 발생한다. 비자카드 보유자가 더 많아지면 상점에게는 잠재적인 고객이 늘어난다. 마찬가지로 윈도 앱 개발자들이 늘어나면 사용자들 입장에서 윈도 시스템은 더욱 유연해지고 강력해진다. 그리고 윈도 사용자가 늘어나면 앱 개발자들에게도 잠재적인 이익(금전적인 이익과 다른 유형의 이익)이 늘어난다. 긍정적인 교차 네트워크 효과는 모두에게 유리한 결과를 가져온다.

물론 교차 네트워크 효과가 언제나 대칭적이진 않다. 오케이큐피드에서는 여성이 끌어오는 남성이, 남성이 끌어오는 여성보다 더 많다. 우버에서는 성장 측면에서 한 명의 운전자가 한 명의 탑승객보다 더 중요하다. 안드로이드에서는 한 개발자가 만든 앱이 끌어들이는 사용자들이, 사용자 한 명이 끌어들이는 개발자의 앱보다 더 많다. 트위터에서는 어마어마하게 많은 사람들이 트윗을 읽는 반면 소수만이 트윗을 전송한다. 쿼라(Quora)와 같은 질의응답 네트워크에서는 엄청나게 많은 사람들이 질문을 올리는 반면 소수만이 질문에 답을 한다.[15]

그러나 여기에도 고려해야 할 어두운 면이 있다. 즉 '부정적인 교차 네트워크 효과(negative cross-side effects)'가 발생하는 상황이다. 음악, 텍스트, 이미지, 동영상과 같은 디지털 미디어 공유를 촉진하는 플랫폼을 생각해 보자. 대부분의 경우 생산자(예를 들면 음반사)의 수가 증가하면 소비자들에게는 긍정적인 혜택이 돌아간다. 그러나 한편으로는 복잡성과 비용이 늘어나기도 한다. 예를 들어 읽고 수락해야 할 디지털 저작권 관리 양식이 지나치게 많아질 수 있다. 이런 경우에는 긍정적인 교차 네트워크 효과가 부정적인 교차 네트워크 효과로 바뀐다. 그러면 소비자들은 해당 플랫폼을 떠나거나 사용 빈도를 줄이게 된다. 마찬가지로 플랫폼상의 경쟁 판매자들이 보내는 메시지가 급증하게 되면 불쾌한 광고로 어수선해지며, 생산자 선택의 폭을 확대하려 했던 긍정적인 파급력이 부정적인 교차 네트워크 효과로 바뀌어 소비자로부터 외면을 받게 되고 플랫폼의 가치도 훼손된다.

우리는 부정적인 교차 네트워크 효과의 증가로 우버가 겪게 될 고통이 늘어나는 상황을 예측할 수 있다. 만일 우버 탑승객의 수에 비해서 지나치게 운전자 많아지면 운전자의 운전 중단 시간이 늘어날 것이다. 반대로 우버 운전자 수에 비해 지나치게 탑승객이 많아지면 탑승객들의 대기 시간이 길어질 것이다(〈그림 2.2〉를 보라).

사실상 이러한 사태가 이미 벌어지고 있다. 우버가 주어진 시장에서 포화 상태에 이르자 너무나 많은 운전자들이 서로 충돌하게 되고 운전 중단 시간이 늘어나면서 일부 운전자들은 시장을 떠나기도 했다. 더욱 완벽하게 우버의 성장 소용돌이를 묘사한 〈그림 2.2〉는 양면 시장에 있는 기업은 반드시 4가지 네트워크 효과를 모두 관리해야 한다는 사실을 보여 준다. 플랫폼을 잘 성장시키기 위해서는 긍정적인

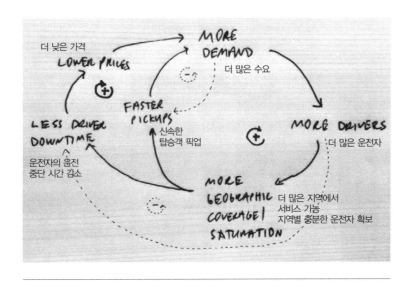

〈그림 2.2〉 데이비드 삭스의 우버에 대한 냅킨 스케치. 부정적인 피드백 고리가 삽입되었다.

네트워크 효과를 늘려야 하며, 가능하면 긍정적인 피드백 고리를 많이 만들고 강화시켜야 한다. 이 과제를 어떻게 하면 효과적으로 수행해 낼 수 있을지에 대해서는 뒷장에서 구체적인 방법을 안내하겠다.

이제는 내부 대신 외부로 눈을 돌려야 한다

우리가 살펴봤듯이 산업화 시대에 거대 기업은 규모의 공급 경제에 의존했다. 반대로 인터넷 시대에 존재하는 대부분의 대기업들은 규모의 수요 경제에 의존한다. 에어비앤비, 우버, 드롭박스, 스레드리스, 업워크, 구글, 페이스북과 같은 기업들은 이들이 차용한 자본, 이들이 운용하는 기계, 이들이 관리하는 인적 자원이라는 비용 구조 때문에 가치 있는 게 아니다. 이들의 가치는 이들의 플랫폼에서 활동하는 커뮤니티에서 나온다. 인스타그램이 10억 달러에 팔린 이유는 그곳에서 일하는 직원 13명 때문이 아니다. 왓츠앱(WhatsApp)이 190억 달러에 팔린 이유는 이 회사의 직원 50명 때문이 아니다. 이들이 팔린 이유는 모두 같다. 두 회사가 일으킨 네트워크 효과 때문이다.

표준 회계 처리 방식으로는 커뮤니티의 가치를 기업의 가치로 환산할 수 없지만, 주식 시장은 할 수 있다. 회계사들은 이런 추세를 조금씩 따라가고 있다. 한 전문가 팀이 컨설팅 및 회계 법인인 딜로이트(Deloitte)와 공동 수행한 연구 결과에 따르면, 주된 경제 활동을 근거로 기업의 유형을 크게 4가지로 나눌 수 있다고 한다. 바로 자산 구축가(asset builders), 서비스 제공자(service providers), 기술 창조자(technology creators), 네트워크 조정자(network orchestrators)다. 자산 구축가는 물리적인 상품을 제공하는 데 필요한 물리적 자산을 개발한다. 포드 자동차와 월마트 같은 기업이 자산 구축가에 해당된다. 서비스 제공자는 고객들에게 서비스를 제공하기 위해 직원들을 고용한다. 유나이티드헬스케어(UnitedHealthcare)와 액센츄어 같은 기업이 대표적인 예다. 기술 창조자는 소프트웨어와 바이오 기술 같은 지적 재산을 개발하고 판매한다. 마이크로소프트, 암젠(Amgen)이 여기에 해당된다. 마지막으로 네트워크 조정자는 사람과 기업이 함께 가치를 창출할 수 있는 네트워크를 개발한다. 사실상 플랫폼 기업들을 가리킨다. 연구 결과에 따르면, 이들 중 네트워크 조정자가 가장 효율적으로 가치를 창출한다. 대체적으로 네트워크 조정자는 '시장 승수'(기업의 시장 가치와 해당 기업의 주가수익비율PER 사이의 관계에 기초한)가 8.2나 된다. 이는 기술 창조자가 4.8, 서비스 제공자가 2.6, 자산 구축자가 2.0

인 것과 크게 대조적이다.[16] 더 간단히 말하면, 이와 같은 정량적 차이가 네트워크 효과에 따라 창출되는 가치를 나타낸다고 말할 수 있다.

게다가 네트워크 효과가 존재하는 곳에서 산업은 저마다 다른 규칙에 따라 움직인다.[17] 회사 안보다 회사 밖으로 네트워크 효과를 확대시키는 것이 훨씬 쉽다는 게 한 가지 이유다. 언제나 회사 안보다는 밖에 사람들이 더 많기 때문이다. 따라서 네트워크 효과가 존재하는 곳에서 조직은 관심의 초점을 반드시 안에서 밖으로 옮겨야 한다. 기업이 뒤집어진다는 것은 안과 밖이 뒤바뀐다는 뜻이다. 인적 자원 관리에서 관심의 초점은 직원에서 일반 대중으로 이동한다.[18] 혁신은 사내 연구 개발(R&D) 중심에서 개방형 혁신으로 옮겨간다.[19] 참여자들을 위한 가치 창출 활동이 벌어지는 주된 공간이 내부 생산 부서에서 외부 생산자와 소비자 집단으로 바뀐다. 이 말은 곧 외부효과(externalities) 관리가 리더십의 핵심 기술이 된다는 것을 의미한다. 성장은 수평적·수직적 통합에서 일어나지 않고 기능적 통합과 네트워크 조정에서 일어난다. 재무와 회계 처리의 초점이 현금 흐름과 소유 가능한 자산으로부터 영향력을 발휘할 수 있는 커뮤니티와 자산으로 이동한다. 그리고 플랫폼 비즈니스 자체는 수익성이 상당히 높긴 하지만, 이제 수익 창출의 중심부는 조직 내부가 아닌 외부에 존재한다.

네트워크 효과는 21세기 거대 기업을 만들어 내고 있다. 구글과 페이스북은 각각 세계 인구의 7분의 1 이상과 접촉하고 있다. 네트워크 효과가 발휘되는 세상에서 사용자 생태계는 경쟁 우위와 시장 지배력의 새로운 원천이다.

Platform 2 이것만은!

❏ 산업 시대의 거대 기업들은 규모의 공급 경제로 인해 가능했지만, 오늘날의 거대 기업은 규모의 수요 경제에 의해 가능해졌다. 이를 네트워크 효과라고 표현한다.

❏ 네트워크 효과는 가격 효과, 브랜드 효과, 또는 다른 유사한 성장 구축 도구들과 다르다.

❏ 자유로운 진입과 확장성은 네트워크 효과의 가치 구축 능력을 극대화한다.

❏ 양면 시장(생산자와 소비자가 있는)에서는 동일면 네트워크 효과(긍정적/부정적)와 교차 네트워크 효과(긍정적/부정적) 등 4가지 유형의 네트워크 효과가 발생한다. 플랫폼 비즈니스가 성장하려면 반드시 이 4가지 네트워크 효과를 잘 관리해야 한다.

❏ 부정적인 네트워크 효과를 최소화하기 위해 가장 중요한 것은 제대로 된 큐레이션이다. 큐레이션이 잘 되면 생산자와 소비자가 만족할 수 있는 매칭의 기회가 늘어난다.

Platform Revolution

3장

아키텍처
플랫폼은 어떻게 디자인해야 하는가

플랫폼의 본질에 집중하라

사람들의 참여를 늘리고 모든 사용자들에게 큰 가치를 제공하는 플랫폼을 어떻게 구축할 것인가? 생산자와 소비자들이 서로에게 득이 되는 상호작용을 더욱 쉽게 할 수 있게 도와주는 도구와 서비스를 어떻게 제공할 것인가? 그리고 빨리 확장할 수 있으면서 부정적인 네트워크 효과는 최소화하고 긍정적인 네트워크 효과를 늘리는 기술 인프라를 어떻게 설계할 것인가?

매우 어려운 과제이다. 플랫폼은 다양한 역할을 맡은 사용자들이 다양한 방식으로 상호작용하는 네트워크를 지지해야만 하는 복잡하고 다면적인 시스템이다. 산업별 플랫폼—예컨대 의료 플랫폼—은 해당 산업 참여자들 간의 상호작용을 촉진해야 한다. 게다가 산업별 참여자들의 욕구는 저마다 매우 다를 뿐 아니라 경제, 법규, 기술적 상황이 달라지면 빈번하게 변화한다.

복잡한 시스템을 설계하거나 만드는 디자이너와 개발자들이 적절한 출발점을 찾는 데 어려움을 느끼는 경우가 자주 있다. 이런 문제는 특히 플랫폼 사업에서 심각하게 대두된다. 이는 플랫폼 사업이 직선적이고 분명한 파이프라인 사업보다 익숙하지 않은 데다 훨씬 복잡하기 때문이다. 보통 새로 플랫폼 사업을 시작하려는 이들은 비슷한 사례를 조사한 다음, 이를 모방하려는 경향이 있다. 그러나 그 어떤 시장도 똑같지 않기 때문에 이러한 전략은 자주 실패한다. 제대로 설계되지 않은 플랫폼은 사용자들을 위한 가치를 거의 제공하지 못하며, 네트워크 효과 역시 미미하거나 아예 창출해 내지 못할 때도 있다.

그렇다면 우리는 새로운 플랫폼을 어디서부터 설계해야 할까? 가장 좋은 방법은 본질에 초점을 맞추는 것이다. 플랫폼이 정확히 무엇을 수행하며, 어떻게 작동하는가를 물어야 한다는 것이다.

지금까지 봤듯이 플랫폼은 생산자와 소비자를 연결하여 이들이 서로 가치를 교환할 수 있게 해 준다. 일부 플랫폼은 소셜 네트워크에서 볼 수 있듯이 사용자들끼리 직접 관계 맺는 것을 허용하기도 한다. 이러한 관계 맺기는 사용자들 간의 가치 교환으로 이어진다. 어떤 플랫폼은 사용자들끼리 직접 관계를 맺게 하진 않지만 다른 메커니즘을 이용해 가치를 교환할 수 있게 해 준다. 예컨대 유튜브에서 생산자가 만든 동영상은 소비자에게 전달되지만, 이때 생산자와 소비자가 서로 직접적인 관계를 맺지는 않는다.

그런 점에서 플랫폼상의 상호작용은 현실 세계에서 일어나는 것이든 인터넷이라는 가상 세계에서 일어나는 것이든 다른 경제적 교환이나 사회적 교환의 모습과 닮았다. 생산자와 소비자는 언제나 3가지를 주고받는다. 바로 정보, 상품이나 서비스, 그리고 통화의 형태를 띤 것들이다.

정보의 교환은 무조건 용이하게

소를 파는 경매인이 목장 주인들 앞에서 가격을 외칠 때는 이베이의 검색 결과 페이지가 판매 상품을 보여 줄 때든, 모든 플랫폼에서 상호작용은 정보의 교환에서 시작한다. 이러한 정보는 당사자들의 교환 여부와 교환 방식을 결정할 수 있게 해 준다.

따라서 모든 플랫폼 비즈니스는 반드시 정보의 교환이 용이하게끔 설계되어야 한다. 어떤 플랫폼들은 정보 교환을 유일한 목표로 삼는 경우도 있다. 레딧(Reddit) 같은 뉴스 포럼이나 질의 응답 사이트인 쿼라가 그러한 예이다. 물론 주된 목적이 물리적인 상품이나 서비스를 교환하는 데 있는 플랫폼이라 하더라도 정보는 반드시 교환할 수 있어야 한다. 우버는 탑승객의 요청에 따라 운전 서비스 이용 가능 여부와 운전자의 위치 정보를 제공한다. 옐프(Yelp)는 사용자들이 식사할 만한 레스토랑 정보를 제공한다. 업워크는 회사와 프리랜서들이 함께 일할 것인지 신속하게 결정할 수 있도록 각자에 대한 정보를 교환하게 한다.

주목할 것은 어떤 경우든 정보 교환은 플랫폼에서 일어난다는 사실이다. 실제로 정보 교환은 플랫폼 비즈니스의 기본 특징 중 하나이다.

상품, 서비스 교환은 사용자가 편리하게

정보를 교환하고 나면 플랫폼 참여자들은 가치 있는 상품이나 서비스를 교환하기로 마음먹을 수 있다. 어떤 경우에는 플랫폼을 통해서 상품이나 서비스의 교환이 일어나기도 한다. 페이스북에서는 사진이나 링크, 개인적인 소식이나 기타 뉴스를 주고받지만, 유튜브에서는 동영상을 주고받는다. 플랫폼 사용자들이 주고받는 각 아이템을 '가치 단위(value unit)'라고 부른다. 어떤 경우에는 플랫폼의 정교한 시스템 덕분에 쉽고 편리하게 가치 단위를 교환할 수 있다. 이를테면 업워크는 고객에게 원격으로 서비스를 관리할 수 있는 기본 도구를 제공한다. 고객은 이를 이용해 프리랜서가 제작한 슬라이드와 동영상 같은 디지털 상품을 업워크 플랫폼에서 직접 주고받을 수 있다.

또 어떤 경우에는 상품이나 서비스가 플랫폼 바깥에서 교환되기도 한다(플랫폼상에서 배송 정보를 추적하거나 주고받을 수 있긴 하지만). 운송 배달 요청은 우버에서 받지만, 서비스는 실제 도로에서 실제 자동차로 이뤄진다. 저녁 식사 예약은 옐프에서 하지만, 사람들은 실제로 레스토랑에 있는 테이블에서 진짜 음식을 먹는다.

관심, 명성, 영향력, 평판도 교환 가능하게

상품이나 서비스가 플랫폼 참여자들 사이에서 교환될 때, 보통 특정 화폐의 형태로 대금이 지불된다. 대부분의 경우 전통적인 통화가 사용된다. 돈은 신용카드 데이터, 페이팔이나 비트코인, (드물게) 물리적인 현금 등 매우 다양한 방식으로 지불된다.

그러나 이외에도 다른 형태의 가치가 존재하고, 이로 인해 플랫폼 세계에서는 소비자들이 생산자들에게 다른 방식으로 '지불'할 수 있다. 유튜브의 동영상 시청자들이나 트위터의 팔로워들은 생산자에게 관심을 보여 주며, 이러한 관심은 생산자들에게 다양한 방식으로 가치를 제공한다.(예를 들어 생산자가 정치 비평가나 비즈니스 리더라고 하면 그는 선각자로서 영향력이 커지는 형태로 가치를 얻을 것이고, 생산자가 가수나 배우, 또는 운동선수라면 그는 팬 층이 두터워지는 형태로 가치를 얻는다.) 트립 어드바이저(TripAdvisor), 드리블(Dribbble), 500피엑스(500px)와 같은 사이트의 커뮤니티 회원들은 자기들이 좋아하는 생산자의 평판을 높여 주는 형태로 가치를 제공한다. 따라서 관심, 명성, 영향력, 평판, 기타 무형의 가치가 플랫폼에서는 '통화'가 된다.

때로는 통화 교환이 플랫폼 자체에서 이뤄진다. 보통 이런 경우는 통화가 관심이나 평판의 형태를 띤다. 그러나 상품이나 서비스 교환은 다른 곳에서 일어나지만 금전 지급은 플랫폼에서 일어날 때도 있다. 우버와 에어비앤비 같은 경우가 그렇다. 서비스는 플랫폼 밖에서 제공되지만 프로세스는 플랫폼상에서 대금 지급과 함께 종료된다.

더 자세한 내용은 6장에서 다루겠지만, 한 플랫폼의 수익 창출 능력은 그 플랫폼이 획득하고 내재화할 수 있는 통화의 유형과 직접적인 관계가 있다. 플랫폼 내에서 돈이 흘러 다니면 거래 수수료를 청구하기가 쉬워진다. 에컨대 이베이에서 경매가 성공적으로 이뤄진 뒤에 일반적으로 부과하는 판매가의 10%에 해당하는 수수료가 그런 예이다. 사람들의 관심을 끄는 데 능한 플랫폼은 그것을 가치 있게 여기는 제3자로부터 돈을 받아서 수익을 창출할 수 있다. 에컨대 광고주는 특정 주제와 관련된 포스팅에 쏠린 사람들의 '관심'을 대가로 페이스북에 기꺼이 돈을 지불할 것이다.

그러므로 플랫폼의 목적은 생산자와 소비자들이 한데 모여 서로 정보, 상품이나 서비스, 통화를 교환할 수 있게 해 주는 데 있다. 플랫폼은 참여자들이 만날 수 있는 인프라를 만들어 주고 이들에게 도구와 규칙을 제공함으로써, 이들이 쉽게 그리고 서로에게 도움이 되는 방식으로 가치를 주고받게 해 준다.

플랫폼 성패의 관건, 핵심 상호작용의 디자인

플랫폼은 동시에 하나의 상호작용이 일어날 수 있게끔 설계되어 있다. 따라서 플랫폼을 설계할 때는 가장 먼저 생산자와 소비자 사이의

'핵심 상호작용-(core interaction)'을 설계하는 것부터 시작해야 한다. 핵심 상호작용은 플랫폼에서 일어나는 가장 중요한 활동이다. 그리고 이는 대부분의 사용자들을 맨 처음 플랫폼으로 끌어들이는 가치의 교환과 관련되어 있다. 핵심 상호작용에는 참여자(participants), 가치 단위(value unit), 필터(filter) 등 3가지 핵심 요소가 수반된다. 이 3가지 요소는 반드시 명확하게 정의해야 하며, 사용자들이 핵심 상호작용을 최대한 간편하고 매력적이며 가치 있게 느낄 수 있도록 신중하게 설계해야 한다. 플랫폼의 가장 기본적인 목표는 이러한 핵심 상호작용을 촉진하는 데 있다.

핵심 상호작용이 으뜸이라는 기본 규칙은 언제나 적용된다. 비록 대다수의 플랫폼에서 다양한 참여자들에 의해 다양한 방식으로 상호작용이 일어나지만 핵심 상호작용이 가장 중요하다. 일례로 링크드인에서는 다양한 상호작용이 일어난다. 전문가들이 경력과 비즈니스 전략에 대한 정보를 교환하고, 채용 담당자들은 구인 정보와 지원 후보자들에 대한 정보를 교환한다. 인사 관리자들은 노동 시장 소식을 주고받으며, 업계 비평가들은 글로벌 트렌드에 대한 자신의 의견을 개진한다. 이렇게 다양한 형태의 상호작용이 플랫폼을 중심으로 계속해서 일어나며, 각각의 상호작용은 특정 플랫폼의 목적에 맞게 설계되어 사용자들이 새로운 형태의 가치를 창출할 수 있게 해 준다. 오늘날 우리가 알고 있는 링크드인은 다면 플랫폼으로, 처음에는 전문가들을 서로 연결한다는 단일 핵심 상호작용을 중심에 두고 실세되었다.

그럼 지금부터 핵심 상호작용의 3가지 요소를 알아보고, 어떻게 하면 이 요소들을 연결하여 플랫폼에서 가치를 창출할 수 있을지 살펴보자.

참여자의 역할, 범위를 명확하게 파악하라

기본적으로 모든 핵심 상호작용의 참여자는 둘이다. 하나는 가치를 창출하는 생산자, 다른 하나는 가치를 소비하는 소비자이다. 핵심 상호작용을 정의할 때 두 참여자의 역할은 모두 명확하게 기술하고 파악해야 한다.

플랫폼을 설계할 때 한 가지 알고 가야 할 점이 있는데, 바로 같은 사용자가 다른 상호작용에서는 다른 역할을 할 수 있다는 사실이다. 같은 사람이 에어비앤비에서 호스트이면서 게스트일 수 있다. 물론 그 사람은 대개 특정 상호작용에서 둘 중 하나의 역할만 수행할 것이다. 유튜브에서 사용자들은 동영상을 올리기도 하고 시청하기도 한다. 잘 설계된 플랫폼에서 사용자들은 한 역할에서 다른 역할로 쉽게 전환할 수 있다.

반대로 다수의 사용자들, 그리고 다양한 유형의 사용자들이 하나의 상호작용에서 동일한 역할을 수행할 수 있다. 예를 들어 페이스북에서 흔히 일어나는 상호작용 중 하나가 '상태 업데이트'이다. 상태 업데이트는 특정 회원이 페이스북 네트워크 안에 있는 참여자들에게 자신이 무엇을 하고 있는지, 무슨 생각을 하고 있는지 알리기 위해 콘텐츠를 포스팅하는 것이다. 특정 페이스북 페이지에서 상태를 바꾸는 생산자는 개인일 수도 있고 기업일 수도 있으며 친구 그룹이거나 비영리 기관일 수도 있다. 그러나 기본적으로 수행하는 역할은 같다. 마찬가지로 유튜브에 있는 동영상은 미디어 기업이 제작하기도 하지만 개인이 제작하기도 한다. 다양한 주체가 참여하도록 동기를 부여하는 데 쓰이는 인센티브는 모두 다르지만, 그들이 맡은 역할은 모두 동일하다.

가치 단위는 핵심 상호작용에서 나온다

우리가 언급했듯이 모든 상호작용은 정보의 교환에서 시작하며, 이 때 정보는 참여자에게 가치 있는 것이어야 한다. 따라서 사실상 대부분의 경우 핵심 상호작용은 생산자에 의해 가치 단위가 만들어지는 것에서 시작된다.

몇 가지 예를 들어 보겠다. 이베이나 에어비앤비 같은 시장에서 제품·서비스 목록 정보는 판매자가 만든 가치 단위이며, 이는 구매자가 수행한 검색 결과나 구매자의 과거 관심사를 기반으로 제공된다. 킥스타터(Kickstarter)와 같은 플랫폼에서 프로젝트에 대한 상세한 설명은 잠재적인 후원자들이 투자 여부를 결정할 수 있게 해 주는 가치 단위이다. 유튜브의 동영상, 트위터의 트윗, 링크드인의 전문가 프로필, 우버의 이용 가능한 차량 목록도 모두 가치 단위이다. 각각의 경우 사용자에게 가치 단위를 교환할지 말지를 결정하는 데 도움이 되는 근거가 제공된다.

필터는 가치 단위의 효과적인 이용을 위한 필수 요소다

가치 단위는 필터를 바탕으로 선별된 고객들에게 제공된다. 필터는 플랫폼이 사용하는 알고리즘 형태의 소프트웨어 기반 도구로, 사용자들이 적절한 가치 단위를 교환할 수 있게 해 준다. 필터가 잘 설계되어 있을 경우 플랫폼 사용자들은 자신들과 관련이 있으면서도 유용한 가치 단위만을 제공받을 수 있다. 그러나 필터가 제대로 설계되지 않으면(또는 아예 필터가 없는 경우) 자신들과 무관한 데다 쓸모없는 가치 단위가 쇄도하게 되어 사용자들이 플랫폼을 떠날 수도 있다.

검색어는 필터의 한 예이다. 참여자들은 관심 있는 정보를 검색할 때 특정 검색 용어를 명시한다. 예를 들면 '하와이 마우이 섬 하나(Hana) 지역 인근 호텔' 또는 '텍사스 주 오스틴 거주 18세 이상 25세 이하 독신 남성'이라고 검색어를 입력한다. 플랫폼은 이전에 생산자(이를테면 호텔 소유자와 짝을 찾는 사용자)가 생성한 수백만 개의 가치 단위에 필터를 적용하여 검색어와 일치하는 특정 가치 단위를 찾아낸 다음 소비자에게 제공한다.

어떤 방식이든 모든 플랫폼은 필터를 이용하여 정보 교환을 관리한다. 우버 운전자들은 자신의 택시를 이용할 수 있는지 알리기 위해 플랫폼에 차량의 위치, 승객 탑승 여부 등 다양한 요소를 공유한다. 바로 이런 정보들이 가치 단위이며, 이를 통해 운전자는 자기에게 맞는 고객을 찾을 수 있다. 탑승객은 전화기를 꺼내어 차량 서비스를 요청할 때, 자신의 현재 위치를 기반으로 필터를 설정한다. 그러고 나면 탑승객과 가장 관련성이 높은 운전자 정보가 교환된다.

일단 이러한 정보 교환이 일어나면 나머지는 클릭 몇 번이면 된다. 자동차가 도착한 뒤 승객이 차를 타고 목적지에 도착하면 적정 요금이 승객의 계좌에서 운전자에게 지급된다. 그러면 핵심 상호작용이 완료된다. 가치가 생성되고 교환이 이뤄진 것이다.

일부 플랫폼은 더 복잡한 모델을 갖고 있지만, 기본 구조는 동일하다.

참여자+가치 단위+필터 ⇨ 핵심 상호작용

구글 검색 엔진도 기본적으로 이와 매우 비슷한 방식으로 작동한다. 구글의 크롤러(crawler)가 웹을 돌아다니며, 웹페이지 인덱스(가치 단위)를 생성한다. 소비자는 검색어를 입력한다. 구글은 검색어를 다른 사회적 신호, 이를테면 '좋아요', 리트윗, 댓글, 기타 인터넷상의 특정 포스팅이 얻은 반응 같은 구체적 정보와 결합시킨다. 이렇게 결합한 정보를 가지고 필터를 구성하면, 이 필터는 검색어를 입력한 소비자에게 어떤 가치 단위를 전송할지 결정한다.

페이스북 네트워크에 있는 모두가 상태를 업데이트하고 사진을 올리고 댓글을 달며 링크 등을 공유한다. 이 모든 것이 플랫폼의 가치 단위들이다. 뉴스 피드(news feed) 알고리즘은 내가 그동안 올린 콘텐츠를 가지고 수행한 과거의 상호작용을 필터로 이용하여 어떤 가치 단위를 전달하고 어떤 가치 단위를 전달하지 않을지 결정한다.

플랫폼을 설계할 때 우리는 가장 먼저 무엇을 핵심 상호작용으로 삼을지를 결정해야 한다. 그런 다음에 참여자와 가치 단위, 그리고 필터를 정의하여 핵심 상호작용이 일어날 수 있게 해야 한다.

우리가 링크드인과 페이스북의 사례에서 보듯, 플랫폼은 시간이 지남에 따라 확장해 나가면서 다양한 유형의 상호작용을 수용한다. 그리고 각각의 상호작용에는 다양한 참여자, 가치 단위, 필터가 포함된다. 그러나 성공적인 플랫폼은 사용자들을 위해 지속적으로 높은 가치를 만들어 내는 단 하나의 핵심 상호작용에서 시작한다. 간편한 데다가 즐겁기까지 한, 가치 있는 핵심 상호작용은 참여자들을 끌어올 뿐 아니라 긍정적인 네트워크 효과를 발생시킨다.

앞서가는 플랫폼은 가치 단위에 집중한다

핵심 상호작용에서 설명했듯이, 가치 단위는 플랫폼을 운영하는 데 매우 중요하다. 그러나 대부분의 경우 플랫폼이 가치 단위를 만들어 내지는 않는다. 사실 가치 단위는 플랫폼에 참여하는 생산자들이 만든다. 따라서 플랫폼은 재고를 통제하지 못하는 '정보 공장'이라 할 수 있다. 플랫폼은 소위 '작업장'(즉 플랫폼은 가치 단위를 만들 수 있는 기반 시설을 구축한다)을 만든다. 플랫폼은 품질 관리 문화를 조성하기도 한다(생산자들이 정확하고 유용하고 유관하며 소비자들이 관심을 가질 만한 가치 단위를 생산하게 조치를 취한다). 플랫폼은 필터를 개발할 때 가치 단위를 전달할 수 있게 하는 한편 가치가 없는 것들은 차단할 수 있게끔 설계한다. 그러나 플랫폼이 가치 단위 생성 과정 자체를 직접 통제하지는 않는다. 바로 이 점이 전통적인 파이프라인 비즈니스와 크게 다른 점이다.[1]

파살(Fasal)은 인도의 시골에 있는 농부들과 중개상과 기타 구매자들을 연결해 주는 온라인 시스템이다. 파살을 통해서 농부들은 가까운 시장 여러 곳에서 농산품이 얼마에 팔리는지 신속하게 알 수 있으며, 어느 시장에 상품을 내놔야 가장 유리한지도 알 수 있다. 또 데이터를 가지고 가격을 협상할 수도 있다. 가격 협상은 전 세계 누구나 고민하는 문제이다.[2]

이 책의 공동 저자 중 한 사람인 상지트 초더리가 바로 이 파살 시스템을 구축하고 상업화하는 데 앞장섰다. 초더리와 그의 팀 앞에 놓인 도전 과제 중 하나는 생산자와 소비자가 가치 단위를 공유할 때, 이들이 사용할 수 있는 통신 인프라의 종류가 무엇인지 알아내는 것이었다. 초더리와 그의 팀은 휴대폰이 가장 적합한 통신 수단이라는 것을 알아냈다. 인도의 농부들 절반 이상이 휴대폰을 보유하고 있었으며, 심지어 최하층민들까지도 휴대폰을 가지고 있었다. 사실상 대부분의 개발도상국과 마찬가지로 이 인도의 시골 지역에서도 휴대폰 사용이 급격한 증가 추세에 있었다. 그때그때 연락할 수 있는 휴대폰

은 영세 농민들이 절실히 필요로 하는 시장 정보를 전달하는 통로가
되었다.

그러나 농부들과 현지 전통 시장인 만디(mandi) 사이에서 거래를
일으키는 데 필요한 핵심 가치 단위를 만드는 것이 더 막중한 도전
과제였다. "우리는 다양한 종류의 정보가 필요했다"고 초더리가 설
명한다.

물론 우리는 만디의 가격 데이터가 필요했다. 당근과 콜리플라워에서부
터 콩과 토마토에 이르기까지 다양한 등급의 농산품들에 대한 시장 가격을
알아야 했다. 이런 정보를 수집하는 것은 꽤 쉬웠다. 일부 중개상들이 우리
에게 직접 가격 정보를 알려 주기도 했다. 그래서 우리는 이렇게 수집한 정
보를 보충하기 위해 만디를 방문할 현지인을 고용했다. 이들은 시장을 직
접 방문해서 거래 가격을 수집한 다음 우리에게 보고했다.

그다음 처리할 일은 좀 더 어려웠다. 농민들에게 실제로 유용한 전자 정
보 소스를 구축하려면 그들에 대한 데이터도 필요했다. 농민늘이 심은 작
물, 예상 수확 주기, 농장 위치, 만디에 대한 접근성 등의 정보를 수집해야
했다. 이 모든 정보는 농민들이 시장에서 가장 좋은 가격을 받는 데 영향을
줄 수 있는 요인들이었다.

그러나 이런 정보를 여기저기 흩어져 있는 농부들—대부분 문맹이었
다—로부터 수집하는 일은 매우 까다로웠다. 우리는 몇 가지 실험을 해 보
았다. 일단 입소문으로 우리가 하려는 서비스와 정보 수집 계획을 퍼뜨려
보기로 했다. 우리는 현지 마을의 '우두머리'—마을의 비공식 촌장—를 정
보 전달 통로로 활용하려고도 했다. 현지의 종사 및 비료 판매상과 휴대폰
유심 카드 판매업자와의 거래도 시도했다. 이들이야말로 개별 농민들과 자

주 연락을 주고받는 사람들이었기 때문이다. 그러나 그 어떤 방법도 별다른 효과를 거두지 못했다. 우리가 함께 일하려 했던 사람들은 좀처럼 관심을 보이지 않았다. 간단히 말해서 이들에게는 정보를 활발히 생산하는 데 따른 인센티브가 충분치 않았던 것이다.

결국 우리는 자체적으로 데이터 수집가 네트워크를 구축해야만 했다. 이 데이터 수집가들은 인도인들이 '발로 뛰는(feet on street, FOS)' 판매 인력이라고 부르는 사람들이었다. FOS 팀은 집집마다 돌아다니면서 농부들과 만나고 이들의 작물과 판매 계획에 대한 핵심 정보를 서식에 기록했다. 그러고 나서 이렇게 수집한 데이터를 우리 사무실로 가져오면, 우리는 이 데이터를 스프레드시트에 입력했다. 우리는 조금씩 현지 시장을 이해하는 데 필요한 데이터베이스를 구축해 나갔다.

이렇게 가치 단위에 집중하는 일은 플랫폼을 운영하는 입장에서 매우 중요하다. 누가 가치 단위를 만들 수 있는지, 어떻게 가치 단위를 만들어서 플랫폼에 통합할 것인지, 중요한 가치 단위와 중요성이 떨어지는 가치 단위를 가르는 점이 무엇인지 정하는 것은 모두 중요한 문제다. 우리는 이러한 내용을 이 책 전반에 걸쳐 다룰 것이다.

끌어오고, 촉진하고, 매칭시키는 플랫폼의 디자인

핵심 상호작용이야말로 우리가 플랫폼을 설계하는 이유이다. 플랫폼의 목적은 전적으로 핵심 상호작용을 가능하게 하는 데 있다. 사실을 말하자면 그 핵심 상호작용을 가능한 한 극대화하여 모든 참여자들에게 상당한 가치를 제공함으로써 나중에 없어서는 안 되는 존재가 되는 것이 플랫폼의 목적이다. 그렇다면 어떻게 이러한 목적을 달성할 것인가? 플랫폼 설계자가 가치 있는 핵심 상호작용을 충분히 발생시켜서 점점 더 많은 참여자들을 플랫폼에 끌어들이기 위해 무엇을 할 수 있는가?

지금부터 우리는 여러 쪽에 걸쳐 플랫폼 설계 방법에 대해 살펴볼 것이다. 가치 있는 핵심 상호작용이 많이 일어나게 하려면 플랫폼은 3가지 핵심 기능을 반드시 수행해야 한다. 바로 끌어오기(pull), 촉진하기(facilitate), 매칭하기(match)이다. 플랫폼은 반드시 생산자와 소비자를 플랫폼으로 데려와야 한다. 그래야만 생산자와 소비자들이 상호작용할 수 있다. 플랫폼은 생산자와 소비자의 상호작용을 촉진해야 한다. 그러려면 이들이 쉽게 만나서 가치를 교환할 수 있도록 도구와 규칙을 제시해야 한다(한편 그렇지 않은 활동은 저지하도록 해야 한다). 그리고 플랫폼은 효과적으로 생산자와 소비자들을 짝지어 줘야 한다. 이때 서로에 대한 정보를 이용하여 각자 원하는 것들을 얻는 방향으로 맺어 줘야 한다.

이 3가지 기능을 모두 제대로 수행해야만 플랫폼이 성공을 거둘 수 있다. 참여자를 끌어오는 데 실패한 플랫폼은 플랫폼의 가치를 드높여 줄 네트워크 효과를 일으킬 수 없다. 상호작용을 촉진시키지 못하는 플랫폼은—투박한 기술 때문이건 사용에 제약을 줄 정도로 지나치게 엄격한 정책 때문이건—결국 참여자들의 의욕을 꺾어 이들을 플랫폼에서 멀어지게 한다. 그리고 참여자들을 서로 매칭시키지 못한 플랫폼은 참여자들의 시간과 에너지를 빼앗게 되고, 곧 이들은 플랫폼에서 이탈할 것이다.

이제 3가지 중요한 기능을 하나씩 좀 더 자세히 살펴보겠다. 효과적인 플랫폼 설계란 이들 모두를 최대한 강력하게 수행할 수 있는 시스템을 만드는 것이다.

무엇을 가지고 누구를, 어디서 끌어올 것인가

소비자들을 플랫폼으로 끌어오는 문제를 파이프라인 기업들은 겪지 않는다. 따라서 그들에게 이러한 플랫폼 마케팅 접근법은 직관에 반하는 것으로 보일 수 있다. 특히 오래도록 파이프라인이 지배하는 세계에서 성장한 비즈니스 리더들은 더더욱 이해하기 힘들 것이다.

먼저 플랫폼은 파이프라인 비즈니스라면 고민하지 않을, 닭이 먼저냐 달걀이 먼저냐 하는 문제를 해결해야 한다. 사용자들은 플랫폼을 방문할 가치가 없으면 찾아오지 않을 것이고, 사용자가 찾지 않는 플랫폼은 가치가 없다. 대부분의 플랫폼이 실패하는 이유는 단순하다. 이 문제를 해결하지 못했기 때문이다. 닭이 먼저냐 달걀이 먼저냐 문제는 매우 중요하므로 5장에서는 이 문제를 분석하고 해결하는 데 온전히 지면을 할애할 예정이다.

두 번째 문제는 플랫폼에 방문하거나 가입하는 사용자들이 계속해서 흥미를 느끼도록 하는 데 있다. 오늘날 대형 소셜 네트워크들은 모두 어느 시점에 도달하면 이 같은 문제에 부딪혀 왔다. 예를 들어 페이스북은 사용자들이 최소한 몇 명의 다른 사용자들과 친구 관계를 맺었을 때 플랫폼이 가치 있다고 느끼는지를 알아냈다. 적정 수의 사용자와 친구 맺기를 하기 전까지는 페이스북을 떠날 가능성이 있었다. 이에 대응하여 페이스북은 마케팅 방법을 신규 회원 가입 유치에서 회원들 간의 친구 맺기를 독려하는 쪽으로 선회했다.

사용자들이 계속 플랫폼으로 돌아오게 만드는 강력한 도구 중 하나가 피드백 고리이다. 플랫폼에서 피드백 고리는 다양한 형태로 나타날 수 있으며, 모든 형태의 피드백 고리는 지속적인 자기 강화 활동을 발생시킨다. 일반적으로 피드백 고리에서 가치 단위는 사용자들의 반응이라는 형태로 움직인다. 가치 단위가 사용자들과 유관한 데다 흥미를 끄는 것이라면 그들은 계속 해당 플랫폼을 찾아오게 되고, 그렇게 되면 가치 단위의 흐름이 더 원활해지면서 상호작용도 늘어날 것이다. 효과적인 피드백 고리는 네트워크 확장, 가치 생성, 네트워크 효과 향상에도 도움을 준다.

피드백 고리의 유형 중에 '단일 사용자 피드백 고리(single-user feedback loop)'가 있다. 이 피드백 고리는 플랫폼 인프라에 내장된 알고리즘으로 사용자 활동을 분석하고 사용자의 관심, 선호도, 요구로부터 결론을 도출하여, 새로운 가치 단위와 사용자들이 가치 있다고 여길 만한 관계를 추천해 준다. 이 알고리즘이 제대로 설계되고 프로그래밍되기만 하면, 단일 사용자 피드백 고리는 더욱 활발한 활동을 불러오는 강력한 도구가 될 수 있다. 참여자가 플랫폼을 더 많이 이용할수록 플랫폼은 참여자에 대해 더 많이 '학습'하게 되고, 이로 인해 플랫폼은 더 정확한 추천을 할 수 있게 되기 때문이다.

'다중 사용자 피드백 고리(multi-user feedback loop)'에서는 생산자의 활동이 관련 소비자에게 전달되면 다시 소비자의 활동이 생산자에게 전달된다. 효과적인 다중 사용자 피드백 고리는 선순환 주기를 생성하여 생산자와 소비자 양쪽의 활동이 활발해지게 만들고, 나아가 더 강력한 네트워크 효과를 불러온다. 페이스북의 뉴스 피드는 대표적인 다중 사용자 피드백 고리이다. 생산자가 상태를 업데이트하면 소비자는 '좋아요' 표시를 누르고 댓글을 남김으로써 생산자에게 피드백을 제공한다. 이러한 가치 단위 흐름이 지속적으로 이어지면 더 많은 활동이 일어나고, 참여자들은 플랫폼이 더 가치 있다고 여기게 된다.

사용자들을 끌어들이는 플랫폼의 역량을 강화시키거나 약화시키는 요인들이 있다. 그중 하나가 플랫폼에서 교환되는 통화의 가치이다. 앞에서 언급했듯이 일부 플랫폼에서는 무형의 통화가 거래된다. 이를테면 사람들은 관심, 인기, 영향력을 주고받는다. 따라서 어떤 경우에는 네트워크 효과가 플랫폼에서 사용 가능한 통화의 매력도 증가라는 양상으로 나타난다. 트위터는 엄청난 사용자 기반을 갖추고 있어서 재미난 트윗은 같은 내용이라도 다른 플랫폼에 올릴 때보다 관심이라는 형태의 통화를 더 많이 끌어모을 수 있다. 따라서 트위터의 어마어마한 사용자 규모는 참여자들의 활동을 더욱 활발하게 만들어, 다른 플랫폼이 트위터와 경쟁하기 더 어렵게 만든다.

외부 네트워크의 참여자들을 지렛대 삼아 끌어오는 힘을 키울 수도 있다. 인스타그램과 왓츠앱은 페이스북 네트워크에 있는 사용자들을 등에 업고 몇 년 만에 수천만 명의 참여자들을 끌어들였다. 이 같은 사례와 기타 강력한 끌어오기 전략에 대해서는 플랫폼 론칭 과정을 다루는 5장에서 더 자세하게 알아본다.

어떻게 바람직한 상호작용만 촉진할 것인가

선통석인 파이프라인 비즈니스와 달리 플랫폼은 가치 창출 과정을 통제하지 않는다. 오히려 플랫폼은 가치를 창출하고 교환할 수 있게 하는 인프라를 만들고, 이러한 상호작용을 관리할 원칙들을 설계한다. 바로 이러한 모든 활동이 '촉진하기' 과정이다.

상호작용을 촉진한다는 말은 생산자가 플랫폼에서 가치 있는 상품과 서비스를 만들어 교환하는 일을 최대한 쉽게 해 준다는 뜻이다. 그러려면 협업과 공유에 필요한 크리에이티브 툴을 제공해야 할 수도 있다. 예컨대 캐나다에서 만든 사진 플랫폼인 500피엑스에서 사진작가들은 자신의 포트폴리오를 해당 플랫폼에 모두 올릴 수 있으며, 발명품 플랫폼인 쿼키(Quirky)에서는 사용자들이 자체 도구를 이용하여 획기적인 제품과 서비스를 개발하기 위해 독창적인 아이디어를 놓고 협력할 수 있게 해 준다.

상호작용을 촉진하기 위해 사용을 가로막는 장벽을 없애기도 한다. 얼마 전만 해도 페이스북 사용자가 친구들과 사진을 공유하려면 일단 카메라로 사진을 찍고 나서 그 사진을 컴퓨터로 전송한 다음, 컴퓨터에서 포토샵이나 다른 소프트웨어로 사진을 편집한 후에야 간신히 페이스북에 올릴 수 있었다. 반면에 인스타그램은 사용자가 한 기기에서 사진을 찍고 수정하고 공유하는 데 클릭 세 번만 하면 되게끔 만들었다. 이런 식으로 사용 장벽을 낮추면 상호작용이 활발해져 플랫폼에서의 활동이 늘어나는 데 도움이 된다.

어떤 경우에는 장벽을 높이는 것이 사용에 긍정적인 효과를 가져온다. 시터시티(Sittercity)는 부모들이 베이비시터 구하는 것을 도와주는 플랫폼이다. 사용자들(부모) 간에 신뢰를 얻기 위해 시터시티는 아무나 생산자(베이비시터)로 가입할 수 없게끔 엄격한 규칙을 적용한다. 또 어떤 경우에 플랫폼은 엄격한 규칙을 만들어 가치 단위와 다른 생산자가 만든 콘텐츠를 큐레이션해야 한다. 바람직한 상호작용은 촉진하고 그렇지 않은 것은 억제하기 위해서이다. 비교적 드물긴 하지만, 인종차별주의자와 성차별주의자들의 막말과 악행이 뉴스 포럼 레딧의 토론방에서 난무하고, 크레이그리스트(Craigslist, 미국 최대 온라인 생활정보 사이트-옮긴이)로 인해 살인 사건이 일어나고, 에어비앤비를 통해 빌려준 아파트가 쓰레기장이 되는 현상들은 나쁜 상호작용이 어떻게 네트워크 효과를 훼손하는지 잘 보여 준다.

가치를 창출하는 상호작용을 촉진하기 위해 플랫폼을 설계하는 일은 간단하지 않다. 플랫폼 큐레이션과 거버넌스의 어려움에 대해서는 7장과 8장에서 더 자세히 다루겠다.

매칭에 필요한 개인 정보 확보 방법은 다양하다

성공적인 플랫폼은 사용자들을 제대로 매칭해 주고 가장 관련성이 높은 상품과 서비스를 거래할 수 있게 보장함으로써 효율을 창출한다. 그러려면 생산자와 소비자, 만들어지는 가치 단위, 거래되는 상품과 서비스에 대한 정보를 이용해야 한다. 플랫폼이 처리할 수 있는 데이터가 많을수록—그리고 데이터를 수집, 조직, 분류, 분석, 해석하는 데 사용할 알고리즘이 잘 설계되어 있을수록—더 정확하게 필터링할 수 있고, 연관성과 유용성이 더 높은 정보를 주고받을 수 있으며, 생산자와 소비자 모두 최종적인 매칭에 더욱 만족하게 된다.

최적의 매칭에 필요한 데이터는 매우 다양하다. 상대적으로 정적인 정보라 할 수 있는 신원, 성별, 국적과 같은 것에서부터 동적인 정보라 할 수 있는 위치, 관계 상태, 연령, 특정 시점의 관심사(검색어에 반영되는)에 이르기까지 그 범위가 상당히 넓다. 페이스북 뉴스 피드처럼 정교한 데이터 모델은 필터를 만들 때 이 모든 요인들뿐 아니라 참여자의 이전 활동까지도 고려할 것이다.

플랫폼 기업들은 설계 과정의 일환으로 명확한 데이터 수집 전략을 세워야 한다. 사용자마다 데이터 공유에 대한 의지나 데이터 기반 추천 활동에 기꺼이 응할 준비가 되어 있는지 여부가 다 다르다. 어떤 플랫폼은 인센티브를 제공하여 참여자들이 적극적으로 정보를 제공하게끔 유도하기도 하고, 어떤 플랫폼은 사용자들로부터 데이터를 수집하기 위해 게임의 요소를 차용하기도 한다. 링크드인은 잘 알려져 있듯이 진행 표시 막대를 사용해 사용자들이 점진적으로 자신의 정보를 제공하게끔 유도해서 개인 프로필을 완성하게 한다. 데이터를 제3의 제공업체를 통해 수집할 수도 있다. 음악 스트리밍 앱인 스포티파이(Spotify)같은 모바일 앱은 사용자들에게 페이스북 가입 정보를 이용해서 가입하겠느냐고 묻는데, 이는 앱이 초기 데이터를 끌어오는 데 도움을 주고, 초기 데이터는 앱이 더 정확한 매칭을 할 수 있게 해준다. 그러나 일부 사용자들이 이에 저항하자 스포티파이를 비롯한 다수의 앱 개발업체들은 가입 시 페이스북 링크 외에 다른 방식으로도 가입할 수 있는 방법을 제시한다.

성공적인 플랫폼들은 서로서로 도움이 되는 매칭을 일관되게 제공한다. 따라서 플랫폼을 구축해서 유지하고자 하는 조직이라면 데이터 수집과 분석 방법을 꾸준히 개선하는 것이 중요한 과제이다.

끌어오기, 촉진하기, 매칭하기의 균형점은 어디인가

성공적인 플랫폼을 구축하는 데 있어서 3가지 핵심 기능인 끌어오기, 촉진하기, 매칭하기는 모두 필수 요소들이다. 그러나 모든 플랫폼이 이것들을 다 잘 수행하는 것은 아니다. 어떤 플랫폼이 적어도 한시적으로나마 살아남을 수 있다면 그것은 주로 강점을 보이는 특정 기능이 있기 때문일 것이다.

2015년 현재 크레이그리스트는 인터페이스도 엉망이고 관리 체계도 없고 데이터 시스템도 단순하지만 지속적으로 항목별 안내 광고 영역을 지배하고 있다. 크레이그리스트의 어마어마한 네트워크는 계속해서 사용자를 끌어당기고 있다. 그런 점에서 크레이그리스트의 강력한 끌어오기 기능은 상대적으로 취약한 촉진 및 매칭 기능을 보완한다. 적어도 지금까지는 그렇다.

비메오(Vimeo)와 유튜브가 동영상 영역에서 공존할 수 있는 것은 서로 다른 기능에 집중하고 있기 때문이다. 유튜브는 강력한 끌어오기 기능과 매칭에 있어서 데이터 활용에 대한 깊은 이해를 바탕으로 하고 있는 반면, 비메오는 더 나은 호스팅과 대역폭, 동영상 생산과 소비를 용이하게 하는 여러 도구들을 가지고 유튜브와 차별화하고 있다.

새로운 상호작용이 창출되도록 디자인하라

지금까지 살펴봤듯이 플랫폼 설계는 핵심 상호작용에서 시작한다. 그런데 성공적인 플랫폼은 시간이 흐르면서 핵심 상호작용 위에 새로운 상호작용을 겹겹이 쌓아 가며 확장하는 경향이 있다.

어떤 경우에는 플랫폼 창업자가 처음 사업을 시작할 때 장기적인 사업 계획의 일환으로 새로운 상호작용의 점진적 추가를 염두에 두고 있기도 한다. 2015년 초 우버와 리프트(Lyft)는 택시를 불러서 타는 기존 자사의 비즈니스 모델을 보완하는 새로운 차량 공유 서비스를 실험하기 시작했다. 우버풀(UberPool)과 리프트 라인(Lyft Line)으로 알려진 이 새로운 서비스는 목적지가 같은 두 명 이상의 탑승객이 한 차량에 합승할 수 있도록 함으로써 운전자는 수익을 늘리고 탑승객은 비용을 줄일 수 있게 했다. 리프트의 공동 창업자 로건 그린(Logan Green)은 이러한 탑승 공유 아이디어가 언제나 리프트 사업 계획 중 일부였다고 말한다. 로건 그린은 원래 '모든 시장'에서 초기 고객층을 끌어오기 위해 리프트를 설계했다고 설명하면서, 일단 그 목표를 완수한 이상 "이제 우리는 다음 카드인 합승할 탑승객들을 매칭하려고 한다"고 말했다.[3]

우버도 이러한 경쟁을 가볍게 취급하지 않는다. 자동차 공유 서비스에서 리프트보다 앞서기 위해 우버는 구글 맵의 대항마인 노키아의 디지털 지도 서비스 히어(Here) 인수전에 뛰어들었다. 우버가 히어를 인수해서 지도 서비스를 이용하고 싶어 하는 이유는 무엇일까? 신속 정확한 탑승 공유 매칭 서비스를 다른 업체보다 더욱 효과적으로 제공하기 위해서다.[4]

또 다른 경우에는 새로운 상호작용을 위한 아이디어가 경험과 관찰, 필요에 의해 생기기도 한다. 우버는 신규 운전자를 찾던 중 운전자로 일할 만한 사람들 대다수가 최근 미국으로 이민 온 사람들이란 사실을 알아냈다. 이들은 우버 택시를 몰아서 소득을 보전하는 데 매우 적극적이지만, 자동차 구매를 위한 자금 융자에 필요한 신용 상태와 대출 신청 자격이 충족되지 않았다. 우버의 운전자 운영 그룹 담당 앤드루 채핀(Andrew Chapin)은 운전자들의 자동차 대출 보증인으로 우버를 세우자는 아이니어를 냈다. 운전자 소득에서 대출 상환금을 공제해 직접 대출 기관에게 송금하자는 아이디어였다. 금융 회사들은 이 프로그램을 마음에 들어 했다. 우버가 막대한 현금을 가지고 대출금을 보증하므로 리스크가 거의 없는 거나 마찬가지였다. 그리고 지

역 자동차 판매상들은 재고 자산 회전율을 늘릴 수 있다는 점에서 이 아이디어를 환영했다.[5]

또 다른 예를 들어 보겠다. 링크드인은 전문 직업인들이 서로 인맥을 쌓을 수 있게 해 주는 것으로 시작했다. 초창기 링크드인에서는 오직 핵심 상호작용만 가능했다. 시간이 흐르면서 링크드인 팀은 자사 플랫폼이 페이스북을 비롯한 다른 플랫폼과 달리 일상에서 사용자들의 참여를 이끌어 내지 못했다는 사실을 발견했다. 그들은 이 문제를 해결하기 위해 링크드인의 핵심 상호작용 위에 다른 상호작용을 추가했다. 바로 사용자들이 자기들끼리 그룹을 만들어 토론을 할 수 있게 한 것이다.

이 두 번째 형태의 상호작용은 링크드인이 원했던 것만큼의 인기를 얻지 못했다. 직종별 모임 특유의 자기 자랑을 독려하는 분위기가 조성되자 그룹 내에서 목소리가 제일 큰 사용자들이 불쾌감을 유발한 탓이었다. 그래서 링크드인은 또 다른 상호작용을 추가하기로 했으며, 여기에는 수익을 창출하고자 하는 의도도 일부 담겨 있었다. 채용 전문가들이 링크드인을 통해 후보자들을 물색할 수 있게 해 주고, 광고업체들은 관련 직종 대상 광고를 할 수 있게 해 준 것이다. 그 후에도 링크드인은 새로운 상호작용을 추가했다. 업계 리더들, 나아가 모든 사용자들이 다른 사람들에게 읽힐 용도로 글을 올릴 수 있게 해 준 것이다. 사실상 링크드인을 출판 플랫폼으로 바꾼 것이다. 다양한 형태의 상호작용이 늘어나자 사용자들도 링크드인을 방문할 이유가 늘어나게 되었다.

우버와 리프트, 링크드인의 진화는 새로운 상호작용이 기존의 핵심 상호작용 위에 쌓이는 여러 가지 방식들을 보여 준다.

- 기존 사용자들 사이에서 교환되는 가치 단위를 바꾼다(링크드인이 정보 교환 기반을 사용자 프로필에서 토론 포스팅으로 전환했던 것처럼).
- 생산자든 소비자든 새로운 범주의 사용자들을 끌어들인다(링크드인이 채용 전문가와 광고업체들을 플랫폼 생산자로 참여하도록 끌어들인 것처럼).
- 사용자들이 새로운 유형의 가치 단위를 교환할 수 있게 했다(우버와 리프트가 운전자들이 단독 탑승객들을 태울 수 있을 뿐 아니라 합승할 수도 있게 했던 것처럼).
- 새로운 범주의 사용자들을 만들기 위해 기존 사용자 그룹의 회원들을 추려 냈다(링크드인이 특정 참여자들을 '업계 리더'로 지정하고 이들을 정보 생산자로 끌어들인 것처럼).

물론 새로운 상호작용이 모두 성공하는 것은 아니다. 제이크 맥키언(Jake McKeon)은 소셜 네트워크 무드스윙(Moodswing)을 설립했다. 무드스윙은 사람들이 들뜬 기분부터 짐울한 기분까지 자신의 감정 상태를 공유할 수 있는 소셜 네트워크다. 시간이 흐르면서 제이크 맥키언은 일부 사용자들이 심각한 우울증을 겪는 시기에 무드스윙을 찾으며, 심지어 자살 의사를 밝히는 곳으로 이용하는 사람들도 있다는 사실을 알게 되었다. 고민에 빠진 맥키언은 이러한 사용자들에게 필요한 정서적인 지원을 제공해야겠다고 결정했다. 그는 우울한 무드스윙 회원들에게 채팅으로 상담과 조언을 제공해 주는 자원봉사자를 뽑기로 했다. 심리학을 전공하는 학생들 가운데 자원봉사자를 뽑을 생각이었고, 그들의 자질을 알아보는 테스트와 조사를 진행할 예정이었다. 어쩌면 이러한 '아마추어 상담 치료'는 무드스윙이 촉진하고자 하는 새로운 형태의 가치 단위가 되었을 것이다.

무척 흥미로운 아이디어이긴 했지만 치명적인 문제가 하나 있었다. 학위도 없고 자격도 없는 상담사들이 지금 당장 목숨이 위태로운 사람들에게 제공하는 심리적 조언이 잠재적으로 위험할 수 있었던 것이다. 2014년 현재 맥키언은 이 프로젝트를 위해 크라우드펀딩 투자를 받으려고 절차를 밟는 중이다. 무드스윙이 새로운 상호작용을 성공적으로 시작할 수 있을지, 그래서 맥키언이 바라던 대로 사용자들에게 도움을 줄 수 있을지는 아직 지켜봐야 한다.

디자인 원칙 1: 단대단(End-to-End)

우리가 지금까지 살펴봤듯이, 새로운 기능과 상호작용을 추가하는 것이 플랫폼의 유용성을 높이고 더 많은 사용자들을 끌어들이는 강력한 방법이 될 수 있다. 그러나 이러한 혁신은 과도한 복잡성으로 이어지기 쉽고, 과도한 복잡성은 사용자들이 플랫폼을 이용하기 어렵게 만든다. 또한 불필요한 복잡성은 플랫폼을 개선하고 관리해야 하는 프로그래머와 콘텐츠 개발자, 관리자들에게 기술적으로 막대한 부담을 안겨 준다. 조롱의 의미가 담긴 '블로트웨어(bloatware)'는 무분별한 부가 기능들 때문에 소프트웨어 시스템이 복잡해지고 느려지며 비효율적이 되는 현상을 기술하기 위해 만들어진 용어다.

그렇다고 새로운 것을 모두 피하는 것만이 능사는 아니다. 플랫폼이 진화하는 데 실패하여 바람직한 새 기능을 추가하지 못하면 사용자들에게 버림받을 가능성이 있다. 사용자들은 더 많은 기능을 제공하는 경쟁 플랫폼으로 떠날 것이다. 무조건 피하기보다는 절충안을 찾아내야 한다. 말단부부터 긍정적인 변화를 조금씩 허용하면서 핵심 플랫폼은 천천히 바꾸는 것이다.

이러한 개념은 컴퓨터 네트워크 개념에서 오래전부터 확립된 '단대단 원칙(end-to-end priciple)'과 같은 것이다. 1981년 살처(J. H. Saltzer), 리드(D. P. Reed), 클라크(D. D. Clark)가 창안한 단대단 원칙에 따르면 일반적인 목적의 네트워크에서 응용프로그램에 특화된 기능들은 중간 노드가 아닌 종단에 있어야 한다.[6] 다시 말해서 네트워크 작동에 있어서 핵심은 아니지만 특정 사용자들에게는 중요한 활동은 네트워크의 중심부가 아닌 종단에 위치해야 한다는 원칙이다. 그렇게 했을 때 부가적인 기능이 네트워크의 핵심 활동을 방해하거나 그 활동에 필요한 자원을 끌어가지 않으며, 네트워크 전반을 유지·보수하거나 업데이트하는 과정이 복잡해지지 않는다. 시간이 흐르면서 단대단 원칙은 네트워크 설계에서 기타 복잡한 컴퓨팅 환경 설계로까지 확장됐다.

단대단 원칙에 귀 기울이지 않아서 실패한 사례 중 가장 많이 알려진 것이 2007년 마이크로소프트가 발표한 최신 버전의 윈도 운영체제 비스타이다. 최고경영자 스티브 발머(Steve Ballmer) 회장은 비스타를 출시하면서 '마이크로소프트 역사상 가장 뛰어난 제품 출시'라고 공언하며 수억 달러에 이르는 마케팅 예산을 들여 전격 지원했다.[7]

그러나 비스타는 처참하게 실패했다. 문제는 마이크로소프트의 설계팀이 구 컴퓨터 시스템과의 호환성 유지에 필요한 소프트웨어 컴포넌트를 유지한 채 신규 시스템에 필요한 기능들을 추가하면서 이들을 모두 핵심 플랫폼 안에 집어넣었다는 데 있었다. 그 결과 비스타는 이전 버전인 윈도 XP에 비해 안정성은 떨어지고, 복잡도는 더 높아졌으

며 이로 인해 외부 응용프로그램 개발자들이 코딩에 어려움을 겪었다.[8]

비평가들은 비스타를 블로트웨어보다 더 나쁘다고 말했다. 실제로 이들은 비스타를 '고트웨어(goatware)'라고 불렀다. 염소가 풀 뜯어 먹듯이 시스템 자원을 모두 먹어 치워 때로는 시스템을 아예 다운시키기도 한다는 뜻에서 그렇게 불렀던 것이다.[9] 이후 마이크로소프트가 지속적으로 윈도 XP 지원을 중단하려고 노력했음에도 불구하고 수백만 명에 이르는 윈도 사용자들은 비스타를 거부하고 윈도 XP를 고수했다. 얄궂게도 마이크로소프트가 2008년 XP 판매를 중단하고 2010년 비스타 판매를 중단한 상태에서 2015년 XP의 시장 점유율이 12%를 넘은 반면 비스타는 2%도 안 되었다.[10]

이와 반대로 수년간 넥스트(NeXT)에서 컴퓨터를 야심차게 개발했지만 끝내 성공하지 못하고 1997년 애플의 수장으로 돌아온 스티브 잡스는 단대단 원칙을 중시한다는 매우 중대한 결정을 내렸고, 이 같은 결정은 이후 애플이 크게 성공을 거두는 데 기여했다. 당시 넥스트에서 잡스와 그의 팀은 깔끔하게 계층화된 아키텍처와 아름다운 그래픽 인터페이스를 갖춘 멋지고 새로운 운영체제를 개발했다. 애플의 맥 OS 9 운영체제를 이을 시스템을 계획 중이던 잡스는 매우 어려운 선택을 내려야 할 상황에 직면했다. 잡스는 넥스트와 맥 OS 9의 소프트웨어 코드를 합침으로써 두 시스템과 모두 호환이 되는 운영체제를 만들 수도 있었고, 아니면 넥스트의 깔끔한 아키텍처를 살리기 위해 맥 OS 9를 버릴 수도 있었다.

잡스는 OS 9에서 오래된 코드를 버린다는 위험한 결정을 내렸다. 그러나 한 가지 양보한 것이 있었다. 소비자들이 오래된 OS 9용 응용프로그램을 구동할 수 있도록 '클래식 환경'이라는 별도의 호환 모드를 설계팀이 개발한 것이다. 이렇게 구분된 접근법은 단대단 원칙에 따른 것이었다. 오래된 코드가 시스템을 느리게 하거나 새로운 응용 프로그램을 복잡하게 만들지 않았기에, 새로운 맥 컴퓨터 구매자들은 자기가 쓰지도 않는 프로그램을 위해 맞춰진 소프트웨어가 주는 부담을 덜 수 있었다. 잡스의 선택은 새로운 맥 OS X를 더 쉽고 효율적으로 혁신했고, 덕분에 애플은 마이크로소프트의 운영체제가 구닥다리로 보일 정도로 새로운 기능을 개발할 수 있었다.[11]

단대단 개념은 플랫폼 설계에도 적용할 수 있다. 단대단 원칙에 따르면 응용프로그램에 특화된 기능은 플랫폼 맨 가장자리나 위에 위치해 있어야지 중심부에 있어서는 안 된다. 오직 앱에 가장 많은 영향을 주는, 용량이 크고 중요한 기능들만이 핵심 플랫폼에 있어야 한다.

그 이유는 두 가지다. 첫째, 특정 신기능이 플랫폼 주변부에 붙어 있지 않고 핵심 플랫폼에 통합되어 있으면 해당 기능을 사용하지 않는 응용프로그램의 실행 속도가 느려지면서 효율이 떨어질 수 있다. 반대로 어떤 앱에 특화된 기능이 핵심 플랫폼에서가 아니라 해당 앱 자체에서 실행되면 사용자 경험은 훨씬 깔끔해질 것이다.

둘째, 핵심 플랫폼이 많은 기능들로 지저분하게 얽혀 있지 않고 깔끔하고 단순할 때 플랫폼 생태계가 빠르게 진화할 수 있다. 그런 이유로 하버드 대학교 경영대학원의 볼드윈(C. Y. Baldwin)과 클라크(K. B. Clark) 교수는 잘 설계된 플랫폼은 다양성을 제한하는 안정된 핵심 계층과 그 밑에 다양성이 허용되며 꾸준히 진화할 수 있는 계층으로 구성되어 있다고 기술한다.[12]

오늘날 잘 설계된 플랫폼은 모두 이러한 설계 원칙을 따른다. 대표적인 예가 아마존 웹 서비스(Amazon Web Services, AWS)다. AWS는 클라우드 기반 정보 저장 및 관리 서비스를 제공하는 가장 성공적인 플랫폼으로, 데이터 스토리지, 연산, 메시징을 비롯한 몇 가지 기본 운영 서비스를 최적화하는 데 집중하고 있다.[13] 극소수의 AWS 고객들만이 사용하는 서비스들은 플랫폼 주변부로 엄격히 제한되어 있으며 특정 목적을 위해 특별히 개발된 응용프로그램을 통해서만 제공된다.

디자인 원칙 2: 모듈화(Modularity)

한 가지 목적만 수행하는 시스템을 최대한 빨리 개발해야 할 때는 통합적 접근법이 유리하다. 특히 플랫폼이 생긴 지 얼마 되지 않았을 때 그랬다. 그러나 장기적인 관점에서 성공적인 플랫폼이 되기 위해서는 반드시 모듈화 접근법을 따라야 한다. 모듈화에 대한 여러 가지 관점을 모두 다루다 보면 이번 장의 주제를 벗어나게 될 것이다. 그러나 중요한 개념 몇 가지는 다루려고 한다. 먼저 볼드윈과 클라크가 모듈화에 대해 내린 정의(1996)부터 시작해 보자.

모듈화는 복잡한 제품과 프로세스를 효율적으로 구축하는 전략이다. 모듈 시스템은 독립적으로 설계되었으나 기능은 통합체 안에서 작동하는 여러 구성 단위(또는 모듈)로 이뤄져 있다. 설계자는 정보를 가시적인 설계 규칙과 숨겨진 설계 파라미터로 나누어 모듈화한다. 모듈화는 반드시 정확하고 명확하게, 그리고 완전하게 분할되었을 때에만 효과적이다. 가시적인 설계 규칙(가시적인 정보라고 부르기도 함)은 후속 설계에 영향을 주는 결정 사항들을 말한다. 가장 좋은 것은 프로세스 초기에 가시적인 설계 규칙을 확립하여 관련된 사람들에게 널리 알리는 것이다.[14]

2008년 논문에서 볼드윈과 제이슨 우다드(C. Jason Woodard)는 안정된 시스템 코어에 대하여 유용하고 간명한 정의를 내렸다.

우리는 모든 플랫폼을 구성하는 핵심적인 아키텍처가 본질적으로 동일하다고 본다. 다시 말해서 시스템은 다양성이 그리 높지 않은 일련의 '코어' 요소와 다양성이 높으며 보완적인 '주변' 요소로 나뉜다. 다양성이 크지 않은 요소들이 플랫폼을 구성한다. 이 요소들은 시스템에 지속적으로 존재하면서 절대적으로 혹은 분명하게 시스템의 인터페이스, 〔그리고〕 서로 다른 구성 단위들 간의 상호작용을 지배하는 규칙을 확립한다.[15]

효과적인 모듈화를 위해서 결정적으로 중요한 요인은 시스템들이 서브시스템들로 깔끔하게 나뉘었을 때, 잘 정의된 인터페이스를 통해 서로 연결되고 커뮤니케이션함으로써 하나의 전체로서 작동할 수 있으냐 하는 것이다. 이 말은 곧 전체 설계 규칙을 잘 따르고 표준 인터페이스를 통해서만 나머지 시스템과 연결되는 한 서브시스템을 독립적으로 설계할 수 있다는 뜻이다. 앞으로 독자들은 응용 프로그래밍 인터페이스(application programming interfaces) 또는 API라는 용어를 계속 듣게 될 것이다. 이는 구글 맵, 뉴욕 증권거래소, 세일즈포스(Salesforce), 톰슨 로이터 에이콘(Thomson Reuter Eikon), 트위터를 비롯한 많은 시스템에서 외부 개체가 코어 리소스에 쉽게 접근할 수 있도록 사용하는 표준 인터페이스다.[16]

아마존은 자사의 모듈화 서비스를 위해 API를 개방하는 데 특히 효과적으로 대응해 오고 있다. 〈그림 3.1〉은 아마존이 제공하는 API의 범위와 다른 전통적인 대형 소매 기업인 월마트가 제공하는 API를 비교한 것이다. 월마트도 비중 있는 플랫폼 경쟁자로 등극하기 위해 무척 노력하고 있다. 그림에서 보듯 아마존이 제공하는 API가 다양성과 수적인 면에서 월마트를 월등히 앞서고 있다.

모듈화는 1990년대 퍼스널 PC 산업을 빠르게 성장시킨 원동력 중 하나였다. PC 시스템의 주요 구성 요소는 연산 처리를 담당하는 중앙 처리장치(CPU), 컴퓨터 화면에 풍부한 이미지를 만들어 내는 그래픽

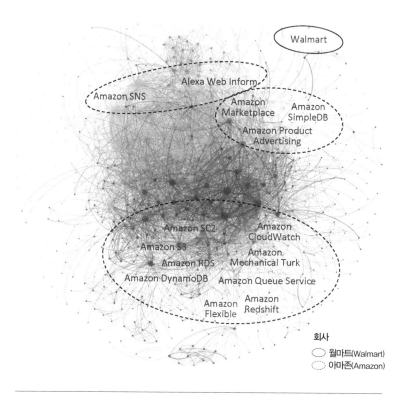

〈그림 3.1〉 아마존은 월마트보다 훨씬 다양한 API '매시업(mashup)'을 보유하고 있다. 이는 결제, 전자상거래, 클라우드 서비스, 메시징, 작업 할당 등 다양한 영역에 걸쳐 있다. 월마트가 물류를 최적화하는 동안 아마존은 서드 파티(third parties)로 하여금 자사 모듈화 서비스에 가치를 더할 수 있게끔 만들었다.
출처: 에번스(Evans)와 바솔(Basole), 프로그래머블웹(ProgrammableWeb) 데이터.[17] 허가를 구하고 게재함.

처리장치(GPU), 작업 메모리를 제공하는 랜덤액세스메모리(RAM), 장기 대량 저장 공간을 제공하는 하드 드라이브(HD)이다.

이 같은 각각의 서브시스템들은 인텔(CPU), ATI와 엔비디아(GPU), 킹스톤(RAM), 시게이트(HD)와 같이 독자적으로 자사 제품의 성능 향상을 꾀해 온 기업들의 엄청난 혁신을 고려해 잘 정의된 인터페이스를 이용해 다른 시스템들과 소통했다. .

대부분의 플랫폼들이 긴밀하게 조직화된 아키텍처 설계를 통해 론칭하는 이유는 그것이 서브시스템 인터페이스를 세심하게 지정하는 일과 관련된 중대한 작업이기 때문이다. 심지어 서브시스템 인터페이스를 문서화하는 것조차도 매우 세심한 노력이 필요하다. 기업들이 한정된 엔지니어링 자원을 가지고 협소한 시장에서 기회를 잡으려 할 때면, 시스템을 깔끔한 모듈로 세분화하는 어려운 작업을 건너뛰고 대신 가능한 한 빨리 실행할 수 있는 해결책으로 나아가고픈 유혹에 쉽게 사로잡힌다. 그러나 이런 접근법을 사용한 경우 시간이 지날수록 난관에 봉착할 가능성이 커진다. 핵심 플랫폼의 상층부를 구축할 수 있는 외부 생태계 개발자들을 동원하기가 훨씬 어려워지게 되고, 플랫폼이 제공하는 것들을 신규 시장으로 확장시켜 나가기가 어려워질 것이다.[18] 따라서 하나로 일체화된 아키텍처를 갖고 있는 기업은 앞으로 핵심 기술을 개조하는 데 투자해야 할 가능성이 있다.[19]

디자인 원칙 3: 재설계(Re-Architecting)

시스템을 모듈화 구조로 완전히 변경하는 것도 한 가지 방법이다. 그 첫 단계가 현 시스템의 모듈화 수준을 분석하는 것이다. 다행히 이런 분석에 쓸 수 있는 도구들이 많이 개발되어 있다. 그중 하나가 복잡한 시스템들의 종속 관계를 시각적으로 보여 주는 '설계 구조 매트릭스(design structure Matrix)'다.[20]

2006년『매니지먼트 사이언스(Management Science)』에 실린 논문에서 맥코맥(Alan MacCormack)과 볼드윈은 아키텍처를 일체화 구조에서 모듈화 구조로 진화시킨 제품의 사례를 보여 주었다.[21] 소프트웨어를 퍼블릭 도메인 라이선스를 적용받는 오픈 소스로 전환하면서 해당 소프트웨어 저작권을 소유했던 영리 기업이 막대한 재원을 투자한 것이다. 이는 소프트웨어 유지·보수 측면에서 매우 중요한 일이었다. 팀 단위로 분산되어 있는 자발적 개발자들이 더 작은 서브시스템으로 진입하지 못할 경우 유지·보수가 어려워지기 때문이다.

복잡한 시스템의 구조 변경이 소프트웨어에만 요구되는 것은 아니다. 1990년대 초 인텔은 시장에서 성장의 한계에 부딪히게 되었다. 인텔의 CPU 칩 성능은 18개월에서 24개월마다 두 배씩 증가했다.[22] 이와 유사한 성능 향상이 다른 주요 PC 서브시스템인 GPU, RAM, 하드 드라이브에서 일어났다. 그러나 서브시스템들 간의 정보 연계는 여전히 ISA(Industry Standard Architecture)라 부르는 구식 표준을 따르고 있었다. 그 결과 소비자들은 PC에서 확연한 성능 향상을 체감할 수 없었으니, 자연히 새로운 컴퓨터를 살 이유도 없어졌다. 마이클 쿠수마노(Michael A. Cusumano)와 애너벨 가우어(Annabelle Gawer)는 2002년 논문에서 인텔이 주요 서브시스템 간의 연계를 향상시킨 새로운 PCI 버스와 컴퓨터 마우스, 카메라, 마이크, 키보드, 프린터, 스캐너, 외장 하드 드라이브 등 다양한 연결 장치들에 엄청난 혁신을 가져온 USB 표준에 투자함으로써 어떻게 앞서 나갈 수 있었는지 보여 주었다.[23]

최고의 플랫폼 디자인은 때론 안티 디자인이다

새로운 플랫폼을 론칭하려 할 때—또는 기존 플랫폼을 강화하고 성장시키려 할 때—에는 플랫폼의 설계 원칙이 가치 창출의 기회를 극대화해 줄 것인지 주의 깊게 살펴봐야 한다.[24] 그러나 지금까지 보았듯이 플랫폼은 전적으로 계획되는 것만은 아니다. 예기치 않게 창발되기도 한다. 플랫폼과 전통적인 비즈니스를 구분하는 핵심적인 특징한 가지를 생각해 보라. 플랫폼에서는 대부분의 활동을 플랫폼 소유자나 관리자가 아닌 사용자들이 통제한다. 참여자들은 틀림없이 플랫폼 소유자나 관리자가 기대하지도 계획하지도 않은 방식으로 플랫폼을 이용할 것이다.

트위터에는 원래 '발견하기' 기능이 없었다. 단순히 시간 역순으로 피드를 죽 보여 주었다. 따라서 특정 주제에 대한 트윗을 찾으려면 아무 관련 없는 콘텐츠 페이지를 계속해서 스크롤하는 방법밖에는 도리가 없었다. 크리스 메시나(Chris Messina)라는 구글 엔지니어에 의해 변화가 생겼다. 그가 처음으로 해시태그(#)를 사용하여 유사한 트윗을 발견하고 주석을 달 수 있게 하자고 제안한 것이다. 이제 해시태그는 트위터의 대들보로 자리 잡았다.

플랫폼 설계자들은 언제나 뜻밖의 발견에 대한 여지를 남겨 놓아야 한다. 사용자들이 플랫폼 설계가 어떤 방향으로 진화해야 하는지 이끌어 주는 경우가 자주 있기 때문이다. 플랫폼상의 사용자 행동 양식을 면밀히 지켜보는 것도 예상치 못한 패턴을 밝혀내는 좋은 방법이다. 그중 일부는 가치를 창출하는 데 도움이 될 새로운 영역으로 안내해 줄지도 모른다. 최고의 플랫폼은 사용자들이 기발한 행동을 할 여지를 주고, 그 행동을 점진적으로 플랫폼 설계 안에 통합할 정도로 충분히 개방적이다.

똑똑한 설계는 성공적인 플랫폼을 구축하고 관리하는 데 핵심이다. 그러나 때로 최고의 설계는 반(反)설계(anti-design)이기도 하다. 반설계는 우발적이고 자발적이며 심지어 별난 사람들을 위한 공간을 만들어 낸다.[25]

Platform 3   **이것만은!**

❏ 플랫폼 설계는 핵심 상호작용에서 시작되어야 한다. 그것은 플랫폼의 가치 창출 임무 가운데 중심에 해당하는 상호작용이다.

❏ 참여자, 가치 단위, 필터는 핵심 상호작용을 정의하는 3가지 핵심 요소이다. 그중에서 가치 단위가 가장 중요하며, 통제하기 가장 어려운 경우가 많다.

❏ 핵심 상호작용을 쉬우면서도 당연한 것으로 만들기 위해서 플랫폼은 끌어오기, 촉진하기, 매칭하기라는 3가지 핵심 기능을 수행해야만 한다. 3가지 모두 없어서는 안 될 것들인데, 각각 해결해야 할 특별한 과제를 안고 있다.

❏ 플랫폼이 성장하면서 핵심 상호작용을 뛰어넘어 확장해 나갈 방법을 찾기도 한다. 새로운 유형의 상호작용은 핵심 상호작용 위에 층층이 쌓일 것이며, 그 과정에서 새로운 참여자를 끌어들이기도 한다.

❏ 많은 사람들이 쉽게 만족스러운 상호작용을 하게끔 만들려면 플랫폼 설계에 신중해야 한다. 그러나 기대하지 않은 뜻밖의 상황이 일어날 수 있는 여지를 남겨 놓는 것도 중요하다. 사용자들 스스로 플랫폼에서 가치를 창출할 수 있는 새로운 방법을 찾아낼 것이기 때문이다.

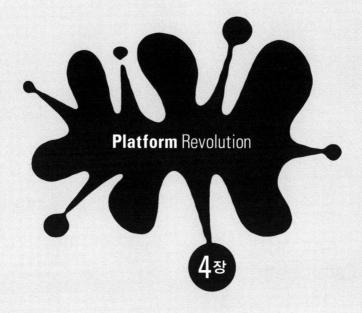

Platform Revolution

4장

파괴적 혁신
플랫폼은 어떻게 전통 산업을 정복했는가

플랫폼이 몰고 온 변화는 시작에 불과하다

플랫폼의 개념은 기본적으로 간단하다. 생산자와 소비자가 모여 상호작용할 수 있는 공간을 만들어 서로를 위한 가치를 창출하게 하자는 것이 기본 개념이다. 이는 인류가 수천 년간 실행해 온 개념이기도 하다. 아프리카에서 유럽에 이르기까지 숱한 마을과 도시에서 볼 수 있는 전통적인 노천시장을 떠올려 보라. 농부와 장인들이 자기들의 물품을 지역 소비자들에게 파는 것이 플랫폼이 아니고 무엇이겠는가? 런던과 뉴욕 같은 도시에서 성장한 최초의 주식 시장에서도 마찬가지이다. 이곳에서 주식 구매자와 판매자들이 공개 호가 거래 시스템을 통해 공정 시장 가격을 형성하려고 모여들었을 것이다.

이러한 전통적인 플랫폼 비즈니스와 이 책에서 다루는 현대적인 플랫폼 비즈니스의 주된 차이점은 물론 디지털 기술에 있다. 디지털 기술은 플랫폼의 범위, 속도, 편의성, 효율성을 크게 확대시킨다(대부분의 주식 거래가 물리적인 거래소에서 이제는 전 세계 어디서나 접근 가능한 전자 시장으로 이동한 데에는 충분한 이유가 있다). 인터넷과 관련된 기술이 오늘날 플랫폼 기업들에게 산업을 변화시킬 진정으로 놀라운 능력을 선사했다. 종종 전혀 예측할 수 없는 방식으로 말이다.

우리는 앞에서 차량 서비스 플랫폼인 우버가 네트워크 효과를 이용하여 택시와 리무진 서비스가 주도하던 전통적인 산업에서 막대한 시장 점유율을 차지하고 성장시켜 나간 방식을 살펴보았다. 또 그 과정에서 극히 단기간에 얼마나 기업 가치를 끌어올렸는지도 지켜봤다. 2014년 말 투자자들은 이제 생긴 지 5년밖에 안 된 이 기업의 가치를 400억 달러(이보다 6개월 전만 해도 170억 달러로 평가받았다)로 평가했다. 적어도 이론적으로는 미츠비시, 타깃, 페덱스, 제너럴 다이내믹스, 소니와 같은 전통적인 거대 기업들보다 더 가치 있다고 평가받은 것이다.[1] 이제 전 세계 250개 이상의 도시에서 서비스를 제공하는 우버는 극히 단순하지만 가치 있는 서비스를 소비자와 생산자 모두에게 제공함으로써 최정상을 향해 나가고 있다. 우버는 승객들에게 저렴한 차량을 신속히 제공하는 한편, 운전자들에게는 대부분의 택시 기사들보다 높은 수입을 가져갈 수 있게 해 준다. 게다가 운전자들은 전통적인 택시 면허를 취득하기 위해서 거액을 들일 필요도 없다. 참고로 뉴욕시 택시 면허 가치는 2013년 중반 시장이 최고조에 이르렀을 무렵 120만 달러를 넘어섰다.

우버 플랫폼은 단순히 탑승객과 운전자가 만날 수 있는 지점을 온라인으로 제공함으로써 소비자와 생산자 모두에게 이익을 가져다주었을 뿐 아니라 투자자들에게도 막대한 부를 안겨 주었다. 모두에게 이익이 되는 일이었던 것이다. 기존 택시 운전사와 차량 서비스 담당자, 리무진 회사 직원 등 하루아침에 일자리를 잃을 위기에 처한 수십만 명을 제외한다면 말이다. 2010년 여름 우버가 처음으로 서비스를 시작한 샌프란시스코의 택시협회장 배리 코렌골드(Barry Korengold)가 우버 경영자들을 가리켜 '노상강도'라고 부른 것은 놀랄 일이 아니었다. 그는 우버에 대해 이렇게 말했다. "그들은 불법 영업을 시작했다. 어떤 규칙도 따르지 않으면서 불공정하게 경쟁했다. 그런 식으로 몸집을 불렸고, 이젠 모든 규칙을 무시할 정도로 부자가 됐다." 샌프란시스코의 한 택시 회사 사장은 전체 택시 산업이 2015년 말이 되기 전까지 붕괴될 거라고 예상하기까지 했는데, 이러한 전망은 전 세계 대도시 택시 회사 사장들에게 공감을 불러일으켰고, 그 결과 뉴욕 시 택시 면허 가격이 1년 만에 30만 달러 가까이 떨어졌다. 그리고 앞으로 얼마까지 떨어질지 알 수 없다.[2]

11장에서 우리는 우버와 같은 플랫폼 기업이 불공정 경쟁을 하고 있는지, 아니면 전통적인 기업들이 새로운 디지털 침입자들에게 추월당하는 것에 대해 단순히 화를 내는 건지 살펴볼 것이다. 그러나 지금 당장은 플랫폼 비즈니스가 한때 탄탄했던 산업을 그토록 신속하고 손쉽게 혁신한 방식에 경탄하는 것이 먼저다.

더욱더 놀라운 것은 우버가 이미 몰고 온 변화가 앞으로 전체 운송 산업 부문을 궁극적을 바꿔 버리게 될 파괴적 혁신의 시발점에 불과할지도 모른다는 사실이다. 현재 설계 단계에서 제품 단계로 빠르게 이동 중인 새로운 기술, 즉 자율 주행차가 플랫폼 모델과 결합하면 안 그래도 뛰어난 우버의 경제 모델이 더 개선될 것이고, 나아가 택시 산업을 넘어 다른 영역으로까지 확장되는 일련의 폭포 효과를 이끌어 낼 것이다. 한 미래학자는 수백만 명에 달하는 사람들이 자동차를 보유하지 않는 대신 즉시 이용 가능한 무인 우버 차량을 타고 1마일당 50센트의 비용으로 어디든 갈 수 있는 날이 올 거라고 내다본다. 우버의 공동 창업자이자 CEO 트래비스 캘러닉은 "우리는 우버를 이용하는 것이 자가용을 보유하는 것보다 저렴해지는 수준까지 가길

원한다"고 하면서, 궁극적으로는 '틀면 나오는 물처럼 쓸 수 있는 운송 수단'을 약속한다고 말했다.[3]

이 말은 매우 놀라운 뜻을 담고 있다. 거대 자동차 제조업체들은 시장이 축소되면서 타격을 입을 것이다. 이를테면 자동차 보험, 자동차 대출, 주차장과 같은 부수적인 사업들도 타격을 입을 것이다. 반면에 (무인 자동차는 사실상 계속해서 사용될 수 있으므로) 주차 공간에 대한 수요가 급격히 줄어들면서 수천만 제곱피트에 달하는 부동산이 개발용으로 풀릴 것이고, 거의 모든 도시의 차로가 여유로워질 것이며, 운전자가 주차 공간을 찾아다니면서 야기하는 공해와 도로 혼잡이 급격히 줄어들 것이다. 다음 단계에 대한 우버의 비전이 실현된다면 미국의 풍경은 알아볼 수 없을 정도로 바뀔 것이다.[4]

그래도 충분치 않다면 다음과 같은 캘러닉의 의견을 생각해 보라. "우리가 고객에게 5분 안에 자동차를 보낼 수 있다면, 같은 시간 안에 무엇이든 보낼 수 있다."[5] 정말로 아무거나 보낼 수 있다고? 어떤 이들은 우버에 잠재되어 있는 파괴적 혁신의 한계가 어디까지일지 궁금할 것이다. 일단 캘러닉은 한계를 인정하지 않는 것처럼 보인다.

디지털이 주도하는 파괴적 혁신의 역사

"소프트웨어가 세상을 집어삼키고 있다." 이 슬로건은 원래 넷스케이프(Netscape) 창립자 마크 앤드리슨(Marc Aanderessen)이 2011년『월스트리트 저널』에 기명 기사를 쓰며 사용한 제목이다. 그는 이 기사에서 기술, 특히 인터넷 기술이 비즈니스 세계를 어떻게 바꾸고 있는지 요약해 놓았다.[6] 우리들이 지금까지 목격해 왔듯이 인터넷이 몰고 온 파괴적 혁신의 바람은 크게 두 단계에 걸쳐 발생했다.

1단계, 효율적인 파이프라인 기업들이 비효율적인 파이프라인 기업들을 먹어치웠다. 1990년대 대부분의 인터넷 응용프로그램들은 고도로 효율적인 파이프라인 기업의 탄생에 관여했다. 당대의 산업을 뛰어넘는 상품 및 서비스 유통 온라인 시스템이 이때 생겨났다. 전통적인 오프라인 파이프라인 기업들과 달리 온라인 파이프라인들은 때로 거의 0에 가까울 만큼 낮은 유통 한계비용의 혜택을 누렸다. 그 덕분에 온라인 파이프라인 기업들은 훨씬 적게 투자하고도 더 큰 시장을 목표로 삼아 서비스를 제공할 수 있었다.

전통적인 미디어 기업들이 가장 먼저 궁지에 몰렸다. 신문사들은 전통적인 배포 비용(인쇄, 운송, 소매, 배달)을 지불하지 않고도 전 세계 독자들을 상대로 뉴스를 배포할 수 있는 인터넷의 힘에 쓰러졌다. 효율적인 파이프라인은 비효율적인 파이프라인을 집어삼켰다. 안내 광고를 비롯한 여러 형태의 광고들이 지면에서 개별적으로 가격이 매겨지게 되자 신문사의 중요한 수익 창출 모델도 타격을 입었다. 그러면서 더 효율적으로 타깃 광고를 제공하는 온라인 광고가 전통적인 지면 광고를 따라잡았다. 또다시 효율적인 파이프라인이 비효율적인 파이프라인을 해치운 것이다.

소매업과 우편 주문 쇼핑 업종도 힘들게 되었다. 아마존이 서점 산업에서 거둔 성공은 보더스(Borders)와 다른 서점들의 몰락을 가져왔다. 렌탈 업체 블록버스터(Blockbuster)의 오프라인 DVD 대여 시스템은 넷플릭스(Netflix)의 유통 경제를 따라잡지 못했다. 넷플릭스는 처음에 사용자가 온라인으로 고른 DVD를 우편으로 제공했다가 나중에는 스트리밍 비디오로 대체했다. 음반 기업의 수익은 CD 매출량이 폭락함에 따라 곤두박질쳤고, 그 자리를 더 빠르고 값싼 파일 다운로드가 대체했는데, 대다수가 불법 복제되거나 공유되었다. 시간이 흐르면서 상당수 인터넷 유통업체들은 전통적인 파이프라인 기업들보다 더 나은 서비스를 소비자들에게 제공하기 위해 그들의 선택과 관련된 세부 데이터를 활용할 방법을 찾아냈다.

이러한 비즈니스 혁명은 마크 앤드리슨의 "소프트웨어가 세계를 집어삼키고 있다"는 비전을 구현해 냈다. 이제는 상투적인 문구가 되어 버린 그의 비전은 "플랫폼이 세상을 집어삼키고 있다"라는 말로 업데이트할 필요가 있다. 이제 지각 변동의 역사에서 두 번째 단계로 들어가 보자. 2단계에서는 플랫폼이 파이프라인을 잡아먹는다.

플랫폼은 어떻게 파이프라인을 집어삼키는가

파괴적 혁신이 새로운 단계에 이르렀다는 증거는 우리 주변 곳곳에 있다. 우리가 살펴봤듯이 택시 회사와 규제 당국은 우버가 지역 운송의 세계적 지배를 향해 나아가고 있다는 사실을 깨달아 왔다. 한때 호텔 산업으로부터 비웃음을 샀던 에어비앤비는 빠르게 세계적인 숙박 제공 업체로 발을 넓히고 있다. 이제는 에어비앤비에서 매일 밤 예약되는 방의 개수가 세계 최대 호텔 체인들보다 더 많다. 업워크는 인력을 제공하는 시장에서 클라우드에 하나의 조직을 구축하고, 원격으로 프리랜서들을 연결해서 물리적인 공간 및 거기에서 발생하는 비용 없이 함께 일할 수 있는 인프라로 변모해 가고 있다. 아마존은 지속적으로 전통적인 출판업에 대해 영향력을 확대하면서 동시에 다수의 소매 산업을 공략하고 있다. 전통적인 파이프라인 거대 기업인 노키아와 블래베리가 지난 10년간 시장 가치의 90%를 잃는 동안, 플랫폼 거대 기업인 애플과 구글이 주식 시장을 지배하고 있다.

어떻게, 왜 이런 일이 일어나는 걸까? 좀 더 자세히 살펴보자.

플랫폼의 세계에서 인터넷은 더 이상 유통 채널(파이프라인)로만 작동하지 않는다. 인터넷은 이제 창조 인프라이자 조정 메커니즘으로 움직인다. 플랫폼은 이렇게 새로운 인터넷의 역량을 이용하여 완전히 새로운 비즈니스 모델을 만들어 낸다. 게다가 물질과 디지털이 빠르게 융합되면서 인터넷을 통해 실제 사물을 연결하고 조정할 수 있게 되었다. 예를 들어 스마트폰 앱을 통해 멀리서도 가전제품을 조종할 수 있다. 이와 동시에 플랫폼 기업들이 외부 생태계를 이용해 새로운 방식으로 가치를 창출하면서 조직의 경계도 재정의되고 있다.[7]

파괴적 혁신의 2단계에 접어들면서 플랫폼은 파이프라인에 대해 두 가지 중요한 경제적 우위를 누린다.

그중 하나는 생산과 유통의 한계수익과 한계비용에 있어서 우위에 있다는 것이다. 우리가 앞에서 언급한 대로 힐튼과 쉐라톤과 같은 호텔 체인이 사업을 확장하려면 객실을 늘리고 수천 명의 직원을 고용해야 한다. 반대로 에어비앤비는 거의 0에 가까운 한계비용으로 사업을 확장한다. 에어비앤비 네트워크에 방을 추가하는 데 드는 비용이 아주 적기 때문이다.

플랫폼의 빠른 확장성은 네트워크 효과에 의해 더욱 빛을 발한다. 긍정적인 네트워크 효과가 나타나기 시작하면, 생산 증가가 소비 증가로 이어지고 소비 증가는 다시 생산 증가로 이어진다. 업워크에 더 많은 프리랜서가 참여할수록 이 플랫폼 공간은 구인 기업들에게 더 매력적으로 다가온다. 반대로 더 많은 기업들이 업워크를 통해 사람을 구할수록 프리랜서들은 이곳을 더 많이 찾게 된다. 쇼핑몰 엣시 (Etsy)에 더 많은 상점이 입점할수록 더 많은 고객들이 찾아오며, 고객들이 더 많이 찾을수록 더 많은 상점이 입점하려고 한다. 긍정적인 피드백 고리가 시작되면 최소한의 비용으로 플랫폼 성장에 가속이 붙는다.

네트워크 효과를 지렛대 삼아서 플랫폼은 개방형 전자 생태계를 구축할 수 있다. 이곳에서 플랫폼은 수백, 수천, 수백만의 원격 참여자들을 품에 넣는다. 이러한 생태계는 대부분의 파이프라인 기반 조직들보다 훨씬 크며, 전통적인 파이프라인 기업이 관장할 수 있는 것보다 더 많은 자원을 이용할 수 있다. 그 결과 플랫폼 생태계에서 창출되는 가치는 전통적인 파이프라인이 만들어 내는 가치보다 훨씬 크다. 따라서 기업 내부 자원을 기반으로 하는 기업들은 점점 더 플랫폼 기업과 경쟁하기 어렵게 된다.

새로운 가치 창출과 가치 소비, 그리고 품질 관리 방식

이제 플랫폼은 유사한 파이프라인 사업들보다 더 빠르게 성장할 수 있는 경제적 우위를 지니고 있다. 이런 현상만으로도 전통적인 산업의 중대한 혁신을 이끌어 낼 수 있다. 현재 포춘 500대 기업 중 상위에 포진한 기업들이 파이프라인 사업을 플랫폼 사업으로 대체하고 있는 상황을 보면 짐작할 수 있다. 플랫폼이 파이프라인을 삼아먹는 시대 상황은 다른 여러 가지 방식으로도 비즈니스 업계를 흔들 것이다. 특히 플랫폼 세상이 부상하면서 가치 창출, 가치 소비, 품질 관리에 대한 기존의 비즈니스 프로세스가 새롭게 재편될 것이다.[8]

새로운 공급자를 통한 가치 창출 구조 재정립

셀프 서비스 시스템으로서 플랫폼은 사용자들을 가로막는 장벽을 최대한 낮추면서 플랫폼을 키우고 시장을 정복한다. 무엇보다도 플랫폼이 생산자의 참여를 가로막는 장애물을 제거할 때마다 가치 창출 방식이 달라지고 새로운 공급원이 문을 활짝 연다.

위키피디아는 사람들이 자발적으로 세상의 지식을 모으고 정리할 수 있도록 시스템을 만들면서 새로운 공급원을 이용하는 최초의 플랫폼 가운데 하나가 되었다. 곧이어 유튜브는 비디오 카메라나 스마트폰을 보유한 10대들이 영화 제작사나 텔레비전 방송국과 경쟁할 수 있게 해주었다.

오늘날 우리는 다양한 종류의 플랫폼 비즈니스에서 가치 창출 방식이 재편성되는 현상을 목도하고 있다. 싱가포르에 기반을 둔 비디오 스트리밍 플랫폼인 비키(Viki)는 직접 직원을 고용하는 대신에 전 세계 열성 팬들의 힘을 빌려서 한국과 일본의 드라마에 자막을 입히고, 그렇게 자막을 갖춘 드라마가 미국에 알려진다. 그런 방식으로 발 빠르게 성장한 비키를 일본 기업 라쿠텐(Rakuten)이 2억 달러에 사들였다. 페이스북도 자사 웹사이트 번역가를 찾을 때 전문번역가에게 기대지 않고 이와 비슷한 접근법을 차용했다.

폭발적으로 증가하는 새로운 공급원에 더욱 불을 붙이기 위해 플랫폼 기업들은 생산자들을 망설이게 하는 장벽을 낮추는 데 여념이 없다. 트위터는 영문 기준 글자 수를 140자 이내로 제한하는 새로운 입력 포맷을 가지고 수백만 명에 이르는 콘텐츠 생산자들을 끌어들였다. 더 많은 시간과 노력을 요하는 전통적 블로그 콘텐츠에 비해 트윗은 훨씬 빠르고 간편한 글쓰기 형태다. 따라서 더 많은 사용자들이 콘텐츠 생산자로 뛰어들게끔 만들었다.

에어비앤비는 플랫폼 내 성공 사례를 설명하고 전수하는 행사와 프로그램을 꾸준히 열어서 호스트 회원들의 진입 장벽을 낮추고 있다. 우버 역시 잠재적 운전자들이 느낄 경제적 장벽을 낮추기 위해 가입 보너스와 같은 금전적 인센티브를 제공한다. 드리블, 스레드리스, 99 디자인스와 같은 플랫폼들이 거대한 디자이너 생태계를 조성할 수 있었던 것은 지난 몇 년간 디자인 및 인쇄 도구가 대중화된 덕분이었다. 이들 또한 부분적으로 플랫폼 도구의 도움을 받아 진입 장벽을 낮춘 사례들이라 할 수 있다.

새로운 생산 기술의 확산으로 새로운 생산자 그룹의 출현이 가능해졌다. 스마트폰 카메라로 인해 인스타그램과 바인(Vine) 같은 플랫폼에서 콘텐츠 양이 늘어났듯이, 3D 프린팅의 확산은 산업 디자인 플랫폼에서 새로운 영역을 이끌어 낼 가능성이 커졌다. 그러나 기술은 종종 광범위한 가치 창출 구조 변경을 낳는 혁신적 비즈니스 설계가 뒷받침될 때 비로소 빛을 발한다. 문서 작성, 타이포그래피, 그래픽 디자인을 위한 소프트웨어는 수십 년간 존재해 왔지만, 수많은 독자들이 빠르고 쉽게 접근할 수 있는 아마존의 킨들 퍼블리싱 플랫폼이 생기기 전까지는 완전히 새로운 저자 생태계가 출현하지 않았다.

새로운 소비 형태를 통한 가치 소비 구조 재정립

플랫폼 세상의 출현은 전통적인 소비자 행동에도 변화를 가져왔으며, 수백만 명에 달하는 사용자들이 몇 년 전만 해도 상상할 수 없었던 방식으로 제품과 서비스를 사용하도록 영감을 불어넣었다. 저널리스트 제이슨 탠즈(Jason Tanz)는 이를 다음과 같이 표현했다.

우리는 낯선 사람들의 자동차에 올라타고(리프트, 사이드카Sidecar, 우버),
남는 방으로 낯선 이들을 맞아들이며(에어비앤비), 반려견을 낯선 이들의
집에 맡기고(도그베이케이DogVacay, 로버Rover), 낯선 이들의 식탁에서 식
사를 한다(피스틀리Feastly). 우리는 또 그들에게 우리 자동차(릴레이라이즈
RelayRides, 겟어라운드Getaround)와 배(보트바운드Boatbound), 우리 집(홈
어웨이HomeAway)과 우리가 쓰는 각종 도구(질록Zilok)들을 빌려준다. 우리
는 생판 모르는 이들에게 우리의 귀중품과 개인적 경험, 나아가 우리의 삶
그 자체를 맡긴다. 그 과정에서 우리는 인터넷이 만들어 준 새로운 친밀감
의 시대로 들어선다.[9]

얼마 전까지만 해도 이 같은 행동은 말 그대로 매우 위험하거나 그
렇지 않다 해도 아주 이상하게 비쳤을 것이다. 하지만 오늘날에는 아
주 익숙한 행위다. 이는 플랫폼 비즈니스가 확립한 신뢰 구축 메커니
즘 덕분이다. 이제 스스로를 'X 분야의 우버'라고 칭하는 다수의 신
생 플랫폼 기업들은 해당 분야에서 소비자들의 행동을 바꾸기 위해
열심히 일하고 있다.[10]

커뮤니티 큐레이션을 통한 품질 관리 구조 재정립
유튜브와 에어비앤비, 위키피디아와 같은 새로운 플랫폼이 생겼을
때 여기저기서 비판을 하거나 심지어 비웃기까지 하는 경우가 많았
다. 이들이 주로 초기 단계에서 전통적인 경쟁자들이 제공하는 것과
같은 품질과 신뢰감을 주지 못했기 때문이다. 유튜브의 초기 콘텐츠
는 포르노에 가까웠고, 대부분의 영상들이 불법 복제된 것이었다. 에
어비앤비에 올라온 아파트에는 난장판을 벌인다는 신고를 받고 출동

한 시 감독관들이 들이닥치기도 했다. 위키피디아의 인물 소개 항목에서는 멀쩡히 살아 있는 사람을 고인으로 둔갑시킨 경우도 있었다.

이 모든 것이 양적으로 늘어나는 데서 오는 문제이다. 플랫폼이 새로운 공급원의 문을 열 때 종종 품질이 급격히 떨어진다. 우리가 2장에서 다룬 부정적인 네트워크 효과의 예들이 여기에 해당한다.

플랫폼 초창기는 그래서 어려울 수 있다. 그러나 시간이 흐르면서 큐레이션 메커니즘이 작동하기 시작하면 연관성이 있고 품질이 뛰어난 콘텐츠, 상품, 서비스를 생산자들로부터 끌어내어 소비자들과 연결시켜 주는 플랫폼의 역량이 개선된다. 강력한 큐레이션은 바람직한 행동을 격려하는 한편 바람직하지 않은 행동을 저지하며, 결국 그런 행동의 싹을 잘라 낸다. 플랫폼의 품질이 올라가면 다양한 소비자들을 끌어들이는 데 필요한 신뢰가 쌓이게 된다. 주류 경쟁자들은 어느 날 갑자기 난생처음 보는 스타트업과 경쟁하고 있다는 사실을 깨닫는 경우가 자주 있다. 그리고 이 스타트업은 그들이 했던 것보다 훨씬 빠르게 성장할 준비가 되어 있다.

일단 플랫폼 기업이 성장하기 시작하면 이들은 자기들의 큐레이션 메커니즘이 망가지지 않을 거라고 확신할 수 있어야 한다. 큐레이션을 성공적으로 확대한 플랫폼들은 사용자들에 대한 더 나은 데이터를 수집하게 되고, 시간이 흐르면서 매칭 알고리즘도 개선된다. 그들은 또한 수동 큐레이션 단계에서 서서히 빠져나와 사람들이 형성해 놓은 피드백 고리에 기반을 둔 자동 큐레이션 단계로 넘어가야 한다. 예를 들어 질의응답 플랫폼인 쿼라는 처음에 사내 편집자를 두고 콘텐츠 품질을 관리했다. 그러나 참여하는 사용자들의 수가 임계량에 도달하자 큐레이션 방식을 커뮤니티 판단에 따라 움직이는 알고리즘으로 전환했다.

플랫폼 세계의 부상은 단순히 전통적인 기존 기업들에게 새로운 경쟁자의 출현만을 의미하지 않는다. 가치 창출, 가치 소비, 그리고 품질 관리의 형태 변화가 보여 주는 것처럼, 플랫폼의 출현은 새로운 형태의 비즈니스 활동이 시작되었음을 뜻하기도 한다.

플랫폼, 비즈니스 환경에 지각 변동을 일으키다

플랫폼 비즈니스의 부상은 그동안 크게 간과돼 온 3가지 구체적 방식으로 비즈니스 환경의 구조를 변화시키고 있다. 우리는 플랫폼이 주도하는 3가지 형태의 파괴적 혁신을 가치로부터 자산 분리(de-linking assets from value), 재중개화(re-intermediation), 시장 통합(market aggregation)이라고 기술한다.

자산의 소유권과 자산의 생성 가치를 분리하다

가장 익숙한 플랫폼 사례인 에어비앤비, 우버, 아마존은 기업과 소비자 간 거래(B2C)에서 시작됐다. 그렇다면 기업 간 거래(B2B)에서는 제품을 플랫폼으로 어떻게 전환할 수 있을까? 대다수 기업들은 발전소, 자기공명영상(MRI) 장치, 아니면 광활한 농경지처럼 막대한 고정 자산을 소유하고 있다. 이런 고정 자산을 가지고 어떻게 플랫폼을 구축할 수 있을까?

물리적 자산의 소유권을 그 자산이 생성하는 가치로부터 분리하면 된다. 그러면 자산이 독립적으로 거래되도록 쓸 수 있고 해당 자산을 소유자에게만 한정하지 않고 최대한 활용할—즉 경제적 가치를 최대한 창출할—수 있게 된다. 결국 효율과 가치가 극적으로 올라간다.

이 책의 저자 가운데 두 사람(제프리 파커와 마셜 밴 앨스타인)도 이러한 접근법을 적용한 적이 있다. 점점 늘어나는 분산 에너지원의 통합을 위한 스마트 시장 설계를 도와 달라는 뉴욕 주 당국의 요청을 받았을 때였다. 에너지원에는 태양광 발전 지붕, 축전지, 가정용 발전기뿐 아니라 열관성(어떤 물체가 본래 갖고 있던 온도를 계속 유지하려는 성질-옮긴이)으로 인해 사실상 에너지 저장소 역할을 하는 빌딩들도 포함된다. 건물에서는 그 안에 있는 사람들의 쾌적함에 영향을 주지 않고 단 몇 도 범위 내에서 예열을 하거나 예냉을 하기도 하고 난방과 냉방을 지연시키기도 한다. 이 모든 것들은 일별·계절별 주기에 따라 달라지는 전력 수급을 뉴욕 주 전력 시스템이 조정하게끔 해 줄 수 있는 자원이다. 그러나 그렇게 하려면 이 모든 자원을 조정할 수 있는 시스템이 있어야 한다. 현재는 전체 시스템을 아우르는 전력 도매 시장에서 발생한 가격 신호가 합산되고, 이로 인해 국지적 데이터가 제공하는 더 분명한 신호가 잘 보이지 않게 된다.

이 문제를 해결하기 위해 우리는 이들이 창출하는 가치, 즉 생산되는 에너지와 물리적 자산이 분리되는 플랫폼을 추천했다. 이런 플랫폼은 소규모 전력 판매자들이 대규모 전력 구매자들의 수요를 맞출 수 있게 해 준다. 그러면 이들 대규모 전력 구매자들은 최종 소비자들에게 전력을 공급한다. 플랫폼 사용자들이 끊임없이 시장 가격을 확인할 필요가 없게 하려면 자동으로 가격 신호를 생성해야 하는데, 플랫폼을 통해 들어온 지역별 가격 정보와 수요 정보에 자동으로 대응할 수 있도록 판매자들의 기계를 프로그래밍할 수 있다.

만일 뉴욕 주가 이 시스템을 구현한다면 송전, 배전, 발전 용량에 대한 신규 투자를 미루거나 아예 하지 않음으로써 비용을 크게 절감할 수 있게 된다. 게다가 전력 체계가 고도로 유연해지고 대처 능력이 향상되어 지금보다 수월하게 재생 에너지 보급에 나서게 될 것이다. 아무래도 현재 전력 체계는 수급 변동에 대처하는 데 있어서 주로 대형 발전소에 의지하다 보니 유연성이 떨어진다.

가치와 자산을 분리하면 MRI 기기(대당 300만~500만 달러)와 같은 값비싼 의료 기기들을 더 효율적으로 사용할 수 있다. 병원 한 곳에서 보유하고 있는 MRI 장비의 가동률은 40~50%에 불과하다. 해결책은 간단하다. 값비싼 장비를 보유할 여력이 없는 다른 병원과 소규모 의원들이 시간당 비용을 지불하고 사용할 수 있는 시장을 창출하는 것이다. 장비가 창출하는 가치와 자산을 분리하면 기기 가동률을 70%에서 90%까지 끌어올릴 수 있으며, 기기 소유자들에게는 수익 증가를 가져다줄 수도 있다.

그리고 단 한 발짝만 더 나아가면 지역 시장을 전국 또는 광역 시장으로 전환할 수 있다. 실제로 2015년 중반 현재 코힐로(Cohealo)라는 보스턴의 한 기업이 고가 병원 장비 분야의 에어비앤비가 된다는 목표를 세우고 이 단계를 밟는 중이다.

가치로부터 자산을 분리한다는 개념은 2015년 캘리포니아가 겪었던 것보다 더 심한 가뭄에 시달렸던 호주의 농부들을 구하는 데 도움을 주었다. 캘리포니아처럼 호주도 개별 용수 사용권 보유자들이 마음대로 용수 사용을 제한할 수 있는 일관성 없는 시스템으로 고통을 겪고 있었다. 그러다가 2003년부터 용수 사용권과 토지 소유권을 분리하면서 시스템 개혁이 시작되었다. 호주는 워터파인드(Waterfind) 라는 한 민간 기업의 도움으로 용수 거래 플랫폼을 만들어 용수 이용의 경제적 효율성을 크게 증가시켰다. 가치가 낮은 작물을 키우는 농부가 농사를 그만두고 고부가 가치의 작물을 키우는 농부에게 자기의 용수를 팔거나, 아니면 운송 거리 내에 있는 시 당국에 팔 수도 있었다. 그 결과 2006년 호주에 가뭄이 닥쳤을 적에 이 나라 농민들은 캘리포니아 농민들보다 타격을 훨씬 적게 받았다. 현재 워터파인드는 캘리포니아 주도인 새크라멘토에 자회사를 설립하여 미국 농업에도 동일한 플랫폼 기반 솔루션을 적용하려 하고 있다.[11]

재중개라는 새로운 형태의 중개인이 탄생하다

인터넷에 의한 지각 변동이 일던 초창기에 대다수의 경제 평론가들은 새로운 정보통신기술(ICT)이 탈중개화(disintermediation)의 확산에 큰 영향을 끼칠 거라고 예측했다. 산업에서 중개인 또는 중간층이 사라지고 생산자와 소비자가 직접 연결될 거라고 내다본 것이다. 전문가들은 소비자들이 직접 항공권을 구매하고 중개인 없이 보험에 가입하는 법을 터득하면서 여행사와 보험 중개업 같은 전통적인 비즈니스가 쇠락할 것이라고 보았다. 사람들은 시간이 흐르면서 이와 같은 탈중개화가 다른 산업도 휩쓸게 될 거라고 예상했다.

현실은 예상과 다소 다르게 전개되었다. 상당수의 산업에서 플랫폼은 계속해서 시장을 재중개하고 있었던 것이다. 단순히 시장 참여자 가운데 특정 층을 제거하는 것이 아니라 오히려 새로운 유형의 중개인을 끌어들였다. 전형적인 재중개 방식은 확장이 어렵고 효율성이 떨어지는 중개인들을 온라인의 자동화된 도구와 시스템으로 대체하면서 플랫폼 양쪽에 있는 참여자들에게 가치 있고 새로운 상품과 서비스를 제공하는 것이다.

네트워크로 연결된 플랫폼은 확장 가능한 시장 중개 메커니즘을 활용하기 때문에 보다 효과적인 중개자가 될 수 있다. 전통적인 중개인들이 주로 수작업에 의존했다면 플랫폼 중개인들은 빠르게 효율적으로 확장하는 알고리즘과 소셜 피드백에 의존한다. 게다가 오랜 시간에 걸쳐 데이터를 모으고, 시스템을 더욱 지능적으로 만들게끔 플랫폼을 사용하는 능력은 플랫폼이 전통적인 중개인들에게는 불가능했던 방식으로 중개의 영역을 확장할 수 있게 해 주었다.

플랫폼 기업들의 중개 역할은 산업의 판도를 바꾸고 있다. 시장 참여자들이 이전 그 어느 때보다 더 큰 힘과 효율성을 가지고 서로 연결될 수 있는 새로운 무대를 창출한 것이다. 전통적으로 음악 산업에서 재능 있는 신인을 끌어들이기 위해 대형 음반 회사와 연계해 일하던 A&R 책임자(artist and repertorie, 음반사의 직무 중 하나로 아티스트 발굴, 계약, 육성을 비롯해 아티스트에 맞는 악곡 발굴 등을 책임진다–옮긴이)들이 지금은 독립적으로 활동하면서 유튜브와 사운드클라우드(SoundCloud) 같은 플랫폼에서 키울 만한 인재들을 전문적으로 스카우트한다. 출판 저작권 에이전트는 쿼라와 미디엄(Medium) 같은 콘텐츠 플랫폼에서 새로운 저자들을 찾는다. 소규모 기업들은 전통적인 광고 에이전시나 미디어 채널을 이용하지 않고 구글의 애드워즈(AdWords, 구글에서 제작한 셀프 서비스 광고 프로그램. 광고주가 애드워즈에 가입하면 구글 웹사이트와 애드센스에 가입한 웹사이트들에 광고를 넣을 수 있다–옮긴이) 플랫폼을 통해 광고를 한다. 결국 이런 현상은 아시아에서 일반적인 가격보다 훨씬 낮은 가격으로 애드워즈 광고를 관리해 주는 전혀 새로운 유형의 중개업체를 낳았다. 이와 같이 플랫폼은 거대하고 비효율적인 중개업체들을 쫓아내고, 플랫폼을 이용하여 최종 사용자들에게 서비스를 제공하는, 몸집은 작아도 발 빠른 서비스 제공자들에게 힘을 실어 주고 있다.

또 어떤 중개 플랫폼은 생산자에 대한 소셜 피드백을 이용하여 평판 정보라는 새로운 층위를 만들어 낸다. 옐프, 앤지스리스트, 트립어드 바이저와 같은 플랫폼은 제품과 서비스의 품질 인증에 바탕을 둔 전혀 새로운 산업을 창조했다. 이 과정에서 관광 가이드와 소비자 잡지 등 전통적인 품질 인증 관련 업체들 일부가 사업을 접게 되었다.

플랫폼에 의해 생겨난 새로운 중개 활동은 생산자와 소비자들의 참여 경제에 변화를 가져옴으로써 새로운 승자와 패자를 양산했다. 전통적인 출판업에서 출판사는 도서 판매 수익의 대부분을 거두어들이고 또 지출하면서, 보통 저자에게 수익의 10~15% 범위에서 인세를 지불한다. 이와는 대조적으로 아마존의 자가 출판(self-publishing) 플랫폼에 있는 저자들은 일반적으로 수익의 70%를 가져간다. 물론 아마존의 저자들은 전통적인 출판사들이 감당했던 편집, 디자인, 홍보, 마케팅 비용 등을 본인이 부담해야 하며, 이 경우에 '승자'와 '패자'를 가르는 일이 좀 더 복잡해진다.

이와 유사하게 아이폰과 안드로이드라는 앱 생태계가 태동하면서 앱 개발자들에게 이익이 되는 경제적 변화가 시작되었다. 이처럼 시장 참여자들을 위한 새로운 경제가 가능해진 이유는 플랫폼을 통해 월등한 한계비용과 한계수익을 누릴 수 있기 때문이다.[12]

지역별, 분야별로 나뉜 시장 전체를 통합하다
플랫폼은 조직화되어 있지 않은 시장을 통합하여 효율성을 높인다. 시장 통합이란 플랫폼이 폭넓게 분산되어 있는 개인과 조직에게 도움이 되는 중앙 집중식 시장을 제공하는 과정을 말한다. 시장 통합은 예전까지 시장에 대한 신뢰할 만한 최신 데이터 없이 되는 대로 상호작용에 참여했던 플랫폼 사용자들에게 정보와 힘을 제공한다.

예를 들어 인도의 버스 운송 체계를 생각해 보자. 다양한 버스 회사들이 주와 주를 넘나들거나 주 안에서만 노선을 운행하거나 기타 노선을 운행한다. 버스 유형도 매우 다양하며 요금도 천차만별이다. 버스 산업이 매우 파편화되어 있는 데다 조직화되어 있지 않아 버스 이용자들의 정보 검색 비용과 의사 결정 부담이 매우 높다.[13] 현재 레드버스(red-Bus)라는 플랫폼 기업이 인도의 모든 버스 회사로부터 정보를 하나로 모아서 바로 사용할 수 있게끔 통합하고 있다. 그 결과 버스이용자들이 더 신속하고 간편하고 저렴하게 의사 결정을 할 수 있게되었고, 장기적으로는 인도의 수송 시장이 더욱 견실해지게 되었다.

대다수의 성공적인 플랫폼들이 이와 유사한 시장 통합 기능을 수행한다. 아마존 마켓플레이스, 알리바바, 엣시는 전 세계의 무수한 판매상들이 소비자들에게 제품을 직접 판매할 수 있는 온라인 사이트를제공한다. 업워크와 같은 서비스 플랫폼은 수천 명에 달하는 숙련된전문가들을 한 지붕 아래에 모아 놓고 잠재적인 고용주들이 이들을평가하고 비교하면서 고용하기 쉽게 만들었다.

거대 파이프라인 기업들은 어떻게 대응하고 있는가

이제 플랫폼 기업들이 전통적인 기업 환경을 다양한 방식으로 무너뜨리고 있다. 기존의 세계 최대 기업들 가운데 일부를 밀어냈을 뿐만 아니라 가치 창출 및 소비자 행동 같은 비즈니스 프로세스와 주요 산업의 구조까지 바꾸고 있다.

그렇다면 기존 기업들은 이런 상황에 어떻게 대처할 수 있을까? 파이프라인 비즈니스에 익숙한 기업들은 플랫폼 기업들이 자신들의 산업을 재편하고 나아가 잠식할 수밖에 없는 운명에 굴복해야 하는가.

반드시 그런 건 아니다. 그러나 기존 기업들이 플랫폼 기업의 파괴적인 위력에 맞서길 희망한다면 자신들의 기존 비즈니스 모델을 재평가해야 할 것이다. 예를 들어 파이프라인 기업들은 사업에서 발생하는 모든 거래 비용을 면밀히 분석해야 한다. 즉 마케팅, 판매, 배송, 고객 서비스와 같은 프로세스에 들어가는 비용을 꼼꼼히 점검해야 한다. 그리고 보다 매끄럽게 연결된 세상에서 어떻게 하면 이런 비용을 줄이거나 없앨 수 있을지 생각해야 한다. 또한 현재 상호작용하고 있는 개인과 조직의 영역을 면밀하게 조사하여 새로운 형태의 가치를 창출하기 위해 이들을 연결할 새로운 방법을 그려 봐야 한다.[14] 기존 기업들은 다음과 같은 질문을 스스로에게 던져야 할 것이다.

- 현재 사내에서 관리하는 프로세스 가운데 외부 파트너—공급자이건 고객이건—에게 돌릴 만한 것은 무엇인가?
- 외부 파트너들이 기존 고객들을 위해 새로운 형태의 가치를 창출할 수 있는 제품과 서비스를 만들게 하려면 이들에게 어떤 방식으로 권한을 부여해야 할까?
- 고객들에게 가치 있는 신규 서비스를 만들기 위해 현재 경쟁업체들과 네트워킹을 할 방법이 있을까?
- 새로운 데이터 스트림, 개인과 개인의 연결, 큐레이션 도구를 통해 우리가 현재 제공하는 상품과 서비스의 가치를 향상시킬 수 있는 방법은 무엇일까?

나이키는 기존 기업들 가운데 플랫폼 세계에서 생존하고 번영할 수 있는 새로운 방법을 가장 잘 찾아낸 똑똑한 기업이다. 나이키가 취한 경쟁력 있는 조치들 중 일부는 너무 뻔해 보일지 모르나 실상은 그렇지 않다.

나이키와 같은 파이프라인 기업들은 전통적으로 둘 중 하나의 방식으로 확장해 왔다. 어떤 기업들은 더 긴 가치 창출 전달 파이프라인을 보유하거나 통합하면서 확장한다. 이를테면 업스트림 공급업체(공급업체와 공급업체의 공급업체를 가리킨다-옮긴이)나 다운스트림(최종 고객에게 제품을 유통하고 전달하는 프로세스를 말한다-옮긴이) 유통업체를 인수하는 식이다. 이런 방식을 '수직적 통합(vertical integration)'이라 일컫는다. 또 다른 기업들은 더 많은 가치를 통과시킬 수 있도록 파이프라인을 더 넓히는 식으로 확장한다. 이런 방식을 '수평적 통합(horizontal integration)'이라고 부른다. 소비재 생산 기업이 새로운 제품과 브랜드를 만들어서 성장하는 것은 수평적 통합의 예이다.

2012년 1월, 나이키는 웨어러블 기기인 퓨얼밴드(FuelBand)를 발표했다. 사용자의 운동량을 측정하는 기기로 걸음 수, 소진한 칼로리 등을 알려 준다. 다른 기업과 마찬가지로 나이키도 앱을 개발해 왔으며, 주로 스포츠나 건강과 관련한 앱이었다. 표면상으로는 수평적 통합을 목표로 전통적인 제품군 확대를 시도한 것처럼 보인다. 하지만 실제로 나이키는 이러한 시도가 성공했을 때 새로운 형태의 성장으로 이어질 것인가를 시험한 것이었다. 애플과 같은 플랫폼 기업들이 이룩한 성공을 나이키도 거둘 수 있을지 그 가능성을 테스트해 본 것이다.

지난 10년간 애플은 자사의 제품과 서비스를 클라우드에서 서로 연결하면서 일부 성장해 왔다. 아이튠스와 아이클라우드(iCloud)를 통한 콘텐츠와 데이터 동기화는 다양한 애플 제품 보유를 더 가치 있게 만들었다. 특히 소니나 도시바, 또는 다른 전자제품 제조사의 여러 제품을 보유하는 것보다 훨씬 편리했다. 데이터는 이 모든 제품과 서비스를 조화롭게 묶어 주는 기능을 수행한다.

이는 새로운 형태의 성장으로 이어진다. 데이터를 통해 다양한 제품과 서비스가 서로 연결되고 상호작용하게 되면, 파이프라인은 플랫폼처럼 움직이기 시작하고 새로운 형태의 가치를 창출하면서 사용자들이 더 많은 상호작용에 참여하게끔 만든다.

애플 제품군처럼 나이키의 퓨얼밴드와 연결된 신발과 모바일 앱은 더 이상 단순히 브랜드 이름으로만 연결된 개별 제품과 서비스가 아니다. 이제 이 제품들은 지속적으로 상호작용하면서 끊임없이 사용자에게 운동 수행 능력과 운동 수칙, 건강 목표에 대한 정보와 조언을 제공한다. 나이키는 전통적인 스포츠 용품 기업과 달리 이렇게 수집한 데이터를 이용하여 사용자 생태계를 구축하려고 한다. 시간이 흐름에 따라 나이키는 이러한 데이터를 사용자들에게 더 의미 있는 경험을 창출하는 데, 그리고 그들이 서로 연결되어 가치 있는 상호작용을 할 수 있게끔 하는 데 사용할 수 있다.

나이키가 전통적인 파이프라인 비즈니스를 플랫폼 비즈니스로 바꾸기 시작한 유일한 기업은 아니다. 스포츠 및 캐주얼 의류 시장에서 나이키의 라이벌인 언더 아머(Under Armour)는 자기들만의 피트니스 생태계를 구축하기 위해 재빠르게 움직여 왔다. 2013년 11월, 언더 이머는 잘나가는 건강 관리 플랫폼인 맵마이피트니스(MapMyFitness)를 인수했다. 그리고 2015년 2월, 피트니스 플랫폼 두 곳을 추가로 인수했다. 한 곳은 영양 관리에 초점을 둔 마이피트니스팔(MyFitnessPal),

다른 한 곳은 주로 유럽 고객을 대상으로 서비스하는 이른바 '주머니 속의 트레이너' 엔도몬도(Endomondo)였다. 이 세 회사를 인수하는 데 무려 7억1000만 달러가 들었다. 한 애널리스트는 언더 아머의 인수에 대해 다음과 같이 논평했다. "정말로 놀라운 사실은 인수된 기업 중 기기 제조업체는 한 곳도 없다는 것이다. 대부분 플랫폼과 데이터에 관련된 기업들뿐이다. 그리고 더욱 중요한 것은 사용자를 중심에 두고 있다는 사실이다." 인수한 기업체 세 곳의 플랫폼 사용자 수를 모두 합하면 1억3000만 명을 자랑한다.[15] 나이키처럼 언더 아머도 미래 산업이 플랫폼에 기반을 둘 것이라 내다보고 스스로 혁신을 위한 파괴자가 되기로 결정한 것이다.

이들 기업과 유사한 움직임이 다른 부문에서도 일어나고 있다. GE, 지멘스, 하이얼을 비롯한 거대 제조업체들이 자사의 제품을 이제 막 움트고 있는 사물 인터넷(Internet of things)에 연결하고 있다.[16] 연결된 제품들은 데이터를 끊임없이 중앙 플랫폼으로 전송하고, 제품과 제품들은 통신하면서 중앙 플랫폼을 통해 서로 학습한다.[17] 이렇게 네트워크로 연결된 기기들로부터 수집한 데이터는 각 제품이 자원을 더 효율적으로 사용하고 더욱 신뢰할 만한 서비스를 제공할 수 있게 도와준다.

그렇다면 어떤 제품이나 서비스든 플랫폼 비즈니스의 기반이 될 수 있을까? 만일 그 회사가 판매하는 제품이나 서비스에 가치를 더하기 위해 정보나 커뮤니티를 활용할 수 있다면 성공적인 플랫폼을 창출할 잠재력이 있다고 할 수 있다. 이 말은 곧 많은 기업들이 엄청난 기회를 얻을 수 있음을 뜻한다.

매코믹 푸드(McCormick Food)를 생각해 보자. 설립된 지 126년 된 이 회사는 향신료와 조미료 판매업체이다. 2010년까지만 해도 이 회사는 전통적인 성장 전략을 구사해 왔다. 그러나 이미 매코믹은 식품 용 양념 분야에서 확장할 만큼 했고, 원료 재배에서부터 식품 조리에 이르기까지 공급 사슬 아래위로 발판을 확보한 상태였다. 더 이상 회사로서는 성장을 밀어붙일 만한 동력이 보이지 않았다. 매코믹의 최고정보책임자(CIO) 제리 울프(Jerry Wolfe)는 나이키가 플랫폼 구축에 뛰어들었다는 소식을 들었다. 매코믹도 똑같이 할 수 있었을까?

울프는 알지에이(R/GA)의 파트너인 배리 왁스먼(Barry Wacksman)에게 연락했다. R/GA는 뉴욕에 있는 유명한 디자인 회사로 나이키가 플랫폼을 설계하는 것을 도왔다. 두 사람은 합심해서 식료품을 기반으로 한 플랫폼을 구축하기 위해 조리법과 맛 프로필을 이용하는 아이디어를 도출해 냈다. 울프와 왁스먼은 매코믹의 맛 실험실을 통해 거의 모든 조리법을 기술하는 데 쓰일 30개에 달하는 맛 샘플—박하 맛, 감귤류 맛, 꽃향기 맛, 마늘 맛, 고기 맛 등—을 추출했다. 이제 시스템은 개인의 기호를 바탕으로 한 사람이 좋아할 만한 맛을 내는 새로운 조리법을 예상할 수 있다. 매코믹 플랫폼의 커뮤니티 회원들이 조리법을 수정하여 새로운 버전으로 올릴 수 있게 되자, 맛의 종류가 계속 늘어나면서 새로운 음식 트렌드를 알아내는 데 도움이 될 뿐 아니라, 플랫폼 사용자들에게 유용하면서도 식료품점, 식품 제조업체, 레스토랑 관리자들에게까지 유용한 정보를 생성할 수 있다.[18]

이러한 사례에서 볼 수 있듯이 플랫폼의 활용 역량은 더 이상 실리콘밸리의 인터넷 스타트업들에게만 국한되지 않는다. 기존 기업들이 플랫폼 기업이 일으키는 지각 변동에 반격하는 방식을 보면 단순히 플랫폼의 위력에 맞선다거나 그저 이미 자신이 속한 산업이 플랫폼에 의해 잠식되었다는 것을 깨닫고 서둘러 플랫폼을 흉내 내는 헛발질을 하는 것만도 아니다.

　새로운 비즈니스 모델을 이해하는 기존 기업들의 리더는 미래 지향적인 플랫폼을 구축하여 단순히 기존 자산을 이용할 뿐만 아니라 그것을 더 강화하고 보강하려 한다.

■ ■ ■

자, 플랫폼은 정말로 세상을 먹어 치우고 있다. 플랫폼이 몰고 온 파괴의 바람이 특정 산업에 속한 비즈니스를 차례로 집어삼키고, 사실상 모든 정보 집약적 산업에까지 일을 벌리고 있다. 우리는 이미 그 위력이 미디어와 통신 산업에 미친 파급력을 목도하고 있다. 소매업, 도시 운송업, 숙박업이 지금 공격을 받고 있다. 이제 우리는 금융, 교육, 의료 부문도 플랫폼의 위력에 노출되리라 내다본다. 이런 산업 분야는 고도로 정보 집약적이다. 그러나 지금까지 규제라는 보호막과 위험에 민감한 소비자들의 보수성 덕분에 플랫폼이 주도하는 파괴적 혁신에 맞서 저항할 수 있었다. 유튜브가 사용자들에게 저질의 불법 복제 동영상을 보여 줄 때 받는 타격은 큐레이션 역량을 갖추지 않은 플랫폼이 대출자들과 악덕 사채업자를 연결하거나, 교육 플랫폼이 대학생들에게 수학이나 과학 정보를 부정확하게 제공하거나, 또는 의료 플랫폼이 환자들에게 능력 미달의 의사를 연결했을 때 받을 타격에 비하면 정말 아무것도 아니다. 그럼에도 불구하고 P2P 대출업체 렌딩 클럽(Lending Club), 온라인 동영상 강의업체 유데미(Udemy), 의료용 웨어러블 기기업체 조본과 같은 플랫폼이 이러한 시장을 조금씩 갉아먹으면서 계속해서 침투 중이다.

궁극적으로 본다면 플랫폼이 여러 산업에 가져다줄 파괴적 혁신이 주로 기술적인 도전에만 한정되어 있는 것은 아니다. 미래의 놀라운 플랫폼을 만들고자 하는 혁신가들이라면 자신들이 정복하고자 하는 시장의 핵심 상호작용에 집중하면서 그들 앞에 놓인 장벽을 분석해야 한다. 이러한 장벽을 극복해야만 플랫폼에 기반을 둔 생태계를 구축할 수 있다. 이 부분에 대한 더 자세한 내용은 이 책의 마지막 장에서 다룰 텐데, 거기서 우리는 미래 플랫폼 세상에 대해 우리가 갖고 있는 비전을 독자들과 공유할 것이다.

Platform 4 　　　　　　　　　　　**이것만은!**

❑ 플랫폼이 파이프라인을 이길 수 있는 이유는 한계비용과 한계수익에서 우위에 있을 뿐 아니라 긍정적인 네트워크 효과를 통해 가치를 창출하기 때문이다. 그 결과 플랫폼은 파이프라인보다 빠르게 성장하고 있으며, 파이프라인 기업들이 한때 지배했던 산업을 선도하고 있다.

❑ 플랫폼의 출현은 다른 방법으로 비즈니스에 파괴적 혁신을 가져오고 있다. 플랫폼은 새로운 공급원을 활용해 가치 창출 구조를 변경하고, 다른 형태의 소비자 행동을 가능케 함으로써 가치 소비 구조를 변경하며, 커뮤니티 주도 큐레이션을 통해 품질 관리 구조를 변경한다.

❑ 플랫폼의 출현은 다수의 산업에서 구조적 변화를 야기하고 있다. 특히 가치와 자산의 분리, 재중개화, 소유와 통제의 분리, 시장 통합을 통해 시장 구조에 변화를 가져왔다.

❑ 기존 기업들도 플랫폼 주도의 파괴적 혁신에 반격을 가할 수 있다. 이들은 플랫폼의 시각으로 자신이 속한 산업을 연구하고 나이키와 GE처럼 자기들만의 가치 창출 상태계를 구축하기 시작했다.

Platform Revolution

5장

론칭

성공적으로 플랫폼을 시작하는 8가지 방법

어떻게 신규 고객을 확보할 것인가

1998년 가을은 비즈니스 세계가 매우 들떠 있던 시기였다. 인터넷의 놀라운 성장에 힘입어, 테크놀로지 기업들이 100여 개씩 문을 열었으며, 대다수가 그들의 실제 수입(극히 적은 경우가 많았다)과 이익(아예 없는 경우가 많았다)에 어울리지 않는 찬사와 치솟는 주가에 즐거운 비명을 질렀다. AOL과 아마존 같은 기업들의 초창기 경험에 영감을 받은 하이테크 기업들과 그들을 응원하는 미디어는 장기적인 성공의 핵심이 무슨 수를 쓰더라도 성장하는 데 달려 있다고 생각했다. 그리고 대다수의 기업들이 성장을 위해 수백만 달러를 쏟아부었으며, 야망으로 가득 찬 20대와 30대 초반의 수많은 컴퓨터광들은 엄청난 부를 축적했다. 적어도 서류상으로는 그랬다.

이렇게 떠들썩한 분위기 속에 두 명의 젊은 기업가가 폭발적으로 성장 중인 인터넷 무대에 등장했다. 31세의 피터 틸(Peter Thiel)은 독일에서 태어나 미국 캘리포니아에서 자랐으며, 젊은 나이에 미국 최고의 체스 선수가 되었고, 스탠퍼드 대학에서 철학과 법학을 공부했다. 공공연히 자유주의자임을 드러내고 다닌 그는 스탠퍼드 대학에 지배적이었던 진보 문화에 도전하는 보수주의 신문, 『스탠퍼드 리뷰

(Stanford Review)』창간을 돕기도 했다.

23세의 맥스 레브친(Max Levchin)은 우크라이나에서 태어났으며 1991년 가족과 함께 미국으로 이주했다. 정치적 망명이었다. 이후 레브친은 시카고에서 자랐으며 일리노이 대학교 어배너 샘페인 캠퍼스에서 컴퓨터 과학을 전공하면서 암호를 만들고 해독하는 암호학에 대한 열정을 키워 갔다. 1998년 무렵 레브친은 컴퓨터 통신 보안에 대한 자신의 천재적인 능력을 비즈니스 세계에 적용할 준비가 되어 있었다.

틸과 레브친은 (제3의 파트너였으나 곧 이들을 떠난 존 버나드John Bernard 와 함께) 콘피니티(Confinity)를 창업했다. 콘피니티는 적외선 포트가 장착된 팜 파일럿(Palm Pilot)과 PDA(Personal Digital Assistant)에서 송금할 수 있게 해 주는 스타트업이었다. 당시 팜 파일럿은 이례적으로 큰 인기를 끌던 무선 단말기로 시장 채택률이 높아질 것으로 예상됐다. 게다가 사람들이 어디에나 들고 다니는 무선 단말기에 결제 시스템을 탑재하는 것은 충분히 합리적이었다. 콘피니티의 비즈니스 논리는 반박의 여지가 없어 보였다. 게다가 정부가 발행하는 화폐에 의존하는 수백만에 달하는 사람들을 해방시킬 새로운 결제 메커니즘이라는 개념은 틸의 이상주의적·자유주의적 성향에도 꽤 들어맞았다. 그리고 이와 유사한 생각에서 출발한 또 하나의 야심 찬 온라인 결제 플랫폼—비트코인(Bitcoin)—이 10년 뒤 자유주의자들의 상상력에 불을 붙였다.

그럼에도 불구하고 콘피니티는 많은 이용자를 끌어들이지 못했다. 2년 뒤 가입자 수가 1만 명에 그치자, 레브친과 틸은 콘피니티의 문을 닫았다.

그러나 콘피니티를 운영하면서 두 사람은 전망이 훨씬 밝은 사업 기회를 잡을 수 있었다. 콘피니티를 운영하던 1999년 10월, 한 엔지니어가 이메일을 통해 돈을 지불받는 온라인 시스템 데모 버전을 서둘러 만들고 있었다. 이렇게 가외로 진행한 프로젝트는 결제 프로세스에 있어서 중대한 잠재적 개선 방향을 보여 주었다. 이전 온라인 결제 시스템과 달리 은행 계좌에서 은행 계좌로 송금하는 거추장스러운 시스템을 이용할 필요 없이 세계 어디에서나 돈을 받을 수 있게 해 주는 것이다. 레브친과 틸은 이 새로운 형태의 온라인 결제 시스템이 수백만 명의 고객들을 대상으로 하는 대형 온라인 사업 아이템이 될 수 있음을 깨달았다.

두 사람은 이 서비스의 이름—페이팔(Paypal)—을 정하고 이를 중심으로 사업을 꾸렸다. 사업 시작 당시의 경기 상황은 이러한 서비스를 시작하기에 썩 좋지 않았다. 하이테크 산업 전반에서 소위 인터넷 거품이 꺼질 조짐이 보였고, 몇 개월 만에 나스닥 지수가 급격히 하락하면서 닷컴 붕괴가 공식적으로 일어났다. 환경적 압박에 더해서 틸과 레브친은 페이팔을 '빨리' 성공시키는 게 중요하다는 사실을 알고 있었다. 두 사람은 매달 1000만 달러를 들이부었다. 통상적으로 대규모 자본 지출을 요하지 않는 플랫폼 세계에서 매달 1000만 달러는 엄청난 액수였다.[1]

두 사람은 매우 어려운 숙제 하나를 해결해야 한다는 사실을 깨달았다. 이들은 시장의 양면을 만족시킬 비즈니스를 설계해야 했다. 바로 닭이 먼저냐, 달걀이 먼저냐 하는 문제에 직면한 것이다. 양쪽 시장이 모두 똑같이 중요한 양면 시장을 구축하려 할 때, 어느 쪽에 먼저 진입해야 할까? 그리고 한쪽 시장이 만들어지지 않은 상태에서 어떻게 다른 한쪽 시장을 끌어들일 수 있을까?

새로운 결제 메커니즘에서 닭이 먼저냐 달걀이 먼저냐는 매우 뻔한 듯하면서도 까다로운 문제였다. 새로운 형태의 결제 시스템을 허용하는 판매자가 없으면 구매자 역시 그것을 받아들이지 않을 것이다. 반대로 구매자가 새로운 결제 시스템을 쓰려 하지 않으면 판매자는 시간과 노력, 그리고 돈을 들여 가며 그것을 도입하려 들지 않을 것이다. 이렇게 완전한 제로 베이스 상태에서 새로운 결제 플랫폼을 어떻게 론칭할 수 있을까? 판매자도 구매자도 없이, 그 어떤 쪽도 다른 한쪽이 먼저 참여하기 전까지는 발을 담글 이유가 없는 상황에서는 어떻게 해야 할까?

단순 논리로 봤을 때, 닭이 먼저냐 달걀이 먼저냐 하는 문제는 답이 없는 것처럼 보인다. 그러나 페이팔은 일련의 기발한 전략으로 이 문제를 해결했다.

먼저 페이팔은 온라인 결제 시스템을 채택하는 데 따르는 마찰을 없앴다. 사용자에게 필요한 것은 이메일 주소와 신용카드 한 장이 다였다. 이러한 단순성은 이전의 온라인 결제 시스템과 극도로 대비되었다. 예전 시스템을 이용하려면 계정을 만들기 전에 여러 검증 절차를 거쳐야 했는데 이는 초기 사용자들을 주저하게 만드는 요인이었다. 사용자 친화적이고 자유롭게 진입할 수 있는 페이팔의 시스템은 초기에 상당한 고객 기반을 쌓을 수 있게 해 주었다. 그러나 그것만으로는 온라인 판매자들을 플랫폼에 끌어들이기에 충분하지 않았다.

후일 피터 틸은 스탠퍼드 대학에서 한 강의에서 그다음에 벌어진 일들을 다음과 같이 설명했다.

페이팔의 가장 큰 도전은 신규 고객 확보였습니다. 그래서 광고를 하려고 했지만 너무 비싸더라구요. 그래서 대형 은행과 사업 개발(business development, BD) 협상을 시도했습니다. 그러나 말도 안 되는 관료주의적 절차가 줄줄이 뒤따랐고, 결국 페이팔 팀은 BD로는 안 되겠다는 중대한 결론을 내렸습니다. 페이팔에게 필요한 것은 자발적인 입소문으로 확산되는 형태의 성장이었습니다. 그래서 사람들에게 돈을 쥐어 줄 필요가 있었습니다.

페이팔은 실제로 돈을 주었습니다. 신규 회원으로 가입하면 10달러를 받았습니다. 그리고 신규 회원을 추천한 기존 고객도 10달러를 받았습니다. 회원 수가 기하급수적으로 증가하는 동안 페이팔은 신규 고객당 20달러를 지불했습니다. 뭔가 잘되는 것 같기도 하고 아닌 것 같기도 했습니다. 1억 명의 사용자가 있는 데다 매일 7~10%씩 성장한다는 것은 좋았습니다. 그러나 수입은 없는데 비용은 기하급수적으로 늘어나는 구조는 좋지 않았습니다. 뭔가 불안정하다는 생각이 들었습니다. 페이팔에게 필요한 것은 더 많은 자본을 발생시키고 지속시킬 수 있는 소문이었습니다(궁극적으로 이 방법은 효과가 있었습니다. 그렇다고 이것만이 회사를 운영하는 최고의 방법이라는 말은 아닙니다. 솔직히 말하자면 아닐 것입니다).[2]

틸의 말에는 초창기의 절실함이 묻어나며 페이팔을 정착시키기 위해 할 수 있는 방법은 거의 다 시도해 봤음을 알 수 있다. 결국 페이팔의 전략은 통했다. 페이팔은 신규 가입에 대해 인센티브를 제공함으로써 고객층을 극적으로 늘렸다.

가장 중요한 점은 페이팔 팀이 회원 가입만으로는 충분하지 않다는 사실을 깨달았다는 데 있다. 페이팔은 회원들이 페이팔 서비스를 이용하게 하고 그들이 이 서비스의 가치를 알아본 다음 정기적인 사용자가 되게끔 만들어야 했다. 다시 말해서 사용자 관여(user commitment)가 사용자 획득(user acquisition)보다 훨씬 중요했던 것이다. 따라서 페이팔은 신규 고객이 활성 사용자(active user)로 넘어갈 수 있도록 하는 인센티브를 설계했다. 인센티브 지급은 사용자에게 페이팔 가입이 안전하며 꽤 매력적이라는 느낌을 주었을 뿐 아니라 사실상 신규 사용자들이 실제 거래를 하게끔 만드는 장치가 되었다. 회원 계정에 들어 있는 단 10달러를 쓰기 위해서라도 말이다.

페이팔의 폭발적인 성장은 얼마간의 긍정적인 피드백 고리를 촉발시켰다. 일단 사용자들이 페이팔의 편리함을 경험하고 나자, 온라인으로 쇼핑할 때 웬만하면 페이팔로 결제하려 들었고, 이는 판매자들도 페이팔에 가입하게 만드는 효과를 가져왔다. 새로운 사용자들은 소문을 더 많이 냈고 친구들에게 페이팔을 추천했다. 한편 판매자들은 페이팔 로고를 상품 페이지에 표시함으로써 구매자들에게 이 온라인 결제 수단을 사용할 수 있음을 알렸다. 이는 또 더 많은 구매자들이 페이팔의 존재를 인지하고 회원으로 가입하게끔 만들었다. 또한 페이팔은 판매자들을 위한 소개 수수료를 도입하여 더 많은 판매자와 구매자들을 끌어오는 데 대한 인센티브를 제공했다. 이러한 피드백 고리 덕분에 페이팔 네트워크는 알아서 굴러갔다. 피드백 고리가 사용자(구매자와 판매자)들의 요구를 충족시키면서 성장을 촉진한 것이다.

그렇다고 해서 회사 경영진이 가만히 앉아서 긍정적인 피드백 고리에만 의존한 채 손 놓고 있었던 것은 아니다. 이들은 두 눈을 크게 뜨고 성장률을 더 끌어올릴 기회를 찾고 있었다.

2000년 초 페이팔 경영진은 가장 인기 있는 온라인 경매 사이트인 이베이에서 페이팔의 인지도가 증가하고 있음을 알았다. 이베이는 페이팔이 꼭 필요한 곳이었다. 이베이에서 활동하는 대부분의 판매자들은 전업 상인들이 아니라 신용카드를 비롯한 여러 형태의 온라인 결제 시스템을 수용할 설비가 없는 평범한 사람들이었기 때문이다.

페이팔의 마케팅 팀은 어떻게든 이 기회를 잡는 데 초점을 맞췄다. 이베이에서 페이팔로 결제가 가능하도록 하는 데 모든 노력을 기울인 것이다. 페이팔이 적용한 방안은 이베이의 소비자 수요를 시뮬레이션하는 것이었다. 고객이 이베이에서 상품을 사면 결제는 페이팔로 해 달라고 요청하는 봇(자동화된 소프트웨어 도구)을 작동시키는 시뮬레이션이었다. 시뮬레이션 결과 수요가 확실히 늘어난 것을 확인한 이베이 판매자들 다수가 페이팔 서비스에 가입했다. 그러자 페이팔은 더 많은 고객들에게 노출되었고, 고객들은 페이팔에 더 많은 호감을 느꼈다. 판매자들은 자기들 사이트에 페이팔 아이콘을 표시하기 시작했고, 구매자들은 마우스 클릭만으로 결제 가능한 시스템을 이용할 수 있게 되었으며, 이는 판매자와 구매자 간 거래 마찰을 크게 줄이는 계기가 되었다.[3]

3개월 만에 페이팔의 사용자 층은 10만에서 100만 명으로 증가했다.

이베이 경영진들은 페이팔이 자사의 등에 업혀 어떻게 자체 플랫폼 비즈니스를 구축했는지 관심을 갖고 지켜보았다. 이베이 고객들과 독립적으로 관계를 구축하는(그리고 이베이에서 발생한 거래에서 일부 수입을 흡수하는) 회사가 가져올 잠재적 경쟁 위협을 우려한 이베이는 대응책을 마련하기로 했다. 웰스 파고 은행과 제휴하여 자체 온라인 결제 시스템인 빌포인트(Billpoint)를 발표한 것이다. 이베이는 공격적으로 빌포인트를 홍보했고, 어느 시점이 되자 이베이에서 빌포인트와 페이팔을 모두 채택하는 상인들에게 반드시 빌포인트의 로고를 더 크게 표시하라고 요구했다. 그러나 이러한 노력에도 불구하고 빌포인트는 이베이 사용자들의 지지를 받지 못했다. 너무 늦게 내놓았기 때문이기도 했고, 이베이의 경솔한 사업적 판단 때문이기도 했다. 이베이 회원이 아닌 상인들의 빌포인트 이용을 늘릴 수 있었던 계약을 파기하기로 한 결정이 대표적인 예다.

페이팔은 계속해서 성장했다. 콘피니티가 2000년 말 팜 파일럿 사업을 접었을 무렵, 그로부터 파생된 페이팔은 이미 300만 회원을 끌어모으고 있었다. 페이팔의 회원은 모회사인 콘피니티 회원보다 300배나 더 많았다. 최초의 신용카드 다이너스클럽 이래로 이토록 빠르게 성장한 결제 시스템은 없었다. 2002년 2월, 페이팔은 상장했다.

2002년 10월, 이베이는 마침내 빌포인트를 포기하고 페이팔을 주식 14억 달러에 인수했다. 지금의 기준으로 보면 그리 크지 않지만 당시에는 매우 큰 액수의 인수였다. 이베이가 페이팔을 인수했을 당시 이베이에서 이루어지는 모든 경매의 70%가 페이팔 결제를 허용했고, 마감한 경매의 대략 25%가 페이팔을 통해 결제되었다. 오늘날 페이팔은 이베이의 수입과 이익의 대부분을 창출하는 한편, 수십 만에 달하는 소규모 상인들이 온라인에서 더 쉽고, 효율적이며, 이익이 되는 방식으로 사업을 펼칠 수 있게 해 주고 있다.

입소문 확산에는 '푸시'보다 '풀'이 중요하다

페이팔의 사례가 보여 주듯이, 플랫폼 비즈니스의 구축은 전통적인 제품이나 파이프라인 마케팅과는 여러 방면에서 다르다. 먼저 플랫폼 마케팅에서 가장 효과적이고 중요한 전략은 푸시(push)보다 풀(pull)이다.

　파이프라인 산업은 푸시 전략에 많이 의존한다. 소비자에게 접근하려면 기업이 보유하고 있거나 비용을 지불하고 활용하는 마케팅·커뮤니케이션 채널을 통해야 한다. 자원이 희소한 세계에서 선택지는 제한적이었으며, 마케터와 이들의 메시지가 소비자들 앞에까지 갔다는 사실에 만족해야 했다. 이런 환경에서 전통적인 광고와 홍보 산업은 거의 인식 창출에만 초점을 맞췄다. 이는 제품이나 서비스를 잠재적 고객의 의식에 '밀어 넣는(pushing)' 고전적인 기술이다.

　이러한 마케팅 모델은 누구나 마케팅·커뮤니케이션 채널에 접근할 수 있는 네트워크 세계—예컨대 싸이의 '강남 스타일'과 팝 가수 레베카 블랙의 '프라이데이(Friday)' 같은 유튜브 동영상이 입소문을 타고 전 세계적으로 열풍을 일으킨 사례—에서는 실패한다. 제품과 그에 대한 메시지가 사실상 한없이 풍요로운 세상에서 사람들의 관심은 더 쉽게 분산된다. 서로 경쟁하며 끝없이 생성되는 메시지들을 마우스 클릭이나 손가락 터치만으로 넘길 수 있기 때문이다. 따라서 인식 창출만으로는 제품을 채택하고 사용하게 할 수 없으며, 고객들에게 무작정 상품과 서비스를 들이미는 것만이 성공의 열쇠가 될 수 없다. 이제는 상품과 서비스를 매력적으로 설계하여 고객들이 자연스럽게 그 주위로 끌려올 수 있게 해야만 한다.

　나아가 플랫폼 비즈니스에서는 회원 가입이나 사용자 획득이 아닌, 사용자 관여와 활발한 이용이 고객 채택의 진정한 지표라 할 수 있다. 바로 그런 점에서 플랫폼은 참여하는 데 따른 인센티브를 구조화함으로써 사용자들을 끌어들여야 한다. 인센티브가 플랫폼에서 일어나는 상호작용과 유기적으로 연결되면 더 좋다. 전통적으로는 마케팅 기능이 제품과 분리되어 있다. 하지만 네트워크 사업에서 마케팅은 플랫폼과 밀착되어 있어야 한다.

마케팅에 대한 새로운 관점은 페이팔의 경영진들이 자사의 플랫폼을 성공적으로 정착시킬 때 활용한 전략에 잘 반영되어 있다. 페이팔은 텔레비전 광고나 지면 광고, 이메일 광고를 통해 사용자들의 의식 속에 페이팔을 '밀어 넣는' 대신, 인센티브를 제공하여 페이팔 자체가 관심을 '끌' 수 있게 했다. 거기에는 페이팔 서비스가 보여 주는 극도의 단순성, 그리고 신규 가입을 유치한 사람들에게 주는 보상금 등이 포함되어 있었다. 페이팔은 구매자들 사이에서 자사 서비스에 대한 수요를 창출함과 동시에, 이베이의 쇼핑 봇을 통해 수요를 시뮬레이션함으로써 판매자들을 플랫폼으로 끌어들였다. 더 많은 사용자들이 가입할수록 페이팔의 매력도는 더욱 높아졌다. 결국 페이팔의 경쟁 서비스들은 완전히 사라졌다. 바로 이것이 풀 전략의 위력이다.

그래도 전통적인 푸시 전략은 플랫폼 세계에서 여전히 유효하다. 예를 들어 인스타그램은 애플의 아이튠스 앱 스토어에 인기 순위 1위로 공개된 날 다운로드 수가 수만 회에 달했다. 이는 기업들이 수십 년간 활용해 온 푸시 전략 가운데 하나다. 그리고 나중에 다루겠지만, 트위터는 굉장히 효과적인 홍보 덕분에 크게 성공한 케이스이다. 이 또한 푸시 전략의 또 다른 형태이다.

그러나 플랫폼 세상에서 빠르고 확장 기능하며 지속 가능한 사용자 증가는 풀 전략을 통해서 이뤄지는 경우가 많다.

플랫폼 경쟁에서 후발 주자는 과연 불리한가

닭이 먼저냐 달걀이 먼저냐 하는 문제, 그리고 대규모 사용자 기반을 끌어오는 일의 어려움. 이 두 가지 문제를 생각하다 보면 궁금증이 생길 수도 있다. 어마어마한 고객층을 이미 확보한 기존 기업들이 플랫폼 세계를 지배하면 안 될 이유라도 있을까? 어쩌면 월마트, 삼성, GE 같은 회사들이 자신들의 유리한 고지를 활용해 경쟁에서 이기는 건 시간문제일 수도 있다.

대기업들은 플랫폼 비즈니스를 시작할 때 분명 유리한 점이 있다. 이들은 기존의 가치 사슬, 다른 기업들과의 강력한 협력과 제휴 관계, 끌어올 풍부한 인재, 엄청난 재원, 거기에 충성스런 고객 기반까지 모두 갖추고 있다.

그러나 이러한 이점이 안일함을 낳을 수 있다. 제품과 파이프라인이 지배하는 전통적인 비즈니스 환경에서는 떠오르는 외부 경쟁 상대를 관찰하고 거기에 맞춰 적응할 시간이 있다. 대부분의 거대 기업들은 상대적으로 느린 변화에 맞게 진화해 왔다. 이들의 전략 계획, 목표 수립, 자기 평가, 궤도 수정 프로세스는 연간, 아니면 적어도 분기별로 여유 있게 진행된다. 그러나 빠르고 예측 불가능한 방식으로 상호작용하는 네트워크가 지배하는 플랫폼 세계에서 시장은 빠르게 바뀌고 고객의 기대치는 더 빨리 바뀐다. 따라서 관리 시스템도 그에 따라 달라져야 하다.

기존 기업들은 플랫폼 환경에 맞게 스스로를 재정비하면서, 자신들이 매우 유연하고 날쌘 스타트업들과 똑같은 경쟁의 장에 있음을 알게 될 것이다. 자유로운 네트워크 이용과 풀 전략 마케팅의 세계에서 규모와 경험, 자원에 의해 생성된 우위는 더 이상 중요하지 않다.

따라서 현재 플랫폼 비즈니스 기회를 포착하려는 기업가이거나 앞으로 그런 쪽으로 사업을 할 생각이 있는 기업가, 또는 플랫폼 비즈니스 기회를 노리는 중소기업의 경영을 돕고 있는 사람이라면, 거대 기업이 당신의 사업 영역을 잠식해 들어올까 봐 겁먹을 필요 없다. 성장이라는 게임의 규칙은 그동안 바뀌어 왔으며, 이 새로운 규칙을 이해하고 통달한 사람이라면 누구나 살아남을 수 있고 성공할 수 있다.

플랫폼 론칭에는 다양한 방법이 있다

플랫폼 A를 론칭할 때 먹힌 전략이 플랫폼 B에도 그대로 통할 거라고 생각하기 쉽다. 그러나 역사를 돌아보면 반드시 그렇지도 않았다. 오히려 직접적인 경쟁 관계에 있는 플랫폼조차도 시장에서 강력하고 남다른 위치를 선점하기 위해서는 서로 다른 전략을 취해야 하는 경우가 있다. 온라인에서 서로 경쟁 관계에 있는 동영상 플랫폼 기업 세 곳—유튜브, 메가업로드(Megaupload), 비메오—의 사례를 보면 그 이유를 자세히 알 수 있다.

유튜브는 누구나 동영상을 올릴 수 있는 최초의 비디오 호스팅 플랫폼으로 대세를 이끌어 왔다. 유튜브는 콘텐츠 생산자에 전적으로 집중했다. 초창기 유튜브는 콘테스트를 열어서 콘텐츠 생산자들에게 동영상을 올리는 네 따른 인센티브를 제공했다. 게다가 콘텐츠 생산자들이 동영상을 유튜브 이외에 다른 곳에 임베드(embed)할 수 있게 했으며, 이로 인해 유튜브에 대한 입소문은 빠르게 퍼졌다. 특정 잠재 사용자들은 유튜브가 꽤 매력적인 플랫폼이라는 사실을 깨달았다. 예를 들어 당시 큰 인기를 끌었던 소셜 네트워크인 마이스페이스(Myspace)는 대부분 인디밴드가 주축을 이루었다. 유튜브는 플래시 기반에 클릭 한 번으로 비디오를 쉽게 즐길 수 있었고, 인디밴드들이 자신들의 음악을 담은 동영상을 올리기가 쉬웠다는 점에서 마이스페이스보다 뛰어났다. 결국 인디밴드들의 동영상은 유튜브의 주된 콘텐츠가 되었고, 이와 동시에 생산자들을 지렛대 삼아 소비자를 데려왔으며, 그중 일부는 생산자가 되기도 했다. 생산자들에게 더욱더 집중하면서 유튜브는 최고의 콘텐츠 생산자들을 파트너로 격상시켰는데, 이들에게 광고 수익 일부를 가져갈 수 있는 특권을 주기까지 했다.

유튜브가 끊임없이 생산자에게 공을 들인 것은 네 가지 측면에서 효과적이었다. 첫째, 생산자들에게 집중함으로써 플랫폼에 콘텐츠를 심을 수 있었다. 둘째, 유튜브에서 활발한 큐레이션이 일어나게 만들었다. 유튜브는 시청자들이 자신들이 본 동영상에 대해 찬성 또는 반대하게 함으로써 콘텐츠의 품질을 파악했다. 셋째, 유튜브는 생산자들을 이용하여 소비자들을 끌어들였다. 가장 중요한 넷째, 유튜브는 일련의 콘텐츠 생산자 그룹을 만들었는데, 이들은 플랫폼에 투자했으며 이들을 따라다니는 사용자들이 있었다. 따라서 이들은 굳이 다른 곳에 투자할 이유를 찾기가 쉽지 않았다.

메가업로드는 후발 주자라는 문제에 직면했다. 2005년 메가업로드가 처음 공개되었을 때, 대부분의 콘텐츠 생산자들은 이미 유튜브에서 활발히 활동하고 있었다. 기존 콘텐츠 생산자들 입장에서는 유튜브보다 작은 신생 플랫폼으로 이동하는 데 따른 이점이 없었다. 두 번째 주자 메가업로드는 시장 개척자였던 유튜브가 구사한 것과 똑같은 이용자 획득 전략을 따라서는 유튜브와 정면 대결할 수 없었다. 그래서 메가업로드는 전혀 다른 론칭 전략을 세웠다. 먼저 소비자(시청자)에 집중했다. 이들은 유튜브에서 점점 더 보기 힘들어지는 감시 대상 콘텐츠, 이를테면 불법 복제 동영상과 포르노 카테고리를 만들었다. 메가업로드는 확실히 어디서도 제대로 충족되지 못한 요구를 들어줌으로써 많은 이용자들을 끌어왔다. 그러나 그 과정에서 소송에 휘말렸고 부정적인 여론에 노출되었다.

비메오 역시 후발 주자(2004년 11월에 처음 서비스를 시작했다)였다. 그러나 비메오는 생산자를 우선하는 전략을 계승하여 유튜브와 정면으로 대결했다. 열쇠는 일련의 품질 높은 도구를 만들어 유튜브로부터 소외당하고 있다고 느끼는 사용자 층에게 제공하는 것이었다.

초창기 유튜브의 호스팅 및 대역폭 인프라는 임베드가 가능한 플레이어와 함께 생산자들에게 매력적인 가치를 제안했다. 그러나 유튜브가 생산자들 사이에서 많은 인기를 끌자 플랫폼의 초점은 동영상 호스팅 인프라에서 (비디오 검색과 비디오 피드에 집중하는) 소비자와 비디오 간의 매칭을 개선하는 쪽으로 옮겨 갔다.

비메오는 이러한 유튜브의 방향 선회에 대응해 생산자들에게 초점을 맞추었다. 이들에게 고해상도 비디오 재생을 지원하는 자체 내장 기능과 블로그로 동영상을 가져오기 쉽게 해 주는 임베드 플레이어 등 월등한 인프라를 제공했다. 이런 식으로 비메오는 꾸준히 동영상을 제작하는 콘텐츠 생산자에게 집중하면서 유튜브와 성공적으로 경쟁할 수 있었다.

다양한 사례에서 보듯이 플랫폼을 론칭할 때, 경쟁자가 제공하는 가치가 무엇인지 알면 플랫폼 구조 설계에 도움이 되며, 비교적 아무도 찾지 않았던 틈새시장을 차지할 수 있다. 설령 내가 시작하려는 플랫폼이 제공하는 기본 가치 단위가 외견상 다른 플랫폼들과 비슷하다 할지라도 말이다.

닭이 먼저냐, 달걀이 먼저냐를 해결해 줄 8가지 전략

플랫폼 시장에서 풀 전략의 중요성을 인식하는 것뿐 아니라 경쟁사의 비즈니스 구조를 분석하고 거기에 대응하는 것 역시 플랫폼 론칭 전략의 핵심적인 요소다. 그런데 닭이 먼저냐 달걀이 먼저냐 하는 딜레마는 여전히 거의 모든 플랫폼 창업자들이 고민하는 문제다. 양면 시장에서 양쪽 모두 상대편 시장에 의존할 때, 양면 시장을 위한 사용자 기반을 어떻게 만들어 갈 수 있을까?

이 수수께끼를 푸는 한 가지 방법은 닭과 달걀 중 누가 먼저냐 하는 문제를 처음부터 피하는 것이다. 아예 기존의 파이프라인이나 제품 사업 위에 플랫폼 비즈니스를 세우는 것으로, 이런 접근법을 '토끼 따라가기 전략'이라고 한다.

1. 인텔의 '토끼 따라가기' 전략

플랫폼이 아닌 시험용 프로젝트를 통해 성공 가능성을 검증하고 나면, 검증된 인프라 위에 세워진 새로운 플랫폼에 사용자와 생산자를 끌어들일 수 있다.

아마존을 생각해 보자. 아마존은 닭과 달걀 문제를 겪지 않았다. 아마존은 성공적인 온라인 소매업체로, 온라인 제품 목록을 이용해 소비자들을 끌어들이는 파이프라인 사업을 효과적으로 운영했다. 엄청나게 많은 소비자들을 등에 업은 아마존은 외부 생산자들에게 아마존

시스템을 개방하면서 스스로 플랫폼 기업으로 전환했다. 그 결과 아마존 마켓플레이스가 만들어졌다. 이곳에서 수천에 달하는 판매상들이 수백만에 달하는 소비자들에게 제품을 판매한다. 그러면 아마존은 이들 거래에서 발생하는 수익의 일부를 가져간다.

B2B 영역에서 인텔은 무선 기술의 가치를 증명해 보여야 하는 상황에서 똑같은 도전에 직면했다. 무선 인터넷 서비스를 제공하는 호스트가 없는 상태에서는 그 누구도 무선 노트북 컴퓨터를 원하지 않는다. 마찬가지로 아무도 무선 라우터(공유기)를 원하지 않는다면, 무선 라우터에 돈을 들이려는 호스트는 없을 것이다. 인텔은 일본의 통신 회사 NTT와 제휴하여 해당 시장이 존재한다는 사실을 보여 주려고 했다. 일단 NTT가 무선 시장을 통해 돈을 벌 수 있다는 사실을 입증하자, 수십 개의 기업들이 그 뒤를 따랐다. 실제로 '토끼를 따라가라(follow the rabbit)'는 말은 인텔이 이러한 전략을 정의하기 위해 만들었다.

언제나 토끼를 따라가는 전략만 사용할 수는 없다. 아예 원전에서 플랫폼을 시작해야 할 때도 종종 있다. 이는 곧 주어진 시장 양면에 있는 사용자 기반을 끌어올 수 있는 방법을 어떻게든 찾아내야 한다는 말이다.[4] 닭이 먼저냐 달걀이 먼저냐의 문제를 극복하기 위해 개발되고 입증된 몇 가지 구체적이면서 효과적인 전략이 있다. 일반적으로 이러한 전략은 세 가지 기술을 이용한다.

❶ 가치 창출 실현 플랫폼 관리자들은 하나 이상의 사용자 그룹을 끌어들일 수 있는 가치 단위 창출을 준비하고, 플랫폼 참여로 인해 얻을 수 있는 잠재적인 이점을 제시한다.[5] 이렇게 끌어들인 초기 사용자들

이 더 많은 가치 단위를 생성하고 다른 사용자들을 끌어오면서 지속적인 성장으로 이어지는 긍정적인 피드백 고리가 생긴다.[6] 「허핑턴 포스트」는 이러한 전략을 따랐다. 양질의 블로그 포스트를 쓸 수 있는 필자들을 고용했고 독자들이 따라왔다. 그리고 이러한 독자들 중 일부는 자기가 작성한 블로그 포스트를 「허핑턴 포스트」에 기고함으로써 점진적으로 콘텐츠 생산자 네트워크를 확장했으며, 네트워크가 확장될수록 독자들은 더 늘어나게 되었다.

❷ **사용자 그룹을 유인할 플랫폼 설계** 플랫폼은 도구, 제품, 서비스, 또는 다른 혜택을 제공하게끔 설계된다. 그렇게 해서 하나의 사용자 그룹을 끌어들인다. 이때 사용자 그룹은 소비자 그룹일 수도 있고 생산자 그룹일 수도 있다. 시장의 한쪽 면에 있는 사용자 수가 충분히 확보되면 반대편 사용자들도 늘어나며, 이는 긍정적인 피드백 고리로 이어진다. 아래에서 좀 더 상세히 다루겠지만, 식당 예약 플랫폼인 오픈테이블(OpenTable)은 이러한 전략을 적용했다. 오픈테이블은 식당 주인들이 유용하게 사용할 만한 도구를 개발했다. 일단 많은 식당이 플랫폼에 가입하자 소비자들이 이 사이트를 발견하게 되었고 식사할 일이 있으면 이 플랫폼을 이용하기 시작했다.

❸ **동시 참여** 우선 플랫폼은 전체 네트워크 규모가 작더라도 사용자에게 관련이 있는 가치 단위가 생성될 수 있는 소건을 만든다. 그런 다음 더 많은 가치 단위를 생성하고 상호작용을 일으키기에 충분한 소비자와 생산자를 동시에 끌어들일 활동을 활성화시키기 위해 매진한다. 그러면 그때부터 네트워크 효과가 나타나기 시작한다. 이번 장 뒷

부분에서 우리는 신생 소셜 네트워크인 페이스북이 이러한 전략으로 사용자들을 어떻게 끌어들였는지 설명할 것이다. 당시 페이스북이 목표로 하는 사용자 층의 범위는 매우 협소하고 한정적이었다. 페이스북은 사실상 한 대학의 학생들을 대상으로 한 사이트에 불과했다.

이 세 가지 방법은 개별적으로 사용할 수도 있고 동시에 사용할 수도 있으며, 조건이 맞으면 다양하게 조합해도 효과를 볼 수 있다. 다음에 설명할 내용은 우리가 알아낸 몇 가지 변형 가운데 일부다. 새로운 플랫폼을 개발하는 과정에 있거나 이제 막 출시를 하려는 상황에 있다면, 닭이 먼저냐 달걀이 먼저냐 하는 문제를 해결하는 데 아이디어를 얻을 수 있을 것이다.

2. 페이팔, 유튜브의 '업혀 가기' 전략

다른 플랫폼의 기존 사용자들과 관계를 맺고 이들이 내 플랫폼에 오게끔 만들 가치 단위를 생성한다.

업혀 가기 전략(piggyback strategy)은 성공적인 플랫폼들이 처음 시작할 때 많이 사용하는 전형적인 방법이다. 앞에서 다뤘듯이 페이팔도 이베이의 온라인 경매 플랫폼의 등에 업히는 전략을 이용했다.

저스트다이얼(Justdial)은 인도 현지에서 가장 큰 온라인 상거래 시장으로 소비자들과 400만 개가 넘는 소기업들 간의 거래를 도와준다. 저스트다이얼은 처음에 기존의 업종별 전화번호부에 있는 정보를 차용함과 동시에 인력을 고용해 일일이 발로 뛰며 기업 정보를 수집하는 방식으로 데이터베이스를 구축했다. 그리고 이렇게 수집한 데이터를 가지고 전화번호부 서비스를 시작했다. 소비자가 서비스 제공자,

예컨대 결혼식 연회에 부를 출장 음식업체를 찾고 싶으면 저스트다이얼에 전화를 걸었다. 그러면 저스트다이얼은 생산자를 연결해 준다. 이를테면 소비자가 위치한 지역에 있는 적절한 음식업체를 소개해 주는 것이다. 이에 고마움을 느낀 일부 서비스 제공자들은 저스트다이얼에 가입할 것이다. 온라인에 아직까지 한 번도 등록되지 않은 현지 상인들의 참여를 더욱 독려하기 위해 저스트다이얼은 이들이 플랫폼에 참여하기 쉽도록 면대면, 전화 연결, 이메일 등 다양한 방식으로 가입할 수 있게 했다.

2013년 5월 성공적으로 상장한 이래, 저스트다이얼은 인도 현지에서 주요 상거래 플랫폼으로 꾸준히 자리를 지키고 있다. 저스트다이얼은 전화번호부라는 기존 플랫폼으로부터 업체 정보를 '빌려' 오는 것으로 소박하게 시작했다.

미국에서도 스타트업들은 안내 광고 웹사이트인 크레이그리스트의 등에 업혀 가는 유사한 전략을 이용하고 있다. 신생 플랫폼은 먼저 크레이그리스트의 정보를 '긁어 오는 것'에서부터 시작한다. 이때 자동 데이터 수집 소프트웨어 도구를 사용하여 상인과 서비스 제공업체에 대한 정보를 수집한다. 그런 다음 이러한 정보를 플랫폼에 올려서 소비자들에게 해당 업체들이 실제로 플랫폼에 참여하고 있다는 인상을 준다. 한 소비자가 특정 서비스 공급업체에 대해 문의하면, 플랫폼은 해당 업체에게 요청 사항을 전달하면서 플랫폼에 가입하라고 권유한다.

이번 장 앞에서 기술했듯이, 유튜브가 마이스페이스의 성장 흐름에 올라탄 경우가 주목할 만한 업혀 가기 전략 사례다. 이때 유튜브는 마이스페이스의 회원들이었던 인디 밴드들을 끌어오기 위해 강력한 동영상 도구를 제공했다. 일단 유튜브가 수백만 명에 달하는 마이스페이스 회원들에게 노출되자 유튜브 채택률이 급격히 증가했다. 2006년까지 유튜브는 마이스페이스보다 크게 성장했으며, 이후로 두 플랫폼의 채택률 차이가 더 크게 벌어졌다.

3. 구글, 어도비의 '씨 뿌리기' 전략

최소한 하나의 잠재적 사용자 그룹과 관련된 가치 단위를 만들어라. 이 사용자들이 플랫폼에 모이면 이들과 상호작용하기를 원하는 다른 사용자 그룹들도 따라올 것이다.

대부분의 경우 플랫폼 기업은 최초의 생산자로 활동하면서 가치를 창출하는 임무를 스스로 지고 가려 한다. 이런 전략은 플랫폼을 시작할 수 있게 할 뿐 아니라 플랫폼 소유자가 플랫폼에서 보기 원하는 가치 단위의 종류와 품질을 결정하게 해 주어서, 뒤이은 생산자들 사이에서 높은 수준의 품질을 도모하는 문화가 생기게끔 만든다.[7]

구글이 애플과 경쟁하기 위해 안드로이드 스마트폰 운영체제를 발표했을 때, 이 회사는 500만 달러의 상금이라는 씨앗을 시장에 뿌렸다. 구글은 게임, 생산성, 소셜 네트워크, 오락을 비롯한 10개의 카테고리별로 최고의 앱을 개발한 개발자들에게 500만 달러의 상금을 걸었다. 승자는 상금을 받는 것 외에도 해당 카테고리 시장에서 선두 주자의 자리를 차지할 수 있었으며, 그에 따라 많은 고객을 끌어올 수 있었다.

또 어떤 경우에는 처음부터 플랫폼 개발자가 가치 단위를 만드는 대신 다른 곳에서 가치 단위를 '빌릴' 수도 있다. 어도비(Adobe)는 지금은 어디서나 볼 수 있는 PDF 포맷의 문서 읽기 도구를 처음 내놓으면서, 부분적으로 연방 정부의 납세 신고 서식을 온라인으로 이용할 수 있게 주선했다. 즉석 업무 처리와 관련된 시장의 규모는 어마어마했다. 이 시장에는 미국 정부에 세금을 내야 하는 개인이나 사업체들이 모두 포함되었다. 어도비는 서식을 인쇄하고 우편으로 부치는 데 들어가는 수백만 달러에 달하는 비용을 절약할 수 있다며 미국 국세청에게 협조를 요청했다. 거꾸로 납세자들은 최소한 1년에 한 번씩은 모두에게 필요한 서류 양식을 빠르고 편리하게 이용할 수 있었다. 이후 어도비가 제공하는 가치를 마음에 들어한 많은 사람들이 어도비를 자신들의 문서 플랫폼으로 채택했다.

또 어떤 경우에는 '가짜' 가치 단위를 가지고 씨 뿌리기 전략(seeding strategy)을 구사하기도 한다. 페이팔은 이베이 상품 구매와 연동된 봇을 만들었을 때 이런 전략을 구사함으로써 페이팔 플랫폼으로 판매자들을 끌어들였다. 굉장히 영리한 방법이었다. 당시 그 봇은 막 구매한 아이템을 다시 판매 목록에 돌려놓을 수 있게 함으로써 양면 시장의 판매자와 구매자를 모두 만족시킬 수 있었다. 이 과정에서 페이팔은 상품을 직접 창고에 보관하거나 배송할 필요가 없었다.

데이팅 서비스 플랫폼도 종종 가짜 프로필과 대화를 통해 서비스 초기에 이용자들을 끌어온다. 주로 매력적인 여성들을 공개하는 방식으로 회원 프로필을 왜곡하는 것이다. 남성 회원을 플랫폼으로 끌어오기 위해서다. 이를 본 방문자들은 해당 사이트에 더 머물게끔 유인된다.

레딧은 매우 인기 있는 링크 공유 커뮤니티로 엄청난 양의 인터넷 콘텐츠가 이곳에서 공유된다. 맨 처음 레딧이 공개되었을 때 이 사이트에서는 사람들이 관심을 갖는 포스팅 목록을 약간 조작해 올렸다. 레딧 설립자들이 이 사이트에서 점차 공유되길 원했던 종류의 콘텐츠였다. 이 전략은 효과가 있었다. 초기 콘텐츠가 이와 비슷한 것에 관심 있는 사람들을 모이게 했고, 고품질 콘텐츠를 올리는 문화가 레딧 커뮤니티 안에 형성됐다. 시간이 흐르면서 레딧 회원들은 서로의 의견을 지침 삼아 꼼꼼히 살펴볼 가치가 있는 콘텐츠와 없는 콘텐츠가 어떤 것인지를 학습했다.(레딧이 성공적으로 서비스를 시작하고 확장하긴 했지만, 논쟁에 휘말리는 것까지는 막지 못했다. 인종차별적이고 편협하다는 의혹을 받고 있는 콘텐츠에 대한 2015년 논쟁이 이 같은 현실을 보여 준다.)

마찬가지로 처음 쿼라가 출시 됐을 때, 쿼라의 편집자들은 직접 질문을 올리고 답변을 달았다. 플랫폼이 활발히 움직이고 있는 것처럼 보이기 위해서였다. 이후 사용자가 질문을 하기 시작하자 에디터가 계속 답변을 하면서 어떻게 이 플랫폼이 작동하는지 보여 주었다. 결국 사용자들 스스로 이 프로세스를 따르게 되었고, 쿼라 직원들은 더 이상 '마중물'을 붓지 않아도 되었다.

4. MS, 스위스 우체국의 '유명 브랜드 이용' 전략

플랫폼에 핵심 사용자 그룹을 끌어들일 인센티브를 제공하라.

대부분의 경우, 특정 사용자 그룹이 너무 중요한 나머지 이들의 참여가 플랫폼의 성패를 좌우하기도 한다. 따라서 플랫폼 관리자가 이들에게 현금이나 특별 혜택을 제공해 참여를 독려하는 것이 합리적일 수 있다.

비디오 게임 시장에서, 마이크로소프트(Xbox), 소니(PlayStation), 닌텐도(Wii)와 같은 기업은 플랫폼 역할을 하는 기기를 만들어 소비자와 게임 개발자가 개발한 콘텐츠를 연결한다. 스포츠 게임 개발업체의 선두 주자는 일렉트로닉 아츠(Electronic Arts, EA)이다. 이 회사는

NFL 풋볼, NBA 농구, NHL 하키와 기타 스포츠(타이거 우즈의 프로 골프 투어 대회)를 시뮬레이션하는 게임의 라이선스를 보유하고 있으며, 매년 게임을 업데이트하면서 다른 경쟁자들을 앞서고 있다. 게임 기기 생산업체들이라면 EA가 만드는 게임을 자사 플랫폼에 올리지 않고서는 생존을 바랄 수 없다. 따라서 마이크로소프트, 소니, 닌텐도는 모두 EA에게 달콤한 제휴 관계를 제안하여 EA가 게임을 개발하거나 수정하도록 하는 데 적극적이다. 그래야 자사의 신규 플랫폼이 출시되는 시점에 EA의 게임도 같이 선보일 수 있기 때문이다.

이러한 전략을 변형해서 어떤 플랫폼 기업은 아예 핵심 참여자를 손에 넣은 다음 이 참여자가 생산하는 가치를 독점 사용하기도 한다. 번지(Bungie)는 마라톤(Marathon)을 비롯해 애플 컴퓨터용 게임에 특화해 온 소프트웨어 개발업체다. 2000년 마이크로소프는 X박스가 출시될 즈음 번지를 인수했고, 당시 번지가 '헤일로: 컴뱃 이볼브드(Halo: Combat Evolved)'라는 타이틀로 개발 중이던 게임을 X박스 전용으로 바꾸었다. 헤일로는 X박스 수십만 대를 팔아 치우게 한 최고의 앱이되었으며, 마이크로소프트는 헤일로 시리즈만으로 수십억 달러를 벌어들였다.

때로는 플랫폼 성공에 매우 중요한 핵심 참여자가 생산자가 아닌 소비자인 경우도 종종 있다. 페이팔의 경우 쇼핑객들에게 현금 인센티브를 제공함으로써 쇼핑객들이 페이팔의 온라인 결제 시스템을 채택하도록 유도했는데, 이는 페이팔이 소비자를 핵심 참여자로 생각했기 때문이다.

2009년 스위스 우체국은 디지털 메시지 배달 플랫폼으로 변신하기로 결정하면서, 시애틀에 소재한 우편 회사 어스 클래스 메일(Earth

Class Mail)이 제공하는 스캐닝-아카이빙(scanning-and-archiving) 기술을 이용하기로 했다.[8] 스위스 우체국은 곧 전통적인 우편 배달 방식을 더 편하게 느끼는 수천 명에 달하는 고객들을 변화시키는 것이 중요하다는 사실을 깨달았다. 이 완고한 고객들을 끌어오기 위해 스위스 우체국은 외딴 지역에 사는 가족들에게 아이패드 수천 대를 무상 지급했다. 이는 시골에 사는 사람들이 물리적인 우편 서비스에서 전자 메시지 배달 서비스로 전환하는 계기가 되었다. 그 결과 사람이 직접 우편물을 배달하는 데 따르는 비용을 크게 줄일 수 있었다. 아울러 스위스 우체국은 자연스럽게 스위스 최대의 애플 제품 판매자로 등극하게 되는 엄청난 혜택을 부수적으로 누리게 되었다.[9]

5. 오픈테이블, 레드버스의 '단면 우선' 전략

특정 사용자 그룹에게 혜택을 주는 제품이나 서비스를 중심으로 비즈니스를 창출하고, 후일 그것을 플랫폼 비즈니스로 전환하라. 이때 최초 사용자 그룹과 상호작용하기를 원하는 두 번째 사용자 그룹을 끌어들이는 것이 중요하다.

식당 예약 시스템인 오픈테이블과 같은 서비스 예약 플랫폼을 출시하면 닭이 먼저냐 달걀이 먼저냐는 고전적인 문제에 부딪히게 된다. 참여하는 식당이 많지 않은 상태에서 어떤 고객이 오픈테이블 사이트를 방문하겠는가? 또 사이트를 찾는 고객이 많지 않다면 식당들이 왜 굳이 오픈테이블에 합류하겠는가? 오픈테이블은 일단 예약 관리 프로그램을 배포해서 식당들이 테이블 좌석 관리에 이용하게끔 함으로써 이 문제를 해결했다. 참여하는 레스토랑이 충분히 증가하자 이번에는 고객 서비스를 강화했다. 고객이 직접 테이블 예약을 할 수 있게 하고 식당들로부터 예약 유치에 대한 수수료를 받은 것이다.

인도의 버스 예약 플랫폼인 레드버스도 비슷한 방식으로 사용자들을 늘렸다. 레드버스는 버스 운영자들에게 좌석 관리 시스템을 제공한 다음, 그들이 소프트웨어를 사용하기 시작하자 승객용 플랫폼을 열었다.

딜리셔스(Delicious)는 즐겨 찾는 웹사이트 목록을 공유할 수 있는 소셜 네트워크 사이트이다. 사용자들은 자기가 좋아하는 인터넷 콘텐츠 링크와 재방문하길 원하는 링크들을 공유할 수 있다. 딜리셔스는 초기에 가입한 사용자들의 경우 자기들이 중요하다고 생각하는 콘텐츠를 독립 모드에서 생성할 수 있게 해 주었다. 이때 사용자들은 딜리셔스를 이용하여 클라우드에 자신의 웹 브라우저 즐겨찾기 목록을 저장하고 이용할 수 있었다. 일단 사용자 수가 의미 있는 결과를 얻을 수 있을 만큼 충분히 늘어나자 소셜 북마크 기능이 더 활발히 이용되었고, 회원 수가 증가하면서 네트워크의 가치도 빠르게 증가했다. 이제 딜리셔스는 사람들이 자신의 즐겨찾기 목록을 공유하면서 인터넷 유행과 트렌드를 확산하는 데 유용한 도구로 인기를 끌고 있다.

6. 인디고고, 킥스타터의 '생산자 주도 전파' 전략

생산자를 끌어들일 수 있게 플랫폼을 설계하라. 생산자는 자신의 고객을 플랫폼 사용자로 만들 수 있다.

기업에게 고객관계관리(CRM) 도구를 제공하는 플랫폼은 닭이 먼저냐 달걀이 먼저냐 하는 문제를 쉽게 해결하는 경우가 종종 있다. 특정 사용자 그룹―생산자―을 끌어들인 다음 이 그룹이 자신의 고객 기반에서 다른 사용자 그룹―소비자―을 데려오게끔 만드는 것이다.

이때 플랫폼은 생산자가 자신의 기존 고객들을 만족시키는 것을 돕게 되고, 시간이 흐르면서 네트워크에 있는 다른 소비자들이 생산자의 제품과 서비스에 관심을 갖게 됨에 따라 생산자는 데이터 기반 정보 교류라는 이점을 얻게 된다.

인디고고(Indiegogo)와 킥스타터 같은 크라우드펀딩 플랫폼은 펀딩이 필요한 생산자들을 대상으로 한다. 이 플랫폼은 생산자들이 모금 사이트를 열고 관리할 수 있는 인프라를 제공하고, 그들이 고객과 효과적으로 소통할 수 있게 해 준다. 스킬셰어와 유데미 같은 교육 플랫폼도 생산자가 소비자를 불러오는 전략을 통해 성장하고 있다. 이들 플랫폼은 영향력 있는 강사들을 가입시킨 다음, 이들이 쉽게 온라인 강좌를 열어서 자신들의 학생들을 플랫폼에 참여시키게끔 만든다.

비슷한 방식으로 전문가 시장에서도 자신들의 생산자 회원들이 제공하는 고객 목록을 가지고 소비자 기반을 구축할 수 있다. 예를 들어 사업가들을 위해 컨설팅을 제공하는 온라인 시장인 클레리티(Clarity)에서는 블로거를 비롯한 여러 전문가들이 클레리티 위젯을 통해 수익을 창출할 수 있게 해 준다. 이 위젯은 블로그 독자가 유료 상담 전화 예약을 할 수 있게 해 주고, 전화를 받은 생산자(전문가)는 새로운 소비자가 클레리티에 가입하는 것을 돕는다. 이때 해당 소비자는 다른 생산자와 연결될 수도 있다.

독일의 B2B 플랫폼 메르카테오(Mercateo)는 생산자 주도 전파 전략을 새롭게 비틀어서 적용했다. 이 회사는 생산자들에게 "당신의 고객을 우리에게 데려오십시오, 그러면 모든 호가 경쟁에서 결정권을 가지게 될 것입니다. (……) 단, 당신이 데리고 온 고객에 한해서만 결정권을 가질 수 있습니다"라고 약삭빠르게 제안한다. 따라서 공급자는 자신의 고객을 메르카테오에 가입시키는 데 따른 인센티브를 얻는다. 그리고 경쟁사보다 신속하게 움직임으로써 최종 낙찰이라는 혜택을 누린다.

7. 트위터, 포스퀘어의 '빅뱅' 전략

전통적인 푸시 마케팅 전략을 사용하여 플랫폼에 대한 막대한 관심과 주목을 이끌어 내라. 이 전략은 동시 다발적인 참여 효과를 일으켜 사실상 즉각적으로 네트워크를 완성할 수 있게 만든다.

앞에서 언급했듯이 오늘날처럼 복잡하고 그물망처럼 연결되어 있는 데다 무한 경쟁이 펼쳐지는 세상에서 푸시 전략은 기업이 신속하게 대규모 성장을 도모하는 데 효과적이지 못하다. 그러나 간혹 예외적인 상황이 발생한다. 트위터가 갑자기 큰 인기를 끌게 된 것은 2007년 음악 축제 사우스 바이 사우스웨스트(SXSW)가 열리던 때였다. 트위터는 이 행사가 열리기 아홉 달 전에 출시되었지만 그다지 많은 이용자를 확보하지 못했고, 잭 도시(Jack Dorsey)를 비롯한 트위터의 창업자들은 충분히 많은 수의 사용자를 확보할 수 있는 방안을 마련해야 했다. 이들은 개인의 활동을 실시간으로 알릴 수 있는 트위터의 특성에 비추어 볼 때 적절한 시간, 적절한 장소에 집중해야 한다는 사실을 깨달았다.

트위터는 1만1000달러를 투자하여 SXSW 축제가 열리는 행사장의 주 통로에 대형 평면 모니터 한 쌍을 설치했다. 한 사용자가 'SXSW에 참여하세요(Join sxsw)'라는 문자를 트위터의 SMS 전송 코드 40404로 보내면 즉각적으로 이 모니터에서 나타났다. 사람들은 피드백이 실시간으로 대형 화면에 뜨고, 수천 명의 새로운 사용자들이 그

대열에 합류하는 것을 지켜보면서 트위터에 열광했고, 트위터는 사이버 공간에서 가장 인기 있는 네트워킹 사이트로 등극했다. 트위터는 그해 SXSW 웹 어워드에서 최고의 온라인 혁신 부문 수상을 했고, 행사가 끝날 무렵 트위터의 사용량은 1일 2만 트윗에서 6만 트윗으로 세 배나 증가했다.

다른 네트워크들도 트위터의 전략을 따라 했다. 2년 뒤, 블로깅 플랫폼인 포스퀘어(Foursquare)도 2009년 SXSW에서 트위터에 상응하는 성공을 거두었다. 2012년 위치 기반 데이팅 앱인 틴더(Tinder)는 젊은 남녀들이 모여 있는 서던 캘리포니아 대학 사교 파티에서 큰 인기를 끌었다. 틴더는 더 쉽게 짝을 찾을 수 있게 했고, 소규모의 한정된 지역에서 실시간으로 파티가 열리는 동안 충분히 많은 수의 사용자를 확보할 수 있었다.

모든 플랫폼이 트위터와 포스퀘어, 틴더처럼 빅뱅 전략의 덕을 볼수는 없다. SXSW가 성장하면서 여러 기업들이 이 행사를 플랫폼 출시 기회로 삼으려 했지만 제대로 알리지도 못한 채 사실상 군중의 함성 속에 파묻혀 버리기도 했다.[10] 실시간으로 대중의 폭발적인 관심을 받아서 수천 명에 달하는 잠재적 사용자들을 끌어모을 수 있는 좋은 기회가 항상 있는 것은 아니다.

그럼에도 불구하고 그런 기회가 존재한다면—틴더가 그랬던 것처럼—똑똑한 플랫폼 관리자들은 놓치지 않을 것이다.

8. 페이스북, 스택 오버플로의 '마이크로마켓' 전략

이미 상호작용에 참여하는 회원들이 있는 작은 시장을 목표로 삼아 시작하라. 이로써 플랫폼은 성장 초기 단계에 대형 시장처럼 효과적으로 매칭을 제공할 수 있게 된다.

페이스북은 성공할 가능성이 크지 않았다. 프렌즈터(Friendster)는 2002년 처음 서비스를 시작한 이후 단 몇 달 만에 300만 명 이상의 사용자들을 모았으며, 마이스페이스는 빠른 속도로 성장하고 있었다. 플랫폼 비즈니스에서 후발 주자에게 가장 가혹한 곳이 소셜 네트워크 시장이다. 사용자들은 뭔가 완전히 새롭지 않으면 웬만해서는 신생 소셜 네트워크로 가려고 하지 않는다. 이것이 바로 네트워크 효과의 위력이다.

게다가 소셜 네트워크의 가치는 네트워크 효과에 크게 기댈 수 밖에 없기 때문에 의미 있는 결과를 얻기에 충분한 사용자를 확보하는 것이 가장 중요하다. 만일 페이스북이 처음부터 글로벌 서비스를 시작하고 재빨리 수백 명, 또는 수천 명에 달하는 가입자들을 유치했다면 지금처럼 성공하지 못했을 것이다. 드넓게 흩어져 있는 불특정 다수의 페이스북 사용자들끼리 상호작용을 할 가능성이 없기 때문이다.

그래서 페이스북이 하버드 대학이라는 폐쇄된 커뮤니티에서 출시하기로 한 결정은 단순히 편의성 때문만은 아니었다. 페이스북은 이런 절묘한 전략으로 닭이 먼저냐 달걀이 먼저냐 하는 문제를 해결했다. 페이스북은 초기에 하버드 대학이라는 지리적·사회적으로 밀도가 높은 커뮤니티에서 사용자 500명을 끌어모음으로써 출시와 함께 곧바로 커뮤니티를 활성화시킬 수 있었다. 페이스북은 하버드 대학을 이미 존재하는 극히 세분화된 마이크로마켓(Micromarket)으로 이용했으며, 회원들 간 상호작용의 품질이 높아지면서 더욱 성장의 탄력을 받았다. 마이크로마켓에 초점을 맞추면 상호작용을 촉발하는 데 필요한 사용자 수를 낮출 수 있으며 매칭도 더 쉬워진다.

하버드 대학 밖으로까지 서비스를 확장할 때 페이스북은 새로운 캠퍼스마다 사용자 기반을 구축해야 했고, 때에 따라 대학의 기존 인트라넷과도 경쟁해야 했다. 원래 각 대학 캠퍼스들은 페이스북 네트워크상에서 서로 교점이 없었다. 페이스북이 본격적으로 성장하기 시작한 것은 여러 대학 캠퍼스에 있는 사용자들과 친구를 맺을 수 있게 해주면서부터였다. 이 때문에 매번 새로운 캠퍼스로 확장할 때마다 닭이 먼저냐 달걀이 먼저냐 하는 문제를 겪지 않아도 됐다. 새로운 캠퍼스의 네트워크에 들어온 사용자들은 연결되어 있는 다른 캠퍼스의 기존 목록에 있는 친구들과 교류하면서 자기 캠퍼스에 있는 다른 친구들이 네트워크에 가입하기를 기다렸다.

지리적 요인만이 마이크로마켓을 결정하지 않는다. 스택 오버플로(Stack Overflow)는 처음에 프로그래밍 주제(카테고리 중심)에 대한 질의응답 커뮤니티로 시작했다. 나중에 스택 오버플로는 사용자들이 요구한 또 다른 카테고리로 확장했다. 바로 요리였다. 이제 스택 오버플로는 사람들이 관심 있는 주제를 선택할 수 있는 투표 시스템을 갖추고 있다.

사용자에서 사용자로 확산하는 성장 메커니즘, 입소문

플랫폼의 성장을 가속화할 수 있는 가장 강력한 방법 중 하나가 바이럴 확산(viral growth)이다. 바이럴 확산 전략은 이번 상에서 우리가 논의한 모든 서비스 출시 전략을 보완한다.

바이럴 확산은 풀(pull) 기반의 프로세스이다. 따라서 사용자들이 다른 잠재적 사용자들에게 플랫폼에 대한 소문을 퍼뜨리는 것을 독려

한다. 사용자들이 다른 이들에게 네트워크에 가입하라고 권하면, 네트워크는 그 자체로 성장 동력이 된다.

물론 '바이럴 확산'이라는 말은 용어 자체에 비유를 담고 있다. '바이럴'은 플랫폼의 성장을 전염성 질환의 확산에 빗댄 것이다. 실제로 자연에서 질병은 숙주, 병원체, 매개체, 수용체라는 네 가지 요인이 서로 상호작용할 때 확산된다. 감염된 숙주는 재채기를 비롯한 여러 방식으로 병원체를 퍼뜨린다. 병원체는 공기와 같은 매개체를 통해 퍼진다. 그러면 수용체가 매개체를 들이마시거나 삼키거나 흡수하면서 다시 감염된다. 그러면 수용체는 숙주가 되고 다시 같은 주기가 반복된다. 이런 상황이 자주 발생하면 유행병이 된다.

마찬가지로 플랫폼 비즈니스에서 바이럴 확산 프로세스가 시작되려면 네 가지 핵심 요소가 필요하다. 바로 송신자(sender), 가치 단위(value unit), 외부 네트워크(external network), 수신자(recipient)다. 그러면 인스타그램의 바이럴 확산을 살펴보자.

- **송신자** 인스타그램의 사용자가 자신이 방금 찍은 사진을 공유한다. 그러면 결국 새로운 사용자를 끌어들이는 주기가 시작된다.
- **가치 단위** 인스타그램에서 가치 단위는 사용자가 친구들과 공유한 사진이다.
- **외부 네트워크** 페이스북은 인스타그램의 가치 단위(사진)를 전파하여 잠재적인 사용자들에게 노출시킴으로써 매우 효과적인 외부 네트워크 역할을 한다.
- **수신자** 마지막으로 페이스북의 사용자는 사진을 보고 호기심을 느껴 인스타그램을 방문한다. 이 사용자는 자신의 사진을 찍어

서 다시 새로운 주기를 시작할 수 있다. 이제 수신자는 송신자로
활동한다.

누구나 인스타그램이 얼마나 빨리 성장했는지 알고 있을 것이다.
인스타그램은 2년 만에 활성 사용자가 1억 명에 달했고, 페이스북은
2012년 4월 10억 달러에 이 회사를 인수했다. 그러나 인스타그램에
대해서 잘 알려지지 않은 사실이 있다. 단 한 명의 전통적인 마케팅
관리자를 고용하지 않고도 이토록 빨리 성장할 수 있었다는 것이다.
인스타그램이 이렇게 성장할 수 있었던 이유는 자연스럽게 바이럴 확
산을 할 수밖에 없는 구조로 플랫폼을 신중하게 설계했기 때문이다.

경쟁자인 힙스타매틱(Hipstamatic)과 달리 인스타그램은 단순히 사
용자들이 사진을 저장하고 관리하고 필터링할 수 있게 하지 않았다.
인스타그램은 사용자들이 자신의 사진을 페이스북과 같은 외부 네트
워크에서 공유할 수 있게 함으로써 단일 사용자의 활동을 다중 사용
자가 관여하는 사회적 활동으로 전환했다. 사용자들은 인스타그램 앱
을 사용할 때마다 자신의 사진을 공유했다. 앱이 사용되는 순간이 바
로 앱을 마케팅하는 시간이 되었다. 인스타그램은 사실상 모든 사용
자들을 마케터로 전환했다.

바이럴 확산 주기—파이프라인 및 제품 중심의 산업 경제에서는 불
가능한 형태의 성장 주기—는 다른 많은 플랫폼 스타트업이 어떻게
성공할 수 있었는지 설명해 준다. 에어비앤비는 빌려줄 방을 가진 사
용자들(숙주)이 자신의 방(가치 단위)을 크레이그리스트(외부 네트워크)
에 올리도록 독려했다. 크레이그리스트에 올라온 방을 보고 빌리기로
마음먹은 사람들(수신자)은 에어비앤비의 사용자가 된다. 그리고 많은

이들이 이후에 자신의 방을 빌려주기 시작하면서 에어비앤비의 성장에 불이 붙었다. 마찬가지로 오픈테이블은 손님들(숙주)이 식당 예약(가치 단위) 상황을 이메일이나 페이스북(외부 네트워크)을 통해 함께 식사할 친구나 동료(수신자)들과 공유할 수 있게 해 준다.

인스타그램, 에어비앤비, 오픈테이블과 똑같은 바이럴 확산을 원하는 플랫폼 관리자라면, 이러한 주기를 시작할 수 있는 규칙과 도구를 설계해야 한다. 여기서 목표는 생태계를 설계하는 것인데, 이 생태계에서는 송신자가 외부 네트워크를 통해 대다수의 수신자들에게 가치 단위를 전달할 수 있어야 하며, 궁극적으로 수신자들 대다수가 플랫폼의 사용자가 되어야 한다.

그러면 지금부터는 이 네 가지 설계 요소들을 자세하게 살펴보자.

입소문의 시작은 송신자의 가치 단위 전달

송신자가 가치 단위를 전파하는 것은 입소문과 다르다. 입소문은 전통적인 마케팅과 유사한 전술이다. 입소문은 사용자가 플랫폼을 너무나 좋아해서 도저히 말하지 않고는 못 배길 때 발생한다. 사용자가 송신자가 되어 가치 단위를 전파할 때 그는 플랫폼에 대해 말하지 않는다. 다만 자신이 만든 결과물을 퍼뜨리며 간접적으로 플랫폼에 대해 알리고 그에 대한 흥미를 끌어낼 뿐이다.

일반적으로 사용자들은 소셜 피드백을 얻기 위해 자신이 생성한 가치 단위를 전파한다. 이러한 피드백은 사용자들에게 재미나 명성, 성취감, 부를 안겨 준다. 아니면 그들 전부를 가져다줄 수도 있다. 유튜브 채널 보유자들은 시청자들을 모으기 위해 자신이 제작한 동영상을 다수의 외부 네트워크를 통해 알린다. 서베이몽키(SurveyMonkey)의 설문 조사 개발자들은 이메일과 블로그, 소셜 네트워크를 통해 설문지를 전파하여 응답을 얻고자 하며, 여기서 얻은 응답은 그들이 답을 얻고자 하는 질문에 대해 통찰을 제공한다. 킥스타터에서 펀딩을 모으려는 사용자들은 소셜 네트워크에 자신들의 프로젝트 페이지 링크 따위를 공유해서 자신들이 펀딩을 받아 완성할 제품을 좋아할 사람들을 끌어모으는 것은 물론 프로젝트를 마치는 데 필요한 자금을 마련하려고 한다.

이러한 사례들은 잘 설계된 플랫폼들이 어떻게 사용자들의 공유 활동에 대해 자연스럽게 인센티브를 제공하는지 보여 준다. 일반적으로 플랫폼 설계자들은 가치 단위 확산을 저해하는 행위를 반드시 막아야 한다. 페이스북과 같은 외부 네트워크로 보내는 행위가 생산자의 플랫폼 이용을 방해해서는 안 된다. 오히려 플랫폼의 작업 흐름에 자연스럽게 녹아들어 가야 한다. 가치 단위를 내보내는 활동이 플랫폼의 주된 사용 방식과 일치하면 할수록 해당 플랫폼이 빠르게 바이럴 확산할 가능성이 높아진다.

플랫폼은 가치 전파 행위에 따른 인위적인 인센티브를 제공할 수 있지만, 이럴 때는 매우 신중해야 한다. 예를 들면 금전적 인센티브의 경우, 플랫폼이 바이럴 확산을 할 경우 현금 유출이 발생할 수 있다. 드롭박스는 인기 있는 클라우드 기반의 데이터 파일 저장 및 공유 서비스 플랫폼으로 치밀하게 의도한 인센티브를 잘 활용했다. 수신자가 송신자가 전파한 가치 단위를 접한 뒤 드롭박스에 가입하게 되면 수신자와 송신자 모두에게 무료 데이터 파일 저장 공간을 제공한 것이다. 따라서 드롭박스에 대한 소문을 퍼뜨릴 때 얻는 혜택은 현금이 아니다. 현금 지급은 회사의 금고를 마르게 할 뿐이다. 대신에 드롭박스는 서비스를 더 많이 사용할 기회를 제공함으로써 성장을 더욱 촉진했을 뿐 아니라 사용자들이 플랫폼을 더욱 많이 사용하게 북돋아 주었다.

가치 단위를 확산 가능하게 설계하라

가치 단위는 바이럴의 기본 요소이다. 플랫폼의 유용성을 보여 주는 특질이라 할 수 있는데, 이를 통해 플랫폼의 가치가 외부 네트워크를 통해 확산되며 드러날 수 있다. 그러나 플랫폼에 존재하는 모든 가치 단위가 다 확산 가능한 것은 아니다. 예를 들어 기업 파트너들끼리 문서를 교환할 수 있게 설계된 비즈니스 플랫폼의 사용자들은 자신들의 비밀 정보가 인스타그램 사용자들이 사진을 공유하듯 쓰이기를 원치 않을 것이다. 따라서 확산 가능한 가치 단위를 설계하는 것은 바이럴 확산을 위해서 매우 중요한 단계에 속한다.

확산 가능한 가치 단위는 외부 네트워크에서 상호작용을 촉발시키는 데 도움이 될 수 있다. 마치 인스타그램에서 본 사진에 호기심을 느낀 사용자들이 페이스북에서 상호작용을 하는 방식과 유사하다. 혹은 가치 단위가 불완전한 상호작용을 완성할 기회를 제공하기도 한다. 쿼라에서 답을 얻지 못한 질문이나 서베이몽키에서 요청한 새로운 설문에 대해 답을 구하는 식으로 소셜 피드백을 요구하는 것이다. 사용자들이 확산 가능한 가치 단위의 생성과 전파를 쉽게 할 수 있게 해 주면 높은 참여율을 자랑하며 빠르게 성장하는 플랫폼을 구축하는 데 도움이 된다.

물론 기밀 문서를 주고받게 해 주는 비즈니스 플랫폼의 사례처럼, 모든 가치 단위가 확산 가능하지는 않다. 확산 가능한 가치 단위를 생성하기에 적합하지 않은 플랫폼은 바이럴 확산이 힘들 수 있다. 이러한 플랫폼의 관리자들은 다른 방법으로 플랫폼 성장을 이뤄야 할 것이다.

외부 네트워크 활용 방법을 찾아라

많은 플랫폼들이 다른 네트워크를 발판 삼아 성장한다. 인스타그램, 트위터, 징가(Zynga), 슬라이드(Slide) 및 기타 플랫폼들은 페이스북을 바탕으로 바이럴 확산을 이룩했다. 에어비앤비는 크레이그리스트를 통해 널리 알려졌으며, 오픈테이블은 이메일을 통해 알려졌다.

그러나 외부 네트워크 활용이라는 것이 단순히 '페이스북 공유' 버튼을 달고 나서 수백만 명에 달하는 사용자들이 나타나길 기다리기만 하면 되는 것은 아니다. 점점 더 많은 앱들이 성장을 위해 외부 네트워크를 이용하려 하지만 정작 해당 네트워크에서는 자사 플랫폼 사용에 제한을 두는 경우가 있다. 일례로 페이스북은 외부 기업이 페이스북 사용자들에게 게임 앱을 제공하려는 것을 제한해 왔다. 또 어떤 경우 사용자들은 시험판 상품이나 서비스를 사용해 보라는 외부 생산자의 끈질긴 요청에 질려 버려 아예 아무런 반응을 하지 않게 되기도 한다. 이런 사태를 피하기 위해 플랫폼 스타트업 관리자들에게는 성장에 발판이 될 만한 외부 네트워크를 발굴하고, 사용자들과 창조적이면서도 가치를 더하는 방식으로 관계를 맺을 수 있는 방법을 찾아내는 전략이 필요하다.

2003년 링크드인이 처음 서비스를 시작했을 때, 대부분의 소셜 네트워크는 신규 사용자의 핫메일이나 야후 연락처와 통합해 이메일로 플랫폼 가입을 권유함으로써 가입자 수를 늘렸다. 단명한 소셜 네트워크 베보(Bebo)의 공동 설립자 마이클 버치(Michael Birch)가 고안해 낸 이 단순한 방식은 초창기 대다수의 소셜 네트워크가 성장하는 데 도움을 주었다. 그러나 링크드인은 엔지니어들을 동원하여 기술적으로 더 어려운 마이크로소프트 아웃룩과 통합하기로 결정했다. 마이크로소프트 아웃룩은 링크드인이 접근하길 원하는 업무 관련 연락처의 대부분을 보관하는 데 사용되고 있었다. 아웃룩과의 통합 작업은 시간과 비용이 많이 드는 일이었지만, 링크드인이 최초의 비즈니스용 소셜 네트워크로 자리 잡는 데 도움이 되었다.

수신자에게 어필할 방법을 찾아라

플랫폼 사용자가 가치 단위를 친구나 지인에게 보낼 때, 수신자는 해당 가치 단위가 자신과 관련이 있는지, 관심 대상인지, 유용한지, 재미있는지, 아니면 다른 방식으로 가치가 있는지 판단한 다음에 대응할 것이다. 해당 가치 단위가 충분히 흥미롭다고 판단되면 더 널리 확산시킬 것이고, 때로는 다른 네트워크에서 새로운 상호작용을 일으키는 데 사용하기도 할 것이다. 업워시(Upworthy)와 버즈피드(BuzzFeed) 같은 미디어 회사들은 거의 소비자가 주도하는 바이럴 확산에 힘입어 성장해 왔다.

불행히도 플랫폼 관리자들이 가치 단위를 통제하는 데는 한계가 있다. 사용자들이 가치 단위를 생성하기 때문이다. 인스타그램이 직접 사진을 선별하거나 좀 더 멋지게 보이게끔 수정하지 않는다. 유튜브가 직접 사용자의 동영상을 감독하거나 편집하지 않는다. 그리고 페이스북이 재미없는 콘텐츠를 없애기 위해 회원의 포스팅을 직접 관리하지는 않는다. 그러나 때에 따라 플랫폼은 사용자들이 수신자들의 흥미를 더 끌 수 있는 방향으로 가도록 유도할 수 있다. 이를테면 인스타그램은 사용자들에게 이미지 편집 도구를 제공하고, 포스팅하는 사진에 대해 구체적이고 적절한 해시태그(#)를 달도록 독려한다. 예를 들어 폭스바겐 밴(Volkswagen van) 사진이라면 일반적으로 '#van'이라고 달거나 아무런 설명 없이 '#photo'라고 달기보다 '#vwbus'라고 자세히 적게끔 하는 것이다.[11]

게다가 플랫폼 관리자는 가치 단위를 행동 지침 메시지와 연결시킬 수 있다. 여기서 행동 지침 메시지란 수신자에게 전송된 가치 단위가 어떤 플랫폼에서 왔는지 인식시키고 가입할 기회가 주어졌음을 알려 주는 것이다. 커뮤니케이션 플랫폼인 핫메일이 처음 알려지기 시작했을 때, 핫메일은 모든 이메일 메시지 하단에 "추신: 사랑합니다. 핫메일로 무료 이메일을 받으세요(P.S. I love you. Get your FREE email at Hotmail.)"라는 메시지를 첨부했다. 당시 소비자들에게 무료 이메일은 새롭고도 흥미로운 제안이었기에, 이 단순한 메시지로 수천 명의 사용자들이 핫메일을 채택했다.

모든 신생 플랫폼이 이런 바이럴 확산 기회를 얻을 수 있는 건 아니다. 그러나 기회를 잡을 수만 있다면 느리지만 꾸준했던 확장세가 급격히 속도를 내면서 향후 몇 년간 국내 시장 또는 세계 시장을 지배할 잠재력을 지니게 될 것이다.

❏ 플랫폼 비즈니스와 전통적인 파이프라인 비즈니스의 중요한 차이점 하나. 플랫폼 세계에서는 전통적인 마케팅에서 사용하는 (광고나 홍보와 같은) 푸시 전략보다 바이럴 확산을 촉진하도록 설계된 풀 전략이 더 중요하다는 점이다.

❏ 성공적인 플랫폼은 닭이 먼저냐 달걀이 먼저냐 하는 문제를 해결하기 위해 검증된 8가지 전략 중 하나를 사용한다. 토끼 따라가기 전략, 업혀 가기 전략, 씨 뿌리기 전략, 유명 브랜드 이용 전략, 단면 우선 전략, 생산자 주도 전파 전략, 빅뱅 전략, 마이크로마켓 전략.

❏ 플랫폼의 확장 속도는 바이럴 확산에 의해 가속화될 수 있으며, 이는 4가지 핵심 요소에 따라 달라진다. 송신자, 가치 단위, 외부 네트워크, 수신자.

Platform Revolution

6장

수익 창출
플랫폼은 언제 어디서 어떻게 수익을 거둬야 하는가

수익에 눈이 멀어 플랫폼 진입을 꺼리게 만들어서는 안 된다

얼마 전 창업자 두 명이 벤처 투자자 그룹 회의에 가는 길에 이 책의 저자 중 한 명인 마셜 밴 앨스타인을 찾아왔다. 이들은 신생 플랫폼 회사를 차린 사람들로 이 책에서는 이 회사 이름을 '애드월드'라고 칭하겠다. 이 두 사람은 빈틈없는 사업 계획서를 가지고 벤처 투자자들에게 깊은 인상을 주어 상당 금액의 투자금을 확보할 수 있기를 바랐다.

그중 한 명이 마셜에게 말했다. "들어 보십시오. 새로운 플랫폼 애드월드는 광고 에이전시를 소개해 주는 서비스를 하려고 합니다. 새로운 광고를 론칭하려는 회사들이 입찰 요청서를 쉽게 올릴 수 있게 하고, 광고 에이전시들 입장에서는 제안서와 제시 가격을 기업들이 쉽게 찾아보고 응할 수 있게 만들 겁니다. 예술 프로젝트를 하는 데 도움이 필요한 소비자들과 그래픽 아티스트를 연결해 주는 99디자인스(99designs)와 똑같습니다. 다만 99디자인스와 같은 B2C 연결 공간이 아닌 B2B 플랫폼이라는 점이 다를 뿐입니다."

마셜이 말했다. "좋습니다. 무슨 말씀이신지 알겠습니다. 그런데 궁금하신 게 뭐죠?" 그때 창업자가 대답했다. "확실히 애드월드는 사용자들에게 가치를 제공하고 많은 관심을 불러일으킬 겁니다. 그런데 우리가 알고 싶은 점은 어떻게 수익을 창출할 수 있을까 하는 것입니다. 플랫폼에 가입한 광고 에이전시들에게 수수료를 받고 그들의 프로필을 올려 주어야 할지, 서비스를 이용하려는 회사에게 수수료를 받아야 할지, 개별 프로젝트를 올려 주는 대가로 돈을 받아야 할지, 아니면 이 세 가지 경우에 대해서 모두 돈을 받아야 할지 궁금합니다."

그때 그의 파트너가 불쑥 끼어들었다. "가능한 한 빨리 답을 듣고 싶어요." 그는 이어서 말했다. "전략을 짤 시간을 벌어야 이리저리 주판알도 튕겨 보고 벤처 투자자들에게 우리 사업의 효용성을 설득할 방안을 마련할 수도 있거든요."

플랫폼 업계의 거물이 되길 원하는 두 사람의 태도가 얼마나 진지하던지, 마셜은 이들의 기대를 정말 꺾고 싶지 않았다. 그러나 마셜은 그래야만 했고, 가능한 한 정중하게 대답했다. "두 분은 애드월드의 수익을 창출할 수 있는 방안 세 가지를 말씀하셨고, 저에게 그중 한 가지, 아니면 세 가지 모두를 고르라고 하셨습니다만, 제 답은 셋 중 어느 것도 아니라는 것입니다."

이 이야기에 나오는 창업자 두 명은 모두 똑똑하고 재능 있으며 사려 깊은 비즈니스 리더였다. 이들은 플랫폼 생태계의 특성에 대해 나름대로 폭넓게 조사했다. 그들은 어떻게 플랫폼 비즈니스가 작동하는지 잘 알고 있었고 탄탄한 상호작용을 만들어 내기 위해서는 시장 양쪽을 모두 끌어들여야 한다는 사실도 인식하고 있었다. 그러나 수익 창출의 문제에서 이들은 잘못된 질문을 던지고 있었다.

이들 창업자는 자신들의 플랫폼에 등록한 그 어느 쪽으로부터도 돈을 받아서는 안 된다. 그렇게 되면 해당 생태계 진입에 심각한 마찰을 일으켜 잠재적 참여자들이 장차 사용자가 되는 것을 방해할 수 있다. 그리고 거래 관련 포스팅에 대해 수수료를 받게 되면 사람들로 하여금 게시물을 더 적게 올리게 만들 뿐이다. 한마디로 나쁜 전략이다. 이는 상호작용을 발생시키기는커녕 그 빈도를 줄이게 되고, 그 결과 플랫폼에서 이용할 수 있는 데이터의 양도 줄어든다. 데이터는 소비자와 생산자를 효과적으로 맺어 주기 위해 플랫폼이 절실히 필요로 하는 자원이다.

사실 창업자는 사용자들이 플랫폼에 가입하는 대가로 돈을 받을 게 아니라 오히려 그들이 플랫폼에 가입할 수 있도록 지원해야 한다. 사용자가 자신들의 프로필을 쉽고 빠르고 효과적으로 완성할 수 있게끔 도구와 서비스를 제공할 수도 있다.

이는 창업자들에게도 완전히 새로운 내용이 아니었다. 그들도 어느 정도는 직관적으로 알고 있었다. 마셜은 이들이 '스크레이퍼(scraper)' 즉 사용자 프로필을 만들기 위해 인터넷 데이터를 자동으로 수집하는 소프트웨어 도구를 사용했다는 사실로 미루어 짐작할 수 있었다. 두 사람은 사용자 기반을 구축하는 것이 가장 중요하고 어려운 과제라는 점, 그리고 그 과정에서 비용을 부과하여 마찰을 일으키는 것은 치명적인 실수가 될 수 있다는 점을 이해했다.

그렇다면 이 창업자들은 어떻게 자신들의 플랫폼 모델을 가지고 수익을 창출할 수 있을까? 플랫폼 생태계에서 창출되는 가치에 대해 요금을 부과할 수 있다. 그러나 여기서 요금은 플랫폼 거래 목록에 등록된 시점이 아니라 거래가 완결되었을 때 부과되어야 한다. 원하던 가치를 얻었을 때에만 요금을 부과함으로써 아무런 위험 부담 없이 거래를 제안하게끔 하는 것이다. 이때 요금은 일종의 성과급이라 할 수 있으며 어쨌든 체결된 거래의 극히 일부분에 불과하므로 무시해도 될 정도로 느껴진다.

창업자들이 전혀 생각지도 않은 방법이 최고의 전략이 될 수도 있다. 거래가 체결되지 않았을 경우 광고 에이전시가 그 원인을 찾아낼 수 있게 도와주는 서비스를 제공하고 요금을 받을 수 있지 않을까? 요금은 거래 자체에 마찰을 일으키지 않을 뿐 아니라 제공되는 피드백에 대한 가치를 반영할 것이다. 게다가 수익이 일회성으로 그치는 게 아니라 반복적으로 이어질 수도 있다. 나아가 광고 에이전시 입장에서는 향후 제안할 서비스의 품질 향상에 도움이 될 것이고 이로써 점점 더 상호작용의 가치가 높아질 수 있다.

지금까지 이야기한 신생 플랫폼과 그 창업자가 직면한 전략 과제는 플랫폼 비즈니스가 얼마나 복잡한지를 조금이나마 보여 주고 있다. 또한 창조적인 사고를 하는 플랫폼 관리자도 자신이 구축하려는 생태계의 가치 창출 잠재력을 충분히 발휘하려면 연습이 필요하다는 사실을 알려 준다. 사실상 수익 창출은 플랫폼 기업이라면 반드시 해결해야 할 가장 어렵고도 흥미로운 문제 가운데 하나이다.

네트워크 효과와 수익 창출은 별개의 문제이다

앞서 말했듯이 플랫폼 비즈니스의 본래 가치는 주로 플랫폼이 만들어 내는 네트워크 효과에 내재되어 있다. 그러나 네트워크 효과를 통해 수익을 창출하는 것은 매우 특별한 도전이다. 네트워크 효과는 사용자 기반을 키우는 피드백 고리를 스스로 강화시켜 플랫폼을 더욱 매력적으로 만들어 준다. 그리고 플랫폼 관리자가 특별한 노력이나 돈을 들이지 않고도 이런 결과를 낳는 경우가 종종 있다. 플랫폼의 생산자가 창출하는 가치가 높으면 높을수록 더 많은 소비자를 끌어들일 수 있으며, 또 소비자가 많으면 많을수록 더 많은 생산자가 몰려와서 더 많은 가치를 창출할 수 있게 된다.

그러나 뜻밖에도 이토록 강력하고 긍정적인 성장 동력이 수익 창출을 매우 어렵게 만들 수 있다. 예를 들어 사용자에게 부과하는 요금은 그들이 플랫폼에 참여하는 것을 방해할 수 있다. 플랫폼 접속 자체에 요금을 부과하면 아예 플랫폼을 외면하게 되고, 사용할 때마다 요금을 부과하면 자주 방문하지 않게 될 것이다. 또 생산 활동에 요금을 부과하면 가치 창출이 줄어들어 소비자 입장에서 볼 때 플랫폼의 매력이 떨어진다. 역으로 소비 활동에 요금을 부과하면 소비가 줄어들어 생산자 입장에서 볼 때 플랫폼의 매력이 줄어든다. 바로 이것이 앞에서 다룬 애드월드 창업자들이 직면한 딜레마이다.

어떻게 하면 그토록 힘들여 창출해 낸 네트워크 효과를 망치거나 파괴하지 않고 수익을 창출할 수 있을까?

플랫폼 비즈니스를 공부하는 사람들 가운데 일부는 인터넷상에서의 가치가 여러 사람에 의해서 창출되는 특성상 온라인에서 유통되는 상품과 서비스의 자연 가격은 반드시 무료여야 한다고 성급하게 추정한다. 그러나 자신이 제공하는 혜택에 대해 아무런 대가를 요구하지 않는 기업은 오래 살아남지 못한다. 그동안 만들어 낸 것들을 유지하거나 향상시키는 데 필요한 자원을 얻지 못할 것이고, 그렇게 되면 투자자들도 더 이상 기업의 성장에 필요한 자본을 제공하는 데 따른 인센티브를 누리지 못할 것이기 때문이다.

무료 정책은 플랫폼 비즈니스가 네트워크 효과를 일으키는 데 어느 정도 도움이 될 수 있다. 그러나 여기서 약간 다른 모델을 이해하는 것이 중요하다. 부분적인 무료 정책으로 성장 동력을 제공하는 모델이다. 경영학과 학생들이라면 누구나 배우는, 1901년 킹 질레트(King Gillitte)가 설립한 안전 면도기 비즈니스 모델을 예로 들어 보자. 이 회사는 면도기를 무료로 제공하거나 비용을 보조하여 매우 저렴한 가격으로 판매하는 대신 면도날에 대해서는 제값을 받았다.

그런데 시카고 대학 법학대학원의 랜달 피커(Randal C. Picker) 교수는 질레트의 가격 전략을 둘러싼 오래된 이야기에 의문을 제기했다. 피커 교수는 질레트가 면도기와 면도날에 대한 가격 정책을 바꾼 시점과 이 회사의 독특한 면도기 디자인에 대한 특허 만료 일자를 비교해 보면, 우리가 익히 알고 있던 질레트의 가격 전략에 대한 통념이 무너질 수도 있음을 알아냈다.[1] 그럼에도 불구하고 이 익숙한 이야기는 여전히 몇몇 시장에서 쉽게 사용할 수 있는 전략의 대표적인 사례로 남아 있다. 이를테면 프린터 시장에서는 상대적으로 저렴한 프린터 판매로는 수익을 내지 못하고, 대신 고가의 토너 카트리지 매출로 수익을 창출한다.

이러한 전략의 다른 버전이 2장에서 언급했던 '프리미엄(freemium)' 모델이다. 일단 무료 서비스를 통해 사용자들을 모은 다음, 고급 버전에서는 돈을 받는 가격 모델이다. 드롭박스, 메일침프(MailChimp)를 비롯한 다수의 온라인 서비스 플랫폼이 이런 식으로 운영된다. 면도기-면도날 모델과 프리미엄 모델 모두 동일한 사용자 층이나 그중 일부를 대상으로 수익을 창출한다.

플랫폼이 특정 사용자 층에게 무료 내지 보조금 지원 정책을 펼치면 전혀 다른 사용자 층에게는 제값을 청구할 수도 있다. 그러나 이 경우 수익 창출 모델 설계가 더 복잡해진다. 플랫폼에서 한쪽에 무료로 제공한 가치가 다른 쪽에서는 가치를 획득하는 데 쓰일 수 있다는 확신이 있어야 하기 때문이다. 이 분야에 대한 중요한 연구 논문이 있다. 이 책의 저자 중 두 명(제프리 파커와 마셜 밴 앨스타인)은 양면 시장 가격 이론의 토대를 세운 최초의 학자들이다.[2] 그리고 이 이론은 양면 시장 경제의 또 다른 주창자이자 2014년 노벨 경제학상 수상자인 장 티롤(Jean Tirole)이 언급한 바 있다.[3]

양면 시장 가격과 관련된 복합적인 요인들끼리 균형을 맞추는 것은 쉽지 않다. 인터넷 시대 선도 기업 중 하나인 넷스케이프는 브라우저를 무료 배포하면서, 이것이 웹 서버 판매로 이어지길 기대했다. 불행히도 브라우저와 웹 서버 사이에는 아무런 독점적 연결 관계가 없었고, 넷스케이프는 안정적으로 이 둘의 관계를 통제할 수 없었다. 누구나 쉽게 마이크로소프트의 웹 서버나 무료 아파치 웹 서버를 사용할 수 있었으며, 이 말은 곧 넷스케이프가 브라우저를 무료로 배포하면서 다른 쪽 시장에서 수익을 창출할 수 없다는 뜻이었다. 넷스케이프 사례가 말해 주듯, 무료 정책을 전략의 일환으로 이용하려는 플랫폼 기업들은 그들이 창출한 가치와 수익화에 대한 기대가 온전히 플랫폼 안에서 통제될 수 있도록 만전을 기해야 한다.

수익 창출 문제를 해결하려면 먼저 플랫폼에서 창출되는 가치를 분석해야 한다. 전통적인 비플랫폼—파이프라인—기업은 제품이나 서비스 형태로 고객에게 가치를 제공한다. 그리고 제품에 대한 소유권을 제공하고 돈을 받기도 한다. 마치 월풀(Whirlpool)이 식기세척기 판매 대금이나 제품 사용료 명목으로 비용을 청구하거나, GE 애비에이션(GE Aviation)이 항공기 엔진 설치와 정기적인 관리에 대해 비용을 청구하는 것과 같다.

월풀과 GE 같은 회사들처럼 플랫폼 기업들도 기술을 설계하고 개발한다. 그러나 고객에게 기술을 제공한 대가로 수수료를 받는 게 아니라 그저 사용자들을 플랫폼으로 초대한다. 그런 다음 플랫폼 기술이 사용자를 위해 생성한 가치에 요금을 부과함으로써 수익을 창출하려 한다. 이때 플랫폼이 창출한 가치는 네 가지 범주로 나눌 수 있다.

- **소비자를 위한 가치: 플랫폼에서 생성된 가치 이용** 동영상 시청자들은 유튜브 동영상이 가치 있다고 생각한다. 안드로이드 사용자는 앱을 가지고 할 수 있는 다양한 활동이 가치 있다고 생각한다. 스킬셰어를 사용하는 학생들은 이 교육 플랫폼을 통해 제공되는 강좌가 가치 있다고 본다.

- **생산자 또는 서드 파티 공급자를 위한 가치: 커뮤니티나 시장 이용** 에어비앤비가 집주인들에게 가치 있는 것은 이 업체가 전 세계 여행객 시장에 접근할 수 있게 해 주기 때문이다. 기업 채용 담당자들이 링크드인을 가치 있다고 여긴 것은 이 업체를 통해 잠재적인 구직자들과 연결될 수 있기 때문이다. 상인들이 알리바바를 가치 있다고 보는 것은 이 업체를 통해 자신들의 제품을 전 세계 고객들에게 판매할 수 있기 때문이다.

- **소비자와 생산자를 위한 가치: 상호작용을 촉진하는 도구와 서비스 이용** 플랫폼은 생산자와 소비자 사이의 상호작용을 방해하는 장애물과 장벽을 제거하여 가치를 창출한다. 킥스타터는 창의적인 기업가

들이 새로운 사업에 필요한 자금을 모금할 수 있게 해 준다. 이베이는 페이팔과 함께 누구라도 온라인 상점을 열어 어디서나 고객을 맞게 해 준다. 유튜브는 뮤지션들이 물리적인 제품(CD나 DVD)을 제작할 필요 없이, 또 중간 소매상을 통해 제품을 판매할 필요 없이 자신의 연주 동영상을 팬들에게 제공할 수 있게 해 준다.

- **소비자와 생산자를 위한 가치: 상호작용의 품질을 향상시키는 큐레이션 체계 이용** 소비자들은 자신들의 구체적인 요구와 관심을 만족시켜 주는 양질의 제품과 서비스를 이용하는 걸 가치 있게 생각한다. 한편 생산자들은 자신들이 제공하는 제품이나 서비스를 원할 뿐 아니라 그것에 대해 적정 가격을 지불할 의사가 있는 고객을 만나는 걸 가치 있게 여긴다. 잘 운영되고 있는 플랫폼은 적합한 소비자와 생산자를 쉽고 빠르게 연결하는 큐레이션 체계를 구축하고 관리한다.

이 네 가지 형태의 가치는 플랫폼이 없었다면 존재하지 않았을 것이다. 따라서 이들은 플랫폼이 생성하는 초과 가치 공급원(sources of excess value)이라 말할 수 있다. 제대로 설계된 플랫폼은 대부분 그것이 직접 담고 있는 것보다 훨씬 많은 가치를 생성한다. 그런 까닭에 엄청난 사용자들을 끌어들일 수 있으며, 사용자들은 플랫폼이 제공하는 모든 '무료' 가치를 즐겁게 누릴 수 있다. 먼저 네 가지 형태의 가치를 따져 보는 것에서부터 시작해 네트워크 효과의 지속적인 증가에 방해가 되지 않는 방식으로 이용할 수 있는 초과 가치 공급원이 무엇인지 알아내는 것, 그것이 바로 똑똑한 수익 창출 전략이다.

방문자 수가 수익 창출로 이어지는 것은 아니다

2005년 이선 스톡(Ethan Stock)이 설립한 지벤츠(Zvents)는 원래 샌프란시스코 베이 에어리어에서 열리는 지역 행사들을 온라인으로 안내하는 사이트였다. 지벤츠는 빠르게 성장해 캘리포니아 이외 지역까지 확장하면서 수백 개 시장에 서비스를 제공하고 1400만 명이 넘는 방문객을 끌어들이는 동종업계 최대 사이트가 되었다. 지벤츠는 생산자―콘서트, 쇼, 전람회, 축제를 비롯한 여러 가지 행사에 대한 정보를 사이트에 올리는 지역 행사 기획자―와 일을 마치고 주말에 즐길 만한 뭔가를 찾아 지벤츠에 접속하는 소비자 모두에게 인기를 끌었다.

이선 스톡은 실리콘밸리 드림에 취했던 것 같다. 자기가 만든 플랫폼에 엄청나게 많은 사람들이 찾아오니, 이제 그에게 남은 과제는 돈을 버는 일이었다. 그러나 그것은 결코 간단하지 않았다.

스톡은 다음과 같이 회상했다. "일단 방문자 수가 임계량에 이르자 우리가 시장의 선도자가 될 거라는 사실은 자명해 보였습니다. 우리는 행사 기획자들이 돈을 내기 시작할 거라고 생각했죠. (……) 그러나 치명적인 약점이 있었습니다. 돈을 벌 기회를 아예 차단할 수도 있는 문제였어요. 그건 바로 완성도에 대한 기대였습니다."

문제는 지벤츠를 방문하는 소비자들이 지역에서 벌어지는 행사들을 전부 알고 싶어 한다는 데 있었다. 등록되어 있는 행사가 얼마 안 되면 사용자들의 관심이 빠르게 식을 수 있었다. 이는 지벤츠가 이벤트 기획자들에게 돈을 내게 할 유인이 사라짐을 의미했다. 설령 기획자들에게 비용을 지불하지 않을 경우 목록에서 빼겠다고 위협한다 한들 강제력이 없었다. 지벤츠의 가치는 전적으로 모든 행사를 담은 완벽한 목록에 있었기 때문이었다. 생산자에게 플랫폼 이용에 따른 요금을 부과하는 것은 소용없는 일이었다.

지벤츠는 또 다른 수익 창출 방식을 실험했다. 바로 접근성을 강화하고 생산자에게 요금을 받는 방식이었다. 이 내용은 이번 장 끝에서 다루겠다. 지벤츠는 몇몇 기획자들로부터 눈에 잘 띄는 목록에 행사를 게시해 주는 대가로 돈을 받았지만, 참석자 수나 티켓 판매 같은 진정한 의미에서 가치가 더 올라가진 않았다. 결국 지벤츠는 자신들이 꿈꿨던 대박은 이루지 못하고 극히 미미한 수익을 얻는 데 그쳤다. 2013년 6월, 수익성이 좋은 플랫폼 왕국을 세워 구글이나 페이스북과 대적하겠다는 꿈이 부서지면서, 스톡은 지벤츠를 이베이에 매각했다. 현재 이베이는 지벤츠를 스텁헙(StubHub)이라는 티켓 재판매 플랫폼과 함께 예술과 엔터테인먼트 행사를 알리는 사이트로 사용하고 있다.

여기서 교훈은 방문자 수만으로 측정한 네트워크 효과는 플랫폼의 진정한 금전적 가치를 반영하지 않는다는 사실이다. 플랫폼에서 이뤄지는 상호작용은 반드시 상당량의 초과 가치를 생성해야 하며 네트워크 효과에 부정적인 영향은 주지 않아야 한다. 그럴 수 없다면 수익 창출은 힘들 것이다.

네트워크 규모와 수익 창출 잠재력 사이의 역설적 관계는 여기서 그치지 않는다. 어떤 경우 사용자 수가 줄어들 때 플랫폼의 수익 창출 능력이 급격히 신장하는 경우도 있다. 이는 부정적인 네트워크 효과가 플랫폼의 가치에 미치는 힘 때문이다.

2002년에 세워진 밋업(Meetup)은 여러 단체가 오프라인 모임을 온라인으로 연결하여 조직하는 방식으로 서비스를 시작했다. 밋업의 공동 창업자 스콧 하이퍼만(Scott Heiferman)은 9·11 테러 공격 이후 뉴욕 시민들이 하나의 공동체를 이뤄 모이는 데에서 영감을 얻었다고 말했다.

밋업은 무료 플랫폼으로 사용자들을 모았지만, 1990년대 말 닷컴 붕괴로 인해 관리자들은 신뢰할 만한 수익 창출 모델을 개발해야 한다고 끊임없이 생각했다. 그들은 먼저 리드 생성(lead generation)을 통해 수익을 창출하려고 했다. 식당과 술집 같은 오프라인 장소 제공자들에게 모임에 참석하는 사용자 수에 따라 수수료를 부과하는 식이었다. 그러나 스마트폰이 생기기 이전의 세계에서 이러한 수익 창출 모델은 큰 효과를 거두지 못했다. 실제로 행사에 참석한 사람 수와 신청한 사람 수가 달랐는데, 밋업으로서는 참석 인원을 정확히 알아낼 방법이 없었기 때문에 적정 수수료를 책정할 수 없었다.

밋업은 리드 생성 모델을 버리고 다른 수익 창출 방식을 모색했다. 밋업은 광고를 시도해 보았다. 그러나 광고주를 충분히 찾는 데 실패했다. 밋업 플러스라고 불린 프리미엄 제품을 내놓기도 했지만 별다른 관심을 얻지 못했다.(어쩌면 그럴 수도 있겠다 싶은 에피소드가 있다. 몇 년 후 인터뷰에서 밋업 플러스에 추가된 특별 서비스에 대해 설명해 달라고 하자, 하이퍼만은 웃으며 답했다. "세상에, 뭘 말씀하시는지 모르겠는데요. 아마 그런 기능이 있던 것 같기는 한데……. 모르겠어요. 기억이 안 나요.") 심지어 밋업은 점점 플랫폼 사용자 기반에서 비중이 늘고 있는 정치 활동 조직에게 수수료를 부과하는 방안도 시도해 보았다. 그러나 이것 역시 수익이 그리 크게 나지 않았다. 점점 더 밋업의 선택지가 줄어들고 있었다.

한편 밋업은 또 다른 문제에 직면했다는 사실을 알았다. 얄궂게도 회사를 구하는 데 도움이 될 수도 있는 문제였다. 바로 부정적인 네트워크 효과가 늘어나고 있다는 사실이었다. 플랫폼이 성장하면서 밋업을 통해 누구나 모임을 계획할 수 있게 되자, 상당수의 모임들이 뚜렷한 목표나 적절한 계획 없이 마구 조직되고 있었다. 그러면서 플랫폼에 잡음이 일게 되었고 사용자들은 실망스런 경험을 하게 되었다. 이를테면 참가 신청을 했는데 막상 가 보니 참석자가 별로 없거나 활동을 하지 않는 경우가 많았다.

밋업의 경영진들은 위험한 결정을 내렸다. 모임 기획자들에게 수수료를 받기로 한 것이다. 잠재적으로 플랫폼의 규모가 확 줄어들고 네트워크 효과가 미미해지는 것을 무릅쓴 결단이었다. 밋업 경영진들은 기획자들에게 수수료를 부과하면 수익 창출 문제를 해결하면서 그들의 목표에 진지하게 임하지 않는 기획자들도 솎아 낼 수 있을 거라고 판단했다. 밋업 측은 이러한 내용의 편지를 모든 기획자들에게 보내면서, 밋업 서비스를 계속 이용하려면 앞으로 매달 19달러를 지불해야 한다고 알렸다.

수수료 부과의 여파는 매우 컸다. 경제 주간지 『비즈니스위크』가 밋업의 새로운 전략을 기사로 내보내자, 수없이 많은 플랫폼 사용자들이 밋업은 곧 망할 거라는 내용의 메일을 보내 왔다. 런던의 한 사용자는 이렇게 썼다. "대부분의 기획자들이 충격을 받았을 겁니다. 그리고 제가 만나 본 사람들 대부분이 이젠 더 이상 모임을 기획하지 않을 겁니다. (……) 사실 요새 밋업이 하고 있는 일도 별로 없어요. 사용자들이 간단히 스스로 뭔가를 하거나 더 효과적으로 할 수도 없고요. 그리고 이제는 직접 웹사이트를 만들 수 있는 오픈 소스 소프트웨어도 많습니다."[4]

그러나 이러한 반발에도 불구하고 밋업의 전략은 효과적이었다. 밋업 사이트에 올라오던 모임 수가 급격히 줄긴 했지만, 모임의 수준과 상호작용의 수준이 현격히 향상되었다. 5년 후, 하이퍼만은 인터뷰에서 다음과 같이 말했다. "그나저나 무료에서 유료로 간다고 크게 화제가 되었죠. 그렇습니다. 당시 밋업에서 이뤄지던 활동 95%가 사라졌어요. 하지만 지금은 이전보다 훨씬 더 많은 활동이 이뤄지고 있습니다. 게다가 현재 밋업에서 이뤄지는 모임의 절반이 성공적입니다. 이전에는 1~2%에 불과했거든요."[5]

우리가 이야기했듯이 플랫폼의 목적은 단순히 참가자 수와 상호작용을 늘리는 데 있지 않다. 바람직한 상호작용은 늘리고 그렇지 않은 것들은 억제할 수 있는 조치를 반드시 취해야 한다. 밋업의 수익 창출 모델은 바로 이런 조치를 취하는 데 도움이 되었다. 모임 조직 목표를 진지하게 여기지 않는 기획자들의 의욕을 꺾는 가격 체계가 플랫폼에서 질을 중시하는 문화를 조성했다.

단순히 사용자에 대한 요금 부과를 억제한다고 해서 네트워크 효과가 늘 최적화될 거라고 가정해서는 안 된다. 수익 창출 문제를 분석하기 위해 더 좋은 접근법은 다음과 같은 질문을 던지는 것이다. 어떻게 하면 긍정적인 네트워크 효과를 줄이지 않고 수익을 낼 수 있을까? 긍정적인 네트워크 효과를 강화시키면서 부정적인 네트워크 효과를 약화시킬 수 있는 가격 전략을 세울 수 있을까? 바람직한 상호작용은 북돋고 그렇지 않은 것은 억제하는 전략을 세울 수 있을까?

수익 창출 방법 1: 거래 수수료 부과

효과적인 수익 창출 전략을 개발할 수 있는 방법을 찾기 위해, 플랫폼에서 만들어지는 초과 가치의 네 가지 형태를 다시 살펴보자. 바로 생성된 가치 이용, 커뮤니티나 시장 이용, 도구와 서비스 이용, 큐레이션 체계 이용이다. 이 네 가지 형태의 초과 가치는 특정 유형의 상호작용이 생길 때 정점에 도달한다. 많은 경우 이러한 상호작용에는 우버 고객이 운전자에게 운임을 지불하거나, 이베이 구매자가 제품 판매자에게 대금을 지불하거나, 업워크를 이용한 회사가 프리랜서에게 비용을 지불하는 등 금전 교환이 개입된다. 이러한 금전 거래가 가능한 플랫폼들은 거래 수수료를 부과함으로써 창출된 가치로부터 수익을 얻을 수 있다. 여기서 거래 수수료는 거래 가격의 1%라거나 거래한 건당 고정 수수료 형식으로 산정될 수 있다. 그중에서 고정 수수료 체계가 관리하기에 더 쉬운데, 특히 규모에 큰 변동 없이 거래가 자주 체결될 때 고정 수수료 방식이 더 낫다.

거래 수수료를 부과하는 것은 네트워크 효과의 증가를 방해하지 않으면서 플랫폼에서 창출된 가치를 통해 수익을 얻을 수 있는 강력한 방법이다. 구매자와 판매자들은 실제 거래가 발생했을 때에만 돈을 내면 되므로, 두 참여자들이 플랫폼과 네트워크에 진입하는 데 방해되지 않는다. 물론 거래 수수료가 너무 과하면 거래 자체가 주춤할 수 있다. 플랫폼 관리자들은 사용자가 이탈하지 않는 수준에서 다양한 수준의 수수료를 놓고 실험하면서 생성된 가치의 몇 퍼센트가 적정한지 찾아야 할 것이다.

이때 플랫폼에 의해 촉발되는 모든 상호작용을 포착하는 것이 중요하면서도 어려운 문제다. 플랫폼에서 만난 구매자와 판매자들은 가능한 한 거래 수수료를 회피하기 위해 플랫폼 바깥에서 상호작용을 하려 할 것이고 그로 인해 자연스럽게 인센티브를 얻는다.

이러한 문제는 특히 서비스 제공자와 소비자를 연결하는 플랫폼에서 널리 퍼져 있다. 프리랜서 경제가 부상하고 온라인 공유 경제가 확산되면서 에어비앤비와 우버, 태스크래빗(TaskRabbit)과 업워크에 이르기까지 플랫폼 기업들은 서비스에 대한 상호작용을 촉진시키는 방식으로 급격히 늘어났다. 그러나 대부분의 이런 기업들은 플랫폼에서 벌어지는 상호작용을 포착해야 하는 문제에 직면해 있다. 대개 생산자(이 경우에는 서비스 제공자)와 소비자(서비스 구매자)가 서비스 조건에 합의하기 전까지는 상호작용이 일어날 수 없다. 그리고 이러한 상호작용이 일어나려면 보통 두 참여자가 직접 소통해야 한다. 이러한 직접적 상호작용은 두 당사자가 플랫폼 바깥에서 거래할 기회를 주어서 플랫폼의 가치 획득 능력을 약화시킨다. 거래 수수료를 내지 않으면, 소비자는 서비스를 더 저렴하게 제공받을 수 있고 제공자는 더 많은 서비스 요금을 챙길 수 있다. 이 거래에서 유일한 패배자는 플랫폼 회사뿐이다.

파이버, 그루폰, 에어비앤비와 같은 플랫폼들은 일시적으로 참여자들끼리 연락하는 것을 막음으로써 이 같은 문제를 해결한다. 이들 플랫폼은 소비자가 상호작용에 대한 결정을 내리는 데 필요한 모든 정보를 제공하지만 소비자와 생산자 간의 직접적인 소통만은 배제한다. 그루폰은 표준화된 방식으로 서비스를 제공하여 이 문제를 해결하지만, 표준화 정도가 덜한 에어비앤비와 파이버는 서비스 제공자의 신뢰도를 알려 주는 등급 체계와 다른 소셜 지표를 제공함으로써 당사자들이 직접 연락할 필요성을 덜 느끼게 만든다.

이런 전략만 가지고는 충분하지 않을 때가 있다. 특히 전문가 서비스 시장을 조성하는 플랫폼의 경우가 그렇다. 이 시장에서는 서비스 제공 전부터 생산자와 소비자가 계속해서 서로 논의하고 정보를 교환하고 작업 흐름을 관리해야 한다. 따라서 플랫폼이 생산자와 소비자 사이의 모든 의사소통을 통제하기가 불가능할 수 있고, 상호작용이 일어나기 전에 소비자에게 수수료를 부과하는 것은 좋은 선택지가 아닐 수 있다.

이런 경우 플랫폼은 더 많은 가치 창출 활동을 포함시키기 위해 상호작용을 촉진하는 역할을 해야 한다. 예를 들어 업워크는 서비스 제공자를 원격 모니터링할 수 있는 도구를 제공한다. 이는 전문가 서비스를 이용하는 소비자로 하여금 프로젝트 현황을 지켜보면서 실제 산출물을 바탕으로 결제할 수 있게 해 준다.

클레리티는 상담을 원하는 사람들과 전문가를 연결해 주는 플랫폼으로, 업워크와 유사한 메커니즘을 통해 상호작용을 관리한다. 과거의 전문가 매칭 플랫폼들은 시장 양면을 연결해 주고 수수료를 챙기면서 플랫폼 바깥에서 일어나는 거래도 허용했다. 클레리티는 플랫폼에서 벌어지는 상호작용을 포착하기 위하여 추가 전화 상담 관리 및 청구서 작성 서비스를 제공한다. 생산자를 위해서는 결제와 청구서 작성을 일원화하여 전문가들이 1회성 소규모 작업을 하면서도 소득을 올리기 쉽게 해 주고 있다. 소비자를 위해서는 전화 상담 관리 소프트웨어를 제공하여 분 단위로 요금을 지급할 수 있게 하고, 도움이 되지 않은 상담 건에 대해서는 결제하지 않을 선택권을 준다. 그렇게 해서 클레리티는 양쪽 모두 플랫폼에 머무는 데 따른 가치를 충분히 제공하면서, 플랫폼 밖에서 일어나는 상호작용에 대해서는 인센티브를 최대한 줄인다.

이런 사례를 통해 알 수 있듯이, 상호작용을 포착하고 이를 통해 수익을 얻으려는 서비스 제공 플랫폼들은 반드시 양쪽 당사자들에게 모두 이득이 되는 도구와 서비스를 개발하여 마찰을 없애고 위험을 낮춰 주며 기타 상호작용을 촉진해야 한다.

그러나 앞에서 언급한 추가적인 혜택만 가지고 서비스 제공 플랫폼들이 성공하기에는 뭔가 부족할 수 있다. 배관이나 주택 도색 같은 비교적 단순한 서비스를 제공하는 업체들과 소비자들을 연결해 주는 지역 서비스 플랫폼은 계속해서 상호작용을 포착하는 문제로 고심하고 있다. 이러한 상호작용에서 발생할 수 있는 리스크는 전문 프리랜서를 고용할 때보다 낮다. 공급자와 소비자가 직접 만나는 데다가 업무는 더 단순하며 품질 수준의 격차도 그리 크지 않다. 업무 자체가 플랫폼 바깥에서 이뤄지기 때문에 소비자가 직접 감독할 수 있어서 소프트웨어 도구에 의존하지 않고도 서비스 제공자를 모니터링할 수 있다. 이러한 지역 서비스 플랫폼들은 접근성 강화를 통한 수익 창출 모델로 옮겨 갈 필요가 있다. 바로 다음 절에서 이에 대해 설명하겠다.

수익 창출 방법 2: 커뮤니티 접근에 대한 수수료 부과

어떤 경우에는 생산자에게 사용자 커뮤니티에 대한 접근을 대가로 수수료를 부과하여 수익을 창출하는 것이 가능하다. 이때 사용자들은 생산자와 상호작용하기 위해서가 아니라 다른 이유로 플랫폼에 가입한다.

드리블은 디자이너—아티스트, 일러스트레이터, 로고 크리에이터, 그래픽 디자이너, 타이포그래피 디자이너 등—를 위한 양질의 플랫폼으로, 디자인 커뮤니티에서 빠르게 명성을 얻었다. 이곳에서 디자이너들은 자신이 작업한 것들을 보여 준다. 그 과정에서 사람들에게 노출되고, 신뢰를 얻으며, 동료들로부터 귀중한 피드백을 받는다. 농구 용어에서 따온 '드리블' 플랫폼에서 사용자들은 새로운 이미지를 '샷(shot)', 이미지 그룹을 '버킷(bucket)', 마음에 드는 이미지를 퍼오는 것을 '리바운드(rebound)'라고 부른다. 이렇게 독특한 용어는 참여도가 높은 커뮤니티로 발전하는 데 도움을 주었다. 오늘날 대다수의 일급 디자이너들이 드리블에서 활발하게 활동하고 있다.

드리블의 관리자들은 드리블만의 특화된 커뮤니티라는 장기적인 가치를 보호하는 데 적극적이다. 이 때문에 관리자들은 네트워크 효과를 약화시킬 수 있는 플랫폼 가입비를 사용자들에게 받지 않는다. 또한 드리블은 자사 커뮤니티로의 접근성을 강화하는 스폰서 이미지(이를테면 사용자의 홈페이지에 드리블 홍보 팝업창을 띄우는 것)를 허용하지 않기로 했다. 사이트의 위신을 떨어뜨리고 사용자들이 인식하고 있는 드리블의 소중한 가치를 해칠 수 있기 때문이었다.('접근성 강화 전략은 이번 장 뒷부분에서 따로 설명하겠다.) 따라서 드리블은 수익을 창출하기 위해 서드 파티로부터 드리블 커뮤니티를 이용하는 대가로 돈을 받는다. 디자이너를 찾는 회사들이 드리블의 구인 사이트에 채용 공고를 올릴 때 비용을 받는 것이다.

이러한 형태의 수익 창출 방식은 양쪽 당사자들에게 모두 도움이 되는 상호작용을 이끌어 낸다. 디자이너들은 최고의 작품을 드리블에 올릴 동기를 갖게 된다. 새로운 일을 의뢰받을 수 있기 때문이다. 한편 회사 입장에서는 이미 디자인 커뮤니티에서 검증된 포트폴리오를 갖춘 일급 디자이너들과 접촉할 수 있어서 좋다.

드리블의 수익 창출 방법은 간단히 '광고(advertising)'라는 말로 설명할 수 있다. 그러나 주목할 것은 대부분의 광고와 달리 고도로 특화된 드리블의 구인 목록은 커뮤니티를 위한 가치를 창출하고 핵심 상호작용을 늘리며 네트워크 효과를 강화할 뿐 노이즈를 만들거나 가치를 떨어뜨리지 않는다.

비슷한 방식으로 링크드인은 채용 담당자들로 하여금 자사 회원에게 취업 기회를 알릴 수 있게 하고, 각 기업이 이력서와 직종을 바탕으로 구직자들을 비교하여 원하는 사람을 찾을 수 있게 해 준다. 강력한 인력 채용 플랫폼인 링크드인은 사용자들이 자신의 프로필을 보다 자주 업데이트하게 만든다. 이를 통해 더 활발하고 유익한 플랫폼이 되게끔 하는 것이다.

이번 장 전반에 걸쳐 우리들은 지속 가능한 수익 창출 모델은 (네트워크 효과를 약화시키지 않고) 네트워크 효과를 강화시킬 때만 가능하다는 사실을 확인했다. 커뮤니티에 접근하는 대가로 서드 파티 생산자에게 요금을 부과하는 것이 효과를 거두는 경우는 새롭게 추가된 콘텐츠—이를테면 드리블의 구인 목록—가 사용자를 위한 플랫폼의 가치를 강화할 때이다.

수익 창출 방법 3: 접근성 강화에 따른 수수료 부과

금전 거래를 용이하게 하는 플랫폼이 거래 자체에 직접 관여할 수 없으면 거기에서 수익을 창출하지 못할 수도 있다. 대신에 이런 플랫폼은 생산자들로부터 수수료를 받고 소비자를 더 많이 만나게 해 줄 수 있다. 소비자에 대한 접근성을 강화하는 것이다. 경쟁자가 너무 많아 소비자들의 관심을 놓고 벌이는 다툼이 치열해지더라도 생산자가 플랫폼 양면에서 주목을 끌며 다른 상대들보다 돋보이게 해 줄 수 있는 도구를 제공하는 것이다. 더 정교한 타깃 메시지, 더 눈길을 끄는 프리젠테이션, 특히 더 중요한 사용자들과의 상호작용을 제공하는 대가로 생산자들에게서 수수료를 받는 것인데, 한마디로 접근성 강화를 수익 창출 통로로 이용하고 있는 셈이다.

접근성 강화를 통한 수익 창출 시스템은 대개 네트워크 효과를 해치지 않는다. 모든 생산자와 소비자가 기본적으로 똑같이 열려 있는 플랫폼에 접근할 수 있기 때문이다. 이때 접근성 강화가 더해 주는 가치를 특별히 여기는 사람들은 초과 가치에 대해 비용을 지불할 수 있다. 그러면 플랫폼 기업이 그 초과 가치의 일부를 가져갈 수 있다.

예를 들어 전통적인 항목별 광고 모델은 광고 위치에 따라 돈을 받아서 수십 년 동안 지역 신문사의 재정을 뒷받침했다. 오늘날 온라인 플랫폼도 유사한 모델을 사용하여, 광고 메시지를 눈에 더 잘 띄는 위치에 배치하는 대가로 생산자로부터 돈을 받는다. 예컨대 옐프는 돈을 받고 검색 결과의 프리미엄 목록에 레스토랑 이름을 올려 주는데, 이로써 해당 레스토랑은 플랫폼에서 더 눈에 잘 띄고 브랜드를 알리기 쉬운 위치에 노출된다. 레스토랑들이 이러한 서비스를 받기 위해 기꺼이 비용을 지불하는 까닭은 자기 레스토랑을 부각시키고 가장 중요한 잠재 고객의 관심을 끌어들이기 쉽게 해 주기 때문이다.

구글 검색도 동일한 관점으로 볼 수 있다. 모든 웹퍼블리셔들은 검색 엔진 최적화, 자체적으로 관리하는 웹사이트 설계, 코딩 프로세스를 통해 자기 사이트가 검색 결과에서 더 좋은 위치에 노출되게끔 할 수 있다. 물론 이런 방법은 구글에게 아무런 수익을 가져다주지 않는다. 그러나 일부 웹퍼블리셔들은 구글 애드워즈의 프리미엄 광고 게재 서비스를 구매하기도 한다. 2013년 야후가 인수한 마이크로블로킹 플랫폼 텀블러(Tumbler)는 수수료를 내면 사용자가 자신의 포스팅을 더 많은 사람들에게 알릴 수 있게 해 준다. 트위터도 마찬가지로 비용을 지불한 광고성 콘텐츠를 피드의 최상단에 배치해서 홍보해 준다.

사용자들 사이에 존재하는 장벽을 낮춰 주는 대가로 비용을 청구하는 것도 접근성 강화를 통한 수익 창출의 또 다른 방식이다. 예를 들어 데이팅 웹사이트에서 남성은 기본적으로 여성에 대한 상세 정보가 담기지 않은 프로필만 볼 수 있다. 하지만 서비스 이용료를 지불할 경우 추가 정보를 제공받아 관심 있는 사용자에게 직접 연락할 수 있다.

사용자에 대한 접근성 강화를 통해 수익을 창출하는 방식은 매우 조심스럽게 수행해야 한다. 제대로 하지 못하면 플랫폼에서 노이즈를 증가시킬 수 있으며, 소비자와 콘텐츠의 관련성을 떨어뜨려 부정적인 네트워크 효과를 일으킬 수 있다. 이에 대해서는 2장에서 설명했다.

여기서 한 가지 중요한 원칙이 있다. 소비자가 상단이나 눈에 잘 띄는 곳에 위치한 콘텐츠들 중 어떤 것이 유료 프로그램을 이용한 것인지, 어떤 것이 자연스러운 검색 결과 값인지 쉽게 구분할 수 있게 해야 한다는 점이다. 옐프의 프리미엄 목록과 구글의 검색 광고는 자연스럽게 많은 사람들이 찾아서 형성된 결과와 시각적으로 차별화된다. 이는 투명성을 제공하여 사용자들의 신뢰를 강화시킨다. 구글 이전의 검색 엔진은 이러한 원칙을 따르지 않아 사용자들을 혼란에 빠뜨리고 짜증 나게 했으며 플랫폼의 가치를 훼손했다. 인터넷에서 유료 콘텐츠를 무료 콘텐츠와 유사하게 디자인하는 원시적인 광고 기술은 사용자들을 기만하는 것처럼 보이게 하고 그들의 신뢰를 잃게 만들 위험이 있다.

플랫폼 관리자가 사용자의 플랫폼 이용을 제한한다는 인상을 주는 방식으로 접근성 강화를 통한 수익 창출 전략을 구사할 때는 매우 조심해야 한다. 세계 최대의 소셜 네트워크인 페이스북은 기존 고객과 잠재 고객을 만나고 싶어 하는 브랜드들에게 엄청난 가치를 제공한다. 몇몇 소비자 브랜드들은 페이스북에서 엄청난 팔로어를 거느린다. 그러나 2014년과 2015년, 페이스북은 더 많은 사용자 접근에 따른 추가 비용을 지불한 브랜드를 제외한 나머지 업체에 대해 플랫폼상에서의 도달(reach)을 제한하는 정책으로 바꾸면서 비난을 샀다. 사람들은 페이스북이 수익을 더 많이 내기 위해 플랫폼 참가자들이 이용할 수 있는 서비스를 축소했다고 생각했다. 그럼에도 페이스북은 엄청난 규모와 강력한 네트워크 효과로 인해 이러한 불만을 잠재울 수 있었다. 적어도 지금까지는 그랬다. 그러나 이렇게 하고도 살아남을 수 있는 플랫폼은 많지 않다.

　마지막으로 플랫폼 관리자는 접근성 강화를 위해 비용을 지불한 생산자의 콘텐츠라 해도 자사의 일반적인 큐레이션 원칙을 엄격히 적용해야 한다. 페이스북의 가치는 뉴스 피드의 연관성에 기반을 두고 있다. 따라서 연관성이 떨어지는 광고성 포스팅이 범람하게 되면 소비자가 플랫폼에서 이탈할 수도 있다.

수익 창출 방법 4: 큐레이션 강화에 수수료 부과

우리는 네트워크 효과가 양적으로 많을수록 좋다고 생각하는 경향이 있다. 그러나 2장과 3장에서 살펴봤듯이 긍정적인 네트워크 효과는 단순히 양적인 면뿐 아니라 질적인 면에 의해서도 생성된다. 플랫폼에 콘텐츠 양이 너무 많아지면 소비자들이 원하는 양질의 콘텐츠를 찾기 어려워지고, 이로 인해 소비자들은 플랫폼의 가치가 점점 떨어진다고 느끼게 된다. 이럴 때 소비자는 품질 보장, 즉 큐레이션 강화에 대해 기꺼이 비용을 지불하려 할 것이다.

3장에서 잠깐 언급한 바 있는 시터시티는 부모에게 플랫폼 가입료를 부과한다. 그 대신 플랫폼에 진입하는 베이비시터들을 엄격하게 심사하고 큐레이션함으로써 부모들에게 서비스 품질과 선택권을 보장한다. 아이들이 잘 지내는지 걱정이 많은 부모들에게 훌륭한 베이비시터는 매우 중요한 부가가치를 제공한다. 이러한 초과 가치 덕분에 시터시티는 보통 거래 수수료를 청구하는 서비스 제공 플랫폼과 달리 부모들에게 플랫폼 가입비를 청구할 수 있는 것이다.

교육 플랫폼 스킬셰어의 자문 위원인 상지트 초더리는 이곳의 수익 창출 모델을 거래 수수료 모델에서 서비스 사용료 모델로 전환하는 데 도움을 주었다. 사용료를 지불하면 더 나은 가치를 제공하는 모델로 바꾸게 한 것이다. 본래 스킬셰어에서는 학생들이 수강하는 강좌별로 요금을 지불했다. 그런데 플랫폼 관리자로 하여금 상당량에 이르는 양질의 강좌를 큐레이션하게끔 한 뒤에는 월 사용료를 받고 학생들이 다양한 강좌를 수강하는 것을 허용하기 시작했다. 강사는 자신의 강의에 등록한 유료 가입자 수에 근거해서 '로열티'를 지급받는다. 이렇게 월 사용료를 지불하는 유료 가입자 수가 늘어나면 강좌당 가치가 올라가고 플랫폼은 지속적으로 수익을 창출할 수 있다.

누구에게 요금을 청구할 것인가

보통 플랫폼은 다양한 역할을 수행하는 여러 유형의 사용자들을 지원

한다. 사용자들마다 경제적 지위, 동기, 목적, 인센티브, 플랫폼에서 얻어 가는 가치의 종류와 양이 모두 다르다. 이 경우 누구에게 요금을 부과하고 누구에게 부과하지 않을지 결정하는 일이 매우 복잡해질 수 있다. 무엇보다 특정 범주의 사용자들을 대상으로 내리는 모든 결정이 다른 사용자들에게 어떤 방식으로 영향을 미치게 될지 불분명하기 때문이다.

그러나 긍정적인 상호작용을 도모하고 모든 참여자들을 위한 가치를 창출하겠다는 일반적인 목표―성공적인 플랫폼 기업의 역사에서 얻은 교훈과 더불어―가 있으면 특정 가격 정책이 언제 적절하고 적절하지 않은지 가늠해 볼 방법을 찾을 수 있다.

- **모든 사용자에게 요금 부과** 앞에서 언급했듯이 플랫폼 기업들은 일반적인 파이프라인 기업들처럼 모든 사용자들에게 요금을 부과하는 경우가 거의 없다. 모든 사용자들에게 요금을 받게 되면 대부분 참여율이 낮아져 네트워크 효과가 줄어들거나 훼손될 수 있기 때문이다. 그러나 어떤 경우에는 모든 사용자에게 요금을 부과할 때 오히려 네트워크 효과가 강력해지기도 한다. 오프라인 세계에서 컨트리클럽과 같이 고급 회원을 모집하는 단체는 모든 회원에게 돈을 받는다. 비싼 회비는 (기존 회원의 추천을 요구하는 것과 같은 확인 절차와 더불어) 회원의 자질을 보증하는 큐레이션 기법으로 작용한다. 일부 온라인 플랫폼에서도 이런 모델을 사용한다. 뉴욕 시에 거주하는 억만장자들을 위한 플랫폼인 카본 NYC(Carbon NYC)가 대표적인 예다. 그러나 대다수의 사교 및 비즈니스 환경에서 '지불할 의사'와 '자질'은 결코 같은 의미

가 아니다. 따라서 이러한 가격 체계는 선별적으로 매우 신중하게 적용해야 한다.

- **한쪽에는 요금 부과, 다른 쪽에는 보조금 지원** 일부 플랫폼은 한 사용자 그룹(이들을 A라고 부르자)에 속한 회원에게는 돈을 받고, 다른 사용자 그룹에 속한 회원(B)에게는 무료로 플랫폼에 참여할 수 있게 해 준다. 때로는 B그룹 회원들에게 비용을 대주거나 참여에 대해 인센티브를 제공하기까지 한다. A그룹은 B그룹과 접촉할 수 있는 기회에 대해 높은 가치를 부여한다. 그러나 B그룹은 그렇게 느끼지 않는 경우가 있다. 앞에서 언급했듯이 오프라인 세계에 있는 술집들은 레이디스 나이트(Ladies' Night)를 정해 여성에게 무료로 또는 할인된 가격으로 술을 제공하는 전략을 오랫동안 사용해 왔다. 대다수의 온라인 데이팅 사이트들도 이와 유사한 전략을 따른다. 모든 비용을 지불할 의사가 있는 남성 회원을 끌어들이는 방식으로 여성 회원들에게 인센티브를 제공하는 것이다.

- **대부분에게 제값 부과, 극소수에게 보조금 지원** 어떤 플랫폼은 극소수 사용자들에게만 보조금을 지원하거나 인센티브를 제공한다. 여기서 극소수 사용자들이란 그 존재만으로도 다른 사용자들을 끌어들이는 슈퍼 유저(super user)를 말한다. 오프라인 쇼핑몰들은 타깃(Target)처럼 인기 있는 대형 소매점이 입점할 때는 유리한 임대 조건을 제안하는 것으로 알려져 있다. 타깃이 쇼핑몰에 입점하면 방문객 수가 어느 정도 보장되니, 다른 상점들은 웃돈

이라도 주고 쇼핑몰에 들어오려고 한다. 마찬가지로 교육 플랫폼 스킬셰어와 크라우드펀딩 플랫폼 인디고고는 유명 강사와 펀딩 캠페인 크리에이터를 데려 오기 위해 애를 쓴다. 이들의 스타파워를 이용해 호기심 많은 소비자들은 물론이고 다른 생산자들까지 끌어들이려는 것이다. 마이크로소프트는 X박스 게임 플랫폼을 만들면서 이런 교훈을 얻었다. 마이크로소프트의 초기 수익 창출 전략은 게임 개발자(생산자)에게 일회성 구매 수수료를 지급하는 한편 사용자들로부터 지속적으로 수수료를 받는 것이었다. 그러나 게임 개발업계의 슈퍼스타 EA가 이러한 계약 조건을 거부하며 소니와 일하겠다고 위협하자, 결국 마이크로소프트는 항복하고 EA의 요구 조건을 들어주었다. 물론 자세한 내용은 아직까지 공개되지 않았다.

● **일부 사용자에게 제값 청구, 가격에 민감한 사용자에게 보조금 지원**

가격에 대해 극도로 민감한 사용자들에게 돈을 내라고 하면 플랫폼을 떠날 가능성이 높다. 그러면 네트워크 효과를 망쳐 버리게 된다. 따라서 가격에 민감한 사용자들에게는 할인을 해 주거나 보조금을 지원하면서 다른 사용자들에게는 제값을 받는 것이 대체로 합리적인 방안이다. 실제 경험에 비춰 보면 플랫폼 시장에서 어느 쪽이 가격에 더 민감한지 예측하기가 쉽지 않다. 1990년대 덴버의 부동산 시장에서는 매물이 넘쳐 나는 바람에 부동산 소유자들이 임대를 위해 필사적으로 매달려야 했다. 이때 부동산 중개인들은 매물 보유자에게 중개 수수료를 부과한 반면 세입자들에게는 아무것도 받지 않았다. 반대로 같은 기간 동안

보스턴에는 매물이 희소해서 머물 곳을 찾는 세입자들에게는 절박한 상황이었다. 중개인들은 예비 세입자에게 수수료를 청구한 반면 부동산 보유자들에게는 무료로 물건을 시장에 내놓을 수 있게 해 주었다.

지금까지 살펴본 대로 누구에게 비용을 부과할지 결정하는 것은 매우 조심스러운 문제다. 플랫폼에서 수익을 창출하려고 할 때 비용을 부과하게 되면 어떤 마찰이 생길지 조심스럽게 따져야 한다. 시스템의 어떤 부분에서 생기는 마찰까지 감당할 수 있을지 정확히 파악하고, 네트워크 효과의 확산을 방해하지 않으면서 어느 선까지 마찰을 감당할 수 있을지 판단하는 것은 결코 쉬운 문제가 아니다.

때로는 완벽해 보이지 않지만 의외로 기발한 수익 창출 전략이 통하는 수도 있다. 초창기 알리바바는 전자 상거래 플랫폼 기업으로 중국의 이베이, 중국의 아마존이라고 불렸다. 당시 알리바바는 거래 수수료를 부과할 수 없었는데, 이유는 간단했다. 알리바바의 원시적인 소프트웨어로는 온라인 거래 흐름을 추적하는 데 문제가 많았기 때문이다. 알리바바의 마윈(馬雲, Jack Ma) 회장은 거래 수수료 대신 가입비를 부과해야 한다는 압력을 받았다. 마윈이 진입 마찰 문제로 인해 피하고 싶어 한 방법이었다. 알리바바는 가입을 이끌어 낸 영업 사원들에게 상당한 커미션을 제공함으로써 이 문제를 해결했다. 일부 알리바바 영업 사원들이 커미션으로 벌어들이는 액수가 100만 위안(10만 달러)이 넘는다는 소문이 퍼지자, 그들 사이에서 진입 수수료로 인한 마찰에도 불구하고 회원을 가입시키려는 움직임이 최고조에 달했다. 지금도 알리바바는 거래 수수료를 부과하지 않으며, 광고에서 수익을 창출하고 있다. 이는 아마존과 이베이처럼 거래를 중개하는 기업이 마치 구글처럼 광고로 수익을 창출하는 셈이다.

무료에서 유료로 전환할 때 무엇에 유의해야 하는가

이번 장에서 다룬 여러 사례와 현실 세계 속의 숱한 사례들에서 볼 수 있듯이, 플랫폼 창업자들은 네트워크 효과를 생성하고 확대해야 한다는 절박감 때문에 일단 무료로 서비스를 제공해야 한다고 생각한다. 사용자들을 위한 가치를 창출하면서 그 대가로 아무것도 요구하지 않는 것은 회원 수를 늘리면서 참여를 독려하는 훌륭한 방법일 수 있다. '선(先) 사용자 창출, 후(後) 수익 창출(Users first, monetization late)'이라는 슬로건처럼 말이다. 혹은 중국의 제조업체 하이얼 그룹의 플랫폼 전략 책임자들이 말하듯이 "먼저 돈을 받지 말라"는 슬로건도 있다. 다시 말해 가치 단위가 생성되고 생산자와 소비자 모두 만족스러운 결과물을 교환했을 때에만 플랫폼 기업은 그 가치의 일부를 가져가야 한다는 의미이다.

다수의 전도유망한 플랫폼 기업들이 이러한 규칙을 무시하고 성급하게 자신들이 제공하는 가치를 가지고 수익을 창출하려다가 망했다. 실패한 소셜 네트워크 마이스페이스의 전 온라인 마케팅 담당 부사장 션 퍼시벌(Sean Percival)은 루퍼트 머독(Rupert Murdoch)의 뉴스 코퍼레이션(News Corporation)이 플랫폼을 인수한 뒤 받았던 재정적 압박에 대해 회상했다. 퍼시벌은 머독이 결산 보고에서 주식 애널리스트들에게 그해 마이스페이스의 수익이 10억 달러에 이를 거라고 약속한 게 '결정타'가 되었다고 말한다. 하지만 당시 마이스페이스의 수익은 그 10분의 1에 불과했다. 결국 마이스페이스 관리자들은 기꺼이 스폰서를 하겠다고 나서는 회사라고 하면 어떤 프로그램이나 서비스 이든지—그게 아무리 말도 안 되고 불편하다 하더라도—상관하지 않고 계약을 맺는 데 정신이 없었다. 이는 나중에 사람들이 마이스페이스를 버리고 페이스북으로 가게 만든 요인 중 하나였다.[6]

우리가 봤듯이 플랫폼 기업이 수익 창출 모델로 전환하여 발생하는 가치의 일부를 가져갈 수 있는 방법에는 여러 가지가 있다. 그러나 전환의 과정이 어려울 때가 많다. 다음과 같은 플랫폼 설계의 핵심 원칙은 수익 창출 모델—밋업의 하이퍼만이 그랬던 것처럼 무료에서 유료(free to fee)—로의 전환을 성공적으로 도와줄 것이다.

- **가능하면 사용자가 이전에 무료로 누렸던 가치에 요금을 부과하지 말라.** 사람들은 이전에 무료로 받았던 상품이나 서비스에 대해 돈을 내야 한다는 말을 들으면 당연히 화를 낸다. 밋업의 사례를 떠올리면 된다. 그리고 모든 플랫폼 기업들이 밋업과 같은 방식의 수익 모델 전환에 성공한 것도 아니다. 지벤츠와 같은 일부 기업들은 문을 닫거나 억지로 서비스 유형을 완전히 바꿔야 했다.

- **사용자들이 익숙하게 누렸던 가치에 대한 접근성을 약화시키지 말라.** 앞에서 보았듯이 페이스북은 엄청난 가치를 무료로 제공했지만, 이후 돈을 내는 생산자들에게 유료로 콘텐츠 홍보 서비스를 제공하기로 결정하자 자생적으로 발생하던 가치는 줄어들었다. 이같은 페이스북의 결정은 생산자와 소비자 모두에게서 불만을 샀다. 페이스북은 방대한 네트워크 효과 덕분에 궤도 수정 후에도

살아남았지만, 이보다 규모가 작은 플랫폼들이었다면 치명적인 결과를 초래했을지도 모른다.

- **무료에서 유료로 전환할 때는 이러한 변화를 정당화할 수 있는 새롭고 추가적인 가치 창출에 매진하라.** 물론 서비스나 품질 강화에 따른 요금을 부과할 때는 반드시 품질을 관리하고 보증할 수 있어야 한다. 우버는 운전자 신원 조회를 비롯한 안전 조치를 대가로 안전 탑승 수수료를 부과했다. 하지만 눈 가리고 아웅 하는 식으로 사실상 제대로 된 조치를 취하지 않자 비평가들로부터 엄청난 비난을 받았다.

- **처음 플랫폼을 설계할 때 잠재적인 수익 창출 전략을 고려하라.** 플랫폼은 출시 때부터 수익을 창출할 자원을 통제할 수 있도록 설계되어야 한다. 이것이 플랫폼의 개방성과 폐쇄성에 직접적인 영향을 준다. 예를 들어 거래 수수료를 받아서 수익을 내길 바란다면 플랫폼 관리자는 플랫폼이 거래 과정을 통제할 수 있게 설계되었는지 확인해야 한다. 만일 플랫폼에 있는 사용자들에게 접근할 수 있게 해 주는 데 대한 수수료를 부과해 수익을 창출하려 한다면, 사용자들에게 도달하는 콘텐츠의 경로와 사용자와 관련된 데이터 흐름 경로를 통제할 수 있도록 플랫폼을 설계해야 한다.

수익 창출은 매우 복잡하면서도 플랫폼의 생존을 결정하는 중요한 문제이다. 성공적인 플랫폼 출시를 바란다면 수익 창출을 둘러싼 여러 사안들을 무시하거나 네트워크 효과가 무르익을 때까지 미루어 두지 말고 첫날부터 잠재적인 수익 창출 전략에 대해 고민해야 하며, 또 다른 수익 창출 방안을 계속해서 강구해 놓아야 한다.

Platform 6 이것만은!

❑ 잘 관리된 플랫폼은 창출된 가치 이용, 커뮤니티나 시장 이용, 도구와 서비스 이용, 큐레이션 체계 이용 등 네 가지 방식으로 초과 가치를 창출할 수 있다. 이렇게 발생한 초과 가치의 일부를 획득하여 수익을 창출한다.

❑ 플랫폼을 통해 수익을 얻을 수 있는 기술에는 거래 수수료를 부과하는 방법, 접근성 강화에 따른 대가로 사용자들에게 요금을 부과하는 방법, 서드 파티 생산자에게 플랫폼 커뮤니티에 대한 접근을 대가로 요금을 부과하는 방법, 큐레이션 강화에 대한 대가로 서비스 사용료를 부과하는 방법 등이 있다.

❑ 수익 창출 방안 중 가장 중요한 점은 누구에게 요금을 부과할 것인지를 결정하는 것이다. 플랫폼 사용자들이 맡고 있는 역할이 다양하기 때문에 이들 중 누구에게 요금을 부과하는지에 따라 네트워크 효과가 크게 달라질 수 있다.

❑ 수익 창출 문제의 복잡성 때문에 플랫폼 관리자는 플랫폼 설계에 대한 결정을 내릴 때마다 잠재적인 수익 창출 전략을 고려해야 한다.

Platform Revolution

7장

개방성

개방형과 폐쇄형, 어떤 플랫폼이 정답인가

위키피디아의 교훈, 개방형 플랫폼의 딜레마

위키피디아는 플랫폼 세계가 얼마나 놀라운 곳인지를 아주 잘 보여 준다. 오픈 소스 백과사전인 위키피디아는 몇 년 만에 전통적인 정보 제공업자들을 제치고 세계에서 가장 인기 있는 참고 문헌이 되었다. 위키피디아를 사용하는 수백만에 달하는 이용자들은 매우 유용하고 언제 어디서나 사용 가능하며 사실상 아무런 제한이 없는 이 데이터 소스가 대체로 매우 신뢰할 만하다고 생각한다.

단, 그렇지 않을 때, 그러니까 결과물이 끔찍할 때를 제외하고 말이다.

위키피디아 사용자들이라면 대부분 사이트에 별안간 나타난 이상하고 잘못된 정보를 하나씩은 알고 있을 터인데, 그 중 가장 유명한 것이 아마도 '메러디스 커처 살인(Murder of Meredith Kercher)'이라는 항목일 것이다. 이 사건은 용의 선상에 올랐던 두 사람의 이름으로 더 유명했는데, 그들은 바로 미국인 대학생 어맨다 녹스(Aamanda Knox)와 그녀의 이탈리아인 남자 친구 라파엘 솔레시토(Raffaele Sollecito)였다. 누구나 관심 있으면 편집에 참여할 수 있는 위키피디아의 정책에 따라, 이 항목은 8000회 이상 수정됐으며 1000명 이상의 사람들이 참여했다. 편집에 참여한 대부분의 사람들은 2007년에 벌어진 살인 사건의 진범이 녹스와 솔레시토라고 확신했다. 1심의 유죄 판결에 이은 2심 무죄 판결, 그리고 이에 불복한 이탈리아 검찰의 상고로 열린 재판에서의 유죄 판결 등 두 사람이 법적인 시련을 겪는 내내 자칭 위키피디아 편집자들은 지속적으로 해당 페이지를 수정하면서 이들의 무죄를 입증할 만한 증거들을 없애고 오히려 유죄 가능성을 보여주는 증거들을 강조하려 했다.

이 항목에 대한 논란이 너무나 심각해진 나머지 위키피디아의 설립자 지미 웨일스(Jimmy Wales)가 개입하지 않으면 안 되는 수준에 다다랐다. 웨일스는 이 사안을 조사하고 다음과 같이 성명서를 발표했다. "나는 이 항목의 내용을 처음부터 끝까지 다 읽었습니다. 그리고 재판에 대해 신뢰할 만한 근거를 가지고 제기한 대부분의 비판이 제외되었거나 부정적으로 제시되어 있다는 사실에 우려를 표명합니다." 얼마 뒤 그는 다시 한 번 의견을 피력했다. "제가 문제를 제기한 이후 줄곧 저를 '음모론자'라도 되는 것처럼 공격한 데 대해서도 우려를 표명합니다." 위키피디아 입장에서 가장 큰 골칫거리는 커처에 관한 위키피디아 페이지를 편향된 방향으로 작성한 편집자들 일부가 어맨다 녹스를 '증오'하는 웹사이트의 필자라는 사실이 알려지면서 위키피디아의 객관성에 금이 갔다는 점이었다.[1]

위키피디아처럼 높은 품질을 유지하는 한편 콘텐츠 작성을 원하는 사용자들의 접근을 최대한 허용하면서 겪게 되는 문제들은 개방형 플랫폼 모델이라면 피할 수 없는 도전 과제라 할 수 있다. 그러나 뻔한 해결책—개방형 모델을 포기하고 플랫폼 참여를 엄격히 통제한다는 식의 해결책—에는 문제가 있다. 사용자들이 적극적으로 활용하고 있는 플랫폼에 대해 마찰을 늘리는 것은 결국 사용자 참여를 제한하게 되며 나아가 플랫폼의 가치 창출 가능성마저 모두 파괴할 수 있다.

어디까지 열어 놓고 어디부터 닫아야 하는가

2009년 플랫폼의 개방성에 대해 처음으로 열린 한 토론회에서 이 책의 저자 두 명(제프리 파커와 마셜 밴 앨스타인이 토머스 아이젠먼과 공동으로)이 개방성에 대한 기본 정의를 다음과 같이 내렸다.

플랫폼의 '개방성'은 (1) 플랫폼의 개발이나 상업화 또는 사용에 참여하는 데 아무런 제약이 없음을 의미하거나 (2) 어떤 제약—예컨대 기술 표준 준수 요건이나 라이선스 요금 지급—이 합리적이면서도 차별 없이 모든 잠재적 플랫폼 참여자들에게 균등하게 적용되는 것을 의미한다.[2]

폐쇄성은 단순히 외부 참여자들의 플랫폼 참여를 금하는 것이 아니다. 잠재적 이용자들이 참여를 망설일 정도로 부담이 되는 참여 규칙을 만들거나, 과도한 수수료(또는 '사용료') 부과로 잠재적 참여자의 이윤 폭을 견딜 만한 수준 이하로 떨어뜨리는 것을 의미한다.[3] 개방성과 폐쇄성 사이의 선택지가 흑과 백으로 나뉘는 것은 아니다. 둘 사이에 다양한 스펙트럼이 존재하기 때문이다.

적절한 개방성 수준을 가늠하는 일은 매우 복잡할 뿐 아니라 플랫폼 기업이 반드시 내려야 하는 가장 중요한 의사 결정에 속한다.[4] 이러한 결정은 플랫폼의 사용, 개발자 참여, 수익 창출, 규정 등에 영향을 끼친다. 스티브 잡스가 애플의 CEO로 있는 동안 내내 고민했던 것도 바로 적절한 개방성 수준을 찾는 일이었다. 스티브 잡스는 1980년대에 애플 매킨토시를 폐쇄형 시스템으로 가져가는 패착을 범했다. 경쟁사 마이크로소프트는 자사의 덜 다듬어진 운영체제를 외부 개발자들에게 개방하고 다수의 컴퓨터 제조업체들에게 라이선스를 제공했다. 그 결과 혁신의 파도를 탄 윈도는 시장 점유율에서 애플을 크게 앞설 수 있었다. 하지만 스티브 잡스는 2000년대 들어 균형을 맞췄다. 아이폰의 운영체제를 개방하고 윈도에서 아이튠스를 사용할 수 있게 함으로써, 노키아와 블랙베리 같은 경쟁자들로부터 스마트폰 시장을 크게 뺏어 온 것이다.[5]

스티브 잡스는 개방과 폐쇄의 딜레마를 '파편적(fragmented)', '통합적(integrated)'이라는 말로 고쳐 쓰기를 좋아했다. 폐쇄적이면서 통제된 시스템을 옹호한다는 논쟁을 교묘하게 피하기 위해서였다. 잡스가 완전히 틀린 것은 아니었다. 실제로 개방된 시스템일수록 파편적인 게 사실이다. 게다가 개방 시스템은 창업자 입장에서 수익을 창출하기가 더 어려우며, 해당 시스템을 규정하는 지적 재산을 통제하기도 힘들다. 그러나 개방성은 혁신을 도모한다.

개방성과 폐쇄성 사이에서 완벽하게 균형을 이루는 것은 어렵다. 그리고 어떤 쪽으로든 잘못된 수준의 개방성을 선택했을 때 빚어지는 결과는 소셜 네트워크 마이스페이스의 흥망성쇠를 보면 알 수 있듯이 매우 심각할 수 있다.

마이스페이스의 역사가 간혹 기억 속에서 사라지긴 하지만, 이 회사는 2004년 페이스북이 처음 시작되기 전까지 많은 이들이 사용하는 주된 소셜 네트워크였으며 2008년까지만 하더라도 대세를 유지했다. 심지어 초창기 마이스페이스는 오늘날의 소셜 네트워크 사용자들에게 익숙한 대부분의 기능을 가지고 있었다. 마이스페이스는 인스턴트 메시지, 항목별 광고, 동영상 재생, 노래방, 온라인 메뉴를 이용해서 쉽게 구매 가능한 '셀프 광고' 등 다양한 서비스를 내부 직원들이 직접 개발했다.

그러나 엔지니어링 자원의 한계로 인해 서비스가 자주 오류를 일으켰고 이는 사용자 경험의 훼손으로 이어졌다.[6] 게다가 외부 개발자에게는 사이트를 개방하지 않는다는 잘못된 의사 결정이 사실상 문제 해결의 통로를 원천봉쇄해 버렸다. 마이스페이스 공동 창업자 크리스 드월프(Kris DeWolfe)는 2011년 인터뷰에서 자신들의 실수를 이렇게 회상했다. "우리는 세상에 있는 모든 기능을 구현하려 하면서 이렇게 말했습니다. '그래, 우리가 직접 할 수 있는데, 왜 제3자에게 개방해야 하지? 우리는 5개에서 10개 정도의 핵심 기능을 선정해 전적으로 거기에 집중하면서, 그 밖의 모든 다른 사람들이 혁신하게 내버려 둬야 했습니다."

페이스북은 똑같은 실수를 저지르지 않았다. 마이스페이스처럼 페이스북도 처음에는 외부 혁신가들에게 폐쇄적이었다. 페이스북은 2006년 닷컴 사용자들에게 문을 개방하면서 마이스페이스의 대항마로 서서히 부상했다. 그러한 흐름이 〈그림 7.1〉에 반영되어 있다. 이 그림은 2006년에서 2007년 초까지 인터넷 사용자 비율 측면에서 두 플랫폼의 일일 평균 사용량을 보여 준다. 당시만 하더라도 여전히 마이스페이스가 왕좌를 차지하고 있었다.

2007년 5월, 페이스북이 개발자들의 앱 개발에 도움을 주기 위해 플랫폼을 개방하자 큰 변화가 시작되었다. 적극적으로 페이스북의 기능을 확장하려고 하는 파트너 생태계가 빠르게 뿌리를 내리기 시작했다.[7] 2007년 11월에 이르자 페이스북에 있는 외부 애플리케이션이 7000개에 달했다.[8] 새로운 앱 덕분에 페이스북의 매력도가 상승했음

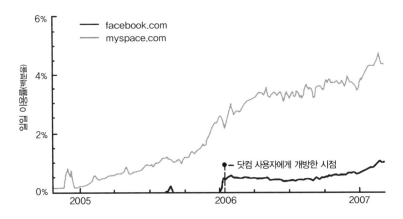

〈그림 7. 1〉 2006년에서 2007년 초까지 마이스페이스와 페이스북의 시장 점유율 비교.
© 2015, Alexa Internet(www.alexa.com)

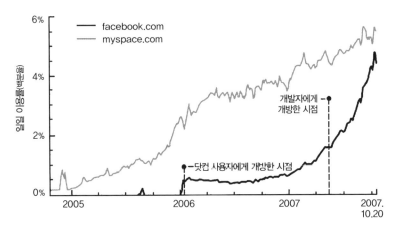

〈그림 7. 2〉 페이스북이 2007년 5월부터 개발자에게 플랫폼을 개방한 이후 빠르게 마이스페이스를
따라잡고 있다. © 2015, Alexa Internet(www.alexa.com)

을 깨달은 마이스페이스는 이에 대응해 2008년 개발자들에게 자사의 플랫폼을 개방했다. 그러나 이미 판세는 〈그림 7.2〉처럼 기운 뒤였으며, 오늘날까지 페이스북은 소셜 네트워크 세계에서 확실한 우위를 점하고 있다.

만일 마이스페이스가 더 많은 외부 개발자 커뮤니티—특히 마이스페이스가 구현하길 원했던 항목별 광고와 효과적인 스팸 필터, 사용자 친화적인 의사소통 도구 같은 특별한 기능을 개발할 수 있는 세계적인 기술을 가진 개발자들—에게 문을 열었더라면 보다 안정적인 서비스를 제공했을 것이다. 어쩌면 오늘날 마이스페이스와 페이스북이 서로 대등한 위치에서 경쟁하고 있었을지도 모른다.

언뜻 보기에는 마이스페이스의 문제점이 위키피디아와 정반대 지점에서 생긴 것처럼 보일 수 있다. 위키피디아는 지나치게 개방적이어서, 마이스페이스는 너무 폐쇄적이어서 일이 꼬인 것처럼 보일 수 있다는 얘기다. 어느 정도는 맞는 말일 수 있다. 그러나 실상은 이보다 좀 더 복잡하다. 다른 몇몇 중요한 측면들과 함께, 사실 마이스페이스의 지나친 개방성이 문제가 되었다.

예를 들어 마이스페이스의 셀프 광고 기능은 전 연령층의 플랫폼 사용자들이 포르노와 같은 각종 부적절한 콘텐츠에 접근하기 너무나 쉽게 만들었다. 이러한 콘텐츠를 통제하지 못하자 마이스페이스는 많은 사용자들로부터 호감을 잃었으며, 심지어 여러 주에서 검찰청의 조사를 받기까지 했다. 마이스페이스는 외부 앱 개발자들을 너무 늦게 받아들인 데다 콘텐츠를 적절히 걸러 내지 못하게 되면서 경쟁에서 더욱 뒤처지게 되었다.

플랫폼이 과도하게 폐쇄적인 동시에 과도하게 개방적이기는 어렵다. 그러나 마이스페이스는 그랬다.

개방과 폐쇄 사이에는 많은 선택지가 있다

플랫폼 관리자들이 결정해야 하는 개방성 수준에 대해 어떻게 이해해야 할까? 먼저 3장에서 다룬 플랫폼의 핵심 요소를 떠올려 보는 게 좋다. 여기서 우리가 설명했듯이 플랫폼은 근본적으로 생산자와 소비자가 서로 가치를 주고받는 것을 촉진하기 위해 설계된 인프라이다. 두 유형의 참여자들이 관계를 맺고 뭔가를 교환하기 위해 플랫폼을 이용한다. 일단 이들은 정보를 교환한다. 그런 다음 원할 경우 특정 형태의 화폐를 대가로 상품이나 서비스를 교환한다. 이들 참여자들이 플랫폼에 모여 핵심 상호작용에 참여하게 하는 것이 플랫폼의 가치 창출 임무에서 가장 중요한 요소이다. 때마침 다른 유형의 상호작용이 추가되면 플랫폼의 유용성이 높아지고 더 많은 참여자들이 찾아오게 된다.

이러한 기본 설계를 놓고 볼 때 플랫폼의 활력과 건전성은 플랫폼 외부에 있는 파트너들이 창출하는 가치에 달려 있다고 보는 게 맞다. 만일 플랫폼이 지나치게 폐쇄적이면 파트너들은 서로에게 도움이 되는 가치를 교환할 능력도 의지도 잃게 된다.[9]

구글의 유튜브를 생각해 보라. 높은 개방성 덕분에 상업적인 동영상에서부터 아마추어 동영상에 이르기까지, 그리고 우스꽝스러운 것에서부터 실용적이거나 정치적이거나 영감을 주는 것에 이르기까지 매우 다양한 콘텐츠를 표현할 수 있는 공간이 되었다. 이토록 다양한 사용자 제공 콘텐츠가 없었다면 유튜브는 몇몇 기업들이 제작한 동영상 자료에 의지해야 했을 것이다. 그랬다면 유튜브는 아마도 진정한 플랫폼이라기보다 온라인 스트리밍 서비스 업체인 훌루(Hulu)와 비슷한 동영상 배포 시스템으로 진화했을지도 모른다.

그러나 앞에서 언급한 위키피디아와 마이스페이스의 사례에서 볼 수 있는 것처럼 개방성은 양자택일의 영역이 아니다. 개방성의 정도와 유형에 대한 결정은 매우 첨예하고 어려운 문제다.

플랫폼 설계자와 관리자들이 개방성을 결정할 때 고민해야 할 3가지 유형의 문제가 있다.

- 관리자와 스폰서 참여에 대한 결정
- 개발자 참여에 대한 결정
- 사용자 참여에 대한 결정

각 유형에 따라 서로 다른 결과와 함의를 지닌다. 그러면 각각에 대해 살펴보자.

관리자와 스폰서의 참여 수준에 따른 4가지 모델

모든 플랫폼 뒤에는 그 구조와 운영에 대한 책임과 관련하여 두 개의 실체가 존재한다. 하나는 플랫폼을 관리하고 사용자와 직접 접촉하는 회사이고, 다른 하나는 플랫폼을 지원하고 플랫폼 기술에 대한 법적 통제권을 보유한 회사이다. 많은 경우 두 실체가 동일하다. 페이스북, 우버, 이베이, 에어비앤비, 알리바바 등과 같은 회사들은 플랫폼 관리자인 동시에 플랫폼 스폰서이다. 이런 경우 개방성에 대한 결정을 포함하여 플랫폼에 대한 모든 통제를 관리자/스폰서 회사가 전적으로 책임진다.

그러나 플랫폼 관리자와 스폰서가 다른 경우도 있다. 일반적으로 플랫폼 관리자는 생산자/소비자의 상호작용을 조직하고 통제한다. 반면, 플랫폼 스폰서는 플랫폼의 전반적인 아키텍처, 플랫폼의 기저를 이루는 지적 재산(플랫폼 운영을 제어하는 소프트웨어 코드 등), 기타 권리 할당을 주관한다. 관리자와 스폰서가 다를 때, 관리자는 플랫폼에 기여하는 외부 개발자뿐만 아니라 소비자/생산자들과 가장 밀접한 관계를 맺는다. 이런 이유로 관리자는 일상적인 플랫폼 운영에 가장 큰 영향력을 행사한다. 반면에 스폰서는 대개 플랫폼에 대해 더 큰 법적·경제적 통제권을 지니므로 장기적인 전략에 더 많은 영향력을 행사한다.

플랫폼 관리자와 플랫폼 스폰서가 단일 기업일 수도 있고, 다수의 기업들일 수도 있다. 이런 경우 통제와 개방성 문제에 더 많은 영향을 끼친다.[10]

〈그림 7.3〉은 플랫폼 관리와 스폰서십에 대한 4가지 모델을 보여준다. 첫 번째는 단일 기업이 플랫폼 관리자이자 스폰서인 모델이다. 이를 독점 모델(proprietary model)이라고 부른다. 예컨대 애플은 하드웨어, 소프트웨어, 매킨토시 운영체제와 모바일 iOS의 기술 표준을 모두 직접 통제한다.

두 번째는 플랫폼 관리자는 다수이지만 플랫폼 스폰서는 하나인 라이선싱 모델(licensing model)이다. 예를 들어 구글은 스톡(stock) 안드로이드 운영체제(구글이 제조사들에게 제공하는 가장 기본적인 안드로이드 운영체제-옮긴이)를 지원하지만, 한편으로는 다수의 하드웨어 기업들

4가지 모델		플랫폼 관리	
		단일 기업	다수 기업
플랫폼 스폰서	단일 기업	**독점 모델** 매킨토시 플레이스테이션 몬스터닷컴 페더럴 익스프레스 비자(2007년 이후)	**라이선싱 모델** 마이크로소프트 윈도 구글 안드로이드 팜 OS 아멕스 브랜드의 MBNA 카드 사이언티픽 애틀랜타 셋톱박스 퀄컴 무선 전송 표준
	다수 기업	**합작 투자 모델** 커리어빌더 오르비츠 비자(2007년 이전)	**공유 모델** 안드로이드 오픈 소스 리눅스 DVD UPC 바코드 RFID 재고 관리 표준

〈그림 7. 3〉 플랫폼 관리와 스폰서에 대한 4가지 모델. 「플랫폼 개방: 어떻게, 언제, 왜(Opening Platforms: How, When and Why)」(토머스 아이젠먼, 제프리 파커, 마셜 밴 앨스타인)에서 변경 인용.[11]

이 소비자들과 안드로이드 플랫폼을 연결해 주는 기기를 공급하도록 적극 독려한다. 삼성, 소니, LG, 모토롤라, 화웨이, 아마존을 비롯한 하드웨어 제조업체들은 구글로부터 라이선스를 받아 생산자와 소비자 간의 인터페이스를 관리한다.

세 번째는 플랫폼 관리자는 단일 기업이지만, 플랫폼 스폰서는 다수 기업인 모델이다. 이를 합작 투자 모델(joint venture model)이라고 한다. 2001년에 문을 연 오르비츠(Orbitz)는 여행 예약 플랫폼으로, 여러 주요 항공사들이 스타트업인 트레블로시티(Travelocity)와 경쟁하기 위해 합작 투자하여 세운 회사이다. 구직 플랫폼인 커리어빌더

(CareerBuilder, 원래 이름은 넷스타트NetStart)도 1995년에 3개 신문사가 합작한 구인 광고 플랫폼으로 시작했다.

네 번째는 다수 기업이 플랫폼 관리자 되고 또 다른 다수 기업이 플랫폼 스폰서가 되는 공유 모델(share model)이다. 예를 들어 오픈 소스 운영체제인 리눅스에는 다수의 스폰서와 다수의 관리자가 존재한다. 리눅스는 맥과 iOS처럼 앱 개발자와 다른 생산자들을 수백만에 이르는 소비자들과 연결하는 플랫폼 역할을 한다. 리눅스의 스폰서 기업들로 IBM, 인텔, HP, 후지츠(Fujitsu), NEC, 오라클, 삼성을 비롯한 여러 업체들이 있으며, 리눅스를 관리하는 기업들로는 티보(Tivo), 룸바(Roomba), 우분투(Ubuntu), 퀄컴(Qualcomm)을 비롯해 수십 개의 업체들이 있다.

때에 따라 비즈니스 수요와 시장 구조가 진화하면서 특정 플랫폼이 하나의 모델에서 다른 모델로 이동하기도 한다. 예를 들어 신용카드 회사인 비자를 생각해 보자. 비자는 상거래 업체와 소비자가 서로 결제 거래를 할 수 있게 해 주는 플랫폼이다. 비자는 1958년에 뱅크아메리카드(BankAmericard)라는 이름을 달고 출범했다. 뱅크오브아메리카(Bank of America)가 플랫폼 관리자이자 스폰서인 독점 모델이었다. 1970년대에 이르러 이 회사는 브랜드를 비자로 바꾸고 합작 투자회사로 변신했다. 독립적으로 운영되었지만 재정적으로는 여러 은행의 지원을 받았다. 2007년 비자는 독립 기업이 되면서 독점 모델로 돌아갔다. 이제는 외부 기관의 지원을 받지 않으며 자체적으로 재원을 조달하고 있다.

관리자와 스폰서 참여에 대한 4가지 모델은 사실상 다양한 패턴의 개방성을 보여 준다. 독점 모델은 통제권을 가장 많이 확보하면서 가장 폐쇄적인 운영체제를 가능케 한다. 애플의 맥 운영체제 관리 방식이 대표적인 예이다. 라이선싱 모델과 합작 투자 모델은 사실상 한쪽은 열려 있고 다른 쪽은 닫혀 있는 모델이지만, 리눅스로 대표되는 공유 모델은 다수의 스폰서와 다수의 관리자에게 모두 열려 있는 플랫폼을 만든다.

누가 승자이고 누가 패자인가? 네 모델 중에서 플랫폼 스폰서에게 가장 유리한 모델은 무엇인가? 플랫폼 관리자들에게 가장 좋은 모델은 무엇인가? 어떤 모델이 예측 가능하고 통제 가능한 수익을 가장 많이 창출할 수 있는가? 이와 같은 질문에 널리 적용될 수 있는 완벽한 답이 있다면 정말 좋을 것이다. 그러나 일반적인 비즈니스가 그렇듯이, 답은 '상황에 따라서'이다.

애플이 구사하여 엄청난 성공을 거둔 독점 모델은 모든 플랫폼 기업의 로망이다. 전체 시장을 장악하고 창출한 모든 수익을 실현할 수 있게 해 주기 때문이다. 논리적으로 이런 로망을 실현하려면 새로운 기술 표준을 개발하고 독점적으로 그 기술을 유지해야 한다. 불가능한 일도 아니다. 그러나 현실 세계는 다르다. 독점 모델이라고 해서 경제적 이윤이 끊임없이 창출되진 않는다.

대표적인 사례가 1970~80년대 벌어졌던 소위 VCR 전쟁이다. 당시 두 기술 플랫폼이 서로 맞붙었다. 하나는 소니가 지원하는 베타맥스(Betamax) 비디오테이프 표준이었고, 다른 하나는 JVC가 지원하는 VHS 표준이었다. 오늘날의 대부분의 플랫폼과 달리 이들 인터넷 시대 이전의 표준은 생산자와 소비자가 만나서 상호작용할 수 있는 온라인 공간을 갖고 있지 않았다. 그럼에도 다수의 생산자(주로 영화와

TV 스튜디오)들이 소비자에게 제품을 판매할 수 있게 해 주는 기술 체계를 확립했다는 점에서 플랫폼의 자격을 갖추고 있었다. 따라서 그것들 역시 오늘날 인터넷 기반 플랫폼들이 직면해야만 하는 전략적 도전과 똑같은 종류의 문제에 부딪혔다.

기술 품질의 관점에서 베타맥스 플랫폼이 조금 더 우수했다. 이미 지도 더 선명했고 녹화 시간도 길었다. 그러나 표준 전쟁의 승패는 경쟁자가 선택한 다양한 스폰서십/관리 전략에 의해 결정되었다.

소니는 독점 플랫폼 모델을 선택하여 베타맥스 표준에 대한 통제권을 유지하려 했다. 장기적으로 시장에서는 더 나은 품질을 보유한 쪽에 승산이 있을 거라고 보았던 것이다. 그러나 그런 일은 일어나지 않았다. JVC는 라이선싱 모델을 채택해 VHS 레코더와 플레이어를 생산할 수 있는 다수의 제조업체들을 참여시켰다. 생산량이 늘면서 가격이 떨어지자 소비자들은 VHS를 더 선호하게 되었다. 더 많은 제조업체가 VHS 표준을 지원하자 더 많은 소비자들이 VHS 플레이어를 보유하게 되었고, 영화사와 다른 콘텐츠 제공업체들은 베타맥스 포맷보다 VHS 포맷의 작품을 더 많이 만들었다. 이러한 피드백 고리는 VHS가 더 큰 우위를 점하도록 했다. 1980년대 중반, 제조업체들은 VHS 표준을 채택했고, 이로써 VHS가 VCR 시장을 지배하기에 이르렀다. 그러나 아이러니하게도 JVC는 표준 전쟁의 승리에서 얻은 이익이 그리 크지 않았다. VHS 표준을 원천 개발했음에도 수익이 크게 늘거나 지속적으로 이어지지 않은 것이다.

몇 년 뒤 소니는 새로운 포맷 전쟁에 휘말렸다. 이번에는 다른 결과를 맞았지만, 소니에게 장기적으로 만족할 만한 결과를 안겨 준 것은 아니었다. 2000년대 중반, 비디오테이프가 디지털 비디오 디스크

(DVD)에게 자리를 내주면서, 소니의 블루레이 고화질 비디오 표준이 도시바가 개척한 HD-DVD 표준과 맞붙었을 때였다. 소니는 베타맥스 때와 마찬가지로 독점 모델을 선택했다. 이번에는 소니가 승리했다. 게임 기기인 플레이스테이션 3를 성공적으로 시장에 내놓은 덕이 컸다. 플레이스테이션 3에 블루레이 플레이어 기능을 내장해 수백만에 이르는 소비자들이 즉석에서 영상을 즐길 수 있게 했기 때문이다.

불행히도 소니에게 이러한 승리의 기쁨은 그리 오래가지 않았다. 블루레이가 승리를 거둔 지 몇 년이 지난 오늘날 소비자들은 DVD를 떠나 스트리밍 영상으로 옮겨 가고 있다. 이는 블루레이의 승리를 더욱 무색하게 만들었다. 여기서 얻는 교훈은? 소니처럼 시장을 독점 지배하기 위한 표준 전쟁에 뛰어들기로 결정했다면 반드시 이기는 게 좋다. 그리고 가급적 빨리 이겨야 한다. 내가 지배하려고 하는 바로 그 기술이 차세대 기술 혁신에 묻히기 전에 승리를 거머쥐어야 한다.

디지털 시대 이전에 탄생한 또 다른 플랫폼인 비자의 사례는 관리 및 스폰서 모델이 부딪히게 되는 또 다른 문제를 보여 준다. 여러 대형 은행들의 지원을 받던 몇 년간, 비자는 주류 신용카드 회사로서 큰 성공을 거두었다. 그러나 시간이 흐르면서 이러한 관리 모델이 상당히 복잡하고 굼뜨다는 사실이 드러났다. 여러 기업이 플랫폼을 지원—그럼으로써 소유—하게 되자, 주요 의사 결정을 내리기 위해서는 목표와 선호도가 제각기 다른 소유자들로 구성된 위원회의 승인을 반드시 얻어야 했다. 태생적으로 효율성이 떨어지는 관리 시스템이었다. 이러한 이유로 비자 소유주들은 마침내 회사를 독립 사업체로 분리하는 데 합의했고, 비자는 경쟁에 더 기민하게 대처할 수 있게 되었다.

여러 스폰서가 의사 결정을 내리다 보면 어쩔 수 없이 기술 활용의 정교함, 간결함, 편의성에 영향을 준다. 애플의 독점 모델과 마이크로소프트의 소위 윈텔(Wintel) 표준 사이에서 벌어진 PC 전쟁의 오랜 역사는 통일된 미적·기술적 비전을 갖춘 단일 기업이 통제하는 표준이 저마다 다른 디자인 접근법을 지닌 기업 집단들의 것에 비해 얼마나 더 멋지고 직관적인 도구와 서비스를 만들어 낼 수 있는지를 잘 보여 준다. 애플은 윈텔의 생태계에 속한 그 어떤 기업보다 훨씬 더 많은 수익을 창출하면서 가치 있는 기업으로 우뚝 섰다. 물론 컴퓨터 판매와 관련한 시장 점유율은 윈텔 PC에 근접하지 못했다.

마찬가지로 애플의 아이폰은 엄격하게 통제되지 않는 구글의 안드로이드 표준을 사용하는 다른 스마트폰에 비해 더 우아하고 사용자 친화적이라고 여겨진다. 특히 오늘날 관심 있는 회사라면 누구나 실험하고 바꿔 볼 수 있는 안드로이드 오픈 소스 플랫폼(Android Open Source Platform, AOSP)을 놓고 볼 때 더욱 그러하다. AOSP는 아마존이 킨들 파이어(Kindle Fire)에서 사용하고, 중국의 샤오미(Xiaomi)가 모바일 폰에서 사용하는 플랫폼이다.

그렇다고 애플의 독점적 아이폰 전략이 구글의 좀 더 개방된 전략보다 반드시 '우수'하다고 말할 수는 없다. 사실 이것은 뭐라고 한마디로 정의하기 어려운 사안이다. 애플의 아이폰은 여전히 경쟁자인 안드로이드 스마트폰보다 미적으로 뛰어난 기기이긴 하지만, 2014년까지 다수의 스마트폰 제조업체가 이룬 오픈 이노베이션은 안드로이드에게 스마트폰 시장의 80%에 달하는 시장 점유율을 가져다주었다. 이에 비해 애플은 15%에 그쳤다.[12]

그렇다면 구글이 대승을 거둔 것인가? 꼭 그렇지는 않다. AOSP 운영체제가 구글 온라인 서비스의 사용자 트래픽을 자동으로 늘려 주진

않는다. 말인즉슨 구글이 안드로이드의 조상이긴 해도 AOSP 기기로
부터 수익을 올리거나 데이터 흐름을 얻지 못한다는 뜻이다. 이에 대
응하기 위해 구글은 방향을 선회하여 안드로이드의 문을 닫는 쪽으로
가고 있다.[13] (여기에 대한 이야기는 이번 장 뒷부분에서 다시 다룬다.)

결국 어떤 스폰서십/관리 모델을 선택할지는 플랫폼 개발 목적과
설계 목적에 따라 결정된다. 무선 주파수 식별(Radio Frequency
Identification, RFID) 기술은 재고 관리를 위해 수백만 개에 달하는 제품
에 부착할 수 있는 스마트 태그를 만드는 데 사용된다. 사실상 RFID
시스템은 소매업자들이 유통시키려는 상품과 상호작용하는 재고 관리
플랫폼이다.

RFID 플랫폼은 소매업체들로 구성된 대형 컨소시엄의 지원을 받으
며, 태그 자체는 가격과 디자인을 바탕으로 서로 경쟁 관계에 놓여 있
는 다수의 기업들이 제조하고 있다. 이렇듯 스폰서십과 관리에서 공
유 모델을 가져간다는 것은 바로 RFID 기술 자체가 어느 누구를 위해
서 엄청난 이익을 창출하지 않는다는 걸 의미한다. RFID 태그는 개당
몇 센트에 불과하다. 그러나 이는 스폰서에게도 완벽하게 들어맞는
조건이다. 스폰서의 목표가 RFID 기술을 최대한 간결하고, 접근하기
쉬우며, 저렴하게 만드는 데 있기 때문이다.

개발자의 참여 허용 범위에 따라서도 달라진다

지금까지 살펴봤듯이 플랫폼 설계와 구축은 일반적으로 핵심 상호작
용에서 시작된다. 그러나 시간이 흐르면서 대다수의 플랫폼은 사용
자들을 위한 추가 가치를 창출하고 새로운 참여자들을 끌어들이는

다른 유형의 상호작용을 일으키기 위해 확장한다. 새로운 상호작용은 플랫폼과 그것을 구성하는 인프라에 접근할 수 있는 개발자들이 만들어 낸다. 이때 개발자는 핵심 개발자(core developers), 확장 개발자(extension developers), 데이터 애그리게이터(data aggregators, 데이터를 수집해 외부에 일괄 제공하는 중간 사업자) 세 유형으로 나눌 수 있다.

핵심 개발자는 플랫폼 참가자들에게 가치를 제공하는 핵심 플랫폼 기능을 만든다. 이들은 보통 플랫폼 관리자들이 직접 고용한다. 이들의 주요 업무는 플랫폼을 사용자들의 손에 쥐어 주고 도구와 규칙을 통해 가치를 제공하여 핵심 상호작용이 쉽고 만족스럽게 이루어지도록 하는 것이다.

핵심 개발자들은 플랫폼의 기본적인 기능을 책임진다. 에어비앤비는 인프라를 제공하여 게스트와 호스트가 에어비앤비 시스템 자원을 사용하여 상호작용할 수 있게 해 준다. 여기에는 게스트가 마음에 드는 숙소를 찾고 결제 수단을 통해 거래를 체결할 수 있게 해 주는 검색 기능과 데이터 서비스가 포함되어 있다. 게다가 에어비앤비는 막후에서 게스트와 호스트의 거래 비용을 줄여 주는 기능을 수행한다. 예를 들어 에어비앤비는 기본 보험을 게스트와 호스트 양쪽에 제공한다. 이는 사고나 범죄가 발생할 경우 게스트를 보호하는 한편 무책임한 게스트로부터 호스트를 보호하기 위한 장치이다(11장에서 다루긴 하겠지만 이런 보험에도 결점은 있다). 또한 참여자의 신원을 검증하여 사용자의 행동을 평판 시스템이 제대로 측정할 수 있게 만들려고 한다. 이와 같이 시스템을 설계하고 미세 조정하며 유지 보수하고 지속적으로 개선하는 것이 에어비앤비의 핵심 개발자들이 맡고 있는 전반적인 업무 요소이다.

확장 개발자들은 플랫폼에 세부적인 기능과 가치를 더해 가며 기능을 향상시킨다. 확장 개발자들은 보통 외부 당사자들로 플랫폼 관리 회사가 직접 고용하지 않는다. 확장 개발자들은 자기들이 창출한 가치의 일부를 뽑아낼 방법을 찾아 이를 통해 이윤을 창출하려 한다. 우리에게 익숙한 확장 개발자 그룹에는 게임, 정보 도구, 생산성 도구, 활동 편의성을 높이는 앱을 생산하여 아이튠스 스토어를 통해 판매하는 개인과 기업이 있다. 플랫폼 관리자들은 반드시 확장 개발자들에게 플랫폼을 어느 수준까지 개방할 것인가 하는 문제를 정해야 한다. 이것은 시장이 진화함에 따라 재고해야 하는 매우 중대한 의사 결정 가운데 하나이다.

다수의 확장 개발자들이 에어비앤비 플랫폼의 가치를 향상시켜 왔다. 예를 들어 에어비앤비 자체 조사에 따르면 전문가 수준의 사진과 함께 게재된 숙소는 그렇지 않은 숙소보다 예비 게스트들이 두 배나 많이 조회한 것으로 드러났다. 그러자 이제는 한 확장 개발자가 고품질 사진을 제공하는 '에어비앤비 사진 서비스'를 만들어 호스트의 숙소가 잘나갈 수 있게 돕는다.

확장 개발자 필로우(Pillow, 예전에는 에어앤비Airenvy로 알려짐)는 에어비앤비에서 호스트들이 간편하게 자기 집을 올리고, 게스트 체크인을 하며, 청소와 세탁 서비스 문제를 쉽게 해결할 수 있는 도구를 제공한다. 어반 벨홉(Urban Bellhop)과 게스트홉(Guesthop)을 비롯한 다른 개발자들은 식당 예약과 아이 돌보미 같은 서비스로 게스트들이 마음 편히 여행을 즐길 수 있도록 돕는다. 이같이 외부 업체들의 도움을 받는 한 에어비앤비 호스트는 거의 정식 호텔에 필적하는 서비스를 제공할 수 있게 된다.

이렇게 플랫폼의 기능을 확장하려면 에어비앤비는 반드시 확장 개발자들에게 자신들의 비즈니스를 개방해야 한다. 그러나 어디까지 얼마나 개방할지를 결정하는 것이 에어비앤비로서는 어려운 문제이다. 만일 플랫폼이 너무 폐쇄적이면—확장 개발자들이 자신들이 개발한 것을 사이트에서 팔기가 지나치게 어려우면—플랫폼 사용자들에게 소중한 부가 서비스를 제공할 기회를 잃게 될 것이다. 어쩌면 그런 과정에서 참여자들을 소외시킬 수도 있다. 그러나 플랫폼이 지나치게 개방적이면—확장 개발자들이 사이트에 출현하기 너무 쉽다면—저급한 서비스 제공자들이 플랫폼에 등장하여 에어비앤비의 평판은 물론 다른 개발자들의 평판까지 깎아내릴 것이다. 게다가 과도한 개방성은 동종의 서비스 제공자들을 지나치게 많이 끌어들일 수 있고, 그렇게 되면 한 제공업체가 벌어들이는 수익이 줄어들게 되어 에어비앤비 사용자들의 요구에 맞춰 서비스를 개선하거나 바꾸는 데 따르는 인센티브가 줄어들 것이다.

확장 개발자들에게 높은 수준의 개방성을 허용하는 플랫폼 기업들은 보통 응용 프로그래밍 인터페이스(API)를 제공한다. API는 플랫폼 관리자가 시스템의 오픈 액세스를 관리하는 데 사용할 수 있는 기준점 가운데 하나다. API는 소프트웨어 응용프로그램 개발을 위해 표준화된 절차와 방법, 규약, 도구를 말하며, 외부 개발자들이 플랫폼 인프라와 깔끔하게 연결되는 프로그램을 코딩하기 쉽게 만들어 준다.

현재 에어비앤비는 API를 개발해 왔지만 플랫폼과 연결되기 원하는 모든 개발자들이 사용할 수 있지는 않다. 이는 에어비앤비 플랫폼 관리자가 개발자 참여 측면에서 중간 지점에 위치하고 있음을 암시한다.

일부 기업들은 확장 개발자들을 상대로 높은 장벽을 세워서 플랫폼 콘텐츠의 품질을 보호하려 할 뿐 아니라 플랫폼이 생성하는 수익의 흐름을 통제하려고 한다. 우리는 이미 마이스페이스가 이러한 전략을 세웠다가 어떻게 역습을 당했는지 살펴봤다. 오늘날 인기 커피 메이커 큐리그(Keurig)도 비슷한 운명에 처한 듯하다. 큐리그는 따뜻한 음료를 만드는 플랫폼이라는 관점에서 살펴볼 수 있다. 큐리그에 대한 사례는 8장에서 자세히 다루겠다.

영국의 일간지 『가디언』은 정반대의 길을 걸었다. 이 신문사의 웹사이트는 전 세계적으로 상당한 독자 수를 자랑했으며, 언제나 독자들에게 문이 활짝 열려 있어서 신문사 직원이 작성하고 편집한 기사를 무료로 읽을 수 있었다. 그러나 이전에 『가디언』 사이트는 확장 개발자들에게 폐쇄적이었다. 『가디언』의 방대한 정보와 아이디어의 가치는 물론 신문사 웹사이트를 오픈 플랫폼으로 전환할 경우 얻게 될 잠재적 이익을 알아본 경영진들은 여러 달에 걸쳐 토론하고 분석하면서 전략을 짰다. 오픈 플랫폼으로 갈 경우 예상되는 위험과 보상을 검토한 경영진은 외부에서 더 많은 데이터와 애플리케이션을 끌어들여 웹사이트를 개방하는 '오픈 인(open in)', 그리고 파트너들이 『가디언』의 콘텐츠와 서비스를 이용하여 만든 상품을 다른 디지털 플랫폼에 올릴 수 있게 하는 방식인 '오픈 아웃(open out)' 전략을 동시에 구사하기로 결정했다.

'오픈 아웃'을 위해서 『가디언』은 일련의 API를 개발하여 외부 제휴 회사가 쉽게 자사의 콘텐츠를 사용할 수 있게 했다. 이러한 인터페이스는 세 가지 수준의 다른 접근을 허용하게 한다. 가장 낮은 수준의 접근은 무열쇠(Keyless) 단계로 누구나 『가디언』의 헤드라인, 메타데이터, 정보 아키텍처(즉 『가디언』의 데이터 구조를 구성하는 소프트웨어와 설계 요소로서 데이터 접근과 분석, 사용이 더 쉬움)를 따로 승인을 요청하지 않고, 또『가디언』의 데이터를 이용하여 얻은 수익을 나누지 않고도 사용할 수 있다. 두 번째 수준의 접근은 승인(Approved) 단계로, 등록된 개발자들이 특정 시간과 사용 제한 범위 안에서『가디언』전체 기사를 재발행할 수 있다. 광고 수익은 신문사와 개발자가 나눠 가진다. 세 번째이자 가장 높은 수준의 접근은 맞춤(Bespoke) 단계로, 『가디언』의 콘텐츠를 무제한으로 사용할 수 있는 맞춤형 지원 패키지이다. 단 수수료가 있다.

『가디언』의 새로운 오픈 플랫폼 모델에 근거하여 공개된 초기 결과물에는 수백만 건에 달하는 기사에 대한 접근성을 제공하는 '콘텐츠 API', 선거 결과와 후보에 대한 정보를 제공하는 '정치 API', 사형 제도에서부터 텔레비전 SF 드라마 주인공 '닥터 후(Doctor Who)'의 모든 시간 여행을 묘사한 형형색색의 그래프에 이르기까지 다양한 국가별 법과 관습에 관한 데이터 세트(data set)와 시각화에 대한 접근을 제공하는 '데이터 스토어', 그리고 시스템을 통해 실험하기 쉽고 애플리케이션 구축을 편리하게 하기 위한 목적으로 앱 개발을 용이하게 해 주는 '앱 프레임워크'가 포함되어 있다.『가디언』이 이렇게 플랫폼을 개방하고 첫 12개월간 가입한 확장 개발자가 2000명을 넘었다.

확장 개발자들을 끌어들인 API의 위력과 개발자들이 창출한 가치는 어마어마하다. 전통적인 대형 소매 기업인 월마트와 온라인 플랫폼 아마존이 이룩한 재무 성과를 비교해 보라. 아마존은 33개에 달하는 오픈 API뿐만 아니라 300개 이상의 API '매시업'(mashups, 즉 두 개 이상의 API를 조합한 것)을 보유하고 있으며, 이 API들은 전자 상거래, 클라우드 컴퓨팅, 메시징, 검색 엔진 최적화, 지급 결제 등을 가능하게 해 준다. 반대로 월마트는 단 한 개의 API, 즉 전자 상거래 도구만 보유하고 있다.[14] 이러한 격차로 인해 아마존의 주식 시장 시가 총액이 2015년 6월 처음으로 월마트를 추월했다. 이는 월가에서 아마존의 미래 성장 전망을 매우 긍정적으로 보고 있음을 말해 준다.[15]

다른 플랫폼 기업들도 API를 통해서 비슷한 이익을 보고 있다. 클라우드 컴퓨팅 및 컴퓨터 서비스 제공 플랫폼인 세일즈포스(Salesforce)는 API를 통해서 거두는 수익이 50%를 차지하며, 여행 플랫폼 익스피디아(Expedia)는 90%에 달한다.[16]

플랫폼에서 상호작용에 가치를 더하는 세 번째 범주에 속한 개발자들은 데이터 애그리게이터들이다. 데이터 애그리게이터들은 다양한 정보원으로부터 얻은 데이터를 가지고 플랫폼의 매칭 기능을 향상시킨다. 데이터 애그리게이터들은 플랫폼 관리자로부터 허가를 얻어 플랫폼 사용자들과 이들이 참여한 상호작용에 대한 데이터를 모조리 '빨아들인다.' 그리고 대개 이런 데이터들을 광고 삽입을 목적으로 사들이는 다른 기업들에게 재판매하기도 한다. 이렇게 해서 창출된 수익 일부는 데이터를 제공한 플랫폼과 나눠 가진다.

데이터 애그리게이터들이 제공한 서비스가 잘 설계되어 있으면 사용자들이 흥미를 가질 만하고 잠재적으로 가치를 더할 수 있을 것 같은 상품과 서비스를 제공하는 생산자를 플랫폼 사용자들과 연결해 줄 수 있다. 예를 들어 페이스북 사용자가 프랑스로 휴가를 떠날 계획을 포스팅하면, 데이터 애그리게이터는 그 데이터를 다른 광고 에이전시에 팔 것이고, 이 광고 에이전시는 파리에 있는 호텔, 투어 가이드, 할인 항공권 및 기타 관심을 가질 만한 메시지들을 생성할 것이다.

지금은 온라인 플랫폼과 오프라인 플랫폼에 있는 매우 다양한 유형의 기업들이 데이터 애그리게이션(data aggregation)을 수행한다. 데이터 애그리게이션이 잘 되면 소비자들은 그 결과물이 자연스럽다고 느낄 것이며 심지어 "내가 주방에서 쓰고 싶은 타일이 딱 저런 톤의 푸른색이라는 것을 어떻게 알았을까!"라며 기뻐한다. 그러나 서툰 경우―대부분이 이런 경우인데―사람들이 사생활을 침해받는다고 여기거나 때에 따라 아주 불쾌해할 수 있다.

저널리스트 찰스 두히그(Charles Duhigg)가 『뉴욕 타임스』에 기술한 이야기―출처가 불분명한 이야기―가 있다. 10대 딸을 둔 어떤 아버지가 대형 마트 타깃(Target)에 돌진해서 왜 자기 딸이 아기 용품 할인 쿠폰을 받았느냐고 화를 내며 따졌다고 한다. "아니 제 딸이 임신하기라도 바라는 거요?" 아버지가 이렇게 물었고, 상점 매니저가 사과했다. 그러나 그 매니저가 며칠 뒤 가족에게 전화해서 해당 문제에 대해 의논하려 하자, 그 아버지가 당황해하면서 미안한 목소리로 이렇게 말했다고 한다. "딸애하고 얘기했는데, 8월에 출산 예정이라는군요."

타깃은 어떻게 그 소녀의 가족보다도 먼저 임신 사실을 '알고' 있었던 것일까? 두히그는 타깃의 고객 행동 분석 시스템이 고객의 미래 요구와 구매 행위를 예측하려 했던 것이라 설명했다. 따라서 (가상의) 여성 고객이 어떤 지역에 있는 타깃을 방문해서 코코아 버터 로션과 기저귀를 넣을 만한 가방, 아연과 마그네슘 보충제, 밝은 파랑색의 깔개를 구입하면, 타깃의 알고리즘은 그 여성 고객이 임신했을 확률이 83%라고 계산한다는 것이다. 그리고 아기 옷 할인 쿠폰을 발행하라는 신호가 떨어진다.[17]

너무나 뻔하지만 데이터 접근을 허용하는 플랫폼 기업들은 이와 같은 데이터 애그리게이션 시스템에 대해서 거의 언급하지 않고 있다. 어느 수준까지 개인의 행동이 모니터링 되고 있는지 고객이 알게 되면 불쾌해할 것이기 때문이다. 플랫폼 기업들에게 데이터 애그리게이션이 수익원에서 차지하는 비중이 커지자, 이에 대한 적절한 관리가 윤리적·법적인 문제이자 비즈니스적인 도전 과제로 받아들여지고 있다. 이 문제에 대해서는 플랫폼 거버넌스와 규제에 관한 8장과 11장에서 더 자세히 다루겠다.

무엇을 열어 놓고 무엇을 소유할 것인가

우리가 살펴봤듯이 플랫폼 사용자들에게 중요한 혁신은 여러 곳에서 나올 수 있다. 어떤 혁신은 핵심 개발자들에 의해 이뤄지며 플랫폼 기업이 직접 해당 가치를 소유하고 통제한다. 또 어떤 혁신은 확장 개발자에 의해 이뤄지고 외부 기업이 소유하고 통제한다. 그렇다면 의문점이 생길 것이다. 그럼 외부 개발자의 힘이 언제 플랫폼 개발자들에게 위협이 될까? 그리고 그런 일이 벌어지면 플랫폼 관리자는 어떻게 대응해야 하는가?

이 질문에 대한 답은 특정 확장 앱이 만들어 내는 가치의 양에 달려 있다. 플랫폼 관리자라면 자신의 플랫폼 사용자들이 누리는 가치의 주된 원천을 외부 기업의 통제 아래 두고 싶지 않을 것이다. 이런 경우 플랫폼 회사는 가치를 창출하는 앱을 통제하기 위해 손을 쓴다. 대부분 해당 앱이나 그 앱을 개발한 회사를 인수해서 이 상황을 타개한다. 반면에 확장 앱이 창출하는 부가 가치가 그리 크지 않다면 안심해도 된다. 이때는 외부 개발자가 앱을 통제하도록 놔두는 게 오히려 효율적인 경우가 많다.

예를 들어 애플이 모바일 폰 운영체제와 관련하여 오너십과 통제에 대해 어떤 의사 결정을 내렸는지 생각해 보라. 애플은 음악 플레이어와 카메라, 음성 녹음기와 같은 아이폰에 내장되어 있는 대부분의 애플리케이션들을 소유하는 데 신중하게 대처해 왔다. 애플은 아이폰의 '가상의 개인 비서'인 시리(siri) 기술을 개발한 회사인 SRI 인터내셔널(SRI International)을 인수했다.[18] 시리의 모든 기능이 아이폰에게 부가 가치가 매우 높았으며 아이폰 판매 시장에서 큰 영향을 주는 요인들이었다. 바로 그런 이유로 애플은 이런 기술을 소유하고 통제하는 데 적극적이었다.

반대로 유튜브는 동영상 배포와 재생 기술을 소유하는 반면, 유튜브에 올라오는 수백만 개에 달하는 동영상 클립에 대한 통제를 전적으로 동영상을 올린 개인과 기관의 손에 맡겨 놓는다. 어떤 이는 '강남 스타일'과 같이 세계적으로 크게 인기를 끈 뮤직 비디오 덕분에 유튜브가 소비자들에게 엄청나게 큰 부가 가치를 가져다줬을 것이라고 추정할 것이다. 그러나 그러한 가치는 금방 사라지며(올해의 인기 동영상은 내년의 인기 동영상으로 빠르게 대체된다) 유튜브 동영상 콘텐츠의 전체 가치에서 차지하는 비중이 극히 미미하다. 이런 경우 플랫폼 소유자는 각각의 가치 요소들을 소유하거나 통제할 필요가 없다.

확장 앱이 플랫폼 관리자들의 경제적 역량에 위협을 가져올지 판단할 때 고려해야 할 두 가지 원칙이 있다.

첫째, 만일 어떤 앱이 강력한 플랫폼이 될 가능성이 내재되어 있다면, 해당 앱을 호스팅하는 플랫폼 관리자는 그 앱을 소유할 방법을 찾아야 한다. 아니면 플랫폼이 직접 통제할 수 있는 앱으로 해당 앱을 대체해야 한다.

2012년 구글 맵(Goole Maps)은 주로 모바일 폰 사용자들에게 제공되는 지도 서비스이자 위치 데이터 정보원으로, 애플의 아이폰에서도 인기 있는 앱이었다. 그러나 점점 더 많은 소비자들이 모바일 기기에서 활동하게 되고 소비자들의 활동이 위치 데이터와 더 많이 연계되자, 애플은 구글 맵이 장기적으로 자사의 모바일 플랫폼 수익성에 큰 위협이 될 것임을 깨달았다. 실제로 구글이 매핑 기술을 기반으로 별도의 플랫폼으로 만들어 고객의 접속 정보와 지리 데이터를 상인에게 제공할 수 있었고, 그렇게 되면 애플의 잠재적인 수익원이 다른 곳으로 흘러갈 수 있었다.

구글 맵과 경쟁할 수 있는 지도 앱을 자체 제작하기로 한 애플의 의사 결정은 허술하게 설계된 초창기 지도 서비스 때문에 공개적으로 망신을 당했음에도 불구하고 전략적으로는 매우 합당해 보였다. 애플이 새로 제작한 앱은 탁아 시설을 공항으로, 도시를 병원으로 잘못 분류하였으며, 수면에 도로 표시를 했고, 심지어 방심한 여행객들을 원래 목적지에서 70킬로미터 떨어져 있는 호주의 한 사막에 오도 가도 못하게 했다. 아이폰 사용자들은 불만을 터뜨리기 시작했고, 언론은 애플의 실수를 신나게 비꼬았으며, 애플의 CEO 팀 쿡(Tim Cook)은 공개 사과문을 발표해야 했다.[19] 애플은 악평을 있는 그대로 인정했고 사람들이 받아들일 정도의 품질 수준으로 지도 서비스를 빨리 개선하겠다고 밝혔다. 그리고 결국 그렇게 했다. 아이폰 플랫폼은 더 이상 구글 맵 기술에 의존하지 않으며, 애플은 중요한 가치의 보고인 지도 애플리케이션에 대한 통제권을 소유하고 있다.

둘째, 특정 기능이 다수의 확장 개발자들에 의해 새롭게 재창조되고 있으면서 이것이 플랫폼 사용자들로부터 널리 용인되고 있다면, 플랫폼 관리자는 해당 기능을 획득한 다음 오픈 API로 제공해야 한다. 동영상이나 오디오 재생, 사진 편집, 텍스트 복사해서 붙이기, 음성 명령과 같이 널리 유용하게 사용되는 기능들을 확장 개발자들이 만드는 경우가 많다. 이러한 기능의 중요성을 인식한 플랫폼 관리자들은 그 기능을 표준화하고 모든 개발자가 사용할 수 있는 API에 편입시켰다. 이로써 혁신의 속도가 빨라지고 플랫폼을 사용하는 모든 이들을 위한 서비스가 향상되었다.

선한 의도가 반드시 좋은 결과를 낳는 것은 아니다

플랫폼 관리자가 통제해야 할 세 번째 유형의 개방성은 사용자 참여, 특히 생산자 개방성(producer openness)이다. 생산자 개방성은 자유롭게 콘텐츠를 플랫폼에 추가할 수 있는 권리이다. 명심할 것은 대다수의 플랫폼이 사이드 전환이 쉽게끔 설계되어 있다는 사실이다. 곧 소비자가 생산자로, 생산자가 소비자로 쉽게 전환될 수 있다는 말이다. 따라서 플랫폼의 가치 단위를 소비하는 동일한 개별 사용자가 다른 사람들이 소비하는 가치 단위를 만들기도 한다. 유튜브 사용자들은 다른 사람들의 동영상을 시청하면서 동시에 자기 동영상을 업로드할 수 있다. 에어비앤비의 게스트는 동시에 호스트가 될 수 있다. 엣시(Etsy) 고객은 자기가 만든 공예품을 사이트에서 팔 수 있다.

이러한 사용자들에게 플랫폼을 개방하는 것은 최대한 높은 품질의 콘텐츠를 생산하고 제공하기 쉽게 하기 위함이다. 물론 고품질의 콘텐츠 개발이라는 목적 때문에 대부분의 플랫폼이 사용자 참여를 관리하려는 전략 차원에서 플랫폼을 완전히 개방하지 않는다.

처음에 서비스를 시작했을 때 위키피디아는 완전히 개방적인 환경을 조성하길 바랐다. 품질 관리는 전적으로 플랫폼 사용자들에게 맡긴 채 그들이 스스로 사이트의 콘텐츠를 감시하고 오류를 수정하고 편견을 바로잡길 원했던 것이다.

이러한 열망은 모든 위키피디아 사용자들의 선한 의도를 상정하는 유토피아적인 비전이었다. 아니면 거기서 한 발 양보하여 위키피디아가 각양각색의, 때로는 서로 다른 이해관계와 동기 부여, 태도 사이에 균형을 이뤄 가며, 전체 커뮤니티의 지식이 결집된 콘텐츠를 만들 수 있게 될 거라고 기대했다. 이것은 마치 시장의 '보이지 않는 손'에 의해 자기 이익을 우선시하는 수많은 참여자 간의 상호작용을 통해 이익이 극대화될 것이라고 내다본 자본주의 이론과 같았다.

그러나 현실은 민주주의도―자유 시장처럼― 엉망일 수 있음을 가르쳐 준다. 특히 지나친 열정과 당파성이 개입되어 있을 때 더욱 엉망진창이 될 수 있다는 사실을 여실히 드러낸다. 그런 이유로 우리는 이번 장을 시작하면서 메러디스 커처의 죽음에 대한 기사에 얽힌 에피소드를 언급했다. '메러디스 커처 사건'에 대한 페이지는 어맨다 녹스를 '증오하는 사람들'에 의해 점령되다시피 했다. 이들은 해당 페이지에서 어맨다 녹스의 유죄를 주장하려 했고, 거기에 대해 어떤 반대 의견이라도 나타날 조짐이 보이면 그것을 없애 버릴 만반의 태세를 갖추고 있었다.

위키피디아를 논쟁의 소용돌이에 빠뜨린 유일한 사건이 커처 살인 사건만 있는 것은 아니었다. 오히려 그 반대였다. 위키피디아에 보면

'위키피디아: 논쟁 목록(Wikipedia : List of controversial issues)'이라는 제목의 항목이 있다. 여기에는 '끊임없이 주기적으로 재편집되거나, 그렇지 않으면 편집 전쟁이나 기사 제재에 초점을 둔 800개 이상의 항목이 정리되어 있다. '정치와 경제', '역사', '과학, 생물학, 의료', '철학', '미디어와 문화'라는 주제 아래 '무정부주의', '인종 학살 부정', '월가를 점령하라', '아폴로 호의 달 착륙이 거짓말이라는 주장', 힌두교의 한 종파인 '하레 크리슈나', '지압 요법', '올랜도 시월드 테마 공원', '디스코 음악' 등 다양한 항목이 목록에 있다.

교묘한 큐레이션을 통한 개방성 제한 자기들의 목적을 달성하기 위해 콘텐츠를 조작하기로 마음먹은 사람들이 있는데도, 위키피디아는 어떻게 품질 수준에 대해 높은 기준을 세울 수 있을까? 이런 일은 결코 쉽지 않다. 플랫폼 관리자들은 주로 커뮤니티 규범과 사회적 압력을 이용하려고 많은 노력을 기울이고 있다. 가이드라인은 '위키피디아: 다섯 원칙(Wikipedia : five pillars)'과 같은 기사에 명시되어 있다. 위키피디아의 '근본 원칙' 가운데 하나가 다음과 같이 설명되어 있다.

위키피디아는 '중립적 관점'에서 작성된다. 우리는 주요 관점을 기록하고 설명하여 공정한 어조로 사안의 중요성을 감안해 적절한 비중을 실어 주려고 노력한다. 우리는 어느 한쪽의 입장을 옹호하려고 하지 않으며, 어떤 사안과 정보에 대해 논쟁하기보다는 그 특징을 제공한다. 어떤 분야에는 매우 잘 알려진 관점 하나만 있을 수 있으며, 또 어떤 분야에는 여러 관점을 기술하여, 각각의 관점에 대해 '진실'이나 '최상의 관점'을 제시하기보다는 각각의 관점을 정확하고 맥락에 비추어 보여 주려 한다. 모든 항목들은 반드시 검증이 가능한 정확성, 신뢰할 만한 인용, 권위 있는 정보원을 갖추려고 노력해야 하며, 특히 해당 주제가 논쟁적이거나 현재 생존해 있는 인물에 관한 것이라면 더욱 신중해야 한다. 편집자의 개인적 경험과 해석, 또는 의견을 드러내서는 안 된다.

그러나 커뮤니티의 압력만으로 충분치 않을 때가 있다. 특정 항목이 편견이나 부정직한 내용에 의해 반복적으로 품질이 떨어지면 위키피디아는 신뢰성을 보호하기 위해 다른 방법과 도구를 사용해야 한다. 이러한 도구에 반달프루프(VandalProof)가 있다. 반달프루프는 위키피디아를 위해 특별히 개발된 소프트웨어 프로그램으로 출처가 불확실한 내용을 반복적으로 작성하는 사용자들이 편집하는 항목들을 표시해 준다. 또 태깅 도구들은 문제가 있을 만한 항목을 표시해 주어 다른 편집자가 검토하고, 필요하면 수정할 수 있게 해 준다. 이외에도 위키피디아 커뮤니티에서 폭넓은 합의를 통해 특별한 권한을 얻은 사용자들만이 쓸 수 있는 차단 및 보호 장치가 있다.

이렇게 위키피디아 콘텐츠의 품질 확보를 위해 자체적으로 조직된 복잡하고 규모가 큰 일련의 연동 시스템은 큐레이션의 한 형태이기도 하다. 큐레이션은 매우 중요한 콘텐츠 보호 프로세스로 반드시 세밀하게 조정하여 생산자에게 어느 수준까지 개방할지, 또 어떤 유형의 개방을 허용할지를 정해야 한다.

큐레이션은 보통 플랫폼의 중요한 접근 지점에서 선별 검사와 피드백의 형태를 취한다. 선별 검사는 누구를 들여보낼지를 결정하지만, 피드백은 일단 진입이 허용된 이들을 대상으로 바람직한 행동을 촉진한다. 사용자의 평판은 온오프라인 플랫폼에서 수행한 과거 행동에 따라 형성되는데, 일반적으로 큐레이션의 요체이다. 즉 다른 커뮤니티 회원들로부터 긍정적인 평가를 받은 사용자는 선별 검사 과정에서 통과할 가능성이 높아지며, 평판이 나쁜 사용자들에 비해 더 호의적인 피드백을 받기 쉽다.

큐레이션은 실제 인간 게이트키퍼를 통해 관리되기도 한다. 인간 게이트키퍼란 직접 사용자를 선별하고 콘텐츠를 편집하며 품질을 향상시키기 위한 피드백을 제공하는 사람들이다. 블로그와 온라인 잡지 같은 미디어 플랫폼은 이런 종류의 시스템을 자주 사용한다. 그러나 플랫폼 기업으로서 사람을 고용하여 훈련시키고 임금을 주는 데에는 시간과 비용이 많이 든다. 더 좋은 시스템은—비록 설계하고 실행하는 것이 쉽진 않지만—사용자들이 직접 플랫폼을 관리하고 소프트웨어 도구를 통해 신속하게 피드백을 수집 통합하며 이를 큐레이션 결정에 적용하는 것이다.

앞에서 살펴봤듯이 소프트웨어를 가지고 하는 사용자 주도 큐레이션은 위키피디아가 사용하는 방법이다. 마찬가지로 페이스북도 혐오 발언, 괴롭힘, 불쾌한 이미지, 협박과 같은 불쾌한 콘텐츠를 사용자가 직접 표시하게 한다. 우버와 에어비앤비 같은 서비스 플랫폼은 사용자 등급을 플랫폼의 다른 소프트웨어 도구에 통합시켜 소비자와 생산자들이 제대로 알고 누구와 상호작용을 해야 하는지를 결정할 수 있게 해 준다.

모든 큐레이션 시스템이 완벽하지는 않다. 큐레이션 도구가 지나치게 개방적이면 잠재적으로 불쾌하거나 위험하기까지 한 콘텐츠가 유입될 수 있다. 그렇다고 지나치게 엄격하면 가치 있는 사용자와 적절한 콘텐츠가 선별 검사 과정에서 걸러지거나 아예 차단될 수도 있다.

이를테면 포르노 유입을 막기 위한 목적을 가진 소셜 네트워크 알고리즘이 유방암 인식과 같은 교육적인 콘텐츠까지 차단하기도 한다. 플랫폼 관리자는 상당한 시간과 자원—또 직접 보고 들은 정보를 토대로 내린 판단을 비롯해—을 투입하여 끊임없이 개방과 폐쇄 사이에 있는 플랫폼의 경계를 모니터링해야 한다. 그럼으로써 플랫폼이 적정한 경계 수준을 유지할 수 있도록 노력해야 한다.

유사 플랫폼끼리는 개방 수준 차별화로도 경쟁할 수 있다

비슷한 시장에서 운영되는 플랫폼들은 개방성의 수준과 종류를 달리하여 다른 플랫폼과 차별화할 수 있다. 개방성에 변화를 주게 되면 전혀 다른 유형의 참여자들을 끌어들여 전혀 다른 생태계 문화를 조성할 것이며, 궁극적으로 전혀 다른 비즈니스 모델을 만들어 낼 수도 있다.

앞에서 살펴봤듯이 개방의 수준이 매우 다른 대표적인 두 개의 플랫폼이 1980년대와 1990년대 애플의 맥 운영체제/하드웨어 조합과 마이크로소프트의 윈도 운영체제이다. 일부 비평가들은 윈도가 폐쇄형 시스템인 반면 애플은 좀 더 개방적인 시스템이라고 말하지만, 애플은 확장 개발자들로부터 상대적으로 높은 금액인 1만 달러를 받고 소프트웨어 개발 키트(SDK, Software Development Kit)를 제공하기로 결정함으로써 매우 협소하고 선별된 외부 소프트웨어 개발자 풀을 확보했다. 반대로 마이크로소프트는 개발자들에게 거의 무료로 SDK를 배포하여 나중에 엄청나게 큰 개발자 풀을 조성했다.

한편 IBM이 하드웨어 표준에 대한 통제력을 상실한 것은 어느 정도 모든 제조업체가 PC 시장에 진출할 수 있도록 허용한 규제 완화

조치 때문이었다. 이로 인해 비용이 급격히 낮아졌다. 폭넓은 개발자 풀과 저렴한 하드웨어 조합은 소비자들에게 매력적으로 다가갔다. 그리고 이른바 윈텔 플랫폼이 거의 20년간 시장을 지배했다. 한편 애플의 폐쇄적인 시스템이 차지하던 점유율도 꾸준히 줄어들었다. 이 경우엔 개방적인 행로가 폐쇄적인 행로보다 훨씬 성공적인 것처럼 보였다.

가장 최근에는 우리가 언급했던 구글과 애플이 모바일 플랫폼에 대하여 개방 수준을 서로 다르게 가져가기로 결정했다. 구글은 오픈 소스 버전의 안드로이드 개발을 허용했다. 이로써 제조업체들은 자유롭게 안드로이드 오픈 소스를 이용할 수 있게 되었다. 반면에 애플은 독점적인 iOS 운영체제를 지원했으며 하드웨어에 대한 통제권을 엄격하게 가져감으로써 애플 자신이 유일한 기기 제공자이자 유일한 시스템 관리자가 되었다.

처음에는 이러한 양상이 마이크로소프트와 애플의 PC 운영체제 대결을 재현하는 것처럼 보였다. 그러나 애플이 구글보다 훨씬 폐쇄적이었음에도 불구하고—예컨대 애플은 핵심 기기 제조 기능을 다른 기업에게 개방하지 않고 스스로 완벽히 통제하고 있다—애플은 이전 기술 세대보다 훨씬 개방적인 자세를 취하고 있다. 개발자들이 참여하고 싶을 정도의 수준으로 시스템을 개방한 애플은 현재 그들에게 강력한 개발자 툴킷을 제공하며 아이튠스 스토어를 통해 애플의 사용자 기반에 접근하는 것을 허용하고 있다. 그 결과 다양한 앱이 나타났다.

한편 구글은 애플의 후발 주자로서 더 많이 개방할 필요가 있었다. 그 결과 AOSP가 빠르게 성장하여 구글의 통제권을 벗어나게 되었다. 이로 인해 구글은 다양한 메커니즘을 이용해 플랫폼에 대한 접근을 제한해야 했다. 기본 운영체제가 누구에게나 무료였기 때문에 구글은 쉽게 AOSP를 닫을 수 없었다. 그러나 핵심 기능에 대한 통제력을 행사함으로써 원하는 목표를 이룰 수 있었다. 저널리스트 론 아마데오(Ron Amadeo)는 구글이 검색, 음악, 캘린더, 키보드, 카메라와 같은 기능을 제공하는 안드로이드 애플리케이션에 대해서는 폐쇄적이면서도, 모바일 기기를 위한 개방형 소프트웨어와 하드웨어 표준을 개발하고 관리하는 이른바 개방형 휴대전화 동맹에 휴대폰 제조업체들을 가입시키는 데에는 얼마나 열을 올렸는지 기술했다. 아마데오는 확장 개발자들을 위한 AOSP를 폐쇄하기로 한 구글의 움직임이 끼친 파급 효과를 다음과 같이 설명한다.

> 만약 구글 API를 사용해서 만든 앱을 킨들에서 실행시키거나 다른 비(非)구글 버전의 AOSP에서 실행시키려 하면 깜짝 놀랄 것이다! 개발한 앱이 깨질 테니까. 구글 안드로이드는 안드로이드 시장에서 매우 높은 점유율을 차지하고 있고, 개발자들은 그저 앱을 쉽게 만들고 잘 돌아가게 해서 더 많은 사용자들을 확보하는 데에만 관심이 있다. 구글 API가 이 모든 것을 가능하게 했으나 그에 따른 부작용으로 이제 여러분의 앱은 구글 앱 라이선스를 보유한 기기에서만 돌아간다.[20]

구글은 AOSP를 위한 공식 앱스토어인 구글 플레이(Google Play)에 접근하기 위한 라이선스를 요구함으로써 기반 기술은 오픈 소스이지만 플랫폼에 대한 접근을 통제할 수 있다. 이런 식으로 구글은 잠재적인 경쟁 상대를 견제할 뿐 아니라 사용자와 개발자들을 위해 좀 더 질서 있는 기술 환경을 제공한다.

이러한 사례들은 개방성의 결정에 영향을 주는 복잡한 경쟁 요소들을 생생히 보여 준다. 또한 플랫폼 스폰서와 관리자들이 플랫폼을 타당하고 활력 있게 만들면서 더 많은 사용자 층으로부터 가치를 인정받기 위해 끊임없이 균형을 잡아 가야 한다는 사실을 여실히 드러낸다.

단계적인 개방에 따른 장점과 단점

우리가 살펴봤듯이 시간 흐름에 따라 개방을 촉진하면서 플랫폼을 확장할 수 있으며 더 강력한 네트워크 효과를 만들어 낼 수 있다. 드물게는 안드로이드의 경우처럼 시간 흐름에 따라 더 폐쇄적이 될 수도 있다.

더 개방할지 더 폐쇄할지는 처음에 독점적 플랫폼으로 설계되었는지, 아니면 공유 플랫폼으로 설계되었는지에 따라 달라진다. 단일 기업이 지원하고 관리하며 완벽하게 통제하는 독점적 플랫폼은 자연스레 조금씩 더 개방하게 된다. 반대로 완전히 열려 있는 공유 플랫폼(예컨대 리눅스)은 더 폐쇄적이 될 수밖에 없다.

플랫폼의 출시를 다룬 5장에서 이야기했듯이, 신생 플랫폼은 사실상 모든 프로세스를 내부에서만 실행시킨다. 이유는 단순하다. 선뜻 필요한 시간과 노력을 투자하려는 파트너가 없기 때문이다. 이런 경우 반드시 직원들이 콘텐츠를 만들고 큐레이션을 동시에 해야 한다. 시간이 흐르면서 플랫폼이 성장하고 외부 개발자들이 모여들면 개방 수준도 달라진다. 곧 큐레이션 프로세스도 진화해야 함을 뜻한다.

미래 지향적인 플랫폼 관리팀은 반드시 플랫폼의 개방 수준 평가 방법을 만들어 내야 한다. 가급적이면 일관된 전략 프레임워크를 사용하여 시간 흐름에 따라 개방 수준을 결정해야 한다. 결국 성숙한 플랫폼은 회사 밖의 프로세스를 사내 직원으로부터 제휴사로 이관하면서 큐레이션을 자동화하거나 큐레이션 활동을 전 사용자 층으로 분산시키는 알고리즘을 개발할 필요가 있다. 이제 유튜브는 자사의 막대한 사용자 기반에 기대어 콘텐츠를 평가하고 피드백을 제공하며 플랫폼에 있으면 안 되는 콘텐츠를 표시한다.

플랫폼의 개방 정책이 진화하면서 문제는 항상 균형을 찾는 데 있다. 플랫폼이 지나치게 폐쇄적인 경우, 예컨대 플랫폼이 불합리하고 임의의 수수료 형태로 과도하게 임대료를 받으려 하면 파트너들은 해당 플랫폼에 특화된 투자를 거부할 것이다. 반면에 확장 개발자가 플랫폼과 사용자 틈새로 공격적으로 끼어들기 시작하는 것도 플랫폼 입장에서 곤란한 일이다. 특정 개발자가 성공적으로 다른 경쟁 개발자들을 대체하면, 플랫폼 관리자는 그 개발자가 플랫폼을 이탈하지 않도록 주의해야 한다.

특정 플랫폼에서 사용자 기반을 통제하는 게 쉽지 않다는 것을 보여 주는 다수의 사례가 있다. 독일의 다국적 기업인 SAP를 생각해 보라. SAP는 대형 기업들이 내부 운영과 고객관계관리를 비롯한 여러 업무 프로세스를 관리하는 데 사용하는 소프트웨어를 만드는 회사다. SAP는 대형 비즈니스 업무 플랫폼을 운영하는데, 미국에 근거지를 둔 회사 ADP(인적 자원 관리 소프트웨어와 서비스를 제공하는 기업-옮긴이)와 제휴를 맺고 SAP 사용자들에게 급여 처리 서비스를 제공하려 했다. SAP는 ADP의 탁월한 클라우드 컴퓨팅 활용 능력 덕을 보고 싶기도 했다. 그러나 ADP는 탄탄한 자체 고객 관계 기반을 바탕으로 고객과 여러 데이터/컴퓨팅/스토리지 협력사를 이어 주는 플랫폼 호스트 역할을 할 수도 있다. 따라서 이러한 제휴 관계로 인해 ADP에게 그동안 고객 관계에서 주요 관리자였던 SAP를 대체하는 기회를 준 것이다. 이는 플랫폼 관리자(SAP)가 확장 개발자(ADP)에게 고객 연결에 대한 통제력을 상실할 위험에 처한 사례이다.

플랫폼이 주는 가치의 특별한 힘은 외부 참여자들을 연결시키는 역량에 있다. 그러나 누가 플랫폼에 접근해야 하는지, 또 어떻게 참여해야 하는지를 결정하는 것은 변화무쌍하게 변하는 전략이라는 차원에서 매우 복잡한 문제이다. 바로 이런 점 때문에 모든 플랫폼 관리자들은 개방성에 대한 문제를 최우선 과제로 삼아야 한다. 그리고 이 문제는 설계 프로세스 초기뿐 아니라 플랫폼 전 생애 주기에 걸쳐 고민해야 한다.

Platform 7   **이것만은!**

❑ 관리자들은 관리자/스폰서 참여, 개발자 참여, 사용자 참여 등 세 가지 종류의 개방성에 대하여 의사 결정을 내려야 한다.

❑ 플랫폼의 관리와 지원은 단일 기업에 의해 통제될 수 있도 있고, 여러 기업 또는 일군의 기업들에 의해 통제될 수 있다. 이 네 가지 가능한 조합은 다양한 패턴의 개방성과 통제로 이어지며, 그에 따른 장점과 단점도 달라진다.

❑ 개방/폐쇄라는 이분법은 흑백 논리가 아니다. 흑과 백 사이에 다양한 음영의 회색 톤이 존재하듯이 어떤 음영을 띠느냐에 따라 장점과 단점이 달라진다. 때로는 비슷한 플랫폼이라도 서로 다른 개방 정책을 기반으로 경쟁하기도 한다.

❑ 성숙한 플랫폼은 개방성을 더 확대하는 방향으로 진화하는 경우가 많다. 그러기 위해서는 플랫폼이 꾸준히 높은 품질과 서비스 가치를 유지할 수 있도록 지속적으로 재평가하고 큐레이션 프로세스를 조정해야 한다.

Platform Revolution

8장

거버넌스
통제와 자율, 무엇이 플랫폼에 적합한가

훌륭한 거버넌스의 3가지 기본 규칙

2015년 1/4 분기에 커피 회사 큐리그 그린마운틴(Keurig Green Mountain)의 CEO 브라이언 P. 켈리(Brian P. Kelley)는 해명할 일이 생겼다. 큐리그 그린마운틴은 미래 커피 메이커의 왕이 될 것이라고 자랑하며 차세대 커피 메이커 큐리그 2.0을 막 발표한 직후였다. 당대 커피 메이커의 제왕 큐리그 1.0은 이미 가정, 사무실, 호텔 등 어디에서나 볼 수 있었으며, 그린마운틴의 비싼 캡슐 커피 덕분에 한때 한정된 지역에서만 사업을 하던 커피 회사에서 기업 가치가 180억 달러에 이르는 회사로 성장할 수 있었다.

그러나 큐리그 2.0을 출시한 이후, 매출이 늘지 않고 오히려 12%나 하락했다.

문제는 2012년에 큐리그의 캡슐 커피 디자인의 핵심 특허가 만료되었다는 점이다. 이런 변화에 힘입은 커피 메이커 제조업체들이 큐리그 커피 머신과 호환이 가능한 캡슐을 판매하기 시작하면서 캡슐 가격이 급격히 떨어졌다. 이런 경쟁 업체들은 큐리그 사용자들에게 새로운 가치를 제공하는 확장 개발자와 같은 역할을 했다. 물론 이런 업체들의 존재, 그리고 이들이 큐리그 공식 캡슐 커피와 벌인 경쟁은 큐리그의 시장 점유율을 갉아먹었다.

이에 맞서 큐리그는 자사의 등록 상표가 부착되지 않은 캡슐의 사용을 막는 스캐닝 기기를 새롭게 출시한 큐리그 2.0에 넣었다. 소비자들은 분노했다. 많은 사용자들이 쇼핑 사이트에서 큐리그를 맹렬히 비난했다. 큐리그에서 공식 인증하지 않은 캡슐 커피를 사용하려면 어떻게 큐리그 시스템을 해킹하면 되는지를 알려 주는 유튜브 영상을 시청한 사람이 수천 명에 달했다. 구매자들은 '터무니없는 기업의 탐욕'을 통탄했으며 아마존의 평가 시스템에서 새로운 큐리그 제품에 대해 0점을 줄 수 없는 것을 한탄했다.[1]

그린마운틴은 자사의 커피 메이커 플랫폼에서 더 많은 이윤을 얻으려다가 고객 커뮤니티의 분노를 샀으며 오히려 이윤이 크게 줄고 말았다. '커피의 왕'이 훌륭한 거버넌스(governance)의 3가지 기본 규칙을 위반했던 것이다.

- 서비스를 제공하는 고객에게 언제나 가치를 제공하라.
- 자기에게 유리하게 규칙을 바꾸기 위해 자신의 우위를 이용하지 말라.
- 타당한 정도 이상의 부를 취하지 말라.

거버넌스는 플랫폼 생태계에 누가 참여할지, 어떻게 가치를 분배할지, 어떻게 갈등을 해결할지에 관한 일련의 규칙이다.[2] 훌륭한 커뮤니티 거버넌스를 이해하려면 생태계를 조정하기 위한 일련의 규칙을 이해해야 한다.[3]

그린마운틴은 생태계 거버넌스를 관리하는 데 실패했다. 큐리그는 단순한 제품 플랫폼으로 커피 애호가 커뮤니티를 대상으로 서비스를 제공하는 단면 시장이다. 큐리그는 다른 부가 가치 옵션과 철저한 점검을 거친 다양한 공급업체, 그리고 고객이 좋아할 만한 일련의 고품질 서비스를 갖춘 음료 생태계로 더 크게 성공할 수도 있었다. 그러나 그린마운틴은 고객들이 가치 있다고 여길 만한 공급업체들을 배제했으며 다양성을 없애고 선택의 자유를 줄여서 통제력을 유지하려 했다. 그린마운틴은 자신의 시스템에서 창출되는 가치를 독차지하기 위해 도를 넘고 말았다. 결국 일방적으로 자신의 이익을 앞세웠다. 여기서 손해를 본 쪽은 큐리그 사용자들이었으며 곧이어 그린마운틴도 손해를 보았다.

플랫폼에 왜 거버넌스 문제가 대두되는가

훌륭한 거버넌스는 부를 창출하고, 가치를 늘리는 모든 이들에게 이를 공정하게 배분하는 데 목적을 둔다. 2장에서 우리가 살펴봤듯이 새롭게 기술을 주도하는 커뮤니티로 알려진 플랫폼 기업들은 막대한 부를 회사 밖에서 거둔다. 따라서 회사 밖에서 거두어들이는 수익은 공정하게 설계되고 관리되어야 한다. 이러한 가치 창출 네트워크가 회사 안보다는 밖에서 더 빠르게 늘어나기 때문에, 플랫폼 생태계를 이기적으로 관리하기보다 현명하게 관리할 때 프리미엄이 형성된다.

　큐리그와 같은 단면 플랫폼을 위한 거버넌스 규칙을 탐색하는 일도 어렵지만 다면 플랫폼의 거버넌스는 훨씬 더 어렵다. 다면 플랫폼은 항상 다양한 이해관계가 뒤얽혀 있다. 이는 플랫폼 관리자로서 다양한 참여자들이 서로를 위해 가치를 생성하는 일을 어렵게 만들며, 거버넌스 규칙만으로는 공정하고 효과적으로 해결되기 힘든 갈등을 야기할 가능성이 높다.

이런 상황에서는 거대 기업과 천재들도 종종 오판을 하기 쉽다. 예를 들어 페이스북은 프라이버시 정책에서 사용자들을 소외시켰다.[4] 링크드인은 자기들의 API에 접근하지 못하게 해서 개발자들의 공분을 샀다.[5] 그리고 트위터는 생태계 다른 구성원들이 개발한 기술을 도용하는 한편, 트위터 사용자들끼리 서로 막말로 괴롭히는 데도 가만히 있었다. 트위터의 CEO 딕 코스톨로(Dick Costolo)는 "우리는 잘못을 처리하는 데 엉망이었다"라고 말하기까지 했다.[6]

오늘날 대형 플랫폼 기업은 거버넌스 문제의 복잡성 측면에서 하나의 국가와 같다. 15억 명 이상의 사용자를 보유한 페이스북은 중국보다 더 많은 '사람들'을 다스린다. 구글의 온라인 검색 부문 시장 점유율은 미국에서 64%를, 유럽에서는 90%를 차지한다. 한편 알리바바는 한 해 거래 금액이 1조 위안(1620억 달러)에 달하여 중국 내 전체 상거래 배송의 70%를 차지한다.[7] 이 정도 규모의 플랫폼 기업들은 웬만한 세계 경제 대국을 제외한 나머지 국가들보다 더 큰 경제 시스템을 다스린다. 어찌 보면 유니온 스퀘어 벤처스(Union Square Ventures)의 주요 투자자 중 한 사람인 브래드 버넘(Brad Burnham)이 페이스북의 페이스북 크레딧(Facebook Credits) 도입을 국가의 통화 정책에 빗대어 말한 것도 당연해 보인다.[8] 결국 온라인 게임 사용자들에게 의무적으로 사용하도록 한 가상 화폐 시스템인 페이스북 크레딧은 얼마 지나지 않아 폐지되었다. 비슷한 맥락에서 우리는 이런 식으로 질문을 던질 수도 있다. 다자적 표준이 아닌 일방적 소프트웨어 표준을 적용(7장에서 봤듯이)하는 데 있어서, 애플은 어떤 외교 정책을 펼치고 있는가? 트위터는 '국영' 서비스 투자에 기반을 둔 산업 정책을 따르는 가, 아니면 다른 이들에 의한 분권적인 개발에 기반한 산업 정책을 따르는가? 중국 정부의 검열에 대해 구글이 취한 접근법은 이 회사의 인권 정책에 대해 무엇을 말해 주는가?

싫든 좋든 이러한 기업들은 수백만에 달하는 사람들을 대상으로 비공식 및 비선출 규제 기관 역할을 맡고 있다. 이런 이유로 플랫폼은 수천 년간 훌륭한 거버넌스 원칙을 발전시켜 온 도시와 국가들로부터 배울 것들이 많다. 오늘날의 플랫폼 기업들처럼 도시와 국가도 어떻게 하면 최선으로 부를 창출하고 가장 공정하게 분배할 수 있을 것인가에 대한 문제를 해결하기 위해 오랫동안 고심해 왔다. 한 국가가 부를 창출하는 데 거버넌스가 가장 중요한 요인임을 제시하는 증거들이 점점 더 많아지고 있다. 심지어 거버넌스가 천연자원, 배가 다니는 수로, 유리한 농업 환경과 같이 누구나 귀중하다고 여기는 자산들보다 더 중요하다는 증거가 속속 나오고 있다.

현대 도시 국가 싱가포르를 생각해 보자. 1959년 리콴유(李光耀)가 총리가 되었을 때, 싱가포르에는 천연자원이 거의 없었다. 국방과 수자원을 말레이시아(1963년에 탄생) 독립 이전 국가인 말라야 연방에 의존했다. 부패가 만연했으며, 1인당 국내총생산(GDP)은 430달러를 밑돌았다.[9] 말레이인과 중국인 간의 민족 분쟁, 무슬림과 불교도 간의 종교 분쟁, 자본주의자와 공산주의자 간의 정치적 분쟁이 발전을 가로막았다.

리콴유는 거버넌스 체계를 바꿈으로써 싱가포르에 경제적 활력을 가져왔다. 런던 정치경제대학과 케임브리지 대학 피츠윌리엄 칼리지에서 법학을 전공한 리콴유는 영국의 사법 제도와 법치주의 체계를 도입했다. 그런 다음 부패를 척결했다. 뇌물이 통하지 않도록 공무원의 급여를 민간 기업 근로자와 같은 수준으로 맞추었다. 신입 공무원은 취임식에서 청렴의 상징인 흰색 옷을 입어야 했다. 반부패 규정이 얼마나 엄격하게 시행되었던지, 리콴유의 확고한 지지자였던 환경 장관은 뇌물 수수 혐의로 기소당할 상황에 직면하자 자살을 택했다.[10] 거버넌스 체계 안에 적극 참여할 의사가 있는 종교 단체와 소수 민족 집단에게 발언권을 부여하기 위해 다문화 위원회를 세우자 더욱 공정하고 열린 정부가 되었다. 이제 싱가포르는 뉴질랜드, 그리고 스칸디나비아 국가들과 더불어 가장 청렴한 나라 중 하나로 손꼽힌다. 이러한 사실은 의미가 있다. 사리사욕에 의한 부패와 공권력 남용이 1% 줄 때마다 GDP가 1.7%씩 올라가기 때문이다.[11]

서구에서는 리콴유가 정치적 반대파들의 숨통을 틀어쥐었다고 비판하긴 했지만, 그의 훌륭한 거버넌스 활동이 일군 경제적 성과는 무시할 수 없었다. 2015년 싱가포르의 1인당 GDP는 미국보다도 높은 5만 5182달러를 기록했다. 1960년부터 2015년까지 55년간 싱가포르의 연 성장률은 6.69%로, 1965년에 분리한 말레이시아보다 2%가 더 높다.[12]

부의 창출 측면에서 훌륭한 거버넌스가 얼마나 중요한지 확인하려면 공산 국가였던 동독과 북한, 그리고 이들과 쌍둥이라 할 수 있는 서독과 남한의 GDP 성장률과 혁신 속도를 비교해 보면 된다.[13] 훌륭한 거버넌스는 정말 중요하다.

시장 실패는 플랫폼에서도 반복된다

훌륭한 거버넌스는 국가와 플랫폼 기업들 모두에게 중요하다. 사람과 조직이 어떠한 규칙이나 제약, 안전장치 없이 상호작용하는 완전 자유 시장에서는 모든 참여자들이 항상 공정하고 만족스러운 결과를 얻지는 못하기 때문이다.

이베이에서 볼 수 있는 사례에서처럼 어떤 참여자들은 불가피하게 다른 이들보다 더 많은 지식을 보유하고 있으며, 시장을 잘 파악하고 있고, 협상 기술도 더 뛰어나다. 대부분의 경우 상호작용은 기본적으로 공정한 결과를 낳는다. 특정 상호작용에 의해 '승자'와 '패자'가 생길 때에도 말이다. 그러나 때에 따라 뭔가 교묘하거나 속임수로 보이는 결과들이 나오기도 한다. 예를 들어 어떤 이베이 회원 그룹은 경험이 많지 않은 일부 판매자가 상품명에 착오를 일으키는 경향이 있다는 것을 눈치챘다. 이를테면 루이뷔통(Louis Vuitton)에서 철자 하나를 누락('Vuitton'에서 't'를 한 개만 표기)하거나 애버크롬비 앤 피치(Abercrombie and Fitch)를 잘못 표기('Abercrombie'를 'Abercrombee'로 또는 'Fitch'를 'Fich'로)한다는 것을 눈치채고 중간에서 이런 실수를 자기들에게 유리하게 이용하기 시작했다. 이들은 적극적으로 이렇게 잘못 표기된 상품들을 찾아 나서는데, 이런 상품들은 보통 오랜 기간 경매 사이트에서 주목받지 못한다. 그러면 이들 중간상은 이런 항목들을 매우 싼 가격에 구매한 다음, 제대로 된 브랜드 명을 표기하고 엄청난 이윤을 붙여 되판다.

그중 가장 유명한 사례를 들어 보겠다. 50년간 아주 오래된 맥주병을 보관해 온 소유자가 이베이에 그것을 내놓기로 결정했다. 불행히도 판매자는 그 가보의 진정한 가치를 몰랐다. 그 맥주는 1850년대에 양조된 것으로 북극에서 태평양으로 가는 전설의 북서 항로를 발견하려는 북극 항해 선원들에게 '생명을 유지해 주는 에일'을 제공하기 위해 열린 맥주 양조 대회에서 만들어진 것이었다(당시 사람들은 에일이 괴혈병을 예방할 거라는 잘못된 믿음을 갖고 있었다).[14] 탐험은 실패했지만 당시에 만들어진 맥주가 몇 병 남겨졌는데, 이베이에 판매될 무렵 해당 에일은 단 두 병만 존재하는 것으로 알려져 있었다. 두 병 모두 맥주 수집가와 역사광들이 구하려고 혈안이 되어 있는 품목이었다.

이런 내력을 모르는, 게다가 부주의하기까지 한 판매자는 이 귀중한 에일을 이베이에 내놓으면서 상품명을 '올소프 북극 에일(Allsop's Arctic Ale)—가득 찼으며 코르크 마개가 밀랍 봉인되어 있음'이라고 표기했으며, 299달러에 공개 입찰을 제안했다. 원래 브랜드 명은 철자 하나를 더 붙여서('p'를 하나 더 붙여 'Allsopp's'라고) 표기했어야 했다. 작은 실수이긴 하지만 이 에일을 사려고 혈안이 된 진지한 수집가들에게는 혼동을 주기에 충분할 정도로 큰 실수였다. 철자가 틀린 라벨을 찾아서 싼값에 구입하는 한 장사꾼이 이 에일이 판매 목록에 오른 것을 보고 단독으로 응찰했다. 그는 304달러에 사서 제품을 받고 사흘 뒤에 다시 이베이에 에일을 내놓았다. 이 소식을 들은 수집가들은 에일을 7만 8100달러가 넘는 가격에 입찰했다.[15]

웃어야 할지 울어야 할지 모르겠는 이 시장 실패 사례는 '좋은' 상호작용(공정하고 쌍방이 만족스러울 만한)이 일어나지 않거나 '나쁜' 상호작용이 일어난 상황을 보여 준다. 만일 찾는 품목이 이베이에 없으면 좋은 상호작용이 일어나지 못한다. 원하는 품목을 찾았는데 사기당하거나 이용당하거나 속았다면 나쁜 상호작용이 발생한 것이다. 일반적으로 시장 실패의 원인은 정보의 비대칭성(information asymmetry), 외부효과(externalities), 독점력(monopoly power), 리스크(risk) 등 크게 4가지로 볼 수 있다.

정보의 비대칭성은 상호작용에서 한쪽 당사자가 다른 당사자가 모르는 사실을 알고 있으면서 자신만이 아는 지식을 자기에게 유리하게 이용할 때 발생한다. 가짜 제품 문제를 생각해 보자. 판매자는 해당 상품이 가짜라는 것을 알고 있으나 구매자에게 알리지 않는다. 가짜라 함은 사운드 품질이 형편없는 스컬캔디 헤드폰, 박음질이 촘촘하지 않은 구치 핸드백, 충전이 안 되는 듀라셀 배터리, 충격 방지가 안 되는 오터박스 휴대폰 케이스, 발기가 안 되는 비아그라 등을 말한다. 전 세계적으로 3500억 달러 이상으로 추정되는 모조품 시장 규모는 불법 마약 시장(3210억 달러)보다 더 크다.[16]

외부효과는 어떤 일로 인해 발생한 비용이나 이익이 그 일과 상관없는 누군가에게 생길 때 발생한다. 한 친구가 인터넷 포인트 몇 점을 얻기 위해 그 대가로 게임 회사에 내 개인 정보를 넘겼다고 하자. 이는 나쁜 상호작용이다. 친구가 나의 사생활 보호권을 침해한 것이기 때문이다. 그리고 이것은 부정적인 외부효과이다.

긍정적인 외부효과의 개념은 이보다 좀 더 모호하다. 넷플릭스가 나와 취향이 비슷한 누군가의 영화 감상 행태를 분석하고 그 데이터를 이용해 나에게 적합한 영화를 추천해 주려고 하는 경우에 무슨 일이 벌어지는지 생각해 보자. 이런 것은 긍정적인 외부효과이다. 나와 직접적인 관련이 없는 상호작용을 기반으로 나에게 혜택이 돌아오기 때문이다. 이로부터 혜택을 얻는 사람들은 이런 사실에 불평하지 않을 것이다. 그러나 긍정적인 외부효과는 비즈니스 설계 관점에서 문제로 간주되기도 한다. 이런 외부효과는 플랫폼이 완전히 포착하지 못한 가치를 의미하기 때문이다. 이상적인 세계에서는 적어도 경제이론에 따라 창출된 모든 가치에 대해서 해당 가치를 창출한 개체가 알 수 있어야 하며, 정확하게 이들에게 혜택이 돌아가야 한다.

긍정적인 외부효과와 밀접한 관계가 있는 개념이 바로 공공재다. 공공재의 가치는 그것을 만들어 낸 당사자에게 온전히 돌아가지 않는다. 일반적으로 개인은 거버넌스 메커니즘이 자기에게 적절한 보상을 제공하지 않는 한 공공재를 거의 만들어 내지 않는다.

독점력은 어떤 생태계에 있는 하나의 공급자가 수요가 큰 상품의 공급에 대한 통제력을 쥐게 되면서 지나치게 힘이 세지고, 이런 통제력을 이용해 더 높은 가격이나 특혜를 요구하는 경우에 발생한다. 게임 제조업체 징가의 인기가 절정에 달하던 시기(2009~2010)에 페이스북에서 징가의 영향력이 너무나 커지자, 사용자 정보 공유, 게임 수익 분배, 광고 비용 부담과 같은 사안을 놓고 갈등이 빚어졌다. 이베이는 이른바 파워 셀러라 불리는 판매자들과 이와 유사한 문제를 경험했다.

리스크란 예상치 못한 어떤 일, 한마디로 예측이 불가능한 어떤 일이 매우 잘못되어 좋은 상호작용이 나쁜 상호작용으로 변질될 가능성을 말한다. 리스크는 플랫폼뿐만 아니라 모든 시장에서 반복적으로 발생하는 문제이다. 잘 설계된 시장은 일반적으로 이런 리스크 여파를 완화할 수 있는 도구와 시스템을 개발함으로써 참여자들의 상호작용을 촉진한다.

거버넌스의 4가지 도구, 법·규범·아키텍처·시장의 활용법

기업의 거버넌스에 관한 문헌은 방대하며, 특히 재무 분야에서 거버넌스와 관련된 자료가 많다. 그러나 플랫폼 거버넌스에는 전통적인 재무 이론이 간과한 거버넌스 원칙이 포함되어 있다. 기업 거버넌스와 관련해서 가장 많이 인용되는 논문은 '기업의 투자자들이 어떻게든 투자 수익을 올릴 수 있는 방법'[17]만을 고려한 문헌들이다. 여기서 초점은 소유와 지배의 분리, 즉 거버넌스 설계의 핵심 요소에 의해 어쩔 수 없이 발생하는 정보의 비대칭성에 맞춰져 있지만, 이것만으로는 거버넌스를 설명하기에 부족하다.[18] 커뮤니티 사용자들과 기업 간에 발생하는 정보의 비대칭성도 중요하다. 따라서 이들의 이해관계 역시 일치시켜야 한다.

게다가 플랫폼 거버넌스 규칙은 외부효과에 특별히 주의를 기울여야 한다. 외부효과는 네트워크 시장에 만연한 현상이다. 그럴 수밖에 없는 이유는 우리가 네트워크 효과를 다룰 때 살펴봤듯이 사용자들이 창출하는 이익의 파급 효과가 미치는 곳에서 플랫폼의 가치가 창출되기 때문이다. 이런 사실을 이해하면 기업의 거버넌스를 주주 가치라는 좁은 시야의 관점이 아닌 이해관계자 가치라는 넓은 시야의 관점에서 바라볼 수 있다.

시장 설계자이자 노벨 경제학상 수상자 앨빈 로스(Alvin Roth)는 시장 실패 해결을 위해 4가지 포괄적인 지렛대를 사용하는 거버넌스 모델에 대해 설명했다.[19] 로스에 따르면, 잘 설계된 시장은 투명성이나 품질, 또는 보험을 통해 시장의 안전(safety)을 향상시킴으로써 선한 상호작용을 일으킨다. 그리고 잘 설계된 시장은 두꺼운 층(thickness)을 제공하는데, 이런 층은 다면 시장의 각 면에 있는 참여자들이 서로에게 맞는 상대를 쉽게 찾을 수 있게 해 준다. 또한 잘 설계된 시장은 적체 현상(congestion)을 최소화한다. 적체 현상은 너무 많은 사람들이 참여하거나 저급 콘텐츠가 고급 콘텐츠를 몰아내어 성공적인 검색을 방해하게 되는 것을 말한다. 마지막으로 잘 설계된 시장은 혐오감을 일으키는 활동(repugnant activities)을 최소화한다. 이는 왜 플랫폼 설계자들이 아이튠스에서는 포르노를, 알리바바에서는 장기 매매를, 업워크에서는 아동 노동을 금지하는지를 설명해 준다. 로스에 따르면, 훌륭한 거버넌스는 시장 관리자가 이러한 지렛대를 이용하여 시장 실패를 해결하면서 형성된다.

광의의 관점에서 플랫폼 거버넌스는 헌법학자 로런스 레시그(Lawrence Lessig)의 국민 국가(nation-states) 모델로부터 빌려 온 통찰에 바탕을 둔다. 레시그의 모델에서 지배 체제에는 법(laws), 규범(norms), 아키텍처(architecture), 시장(markets)이라는 4가지 주요 도구를 포함한다.[20]

4가지 비슷한 예시를 들어 각 유형의 도구를 더 명확하게 설명할 수 있다. 특정 생태계를 이끄는 지도자가 흡연의 해악을 줄이길 원한다고 가정해 보자. 법적인 도구를 사용한다면, 미성년자에게 담배 판매를 금지하거나 공공장소에서 흡연을 금지하는 법안을 통과시킬 수 있다. 규범 즉 문화에 의해 형성된 비공식적인 행동 규약을 적용한다면, 흡연에 대해 사회적 압력을 가하거나 흡연 행위에 낙인을 찍는 광고를 통해 흡연이 '멋지지 않게' 보이도록 할 수 있다. 아키텍처를 사용한다면, 흡연의 파급 효과를 줄일 수 있는 물리적 장치를 고안해 낼 수도 있을 것이다. 이를테면 공기를 청정하게 하는 공기 필터를 만들거나 연기가 나지 않는 담배 대체 기기를 만드는 것이다. 그리고 시장 메커니즘을 이용한다면 담배 제품에 세금을 부과하거나 '금연' 프로그램에 보조금을 지원할 수 있을 것이다. 역사적으로 사회적 행동을 다스리길 원하는 사람들—플랫폼 관리자들은 물론—은 이 4가지 도구를 모두 활용했다.

그러면 플랫폼 관리자들이 거버넌스 체계의 일환으로 이 4가지 도구를 사용할 수 있는 방법 몇 가지를 생각해 보자.

잘못된 행동에 대한 피드백이 느리고 불분명한 이유는

물론 국민 국가가 제정하고 집행하는 대다수의 법—전통적인 의미에서 법—은 플랫폼 기업과 플랫폼 참여자들에게도 적용된다. 때에 따라 이와 같은 법을 적용하는 것은 까다로울 수 있다. 예를 들어 말썽꾼들에게 벌을 주는 법률상의 제재는 리스크 문제를 해결할 수 있는 전통적인 해법을 제시한다. 그러나 이러한 제재를 가하려면 누가 이 문제를 일으켰는지 밝히고, 누가 그 잘못을 책임져야 하는지를 반드시 결정해야 한다. 그러나 이런 결정이 언제나 간단하거나 명쾌한 것은 아니다.

플랫폼 기업의 입장에서 이렇게 책임의 소재를 밝히는 일은 매우 현실적인 문제이다. 앞에서 우리는 초창기 플랫폼 기업들이 직면했던 중대한 법적 문제들 중 몇 가지를 언급한 바 있다. 에어비앤비에 올린 숙소에서 매매춘 행위와 광란의 파티가 벌어지기도 하고, 크레이그리스트를 통해 개인적인 서비스를 제공하던 사람이 살해당하기도 했다.[21] 미국 판례법은 일반적으로 플랫폼 사용자의 잘못에 대해서 플랫폼에게 책임을 묻지 않는다. 설령 플랫폼 소유자가 합리적으로 사용자의 행동을 규제하고 통제할 수 있는 위치에 있다 해도 마찬가지이다. 따라서 개별 플랫폼 참여자들은 대개 손해를 볼 수 있는 리스크를 본인이 부담해야 한다. 적어도 국법과 지방 법규에 관한 한 그렇다.(이 문제에 대해서는 11장 규제에서 다시 다루겠다.)

레시그의 '법' 개념을 플랫폼 기업 내로 한정된 거버넌스에 적용하면 전혀 다른 이야기가 된다. 플랫폼에서 '법'은 플랫폼이 정한 명시적인 규칙이다. 예컨대 변호사가 작성한 서비스 계약 조건 초안이나 플랫폼 설계자가 작성한 이해관계자 행동에 대한 규칙이 여기에 해당된다. 이러한 법은 사용자 쪽과 플랫폼 생태계 차원 양쪽의 행동을 중재한다. 사용자 차원에서 예를 들면, 최대 6개의 기기 또는 6명의 가족 구성원들 간에 디지털 콘텐츠 공유만을 허용하는 애플의 규정은 무제한 공유를 막으면서도 애플 서비스를 구매하는 데 따른 경제적인 인센티브와 합리적인 수준에서 공유의 편의성을 제공한다.[22] 생태계 관점에서 애플이 코드 검토를 위해 앱 개발자들에게 코드를 제출할 것을 요구하는 것은 애플이 비밀 유지 의무에서 벗어나 좋은 코드 사례를 널리 알릴 수 있게 해 준다.[23]

플랫폼 법은 투명해야 하며, 대개는 그렇다. 스택 오버플로는 가장 잘나가는 프로그래밍 질의응답 커뮤니티로, 포인트를 얻기 위한 규칙은 물론 적립된 포인트가 부여하는 권한과 특권에 대해서도 명시적으로 밝히고 있다. 1포인트가 있으면 질문을 할 수 있는 권한과 질문에 답을 할 수 있는 권한이 주어진다. 15포인트가 있으면 다른 사람의 콘텐츠에 대해 투표할 권한을 얻는다. 125포인트가 있으면 콘텐츠에 반대 의사를 표시할 권한이 주어지며, 이때 이 권한을 사용하면 1포인트가 차감된다. 200포인트를 쌓았다는 것은 그동안 상당한 가치를 스택 오버플로에 제공했다는 뜻이므로 광고를 더 적게 볼 수 있는 권한도 얻는다. 이렇게 명시적이고 투명한 법체계는 구성원들이 자신들의 최고의 통찰을 다른 플랫폼 구성원 모두와 공유할 것을 독려함으로써 공공재에서 발생하는 문제를 해결해 준다.[24]

이렇게 투명성의 원칙에서 예외적인 상황이 있는데, 바로 규칙을 명시하는 것이 오히려 나쁜 행동을 촉진할 가능성이 있는 경우이다. 데이팅 사이트들은 이러한 사실을 매우 어렵게 알아냈다. 데이팅 사이트가 나쁜 행동을 하는 스토커들을 신속하게 벌하는 법을 적용하자, 스토커들은 어떻게 하면 신고를 유발하는 행동을 피할 수 있는지 금방 학습했다. 대신에 데이팅 플랫폼이 이러한 부정적인 피드백을 지연시키면, 스토커는 어떻게 하면 잡히지 않을 수 있을지 알아내는 데 많은 시간을 들일 테고, 이는 나쁜 행동에 대한 의욕을 꺾는 강력하면서 영구히 지속시킬 수 있는 방법이 된다.

마찬가지로 사용자들이 콘텐츠를 생성하는 사이트에서 악성 댓글을 달던 사람의 계정을 삭제하면 그 사람은 보통 새로운 아이디를 만들고 다시 활동에 나선다. 똑똑한 플랫폼 관리자가 문제가 되는 포스팅을 악성 댓글을 단 사람을 제외한 다른 사람들은 볼 수 없게 처리하자 더 이상 커뮤니티를 선동하지 못하게 되면서 악성 댓글을 달던 사람들이 사라졌다.

요약하면 이렇다. 선한 행동을 규정하는 법에 대해서는 신속하고 명확한 피드백을 제공하라. 그러나 나쁜 행동을 벌하는 법을 적용할 때는 느리고 불분명하게 피드백을 제공하라.

규범은 아무것도 없는 무에서는 생겨나지 않는다

모든 플랫폼—물론 모든 기업—이 보유할 수 있는 가장 큰 자산 중 하나는 헌신적인 커뮤니티이다. 이런 커뮤니티는 우연히 생기지 않는다. 활기찬 커뮤니티는 숙련된 플랫폼 관리자에 의해 만들어진다. 이런 관리자들은 가치의 원천이 될 규범, 문화, 기대치를 만들어 가려고 지속적으로 노력한다.

아이스톡포토(iStockphoto)는 오늘날 세계 최대의 크라우드소싱 사진 시장으로 꼽히는 사이트로, 원래는 창립자인 브루스 리빙스톤(Bruce Livingstone)이 이미지 컬렉션 CD를 고객에게 직접 우편 판매하려고 시작한 사업에서 출발했다. 사업은 망했지만, 브루스와 그의 파트너들은 수고를 헛되이 하고 싶지 않았다. 그래서 그들은 이미지를 온라인에서 무료로 나눠 주기 시작했다.[25] 몇 개월도 안 되어, 그들은 수천 명에 달하는 사람들이 이미지를 내려받을 뿐 아니라 자신의 이미지를 공유하고 싶어 한다는 사실을 알았다. 브루스 스스로 자랑스러워할 만한 품질을 유지하고 스팸과 포르노 사진, 저작권을 침해한 이미지들을 없애기 위해 아이스톡포토 감독관을 시켜 철저하게 모든 이미지를 조사하도록 했다. 매우 힘들고 돈도 많이 들었다. 브루스는 어느 날 자신이 하루에 16시간씩 일하고 있음을 깨달았다.[26]

개별 감독관의 관리 감독이 확장성 측면에서 떨어진다는 것을 깨달은 브루스는 여러 사람들이 큐레이션을 할 수 있게 방향을 전환했다. 브루스는 양질의 콘텐츠를 올린 사람이 감독관이자 커뮤니티 조직가가 될 수 있는 시스템을 고안했다. 그러자 특정 카테고리의 이미지를 관리하는 그룹이 나타나기 시작했다. 예를 들어 '뉴욕'과 같이 지역과 연관된 이미지, 또는 '음식'과 같은 카테고리를 전담하는 그룹이 생긴 것이다. 브루스 자신도 자신의 커뮤니티를 구축하기 위해 쉴 새 없이 칭찬하고 피드백을 주었다. 비터(Bitter)라는 인터넷 닉네임으로 브루스는 정기적으로 플랫폼 홈페이지에 회원들의 작업을 알리는 코멘트('Delirium이 올린 멋진 이미지들', 'Izusek이 올린 맛있는 음식 시리즈')를 올렸다.[27]

이러한 노력에 힘입어 아이스톡포토 커뮤니티를 지배하는 일련의 강력한 규범이 형성되었다. 여기에는 피드백, 양질의 콘텐츠, 열린 대화, 더 높은 수준의 권한으로의 자연스러운 이행이 포함되어 있다. 이러한 규범을 적용하면서 아이스톡포토 커뮤니티는 막대한 양의 사진이라는 가치 있는 공공재를 만들어 낼 수 있었다.

아이스톡포토 사례가 보여 주듯, 규범은 아무것도 없는 무에서 생성되지 않는다. 규범은 행동을 반영하며, 이는 행동 설계(behavior design) 방식을 영리하게 적용함으로써 행동을 구성해 낼 수 있음을 의미한다.

니르 이얄(Nir Eyal)은 광고와 게임 개발 분야 전문가로 행동 설계를 트리거(trigger), 행동(action), 보상(reward), 투자(investment)의 순차적인 반복이라고 설명한다.[28]

트리거는 플랫폼에서 제공하는 신호나 메시지, 또는 이메일, 웹 링크, 새로운 아이템이나 앱 알림과 같은 알림 표시를 말한다. 트리거는 플랫폼 회원들에게 주어진 신호에 대응하여 어떤 행동을 취하도록 한다. 그리고 그 행동은 회원에게 가변적이면서 예상치 못한 가치를 지닌 보상을 제공한다. 이를테면 슬롯머신과 복권 같은 가변적 보상 체계는 습관을 형성한다. 마지막으로 플랫폼은 회원에게 시간과 데이터, 사회적 자본이나 돈을 투자할 것을 요구한다. 투자는 참여자로 하여금 플랫폼에 더욱 헌신하게 만들며, 플랫폼 관리자가 참여자에게 바라는 행동을 강화시킨다.

어떻게 이런 프로세스가 작동하는지 예를 들어 보겠다. 바버라는 페이스북 회원이다. 어느 날 흥미로운 사진이 바버라의 뉴스 피드에 올라왔다. 마우이의 햇살이 아름답게 비치는 해변을 찍은 것으로 아마도 바버라가 좋아하는 휴가지 사진인지도 모른다. 이런 것이 트리거다. 이러한 트리거에 반응해서 취하는 행동은 최대한 간편하게(마찰이 없도록) 설계되어 있어서 바버라가 그다음 단계로 나아가기 쉽게 만들어져야 한다. 이 경우 다음 단계는 사진을 클릭하는 것이다. 이 사진은 바버라를 사진 공유 플랫폼인 핀터레스트로 데려갈 텐데, 그곳은 바버라에게 아주 낯선 플랫폼이다. 거기서 바버라는 보상을 얻는다. 바버라에게 보상은 특별히 자신의 관심사에 특화된 다양하고 멋진, 그러나 신중하게 선별된 사진들이다('남태평양의 알려지지 않은 가장 아름다운 해변 10곳'이라는 제목이 달린 사진 모음이라고 가정해 보자). 마지막으로 핀터레스트는 방금 어떤 보상을 얻은 바버라에게 작은 투자를 권유한다. 친구를 초대하라거나 선호도를 밝히라거나 가상의 자산을 구축하라거나 핀터레스트의 새로운 기능을 알아보라고 요청한다.[29] 이러한 행동들은 모두 바버라와 다른 사람들에게 일련의 새로운 트리거를 제공하게 되고, 이 모든 과정이 처음부터 다시 시작된다.

핀터레스트의 경우, 이러한 행동 설계 시스템이 만들어 낸 규범이 대부분의 콘텐츠, 즉 가치 있는 공공재를 만들어 냈다. 물론 행동 설계가 언제나 참여에 따른 보상을 제공하는 데에만 이용되진 않는다. 행동 설계는 판매와 조종의 도구로도 사용될 수 있다. 이런 점 때문에 사용자들 스스로 거버넌스 메커니즘이 어떻게 작동하는지 반드시 인식해야 한다.

원칙적으로 사용자들 자신이 직접 거버넌스 체계 형성 과정에 참여하는 것이 바람직하다. 여성으로는 최초로 노벨 경제학상을 받은 엘리너 오스트롬(Elinor Ostrom)은 커뮤니티가 공공재를 성공적으로 만들어 내고 감시하는 데 있어서 여러 가지 규칙적인 패턴이 있음을 발견했다. 경계가 명확하게 정의되어 있으면 누가 공동체로부터 혜택을 누릴 수 있고 누릴 수 없는지 정해진다. 공동체의 자원 할당 방식에 영향을 받는 사람들은 어떤 채널을 이용해야 의사 결정 절차에 영향을 줄 수 있는지 안다. 커뮤니티에 대한 책임을 지는 사람들은 공동체 구성원의 행동을 감시하는 이들이다. 공동체의 규칙을 어긴 사람들은 등급별 제재 조치를 받게 된다. 구성원들은 비용이 낮은 분쟁 해결 시스템을 이용할 수 있다. 그리고 공동체 자원이 늘어나면 거버 넌스는 중첩된 구조로 설계되어야 하는데, 단순한 사안은 소규모의 지역 사용자 그룹이 통제하고 그보다 복잡하고 포괄적인 문제는 규모가 크고 공식적으로 조직된 그룹이 관리해야 한다.[30] 성공적인 플랫폼 커뮤니티에서 나타나는 규범은 일반적으로 오스트롬이 제시한 패턴을 따른다.

제프 조던(Jeff Jordan) 전 이베이 수석 부사장은 이베이가 전통적인 경매 포맷에 고정 가격 판매제를 추가하려고 할 때 부딪혔던 문제에 대해 말했다.[31] 크게 두 가지 카테고리로 나뉘는 시장 참여자들이 이러한 계획에 매우 상반된 반응을 보였다고 한다. 구매자들은 고정 가격제라는 아이디어를 좋아했지만, 이베이의 마켓플레이스 수수료를 내는 판매자들은 경매로 인한 가격 상승이라는 황금알을 낳는 거위를 고정 가격제가 죽일까 봐 두려워했다.

이러한 갈등을 해결하기 위해 조던이 사용한 프로세스는 오스트롬이 제시한 몇 가지 아이디어와 일치했다. 이베이는 포커스 그룹과 사용자의 관점을 반영하는 '보이스(Voices)' 프로그램을 활용하여 사용자들의 감정적 반응의 크기를 측정했다. 조던의 팀은 규정을 바꾸려 한다는 계획을 구매자와 판매자에게 조심스럽게 알렸다. 조던의 팀은 규모가 작은 그룹들을 대상으로 프로그램을 테스트했고 규정 변경에 대한 반응이 좋지 않으면 프로그램을 취소했다. 결국 이베이의 경영진들은 구매자 편에 섰다. '상인들은 언제나 고객이 있는 곳으로 가기'[32] 때문에 판매자들이 플랫폼을 떠나지 않을 거라고 본 것이다. 이들이 내린 의사 결정은 성공을 거두었다. 오늘날 '즉시 구매(buy it now)'라는 이름을 단 고정 가격제는 이베이의 총 거래액 840억 달러에서 70%를 차지한다.

아키텍처 설계 자체가 공정한 경쟁을 보장하게 하라

플랫폼 비즈니스 세계에서 '아키텍처'는 기본적으로 프로그래밍 코드를 가리킨다. 잘 설계된 소프트웨어 시스템은 스스로 진화한다. 즉 선한 행동을 독려하고 보상하여 선한 행동을 더 많이 이끌어 낸다.

온라인 뱅킹 플랫폼, 이를테면 개인 간 네트워크 대출 기업은 소프트웨어 알고리즘을 이용하여 노동 집약적이고 임금이 높은 전통적인 대출 담당 직원들을 대체한다. 이들은 대출자가 대출금을 상환할 가능성을 계산할 때 전통적으로 많이 사용하는 데이터(신용 평점)와 비전통적인 데이터(레스토랑 정보 플랫폼인 옐프의 등급, 대출자 이메일 주소의 변경 빈도, 링크드인에서의 인맥, 대출 신청 전에 얼마나 철저하게 대출 평가 도구를 사용했는지 여부)를 모두 사용한다.[33] 플랫폼 아키텍처가 대출자의 행동을 잘 예측하면 할수록 플랫폼에 참여하는 데 따른 리스크가 줄어들고, 이에 따라 더 많은 채권자를 유치할 수 있다. 한편 간접 비용이 낮아지면 플랫폼은 이율을 더 낮출 수 있게 되어, 이로 인해 더 많은 대출자들을 끌어올 수 있다. 참여자가 많아지면 데이터 흐름도 좋아지면서 이러한 주기가 계속 반복된다.

영국의 조파(Zopa) 같은 개인 간 대출 플랫폼이 놀라운 성공을 거둔 것은 어찌 보면 당연하다. 조파가 자랑스럽게 10억 달러 이상의 대출을 제공했다고 발표하자, 이 책의 저자 상지트 초더리는 이 회사의 경영진에게 축하의 인사를 전하고 공손하게 "대출 연체율이 더 중요한 성공의 척도가 되어야 하는 게 아닐까요?"라고 물었다. 조파는 이에 대해 3년 전 0.6%였던 대출 연체율이 0.2%까지 떨어졌다는 사실을 밝혔다.[34] 바로 이러한 것이 잘 설계된 플랫폼 아키텍처의 위력이다.

아키텍처는 시장 실패를 예상하고 바로잡는 데 사용될 수도 있다. 앞에서 언급했던 판매자의 철자 오류를 이용했던 이베이의 중간상을 떠올려 보라. 어떤 사람들은 그 불운한 판매자가 계약을 그런 식으로 체결하여 기회를 날려 버린 것에 대해 한탄할지도 모르지만, 이 중간상들은 시장 유동성(앨빈 로스의 이론 '두꺼운 층thickness')을 제공했다. 그 방법은 차익 거래라고 하는 프로세스이다. 만일 아무도 철자가 잘못 표기된 품목에 입찰하지 않으면 그러한 상호작용은 결코 일어나지 않을 것이다. 그런 점에서 차익을 노리는 매매인들이 꽤 중요한 서비스를 제공하는 것으로 볼 수 있다. 그러나 차익 거래의 기회가 존재한다는 사실은 시장의 비효율성을 드러낸다. 이제 이베이는 판매자가 내놓은 제품의 스펠링 오류를 자동으로 바로잡아 물품이 정당한 가치를 받을 거라는 확신을 준다. 이런 경우 제대로 설계된 거버넌스는 매매 차익을 노리는 특정한 이해 집단의 권리를 박탈하여 생태계의 건전성을 전반적으로 향상시킬 수 있다.

또 다른 사례로 뉴욕 증권거래소의 초고속 거래가 있다. 골드만삭스와 같은 회사들은 슈퍼컴퓨터를 사용하여 한 시장에 들어간 주문이 다른 시장에 어떤 여파를 미칠지 판단한다. 그런 다음 초단타 매매 거래로 낮은 가격에 사서 높은 가격에 팔아 마진을 쓸어 담는다. 이런 방법은 엄청난 성능의 슈퍼컴퓨터를 이용할 여력이 있는 극소수의 시장 참여자들에게 이익을 준다는 점에서 공정하지 않다.[35] 이 같은 비대칭적인 시장 지배력은 속았다는 느낌을 받은 참가자들의 이탈을 초래할 위험이 있다. 이 문제를 해결하기 위해 경쟁 거래소, 이를테면 대체 거래 시스템인 IEX(Investor's Exchange, 일반 거래자들의 주문을 미리 감지하여 먼저 거래하는 초단타 매매 거래를 방지하는 것을 목표로 설립되었다. 이를 위해 주문 속도를 350마이크로초 지연시키거나 주문 형태의 수 등을 제한한다–옮긴이)는 자체 슈퍼컴퓨터를 이용하여 주문이 들어온 정확한 시점을 감지하여 골드만 삭스 같은 회사들이 우위를 선점하지 못하게 한다.[36] 아키텍처는 공정한 경쟁의 장을 만들어 모두에게 경쟁력 있고 올바른 시장을 조성한다.

아키텍처를 활용하여 가장 혁신적인 형태의 통제력을 발휘한 사례가 있었다. 2008년 나카모토 사토시(Satoshi Nakamoto)라고 알려진 익명의 천재 컴퓨터 프로그래머가 암호화에 대한 주제를 사람들끼리 주고받는 크립토그래피(Cryptography) 메일링 리스트에 비트코인 디지털 화폐와 비트코인을 관장하는 이른바 블록체인 프로토콜 (blockchain protocol)을 정의하는 내용의 논문을 발표했다. 비트코인은 정부나 은행, 또는 개인이 통제할 수 없는 위조가 불가능한 세계 최초의 디지털 화폐로 유명해졌지만, 실제로 가장 혁명적이었던 것은 바로 블록체인이었다. 블록체인으로 인해 에스크로 결제(escrow payments, 상거래 시에 판매자와 구매자의 사이에 신뢰할 수 있는 중립적인 제3자가 중개하여 금전 또는 물품을 거래하도록 하는 것–옮긴이)나 다른 보증인 없이도 완전히 분산되어 있고 완벽하게 신뢰할 수 있는 상호작용이 가능하다.

블록체인은 분산식 공개 원장으로 데이터를 한 컨테이너(블록)에 담을 수 있으며, 이 컨테이너는 또 다른 컨테이너와 연결(체인)되어 있다.[37] 이 컨테이너에는 아무 데이터나 담을 수 있다. 발명품임을 입증하는 날짜이든 자동차의 법적 소유권이든, 아니면 디지털 동전이든 상관없다. 내가 그 컨테이너에 데이터를 담아 놓았는 것을 누구나 검증할 수 있다. 그 컨테이너에 내 공개 서명이 있을 뿐 아니라 오직 나만의 개인 열쇠가 있어야만 컨테이너 안에 담긴 내용을 확인하거나 전송할 수 있기 때문이다. 집 주소처럼 블록체인 컨테이너는 공개적으로 내 집인 것이 확실하지만, 그 집에는 내가 공인한 열쇠를 가진 사람만이 들어갈 수 있다.[38]

블록체인 프로토콜은 분산된 거버넌스를 가능하게 해 준다. 일반적으로 계약서에 서명할 때 우리는 상대편 당사자가 계약을 이행할 거라고 믿거나 아니면 어떤 중앙 기관, 예컨대 국가가 될 수도 있고 이베이에서 사용하는 에스크로 서비스를 이용해서 계약의 이행을 강제한다. 공개 블록체인을 소유한다는 것은 우리에게 자기 구속력이 있는 스마트 계약서를 작성할 수 있는 힘이 생긴다는 것으로 이런 계약서는 일단 계약 조건이 성립하면 자동으로 소유권을 재할당한다. 계약 당사자 누구도 거래를 철회할 수 없다. 분산된 형태에 공개적으로 실행되는 코드를 아무도 통제하고 있지 않기 때문이다. 체결되면 단순히 이행될 뿐이다. 이 자율적인 스마트 계약은 사람들의 업무 성과에 따라 돈을 지급할 수도 있다. 사실상 사람이 기계를 쓰는 게 아니라 기계가 사람을 쓰는 셈이다.

예를 들어 한 결혼 전문 사진사와 결혼식을 계획 중인 커플이 스마트 계약을 맺었다고 상상해 보자. 블록체인에 저장된 계약서에는 사진사가 받기로 한 잔금이 사진사가 신혼부부에게 편집한 사진 파일을 컴퓨터로 전송한 순간 즉시 지급되도록 명시되어 있을 것이다. 이 자동 디지털 트리거는 사진사가 사진을 전송하면 즉각 잔금을 받게 될 것임을 보장함과 동시에 고객이 잔금을 지불하지 않을 수도 있다는 불안감에서 사진사가 벗어날 수 있게 해 준다.

나카모토의 발명품으로 인해 전혀 새로운 종류의 플랫폼이 탄생했다. 개방된 아키텍처와 거버넌스 모델 덕분에 중앙 집중식 권한이 존재하지 않는 플랫폼이 탄생한 것이다. 게이트키퍼가 필요 없으므로 이 플랫폼은 값비싼 게이트키퍼에 의존하는 기존 플랫폼에 큰 압력을 가할 것이다. 단순히 자기들을 통해 돈이 오고갔다는 이유로 2~4%에 달하는 수수료를 떼어 가는 금융 서비스 기업들은 향후 수수료에 대한 정당성을 입증하기 어렵게 될 것이다.

나아가 대부분의 플랫폼이 특정 참여자의 시장 지배력 문제를 해결하려 하지만 나카모토의 플랫폼은 플랫폼 자체가 지닌 독점력 문제를 해결한다. 여전히 신원이 수수께끼로 남아 있는 나카모토(2016년 5월 나카모토 사토시는 호주의 사업가 겸 컴퓨터 공학자인 크레이그 스티븐 라이트 Craig Steven Wright임이 밝혀졌다-옮긴이)조차도 한 참여자에게만 유리하게 오픈 소스 코드의 규칙을 다시 만들 수 없다.

재미, 평판, 명성 등을 통해 시장을 형성해 관리하라

시장은 행동을 지배하기 위해 메커니즘을 설계하거나 다양한 인센티브를 제공한다. 인센티브에는 돈뿐만 아니라 인간의 3대 동기 부여 요소라 할 수 있는 재미, 명성, 부까지도 포함한다. 사실 대다수의 플랫폼에서는 금전보다는 눈에 보이지 않는 주관적인 형태의 가치, 바로 사회적 통화가 훨씬 더 중요하다.

사회적 통화에는 뭔가를 얻기 위해 뭔가를 주어야 한다는 개념이 들어 있다. 사람들이 사진을 공유하게 만들려면 사진에 재미라는 요소를 더하면 된다. 관계의 경제적 가치로 판단하는 사회적 통화에는 얼마나 많은 사람들이 좋아하고 공유했는지가 포함된다.[39] 또 여기에는 한 사람이 이베이에서 훌륭하게 상호작용했거나 레딧에 좋은 뉴스를 포스팅하거나 스택 오버플로에서 훌륭한 답변을 하여 얻은 평판도 포함된다. 트위터에 얼마나 많은 팔로어를 보유하고 있는지, 링크드인에서 추천을 받은 직업에 관련된 스킬의 개수도 사회적 통화에 해당된다.

아이스톡포토는 유용한 시장 메커니즘을 사회적 통화에 기반하여 진화시켜 가면서 사람들의 사진 거래를 관리했다. 다운로드하는 사진마다 그것을 내려받은 사람이 1크레딧을 지불하면, 맨 처음에 해당 사진을 올린 사람이 1크레딧을 번다.[40] 크레딧은 1크레딧당 25센트에 충전할 수도 있으며, 사진사는 쌓인 크레딧이 100달러가 넘으면 현금으로 환급받았다. 이러한 시스템은 전문 사진가들과 비전문 사진가들이 동일한 시장에 공정하게 참여할 수 있는 사회적 거래소를 만들어냈다. 이 메커니즘은 공급과 '두꺼운 층'을 동시에 장려하여 마이크로스톡 사진 산업(micro stock photo industry, 비전문가들도 참여할 수 있는 디지털 이미지를 사고파는 산업-옮긴이)을 탄생시켰다.

사회적 통화에는 훌륭하지만 저평가된 속성이 여럿 있다. 우리는 이런 속성을 이용하여 투자자 브래드 버넘이 던진 플랫폼의 '통화 정책'에 대한 흥미로운 질문에 답할 수 있다.

기업용 관리 플랫폼 기업인 SAP는 아이스톡포토나 스택 오버플로가 이용하는 사회적 통화를 가지고 개발자들이 서로 활발히 질의응답을 하게끔 동기를 부여한다. 한 개발 회사의 직원이 질문에 답을 해서얻은 포인트를 그 회사 계정에 쌓아 주고, 그 계정의 포인트가 어떤수준에 도달하면 SAP는 그 회사가 선택한 자선 단체에 상당한 기부금을 지급한다. 이 시스템으로 SAP는 기술 지원 비용 600만~800만달러를 절감했으며, 다양한 신제품과 서비스에 대한 아이디어를 얻었고, SAP가 약속한 대로 평균 대응 시간을 1영업일에서 30분으로 줄였다.[41] SAP는 이러한 활동으로 인한 지식 파급 효과로 연간 생산성측면에서 50만 달러에 달하는 이윤이 생기는 것으로 추산한다.[42]

더욱 흥미로운 점은 미국 연방준비제도 이사회가 통화를 공급하여미국 경제를 활성화시키는 것과 같은 방식으로 SAP가 사회적 통화를공급하여 개발자 경제를 활성화시켰다는 점이다. SAP가 새로운 고객관계관리(CRM) 제품을 발표했을 때, SAP는 CRM과 관련한 응답, 코드 또는 백서에 대해서는 포인트를 두 배로 제공했다. 두 달간의 '통화 확대' 정책이 시행되는 동안 개발자들은 이 소프트웨어의 허점을찾아내고 엄청나게 빠른 속도로 신기능을 고안해 냈다.[43] 사회적 통화의 공급량이 증가하자 전반적인 경제적 생산성도 증가했다. 사실상SAP는 통화 확대 정책을 시행하여 성장을 촉진하려 했고 실제로 효과를 거두었다.

잘 설계된 시장 메커니즘은 경제 성장을 촉진할 뿐 아니라 지적 재산을 만들어 내고 공유하는 데 따른 인센티브를 제공함으로써 플랫폼상의 상호작용에 대한 위험도를 떨어뜨린다.

아름답고 유용한 아이디어는 공공재이다. 그러면 의문이 생긴다.

플랫폼 기업을 위해서 어떤 지적 재산권 정책이 가장 좋을까? 만일 플랫폼 개발자가 가치 있는 아이디어를 발굴했을 때 그 아이디어는 누구의 것일까? 개발자인가 아니면 플랫폼인가? 이 문제에 대해서 양쪽 입장을 생각해 보자. 개발자에게 소유권이 돌아가면 그에게 아이디어 창안에 대한 인센티브를 제공하는 것이다. 플랫폼에게 소유권이 간다면, 플랫폼은 더 열심히 아이디어를 표준화하고 공유하는 데 힘씀으로써 자체 생태계를 더욱 풍성하게 만들 것이다. 국가가 주도하는 특허와 다른 형태의 지적 재산권 보호 장치들은 투박하며 시행 비용이 많이 들어간다. 따라서 더 우아한 플랫폼 기반의 해결책이 필요하다.

SAP는 이 문제를 두 가지 방식으로 해결했다. 첫째, SAP는 고객을 위해 더 나은 제품과 서비스를 제공하기 위하여 신제품과 서비스 개발 로드맵을 18~24개월 전에 미리 발표한다. 이 로드맵은 단순히 SAP가 외부 개발자들에게 이들이 혁신을 수행하는 데 사용할 수 있는 디지털 영역을 알려 줄 뿐만 아니라 경쟁에 돌입하기 전에 최대 2년이라는 시간이 있음을 짐작하게 한다. 따라서 2년이라는 시간은 특허 기간을 은유적으로 표현한 것이다.[44] 둘째, SAP는 재정적으로 개발자들과 제휴를 맺거나 아예 공정한 가격에 이들의 사업을 인수하는 정책을 시행해 왔다. 이로써 개발자는 성과에 따른 보상이 공정할 거라고 확신할 수 있고, SAP 입장에서는 파트너 리스크를 줄일 수 있으며, 외부 투자자들은 SAP 플랫폼에 더 적극적으로 투자할 수 있다.

플랫폼에서의 리스크를 줄이는 문제는 매년 발생한다. 역사적으로 플랫폼 소유자는 보통 플랫폼 참여자들이 감수해야 하는 리스크에 대해서 책임을 회피하려 한다. 특히 플랫폼 초창기에 그런 경향이 더 뚜

렷하다. 예를 들어 1960년대 신용카드 회사들은 상점과 카드 소지자라는 양면 플랫폼을 운영하면서, 카드 소지자들을 위해 카드 사기 보험에 가입하기를 거부했다. 카드 회사는 보험에 가입하면 오히려 사기를 부추길 거라며, 보험 가입으로 인해 카드 소지자들이 카드 관리에 소홀해지게 되고, 은행은 더 많은 리스크를 감당할 수밖에 없게 되어 대출 확대를 꺼리게 될 것이며, 결국 저소득층 소비자들이 피해를 입게 될 거라고 주장했다.

주요 은행들의 격렬한 반대에도 불구하고 공정신용보고법(1970)과 이후 개정된 법은 사기 방지 보험에 가입할 것을 요구했으며, 신용카드 부당 사용에 대한 고객의 책임 금액을 50달러로 제한했다. 이후 신용카드 회사들이 예견했던 재앙은 일어나지 않았다. 카드 사기에 대한 두려움이 해소되자 소비자들은 신용카드를 더 자주 사용했고, 상호작용이 급격히 증가하면서 사기 증가를 상쇄하고도 남을 정도였다. 사기 보험에서 얻은 사업적 이윤이 너무나 큰 나머지 카드 채택과 사용을 더욱 늘리기 위해, 대다수의 은행은 현재 소비자가 24시간 내에 카드 분실 또는 도난 사실을 신고하면 50달러를 아예 면제해 주고 있다.[45]

최근 몇 년간 새로운 플랫폼 기업들은 1960년대 신용카드 회사들이 했던 것과 똑같은 실수를 저지르고 있다. 처음에 에어비앤비는 호스트에게 게스트의 불량 행위에 대한 보상을 거부했으며, 우버는 탑승객들에게 운전자의 불량 행위에 대비한 보험을 들어 주지 않았다.[46] 결국 이 두 회사는 이런 행동이 플랫폼 성장을 저해한다는 사실을 깨달았다. 우리가 언급했듯이, 현재 에어비앤비는 호스트 회원에게 100만 달러에 달하는 주택 소유주 보호 보험을 들어 주고 있으며, 우

버는 보험 회사와 제휴를 맺고 운전자 보호를 위한 새로운 유형의 보험 상품을 만들었다.[47]

플랫폼은 자기들의 리스크를 최소화하려고 하기보다는 시장의 보험이나 위험 분산 메커니즘을 이용하여 참여자들의 리스크를 낮춤으로써 전반적으로 가치를 최대한 끌어올리려고 노력해야 한다. 좋은 거버넌스란 생태계에 존재하는 파트너들의 상태를 보살피는 것을 의미한다.

플랫폼을 위한 스마트한 자기 규제의 원칙

왕과 정복자들은 규칙 세우기를 좋아한다. 그러나 규칙을 따르는 것을 언제나 좋아하진 않는다. 그러나 똑똑한 거버넌스 규칙이 플랫폼 파트너와 참여자들 뿐 아니라 플랫폼 기업들에게도 적용되면 더 좋은 결과를 낳을 수 있다.

플랫폼을 위한 똑똑한 자기 규제 거버넌스의 원칙 중에서 가장 중요한 것은 내부 투명성(internal transparency)이다. 플랫폼 기업은 사실상 거의 모든 조직과 마찬가지로 사업 부문이나 부서끼리 '격리(siloed)'되는 경향이 있다. 이런 현상은 외부인들이 이해하기 어려운 독특한 관점, 언어, 시스템, 프로세스, 도구를 개발하면서 나타나는 현상이다. 심지어 같은 회사에 있는 다른 부서에서도 알기 어려운 경우도 있다. 이런 현상 때문에 두 개 이상의 사업 부서가 개입되면 문제가 복잡해져서 해결하기가 매우 어려워진다. 다른 업무 팀 소속 사람들과 서로 공유하는 어휘와 도구가 부족한 탓이다. 더군다나 외부인—플랫폼 사용자와 개발자—이 효과적으로 플랫폼 관리 팀과 협력하기는 더욱 어렵다.

이런 문제를 피하려면 플랫폼 관리자들이 회사의 모든 사업 부문을 상대로 전체 플랫폼에 대한 입장을 명확하게 밝혀야 한다. 이러한 투명성이 일관성을 유지할 수 있게 하고 도움이 되며, 다른 이들이 핵심 자원을 개발하고 사용하는 데에도 기여하며, 나아가 플랫폼의 성장 확대에도 도움이 된다.

이른바 '예이그의 외침(Yegge Rant)'은 아마존의 설립자 제프리 베조스(Jeffrey Bezos)의 명령을 회사 중역 스티브 예이그(Steve Yegge)가 요약한 것으로 기업 내부의 거버넌스 원칙에 담긴 정신을 잘 포착하고 있다. 베조스는 모든 아마존 팀원들이 반드시 '서비스 인터페이스'를 사용하여 의사소통하는 법을 배워야 한다고 주장했다. 서비스 인터페이스는 외부 사용자와 파트너는 물론 조직 내의 누구하고나 명확하고 쉽고 유용하게 소통할 수 있도록 설계된 데이터 커뮤니케이션 도구다. 다시 말해서 함께 일하는 모든 이들―다른 부서와 사업부에 속한 동료들―을 우리가 책임져야 할 타당하고 중요한 정보를 요구하는 고객으로 대해야 한다는 것이다. 예이그의 외침에는 다음과 같은 7개의 규칙이 제시되어 있다.

1. 이후로 모든 팀은 자기들의 데이터와 기능을 서비스 인터페이스를 통해서 제공한다.
2. 팀은 반드시 인터페이스를 통해 커뮤니케이션한다.
3. 다른 형태의 내부 커뮤니케이션은 허용하지 않는다. 직접 링크를 보내거나 다른 팀의 데이터 스토어에 접근해서 데이터를 읽을 수 없으며, 공유 메모리 모델도 안 되고 그 어떤 백도어도 금한

다. 오직 네트워크에서 서비스 인터페이스 호출을 통한 커뮤니케 이션만 허용한다.

4. 어떤 기술을 사용하든 상관없다. HTTP, Corba(Common Object Request Broker Architecture), Pubsub(Publish-subscribe pattern), 독자 프로토콜 등 무엇이든 사용할 수 있다. 베조스는 상관하지 않는다.

5. 모든 서비스 인터페이스는 예외 없이 반드시 외부에서 이용할 수 있어야 한다. 반드시 외부 개발자들이 이용할 수 있게 인터페이스를 구상하고 설계해야 한다는 뜻이다. 예외는 없다.

6. 이대로 행하지 않는 사람은 누구나 해고될 것이다.

7. 고맙다. 좋은 하루 되길!

이토록 치밀하게 투명성 원칙을 적용했기에 아마존의 클라우드 서비스인 아마존 웹 서비스(Amazon Web Services, AWS)가 성공을 거둘 수 있었다. 아마존의 앤드루 제시(Andrew Jassy) 기술 부사장은 부서마다 데이터를 저장하고 검색하고 통신하기 위해 얼마나 많은 웹 서비스를 개발해야 했는지에 대해 말했다.[48] 그는 이렇게 다양한 프로젝트들을 명확하고 유연하며 보편적이고 포괄적인 일련의 프로토콜을 보유한 하나의 작업으로 합쳐야 한다고 주장했다. 그렇게만 하면 아마존의 누구나 회사의 방대한 데이터에 접근할 수 있고 잘 활용할 수 있을 거라고 보았다.

무엇보다도 제시는 아마존이 겪고 있는 문제를 해결하면 다른 곳에서도 이를 폭넓게 적용할 수 있을 것임을 깨달았다. 제시는 아마존 내의 다양한 사업 부문에서 이 문제를 해결해야 하고, 이 문제를 신뢰할 만한 데이터 관리 서비스로 해결했다면 그 해결책이 비슷한 상황에 있는 외부 기업들에게도 유용할 거라고 봤던 것이다. 그렇게 해서 AWS가 탄생했다. AWS는 막대한 양의 데이터 때문에 도전을 받는 기업들에게 클라우드 기반의 정보 스토리지와 관리 서비스, 그리고 전문 기술을 제공하는 최초의 비즈니스로 손꼽힌다. 제시의 이러한 선견지명 덕분에 오늘날 AWS의 시장 역량은 수십 개의 클라우드 서비스 기업들을 합친 것보다 더 크다.[49]

이와 반대로 사업 부문 전체를 조망하는 데 한계를 두는 회사들은 플랫폼에서 성공을 거두지 못하거나 플랫폼 사업을 확장하는 데 실패할 수 있다.

소니의 사례를 들으면 정신이 번쩍 들게 된다. 소니 워크맨은 1970년대 휴대용 음악 재생기 시장을 지배했다. 2007년 애플 아이폰이 출시되었을 때, 전 세계 전자 기기 시장에서 소니의 위상은 전혀 흔들림이 없는 것처럼 보였다. 소니는 세계 최고의 MP3 플레이어와 선구적인 전자책 단말기를 보유하고 있었고 최고 수준의 카메라를 생산했다. 그해 가을, 소니는 세계 최고의 게임 기기인 차세대 플레이스테이션 포터블(PlayStation Portable, PSP)을 발표했다. 소니는 심지어 영화사와 텔레비전 스튜디오도 보유하고 있어서 소니만의 특별한 콘텐츠를 제공할 기회도 갖추고 있었다.

이렇게 조금씩 우위를 차지해 왔음에도 불구하고 소니는 플랫폼이라는 비전을 가져 본 적이 없었다. 오히려 소니는 별도의 제품군을 유지한 채 각각의 시스템에만 집중했다.

소니는 비즈니스에 대한 협소한 비전 때문에 통일된 플랫폼 생태계를 만들지 못했다. 몇 년 안 되어, 플랫폼에 기반을 둔 애플의 아이폰과 앱이 소니가 군림하던 영역을 모두 휩쓸어 갔다. 2008년 금융 위기가 세계 경제를 덮친 지 2년이 지난 시점에서 소니의 주가는 여전히 이전보다 3분의 1 수준에 머물렀지만, 애플의 주가는 사상 최고치를 경신했다.

플랫폼 자기 규제 거버넌스의 두 번째 대원칙은 참여(participation)다. 플랫폼 관리자들이 의사 결정 과정에서 외부 파트너와 이해관계자들에게 내부 이해관계자들과 동일한 발언권을 주는 것은 매우 중요하다. 그렇지 않으면 플랫폼 자체에만 유리하게 모든 의사 결정이 내려지게 되면서 외부 파트너를 소외시켜 이들의 플랫폼 이탈을 초래할 수 있다.

애나벨 가우어와 마이클 쿠수마노가 함께 쓴 책 『플랫폼 리더십(Platform Leadership)』에서 두 저자는 파트너에게 발언권을 주는 것이 어떻게 훌륭한 플랫폼 거버넌스가 될 수 있는지 생생히 보여 주는 사례를 제시한다. 인텔의 주도하에 USB 주변에 구축된 생태계는 키보드, 메모리 기기, 모니터, 카메라, 네트워크 커넥터 등의 주변 기기와 컴퓨터 사이의 데이터와 전력 전송을 가능하게 만든 최초의 표준 가운데 하나였다. 그러나 주변 기기들은 인텔의 핵심 마이크로칩 사업 외부에 존재했다.[50] 이 말은 곧 인텔이 자기들만의 닭이 먼저냐 달걀이 먼저냐 하는 문제에 직면했음을 의미했다. 우리는 5장에서 이 문제를 다룬 바 있다. 아무도 채택하지 않는 표준을 따르는 주변 기기를 생산하고 싶어 하는 제조업체는 없다. 또 호환되는 주변 기기가 없는 컴퓨터를 사고 싶어 하는 사람도 없다. 게다가 잠재적인 하드웨어 협력사들은 자기들 하드웨어가 인텔과 연관되는 것을 주저했다. 표준을 보유한 인텔이 경쟁사 제품과 호환이 되지 않게 표준을 얼마든지 바꿀 수 있는 위치에 있어서, 협력사들의 장기 투자 가치를 인텔 혼자 독차지할 수 있었다.

인텔은 USB를 인텔 아키텍처 랩(Intel Architecture Labs, IAL)에 일임하여 닭이 먼저냐 달걀이 먼저냐 하는 문제를 해결했다. 새로운 사업 부문인 IAL은 인텔의 자체 제품 라인을 관장하는 그 어떤 부서에도 속하지 않았다. IAL은 생태계 협력사와 내부 사업 부문 간에 협상을 중립적으로 조율하는 일을 맡았다. 이 일은 독립성을 확보한 상태에서만 수행 가능했다. 때로는 인텔의 사업 부문이 손해를 보는 경우도 있었지만 IAL은 생태계의 건전성을 향상시키는 정책들을 옹호하고 입안하여 협력사들의 신뢰를 얻었다. 1년간 IAL팀은 50개 이상의 회사들을 방문하여 결국 그들을 편안하게 만들어 줄 라이선스 표준과 디자인을 정하는 데 참여해 달라고 요청했다. 인텔은 IAL을 통해서 협력사의 시장을 침해하지 않겠다고 약속했다. 인텔은 평판의 힘과 계약을 이용하여 자신들이 향후 취할 수 있는 행동에 제약을 가했다(다음 쪽에 있는 IAL의 자기 규제 원칙 요약본을 참고하라).

이러한 노력은 결실을 맺었다. 컴팩(Compaq), DEC, IBM, 인텔, 마이크로소프트, NEC, 노텔(Nortel) 등 7개 회사로 구성된 컨소시엄이 USB를 중심으로 연합하여 10년 이상 성공적으로 진화한 생태계의 표준을 만들어 냈다.

이 사례는 우리가 이번 장 앞에서 소개한 심도 있는 설계 원칙을 상기시킨다. 공명정대한 거버넌스는 부를 창출한다. 우리는 이 원칙이 싱가포르의 부상에도 적용되었다는 사실을 확인했으며, IAL과 USB 표준 사례에서도 볼 수 있다.

공정성은 두 가지 면에서 부를 창출하는 데 도움이 된다.[52] 첫째, 사

인텔이 USB 표준을 정립하며 시행한 자기 규제 원칙

- 중요한 의사 결정을 내릴 때 고객에게 발언권을 제공하라. 별도의 사업 부문을 '차이니즈 월(Chinese Wall, 정보 차단 벽)'로 활용하여 상충되는 의제를 처리하라.
- 신뢰 관계를 위해 공개 표준은 반드시 공개한다.
- 지적 재산권을 공정하게 처리하라. 내 것이든 남의 것이든.
- 명확한 로드맵에 대해 널리 알리고 해당 로드맵을 고수하라. 행동하기로 한 약속이든, 행동하지 않기로 한 약속이든, 반드시 신뢰할 수 있어야 한다.
- 전략적으로 중요한 시장에 진입할 권리를 보유할 때는 통지한다. 사람들을 깜짝 놀라게 하지 말고 새로운 소식을 너무 좋아하지 말라.
- 대형 투자인 경우 리스크를 공유하고 자기 돈으로 투자하라.
- 불변의 플랫폼을 약속하지 말라. 빨리 통지할 것을 약속하라. 적극적으로 개입하여 변화가 일어났을 때 파트너가 아니라 플랫폼이 영향을 받게 하라.
- 다른 자산을 보유한 파트너들에게 저마다 다른 혜택을 제공하는 것은 좋다. 단 왜 그런 혜택이 돌아갔는지 모두가 납득할 수 있어야 한다.
- 파트너, 특히 규모가 작은 파트너들의 장기적인 재무 건전성을 도모하라.
- 비즈니스가 성숙해질수록 외적 성장을 추구하면서 핵심 플랫폼에서 보조 플랫폼으로, 플랫폼의 매출 감소를 가져오는 새로운 사업 쪽으로 결정을 내리게 된다.[51]

람들을 공정하게 대하면 그들이 자기 생각을 공유할 가능성이 더 높아진다. 아이디어가 늘어나면 그 아이디어들이 서로 뒤섞이고 어우러져 새로운 혁신으로 재탄생할 기회가 더 많아진다.

둘째, 이 책의 저자들 중 한 사람인 마셜 밴 앨스타인은 공정한 거버넌스가 참여자들을 시장으로 이끌어 내어 이들의 자원을 보다 현명하고 생산적으로 분배할 수 있다는 사실을 공식적으로 입증했다.[53] USB 표준을 생각해 보라. 표준을 정하는 데 참여한 7개 기업이 각자 창출한 가치에 대해 공정한 몫을 힐딩받을 것이라는 사실을 확신한다면, 각각의 기업은 적극적으로 참여하려 할 것이다. 반대로 7개 회사 중 5곳이 힘을 합쳐 다른 2곳의 몫까지 뺏을 수 있고 그 두 회사가 실제로 그렇게 될 가능성이 있다는 것을 알았다면, 결코 컨소시엄에 참여하지 않았을 것이다. 불공정성이 발생할 가능성 때문에 분열이 야기되면서 USB 표준안은 서로 다른 안으로 쪼개져 경쟁할 수도 있었다. 아니면 더 최악의 상황으로 치달아 아예 표준 자체를 개발하지 못했을 수도 있었다.

그렇다고 해서 공정성이 언제나 부를 창출한다거나 공정성을 확보하지 않고는 결코 부를 창출할 수 없다는 건 아니다. 큐리그, 애플, 페이스북 등의 기업들은 간혹 커뮤니티를 제대로 대우하지 못했으나 경제적으로는 성장했다. 그러나 장기적 관점에서 참여자들이 공정한 생태계 거버넌스에 참여할 수 있도록 시스템을 설계한다면, 플랫폼 소유자가 무책임하게 임의로 결정하는 것을 허용하는 규칙이 존재할 때보다는 사용자들이 더 많은 부를 창출할 수 있을 것이다. 대다수의 플랫폼 관리자들은 사용자보다는 자신들에게 유리한 방향으로 거버넌스 원칙을 세운다. 그러나 사용자들은 자기들을 더 많이 존중해 주는 플랫폼의 기대에 부응한다. 그리고 혜택은 결국 모두에게 돌아간다.

거버넌스는 언제나 불완전할 것이다. 어떤 규칙이 있든 파트너들은 어떻게든 자신에게 유리한 뭔가를 찾아낼 것이다. 언제까지나 정보의 비대칭성과 외부효과가 존재할 것이다. 상호작용은 복잡해지고, 복잡한 상호작용은 간섭으로 이어지며, 간섭은 또 다른 복잡성을 낳는다. 사실 좋은 거버넌스가 제3의 이해관계자로 하여금 혁신을 도모하게 해 준다 해도, 새로운 가치가 창출됨과 동시에 그 가치를 통제하기 위해 새로운 갈등이 야기될 것이다.

그러한 갈등이 발생하면 거버넌스는 가치를 가장 많이 창출하는 공급처나 시장의 편을 들어주어야지 기존 관행의 편에 서서는 안 된다. 자신의 노후화된 자산을 지키기 위해 의사 결정을 내리는 기업들은 마이크로소프트가 그랬던 것처럼 정체될 수밖에 없다. 따라서 거버넌스 메커니즘은 자가 치유적이어야 하며 진화를 유도해야 한다. 정교한 거버넌스는 '자가 설계를 위한 설계(design for self-design)' 수준의 효율성까지 발휘한다. 즉 이러한 거버넌스는 플랫폼 구성원들이 자유롭게 협력하고 거리낌 없이 새로운 시도를 할 수 있게끔 도와주면서 필요에 따라 규칙을 수정한다. 거버넌스는 고정되어 있으면 안 된다. 변화의 신호가 보일 때—예컨대 플랫폼 사용자의 행동이 달라지거나 사용자 사이에서 예상치 못한 갈등이 터지거나 새로운 경쟁자들이 공격해 올 때—변화에 대한 정보를 조직 전체에 빠르게 확산시켜야 한다. 이로써 변화에 대응하기 위해 거버넌스 시스템이 어떻게 진화해야 하는지에 대한 창조적인 대화가 오갈 수 있다.

플랫폼이 어떤 비즈니스 또는 어떤 종류의 사회적 생태계에 속해 있든지 언제나 그곳에는 빨리 움직이는 것과 천천히 움직이는 것이 공존할 것이다. 똑똑한 거버넌스 체계는 이 두 가지 상황에 충분히 대응할 수 있을 만큼 유연해야 한다.[54]

<table>
<tr><td>Platform 8</td><td>이것만은!</td></tr>
</table>

❏ 거버넌스가 필요한 이유는 절대적으로 자유로운 시장은 실패하는 경향이 있기 때문이다.

❏ 시장 실패는 보통 정보의 비대칭성, 외부효과, 독점력, 리스크에 의해 야기된다. 훌륭한 거버넌스는 시장 실패를 예방하고 완화하는 데 도움이 된다.

❏ 플랫폼 거버넌스의 기본 도구에는 법, 규범, 아키텍처, 시장이 있다. 각각의 도구는 반드시 신중하게 설계되고 이행되어야 한다. 플랫폼 참여자들의 긍정적인 행동을 독려하고 좋은 상호작용에 대해 인센티브를 제공하며 나쁜 상호작용을 억제해야 하기 때문이다.

❏ 자기 규제 거버넌스는 효과적인 플랫폼 관리를 위해 매우 중요하다. 잘 운영되는 플랫폼은 투명성의 원칙과 참여의 원칙에 따라 자체 활동을 통제한다.

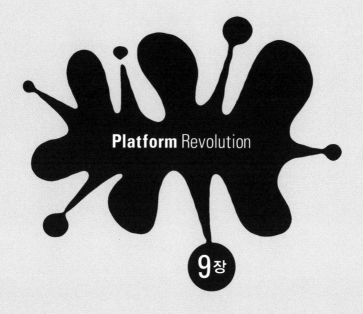

Platform Revolution

9장

경영 지표

플랫폼 관리자의 핵심 점검 사항은 무엇인가

전통적인 파이프라인 기업의 경영 지표

리더들은 언제나 자기들의 앞길을 안내해 줄 몇 가지 핵심 지표를 필요로 한다. 이 사실은 수천 년간 비즈니스에서 행정, 전쟁에 이르기까지 인간 활동의 전 영역에 걸쳐 한결같은 진리였다. 역사학자 조너선 로스(Jonathan Roth)가 갈리아 전쟁(기원전 58~50년)에서 율리우스 카이사르가 이끈 군대의 핵심 요체를 다음과 같이 기술한 것을 생각해 보라.

로마 군대는 전쟁터에 의류, 갑옷, 날선 무기, 날아가는 무기, 천막, 이동식 요새, 요리 도구, 의료 물품, 문구 등 방대한 물품을 가져왔다. (……) 그러나 대략 고대 군인들이 필요로 했던 물자 총량의 90%는 단 3가지 요소로만 구성되어 있었다. 식량, 사료, 땔감이었다. 기본적인 전략 개념에서 가장 세부적인 전술적 움직임에 이르기까지 모든 군사적 의사 결정은 군사들을 위한 이러한 물품 공급 요구에 따라 영향을 받았으며, 이런 요구에 의해 결정되는 경우가 잦았다.[1]

일정한 수의 군인과 동물을 바탕으로, 카이사르의 병참 장교가 재빨리 군인들이 어디까지 행군할 수 있으며 식량을 재공급하기 전까지 얼마나 오랫동안 군사 작전을 수행할 수 있을지 결정할 수 있었던 것은 군인들에게 필요한 식량의 양, 동물들에게 먹일 사료의 양, 난방과 요리에 필요한 땔감을 표로 만들었기 때문이다. 카이사르는 이 3가지 핵심 지표를 바탕으로 대부분의 기본 전략을 세웠다.

선형적 가치 사슬(파이프라인)을 보유한 전통적인 영리 기업의 경영자들은 상대적으로 제한적인 일련의 표준 지표를 가지고 성공을 일구었다. 예를 들어 자동차나 세탁기와 같은 제품을 만드는 제조업체들은 원자재나 하위 부품을 공급받아 조립하여 완성품을 만든 다음 다양한 판매 및 마케팅 채널을 통해 최종 고객들에게 판매했다. 업무의 내용은 매우 복잡할 수 있지만 파이프라인 참여자들에게 모든 대가를 지불한 총 비용보다 수익을 더 많이 거두는 한, 그리고 리스크를 합리화할 수 있고 향후 개발 비용을 충당할 만큼의 마진이 확보되는 한 만사형통이다. 파이프라인을 따라 죽 늘어선 라인 근로자와 중간 관리자들은 디자인, 제조, 생산, 마케팅, 납품이 이뤄지는 미세한 지점에 집중하는 동안, 이사회 구성원과 외부 투자자들을 비롯한 고위 경영진들은 몇 가지 핵심 지표에만 집중하면서 상대적인 기업 건전성에 대해 신속하게 파악해야 한다.

파이프라인 기업이 사용하는 전통적인 지표에는 대부분의 관리자들에게 익숙한 현금 흐름, 재고 회전율, 영업 이익이 있다. 이런 지표들을 혼합하면 사업의 큰 그림을 그리기가 간단명료하여 경영자들이 부차적인 세부 사항에 정신을 빼앗기지 않고 장기적인 성공에 중요한 요소를 집중할 수 있게 해 준다.

기업 경영 지표와 플랫폼 경영 지표는 다르다

안타깝게도 파이프라인 기업들을 관리하고 운영하는 데 사용되었던 전통적인 지표들은 플랫폼 기업에 적용하기 힘들다. 게다가 플랫폼 사업의 건전성과 성장 전망을 효과적으로 측정할 수 있는 대안 지표를 개발하는 것은 너무나 어렵다.

브랜치아웃(BranchOut)의 사례를 살펴보자. 2010년 7월 처음 서비스를 시작한 브랜치아웃은 주로 사용자가 페이스북을 통해서 구인 구직을 하게 해 주는 앱 기반 직업 소셜 네트워킹 플랫폼이었다. 브랜치아웃은 방대한 페이스북 네트워크의 등에 업힌 링크드인의 변종으로 생각하면 될 것이다. 상당수의 일자리가 구인 광고나 인터넷 포스팅보다는 친구들끼리 공유되는 상황에서 많은 사람들은 브랜치아웃을 기발하다고 생각했다. 브랜치아웃의 창립자이자 CEO 릭 마리니(Rick Marini)는 세 번에 걸쳐 4900만 달러에 달하는 투자금을 유치했다.

이 회사가 눈 깜짝할 사이에 전문직 네트워킹 세계의 최고봉에 오른 것은 실로 놀라운 일이었다. 브랜치아웃의 사용자가 2012년 봄과 여름 사이에 100만 명 미만에서 3400만 명으로 치솟았지만, 그만큼 빠른 속도로 감소했다. 이후 4개월이 지나기도 전에 회원 수가 급격히 줄어들어 200만 명 이하로 떨어졌다. 그리고 다음 해 여름, 브랜치아웃은 완전히 새로운 비즈니스 전략을 모색하여 직장 동료들끼리 팀을 이루어 서로 연락을 할 수 있는 '업무 채팅' 플랫폼으로 변모하려고 했다. 릭 마리니는 기자들에게 "활발한 사용자들이 지금은 그리 많지 않다"고 털어놓으면서, 브랜치아웃은 "실패작이 아니다, 아직도 살아남아 있다"고 말했다.[2]

브랜치아웃이 망한 후, 다양한 이유가 그 원인으로 지목되었다. 일부는 페이스북이 앱 개발자 플랫폼에 변화를 가져와 브랜치아웃의 커뮤니케이션 시스템에 부정적인 영향을 가져왔다고 비난했다. 일각에서는 일자리 검색 기능과 페이스북의 소셜 네트워킹이 뒤섞인 게 문제였다고 지적했고, 이 문제에 대해 이렇게 평가하는 사람도 있었다. "구직 활동은 아주 스트레스 받는 일이에요. 해야 할 일이 정말 많죠. 친구들과 시간을 보내면서 구직 활동에 관한 이야기는 하고 싶지 않습니다. 그런 이야기는 피하고 싶어요."[3]

이 모든 것들이 브랜치아웃의 실패 요인이었을 것이다. 그러나 브랜치아웃의 가장 큰 실수는 엉뚱한 부분―엉뚱한 지표―에 초점을 맞춘 데에 있었다. 투자금이 물밀 듯 밀려오고 엄청나게 많은 '활성 사용자'가 등록했던 2012년 중반의 운명적인 몇 달 동안, 브랜치아웃은 회원 수를 늘리는 데 모든 노력을 집중했다. 브랜치아웃은 최대한 많은 친구들을 초대하는 사용자에게 인센티브를 제공했으며, 페이스북 회원들이 자기와 맺은 모든 친구들을 브랜치아웃에 초대하기 쉽게 만들었다. 수억 건에 달하는 친구 초대가 사이버 공간에 넘쳐나자 브랜치아웃의 회원 가입자 수는 폭발적으로 증가했다.[4]

회원 명부에 한 사람의 이름과 이메일 주소를 올렸다고 해서 플랫폼의 성공이 보장되진 않는다. 중요한 것은 활동이다. 플랫폼 사용자들이 경험하는 만족스러운 상호작용이 얼마나 일어났느냐가 정말 중요하다. 만일 브랜치아웃이 회원 수를 세는 것만큼 부지런히 활성 사용자 수를 추적했다면, 플랫폼의 수백만 명에 달하는 회원들이 브랜치아웃 서비스에 대해 별다른 가치가 있다고 느끼지 않는다는 사실을 눈치챘을 것이다. 물론 바로 그 이유 때문에 회원 수가 급감했다.

브랜치아웃 사례는 플랫폼 세계에 대한 매우 중요한 진실을 여실히 보여 준다. 플랫폼이 전통적인 가치 사슬과 경쟁 전략, 경영 기술에 변화를 가져온 만큼, 플랫폼은 전혀 새로운 형태의 내부 지표를 필요로 한다.

그러면 잠시 파이프라인 관리자들이 가장 흔히 사용하는 지표들로 돌아가 보자. 파이프라인에서 활용하는 지표는 현금 흐름, 재고 회전율, 영업 이익과 같은 핵심 지표와 매출 총이익, 간접비와 투자 수익률과 같은 보조 지표가 있다. 이런 도구들은 다양한 방식으로 파이프라인을 통해 흘러가는 가치의 효율성을 측정하는 데에 도움이 된다. 성공적인 파이프라인 기업은 최소한의 자원으로 상품과 서비스를 생산하며 잘 짜여진 마케팅, 매출, 유통 시스템을 통해 고객에게 대량의 상품과 서비스를 판매하여, 투입된 비용을 충분히 회수하고도 남을 만큼의 수익을 낸 다음 투자자들에게 일부 나눠 주고 나머지는 미래 성장을 위해 재투자한다.

파이프라인 지표들은 파이프라인의 한쪽 끝에서 다른 쪽 끝까지 흐르는 가치의 효율성을 측정하기 위해 설계되었다. 이런 지표들은 관리자들이 가치가 이동하는 과정 중에 어디서 병목 현상이 발생하는지를 파악하고, 막히는 곳을 뚫어 프로세스 효율을 가져오거나 파이프라인을 통해 더 많은 가치가 더 빨리 흘러 다닐 수 있도록 시스템을 개선하는 데 도움을 준다. 따라서 재고 회전율과 같은 통계 수치가 갑자기 떨어지면 보통은 재고 과잉이나 제품 노후화 또는 마케팅 실패의 신호인 반면, 과도하게 높은 재고 회전율은 재고 부족과 그에 따른 매출 하락을 의미한다. 관리자들은 이러한 지표를 신중하게 모니터링하면서 사업이 계속 잘 굴러갈 수 있도록 필요한 부분을 조정하기도 한다.

이런 식의 (말 그대로 단순한) 분석은 플랫폼 사업에서는 통하지 않는다. 우리가 살펴봤듯이 플랫폼의 가치 창출에 가장 큰 영향을 주는 것은 주로 네트워크 효과이다. 플랫폼 사업의 건전성 여부를 드러내는 지표를 찾는 플랫폼 관리자들은 긍정적인 네트워크 효과와 이러한 네트워크 효과를 추동하는 플랫폼상의 활동에 주목해야 한다.

구체적으로 플랫폼의 지표는 성공적인 상호작용의 비율과 거기에 기여한 요인의 비율을 측정한 것이어야 한다. 플랫폼은 사용자들 사이에서 긍정직인 상호작용을 일으기기 위해 존재하며, 특히 가치 있는 생산자와 소비자 사이의 상호작용을 도모한다. 플랫폼에서 긍정적인 상호작용이 많이 일어나면 일어날수록 더 많은 사용자들이 플랫폼에 참여하며, 다양한 활동과 여러 종류의 상호작용이 발생하면 사용자들은 더 적극적으로 참여하려 할 것이다. 따라서 가장 중요한 지표는 플랫폼이 바람직한 상호작용을 지속적으로 얼마나 잘 일으키고 있는지를 정량화한 거라고 할 수 있다. 최종 결과물은 긍정적인 네트워크 효과와 플랫폼 사용자뿐만 아니라 플랫폼 스폰서와 관리자들을 포함한 모든 이들에게 제공되는 막대한 양의 가치여야 한다.

플랫폼의 핵심 지표와 파이프라인의 핵심 지표의 차이점에 주목하기 바란다. 파이프라인 관리자는 파이프라인의 한쪽 끝에서 다른 쪽 끝으로 흘러가는 가치에 관심이 있지만, 플랫폼 관리자는 생태계 전반을 통해 생성되고 공유되고 전달되는 가치에 관심이 많다. 그 가치는 플랫폼상에서 생성될 수도 있고 다른 곳에서 생성될 수도 있다. 플랫폼 관리자에게는 프로세스의 효율성과 시스템 향상이 매우 중요하다. 그러나 최우선 과제는 사용자들 사이에서 상호작용을 성공적으로 촉진하는 것이다. 플랫폼 관리자들에게 가장 큰 목표는 모든 플랫폼 사용자들이 가치를 창출하여 커뮤니티를 강화하고 플랫폼의 장기적인 건전성과 활력을 증진하며 지속적으로 긍정적인 네트워크 효과를 확대하는 것이다.

플랫폼 경영 지표는 생명 주기에 따라 다르다

이번 장에서 우리는 플랫폼 기업을 위한 지표를 개발하고 적용하는 것과 관련해 몇 가지 중요한 문제를 다루면서, 플랫폼 기업의 스타트업 단계에서부터 성숙기에 접어들기까지의 생명 주기를 살펴보려고 한다. 스타트업 단계에서는 플랫폼 설계 및 출시와 관련된 간단한 지표들이 중요하다. 이런 지표들은 핵심 상호작용의 설계, 사용자를 끌어들이고 상호작용을 가능케 하며 생산자와 소비자 매칭에 효과적인 도구의 개발, 효과적인 큐레이션 시스템 개발, 다양한 유형의 참여자에 대한 플랫폼 개방 수준 결정 등에 필요하다.

특히 스타트업 단계에 있는 기업들은 반드시 자신들에게 가장 중요한 자산이 얼마나 늘어나는지 추적해야 한다. 이들에게 중요한 자산이란 상호작용에 활발히 참여하고 있는 생산자와 소비자들이다. 이러한 사용자들과 이들의 상호작용은 긍정적인 네트워크 효과를 생성하는데 핵심이며 궁극적으로는 플랫폼의 성공을 이끌어 내는 요인이다. 여기서 주목할 점은 파이프라인 사업 초기에 매우 중요한 지표—수익, 현금 흐름, 이익률 등—가 스타트업 단계의 플랫폼을 평가하는 데에는 큰 도움이 되지 않는다는 사실이다.

일단 플랫폼 사용자들이 임계량에 도달하고 그들이 플랫폼에서 상당한 가치를 창출하게 되면 지표의 초점은 고객 유지와 활성 사용자를 유료 고객으로 전환하는 쪽으로 이동한다. 바로 이 단계에서 수익 창출이 중대한 사안으로 대두된다. 우리가 6장에서 설명했듯이 플랫폼에서 어떻게 수익을 창출할지 결정하는 일은 매우 어려운 문제이다. 플랫폼 관리자들은 지표를 만들어 수익 창출과 관련한 중요한 문제들을 해결해 나가야 한다. 예를 들어 플랫폼 활동을 통해 어떤 사용자 그룹이 가치를 가장 많이 누리고 있는가? 어떤 사용자 그룹에게 보조금을 지급하여 플랫폼에 계속 붙들어 둘 것인가? 플랫폼이 창출한 가치 중 얼마만큼이 플랫폼 내에서 생성된 것인가? 향상된 큐레이션과 같은 서비스를 통해 얼마나 많은 부가 가치를 창출할 수 있는가? 어떤 외부 그룹이 플랫폼 내의 특정 사용자 그룹에 접근하여 가치를 얻는가? 그리고 가장 중요한 문제, 어떻게 하면 지속적으로 확대되는 네트워크 효과를 저해하지 않고 플랫폼에서 창출되는 가치를 획득하고 보유할 수 있는가? 이런 모든 질문에 답할 수 있는 지표가 필요하다. 성장 단계에서 신중하게 설계된 지표를 통해 이러한 질문에 정확한 답을 얻을 수 있다.

마지막으로 플랫폼이 성장하고 자립 가능한 비즈니스 모델이 개발되면 사용자 수를 유지하고 성장을 도모하기 위해 혁신을 꾀해야 한다. 혁신은 비즈니스 가치를 보존하고 경쟁 플랫폼보다 더 나은 가치를 제안할 수 있는 최고의 방법이다. 그러려면 세심하게 사용자 참여를 살피면서 플랫폼상에서 가치를 창출할 새로운 방법을 찾기 위해 적절한 참여도를 알아낼 수 있는 지표가 있어야 한다. 또한 생산자와 소비자가 얼마나 반복적으로 플랫폼에 참여하고 있고, 시간 흐름에 따라 얼마나 참여가 늘고 있는지 측정하고 추적할 수 있는 지표도 매우 중요하다.

경쟁과 관련해서, 인접 플랫폼이 사용자를 빼 가고 플랫폼의 비교 우위를 없애려는 시도에 대해 관심을 가져야 한다. 그뿐만 아니라 플랫폼의 참여자(예컨대 확장 개발자)가 자기들만의 플랫폼을 만들어 기존 사용자들을 데리고 갈 가능성도 주시해야 한다. 마찬가지로 이런 문제를 해결하려면 플랫폼 경영자들은 위협을 인식하고 시기적절하게 대응하는 데 필요한 지표를 개발해야 한다.

스타트업 단계: 유동성, 매칭 품질, 신뢰도 점검이 핵심

보통 스타트업 회사들은—파이프라인이든 플랫폼이든—자원이 부족하다. 돈, 시간, 인재를 구하기 힘든 상태에서 직원들이 여러 업무를 동시에 처리하거나 자신의 전문 분야와 상관없는 일도 맡아서 한다. 이런 환경에서 어떤 범주의 정보를 이용해 자원을 분배하고 처리할지 결정하는 일은 매우 중요하면서도 어렵다.

게다가 스타트업이 처한 상황에 맞는 지표는 전통적으로 성숙 단계에 있는 기업에 적용하는 것과는 사뭇 다를 수 있다. 창업자 데릭 시버스(Derek Sivers)는 이러한 문제에 대해서 다음과 같이 기술한다.

일반 경영 관리에서 사용하는 도구들 대부분은 스타트업들이 싹을 틔우고자 하는 극도로 불확실한 환경을 위해 고안된 것들이 아니다. 미래는 불확실하고 고객들은 점점 더 많은 대안을 놓고 고민하며 변화의 속도는 그 어느 때보다도 빠르다. 그러나 대부분의 스타트업들은—차고에서 작게 시작했든 정식 기업을 세우고 크게 시작했든—여전히 표준 예측치와 제품 공정, 상세한 비즈니스 계획을 바탕으로 관리된다.[5]

그렇다면 어떤 지표가 플랫폼 비즈니스의 스타트업 단계에서 가장 중요할까? 플랫폼 관리자들은 핵심 상호작용과 그것이 플랫폼 생산자와 소비자들을 위해 창출하는 혜택에 초점을 맞춰야 한다. 플랫폼의 성공과 실패를 판가름하기 위해서, 그리고 어떻게 상황을 개선할지 알아내려면 3가지 주요 지표가 필요하다. 바로 유동성(liquidity), 매칭 품질(matching quality), 신뢰(trust)이다.

플랫폼 시장에서 유동성이란 최소한의 생산자와 소비자가 존재하고 성공적인 상호작용 비율이 높은 상태를 의미한다. 유동성에 도달하면 상호작용이 실패하는 경우가 최소화되고, 원하는 사용자들이 적정 시간 안에 일관되게 상호작용할 수 있다. 유동성 달성은 플랫폼의 생명 주기에서 가장 중요한 첫 번째 이정표이다. 따라서 플랫폼이 출시되고 처음 몇 달 동안 가장 중요한 지표는 언제 유동성에 도달할 것인지를 예측해 주는 것이다. 플랫폼의 운영 방식과 사용자 층의 특성에 따라 지표를 산출하는 공식은 달라진다.

유동성을 측정하는 한 가지 합리적인 방법은 주어진 기간 안에 상호작용으로 이어지는 회원 비율을 추적하는 것이다. 물론 '상호작용'과 적절한 기간이 무엇인지는 플랫폼이 속한 시장의 범주에 따라 달라질 것이다. 정보 및 엔터테인먼트 플랫폼에서 상호작용은 소비자가 헤드라인을 클릭해서 본문을 읽는 것을 의미할 것이며, 쇼핑 플랫폼에서는 제품의 구매를, 전문가 네트워킹 플랫폼에서는 서로를 추천하거나 연락처 교환, 토론 페이지에서 질문에 답을 다는 행위를 상호작용으로 정의할 수 있다. 이러한 상호작용은 모두 높은 수준의 사용자 참여도를 나타내며 플랫폼에서 이용 가능한 가치 단위를 사용자가 언제 인식하고 언제 사용하며 언제 좋아하는지를 의미한다.

부정적인 측면에서는 유동성이 떨어지는 상황이 얼마나 자주 발생하는지 알아보고 추적하는 것이 중요하다. 유동성이 떨어진다는 것은 원하던 거래가 불가능한 상황, 예컨대 우버 사용자가 앱을 열어 탈 수 있는 차가 없다는 것을 발견한 상태를 말한다. 유동성이 부족하면 사용자들은 플랫폼에 참여하는 것을 주저하게 되므로 이런 상황은 최대한 줄여야 한다.

명심할 것은 플랫폼 채택을 결정하는 핵심 지표가 회원 가입이 아니라 사용자 관여도와 활발한 플랫폼 이용이라는 사실이다. 바로 그런 점 때문에 유동성을 정의할 때 사용자 합계와 상호작용 발생 건수를 포함시키는 것이다. 플랫폼 회원 수를 강조하는 신문 보도와 투자 보고서는 상황을 오도하는 것이며, 해당 플랫폼이 잘 운영되고 있다기보다는 단순히 호기심에서 방문하는 사람들을 어떻게든 활성 사용자와 가치 창출자로 전환시키려고 고군분투 중이라는 신호로 볼 수 있다.

또 한 가지 중요한 것이 비교 지표로, 사용자 그룹별로 또는 시기별로 유의미한 차이점을 도출한다는 점에서 중요하다(『린 분석Lean Analytics』의 저자인 앨리스테어 크롤Alistair Croll과 벤저민 요스코비츠Benjamin Yoskovitz의 유용한 권고안이다). 본질적으로 비교 가능한 척도의 좋은 예가 비율(rate) 또는 비(比, ratio)이다. 비율은 일정 시간 동안 발생한 사건의 확률을 말하고, 비는 대조군과의 비교값을 말한다. 예컨대 활성 사용자 비(ratio of active users)는 총 사용자 수에서 활성 사용자 수를 나눈다. 마찬가지로 활성 사용자 증가 비율(rate of growth in active users)은 신규 활성 사용자 수를 총 활성 사용자 수로 나누면 된다.[6]

신생 플랫폼에게 중요한 두 번째 범주의 지표는 매칭 품질이다. 매칭 품질은 검색 알고리즘의 정확성과 탐색 도구의 직관성을 가리킨다. 이런 도구들은 사용자들이 가치가 창출되는 상호작용에 함께 참여할 다른 사용자를 찾는 데에 도움을 준다. 매칭 품질은 가치를 실현하고 장기적으로 플랫폼이 성공적으로 성장하는 데 있어서 매우 중요하다. 매칭 품질은 우수한 제품이나 서비스 큐레이션을 통해 확보할 수 있다.

말 그대로 매칭 품질은 플랫폼에서 제공하는 제품이나 서비스 큐레이션의 효율성과 밀접한 연관이 있다. 일반적으로 사용자는 고도의 상호작용을 목적으로 플랫폼에 참여한다. 이들은 자기들이 찾는 것을 최대한 빨리 구하고 싶어 한다. 원하는 것을 정확히 찾을 수 있으면 사용자로서는 검색에 들어가는 비용이 낮아진다. 즉 사용자들이 원하는 것을 찾는 데 들어가는 시간과 에너지, 노력, 기타 자원이 줄어든다. 따라서 플랫폼이 사용자들을 신속하고 정확하게 이어 준다면, 이러한 사용자들이 활성 사용자나 장기 회원이 될 가능성이 높아진다. 반대로 매칭 품질이 나쁜 데다 매칭 속도도 느리고 결과가 실망스러우면, 사용자 수와 상호작용 빈도가 크게 줄게 될 것이다. 그러면 결국 플랫폼은 조기에 소멸하게 될지도 모른다.

물론 유용한 기본 지표로 만들기 위해서는 '매칭 품질'이라는 추상적인 용어를 실무에 맞게 구체적인 수치로 재정의할 필요가 있다. 플랫폼이 성공적으로 제품과 소비자를 매칭할 때 그것이 얼마나 효율적으로 이루어지는지 측정할 방법이 있다. 바로 매출 전환율(sales conversion rate)을 추적하는 것이다. 매출 전환율은 검색이 상호작용으로 이어지는 비율을 나타낸다.

당연히 매출 전환율은 높을수록 좋다. 그러나 매칭 품질이 '나쁘다'

거나 '좋다'고 말할 수 있는 기준은 무엇일까? 모든 종류의 플랫폼에 적용할 수 있는 딱 떨어지는 답은 없다. 그러나 특정 플랫폼의 관리자는 특정 사용자들의 상호작용 비율과 해당 사용자들의 장기적인 활동 비율, 이를테면 한 달에서 석 달이라는 기간 동안의 활동 비율과의 상관관계를 토대로 경험 법칙을 도출할 수 있다. 예를 들어 이러한 계산식을 가지고 관리자들은 상호작용 비율이 40%가 되면 플랫폼 사용자가 현격히 줄어든다고 판단할 수 있다. 즉 플랫폼에서 처음 한 주 동안의 상호작용 비율이 40%보다 높은 사용자들은 대부분 최소한 석 달간 활성 사용자로 남는 반면, 상호작용 비율이 40% 미만인 사용자들은 대부분 플랫폼 활동에 더 이상 참여하지 않는다.

일단 이런 종류의 수식을 계산해 놓으면—그 수치가 40%이건 그보다 높건 낮건— 사이트가 건강하게 제대로 운영되고 있는지를 판단할 수 있는 지표로 활용할 수 있다. 매일 발생하는 상호작용 비율도 측정할 수 있고 시간 흐름에 따른 추세를 관측할 수도 있으며, 플랫폼의 매칭 시스템을 개선하기 위해 개발하고 테스트하고 평가할 때 이런 지표의 변화를 참고할 수 있다.

스타트업 지표의 세 번째로 중요한 범주는 신뢰이다. 신뢰는 플랫폼 사용자가 상호작용에 참여하는 것과 관련해서 편하게 느끼는 리스크 수준이다. 신뢰는 플랫폼 참여자들을 제대로 걸러 내고 관리할 수 있을 때 생긴다.

장터에서는 신뢰 구축이 핵심이다. 특히 상호작용에 일정 정도의 리스크가 있는 곳에서는 신뢰가 더욱 중요하다. 게다가 온라인 플랫폼 세계에서는 처음에 사용자들끼리 맺는 관계를 비롯하여 대다수의 상호작용이 전적으로 사이버 공간에서 벌어진다. 따라서 리스크에 대한 인지도가 더욱 크다. 잘 운영되고 있는 플랫폼은 양쪽 참여자들이 잘 관리되어 사용자들이 플랫폼에서 일어나는 상호작용에 개입하는 데 따른 리스크 수준을 편안하게 받아들인다. 우리가 언급했듯이 에어비앤비가 높은 위험군에 속한 플랫폼이었음에도 불구하고 지금까지 잘 운영되어 온 대표적인 사례가 된 이유는 참여자들을 잘 걸러 내고 관리했기 때문이다. 에어비앤비는 호스트와 게스트가 서로를 평가할 수 있으며 참여자들 간의 평가가 가장 활발하게 일어나는 플랫폼으로 손꼽힌다. 또 에어비앤비는 사진기들에게 호스트가 올린 숙소에 대한 정보의 정확성을 인증하도록 했으며, 이외에도 신뢰를 쌓을 수 있는 조치를 추가로 시행하고 있다. 반대로 에어비앤비의 경쟁자인 크레이그리스트는 신뢰 지표에서 상대적으로 낮은 점수를 얻었으며, 명백히 불량한 플랫폼 사용자들이 난동을 부리고 심지어 불법 행위에 얽히는 당혹스러운 스캔들을 겪기도 했다.

이렇게 3가지 주요 지표―유동성, 매칭 품질, 신뢰―는 모두 신생 플랫폼 관리자들에게 플랫폼의 상호작용 성공률에 대한 정확한 전망과 그것에 영향을 주는 핵심 요인들을 알려 준다. 우리가 지금까지 논했듯이 이러한 지표들은 플랫폼의 목표를 달성하는 데 핵심적인 요소이며, 플랫폼이 긍정적인 네트워크 효과를 만들어 낼 역량이 있는지 판단하는 데 매우 중요한 역할을 한다.

어떤 플랫폼 비즈니스에 필요한 지표를 정의하기 위해 사용하는 특정 공식은 사업과 관련된 특징에 맞게 만들어야 한다. 이를테면 플랫폼의 특성, 사용자 유형, 생성되는 가치와 교환되는 가치의 형태, 플랫폼에서 일어나는 상호작용의 다양성 등을 고려해야 한다.

특정 플랫폼 비즈니스에 중요한 특화된 지표들이 다수 존재한다.

플랫폼 관리자라면 상호작용에 대한 참여도(소셜 네트워크에서의 댓글 수, '좋아요' 등을 말한다-옮긴이), 상호작용과 상호작용 사이의 시간, 활성 사용자 비율 등을 측정하려 할 것이며, 이 모든 지표들은 주어진 생태계에 대해 사용자들의 관여 수준에 초점을 맞추고 있다.

아니면 상호작용 수를 측정할 수도 있다. 일례로 그래픽과 디자인 플랫폼인 파이버는 상호작용의 개수를 측정한다. 파이버에서는 하나의 상호작용에 고정 가치―거래되는 모든 재능을 '긱(gig)'이라고 하는데, 파이버에서 '긱'이 5달러에 거래된다―가 하나이다. 따라서 상호작용의 수 자체가 사이트에서 벌어지는 활동에 대한 매우 적절하고 온전한 지표이다.

어떤 플랫폼은 보다 정교한 상호작용 지표를 개발해야 한다. 예를 들어 에어비앤비는 예약된 숙박 일수를 추적한다. 숙박 일수가 단순한 상호작용 건수보다 에어비앤비에 더 적절한 가치 창출 지표이기 때문이다. 프리랜서 업무 시장인 업워크는 특정 프리랜서가 제공한 근로 시간을 가지고 상호작용을 측정한다. 그것이 업워크 생태계에서 창출된 가치의 핵심 지표이기 때문이다. 마찬가지로 컨설팅 제공 플랫폼인 클래리티는 전문가와 정보 요청자 사이의 상담 전화 시간을 추적한다.

발생한 모든 상호작용의 가치 일부―상호작용 비율에 기반을 둔 주선 수수료―에서 수익을 창출하는 플랫폼은 상호작용 포착(interaction capture)을 측정하려 할 수도 있다. 상호작용 포착은 플랫폼에서 발생한 상호작용의 가치를 반영할 것이다. 예를 들어 아마존 마켓플레이스가 이러한 지표를 이용한다. 아마존 마켓플레이스는 플랫폼에 의해 처리된 상호작용의 총 가치를 추적하여 플랫폼의 활성화 수준을 판단하는 핵심 지표로 사용한다.

콘텐츠 생성에 중점을 두는 플랫폼은 다른 종류의 지표를 필요로 한다. 예를 들어 일부 플랫폼은 공동 창조(co-creation, 사용자에 의해 소비된 항목의 비율)나 소비자 연관성(consumer relevance, 잠재적 소비자로부터 최소 수준의 긍정적인 반응을 얻은 항목의 비율)을 측정한다. 이러한 지표는 상호작용 품질에 집중하며 생성 과정을 관리하는 데 필요한 스킬을 반영한다.

마지막으로 또 어떤 플랫폼들은 시장 접근(market access)을 중요하게 여긴다. 시장 접근은 완전한 상호작용이 발생했는지 여부와 상관없이 사용자가 플랫폼에 가입하고 다른 사용자들을 찾고 그들과 관계를 맺는 데 얼마나 효과적인지를 나타낸다. 일부 플랫폼은 생산자 참여를 측정한다. 즉 생산자의 플랫폼 가입 비율과 시간 흐름에 따른 비율 증가를 지표로 삼는다. 데이팅과 결혼 정보 사이트는 가입한 여성의 수를 얘기하는 경우가 많다. 이러한 지표가 다른 사용자들의 기대 가치를 드러내는 대용물로 유용하기 때문이다. 이와는 다소 다른 경우로 오픈테이블은 식당 예약률을 추적한다. 식당 예약은 실제 상호작용이 아니다. 실제 상호작용이라 하면 손님이 식사를 하고 식당에 돈을 지불하는 것(이에 대한 정보는 플랫폼이 쉽게 알 수 없다)을 말한다. 그러나 예약만 가지고도 창출된 가치를 매우 정확히 알아낼 수 있다.

여전히 거의 모든 종류의 신생 플랫폼의 상태를 파악하는 데 있어서 유동성, 매칭 품질, 신뢰라는 3가지 핵심 요인들이 매우 중요하다. 하지만 앞에서 살펴본 것처럼 플랫폼의 어떤 특징에 따라 특화된 측정 도구가 추가로 필요할 수 있다. 시작 단계에 있는 플랫폼이 활용할 수 있는 지표는 관리자의 창의성과 해당 플랫폼 생태계에서 움트는 활동의 특성에 따라 그 다양성과 범위가 달라질 것이다.

성장 단계: 양면 네트워크의 정상 작동 수준 점검이 핵심

플랫폼 생태계에서 일어나는 상호작용의 수와 품질을 가장 잘 측정할 수 있는 지표는 플랫폼의 생명 주기에 따라 달라지므로 변화가 어느 지점에서 일어나느냐를 파악하는 것이 상당히 중요하다. 기업들은 더 이상 맞지 않는 지표에 매달리는 실수를 범하는 경우가 많다. 플랫폼의 발전 단계별로 오늘 당장 내려야 할 의사 결정과 관련 있는 핵심 지표를 파악해서 철저히 조사해야 한다.

예를 들면 플랫폼의 사용자 수가 임계량에 도달하면 새로운 문제가 나타난다. 관리자들은 반드시 핵심 상호작용이 가치를 창출하고 유입되는 관심 사용자들이 유출되는 사용자들보다 많아서 계속해서 플랫폼이 성장할 수 있도록 힘써야 한다. 성장을 거듭할수록 플랫폼 사용자 층의 규모가 시간 흐름에 따라 어떻게 변하는지도 반드시 모니터링해야 한다. 특히 플랫폼 관리자들은 플랫폼 시장의 양면이 모두 균형을 유지하길 바랄 것이다. 이러한 균형을 모니터링하려면 생산자 대비 소비자 비율을 계산하면 된다. 플랫폼의 활성 사용자들만 포함할지는 따로 조정할 수 있다. 여기서 활성 사용자는 관리자가 적절하다고 생각하는 최소한의 빈도로 상호작용에 참여하는 사용자들을 가리킨다. 경험상 이러한 사용자 비율은 성공적인 상호작용 비율을 구할 때 매우 중대한 요소이다.

데이팅 웹사이트 오케이큐피드가 활성화하려는 핵심 상호작용은 남성과 여성을 서로 소개해 주는 것이다. 2장에서 이야기했듯이 오케이큐피드가 관리해야 하는 중요한 일 중 하나는 이성애자 남성(맥락상 '소비자'로 간주되는 사람)이 이성애자 여성('생산자'의 역할을 하는 사람)을 만나게 하는 것이다.[*]

그에 따라 오케이큐피드는 이성애자 여성 대비 이성애자 남성 비율을 추적하며, 그 비율이 균형을 잃으면 플랫폼 관리자들은 자기들이 생각하기에 가장 최적화된 수준으로 맞추기 위해 많은 노력을 기울인다. 균형을 맞추기 위해 이들은 남녀 사용자들에게 플랫폼 반대편에 있는 서로에 대해 매력도를 평가해 달라고 요청한다.[7] 그런 다음 특히 매력 있는 여성의 프로필을 보게 함으로써 플랫폼에 참여할 수 있는 남성의 수를 줄여 주는 필터를 제공한다.[8] 그런 식으로 오케이큐피드 플랫폼은 긍정적인 네트워크 효과를 유지하고 여성 사용자들을 소외시킬 수 있는 불균형을 피하면서 시장 유동성을 확대한다. 지속적으로 남성 대비 여성 비율을 측정하고 모니터링하기 때문에 이런 식으로 유지 관리가 가능하다. 마찬가지로 프리랜서 플랫폼 업워크는 프리랜서 대비 일자리 수의 비율을 맞추는 데 노력을 기울인다. 어느 한쪽이 지나치게 많아지면 참여자들이 떠나기 때문이다.

한쪽 면에는 생산자, 다른 한쪽 면에는 소비자가 있는 전통적인 양면 플랫폼에서는 각 사용자 유형의 가치를 계산하는 방법을 찾아내는 것이 좋다. 『린 분석』에서 이 책의 저자이자 기업가인 앨리스테어 크

★ 우리는 여기서 사용하는 언어가 불쾌한 의미를 담고 있음을 알고 있다. 이러한 언어 사용은 현재 미국 사회에서 대부분의 온라인 데이팅 사이트가 남성 참여자를 끌어오는 것이 여성을 끌어오는 것보다 쉽다고 여기는 사실을 비롯해 대다수의 남성과 여성 사이에서 일어나는 가장 일반적인 데이트 상호작용의 역학 관계를 반영한다. 따라서 이베이와 같은 경매 사이트에서 사람들이 가장 많이 찾는 품목의 수요와 유사한 방식으로 여성에 대한 '수요'가 높다. 사회적 규범이 더욱더 양성 평등 쪽으로 진화함에 따라 우리는 이러한 역학 관계도 함께 진화하길 바란다. 데이팅 플랫폼의 효과적인 운영에 있어서도 마찬가지이다.

롤과 벤저민 요스코비츠는 양면 플랫폼을 위한 지표를 아주 잘 설명해 놓았다. 다음은 저자들의 이야기를 우리가 다시 정리한 것이다.[9]

생산자 쪽 플랫폼은 생산자 참여 빈도, 생성된 항목, 성과를 모니터링해야 한다. 또 플랫폼은 상호작용 실패(interaction failure)도 살펴야 한다. 상호작용 실패란 이를테면 판매가 시작되었으나 어떤 이유 때문에 결국 실패한 비율을 말한다. 이런 지표는 대다수의 플랫폼 관리자들이 간과하는 매우 중요한 지표이다. 사용자가 유지되기는 하지만 성공적인 상호작용 비율이 떨어진다면 심각한 문제가 있는 것이다.

특히 생산자 사기(producer fraud) 사례를 감시하는 게 중요하다. 생산자 사기란 이를테면 생산자가 판매하려는 제품에 대한 설명을 정확하게 하지 못했거나 적절한 시간 안에 제품을 배달하지 못하는 경우를 말한다. 생산자 사기는 당연히 특별히 악의적이고 고통스러우며 많은 비용이 들어가는 형태의 '상호작용 실패'이다. 계속해서 사기와 연결되는 상호작용과 사용자의 특징을 면밀히 살펴보면, 향후 플랫폼에서 일어날 사기를 방지하는 데 도움이 될 수 있는 예측 모델을 만들 수 있다.

이러한 형태의 데이터를 모두 합치면, 다른 유형의 기업들이 사용하는 전통적인 고객 평생 가치(lifetime value, LTV) 모델을 이용하여 생산자의 가치를 계산할 수 있다. 고객 평생 가치 모델의 메커니즘은 반복 생산자가 추가적인 취득 원가를 발생시키지 않고 반복적으로 플랫폼 수익을 제공하는 데 있다. 다시 말해서 취득 원가는 플랫폼이 생산자들을 끌어오고 참여시키는 데 발생하는 비용이다. 반복 생산자들은 특히 플랫폼의 수익성을 높여 주기 때문에 잘나가는 플랫폼 기업들은 적극적인 반복 생산자들을 창출해 내기 위해 굉장히 노력할 것이다. 이는 마치 잡지사와 이동 통신 서비스 사업자처럼 가입자 기반 서비스 업체들이 구독자들의 탈퇴율(또는 이탈률)을 최대한 낮추려고 노력하는 것과 같다.

소비자 측면에서 성장세에 있는 플랫폼은 소비 빈도, 검색, 매출 전환율(상호작용 완료로 이어지는 클릭의 비율)을 모니터링해야 한다. 이러한 정보는 반복 상호작용의 가능성과 더불어 각 소비자의 LTV를 계산하는 데 필요한 데이터를 제공한다. 일단 생산자와 소비자의 LTV 지표가 만들어지면, 플랫폼은 LTV에 영향을 주는 중요한 결정 요인, 예건대 이탈률에 영향을 주는 요인이 무엇인지 실험해 볼 수 있다.[10]

오늘날 대부분의 성공적인 플랫폼 기업들은 가장 소중한 활성 사용자 측의 충성도를 높이고, 가치가 떨어지는 사용자들을 떨궈 내기 위해 설계된 프로그램을 갖고 있다. 만일 페이스북이나 링크드인과 같은 플랫폼에 가입되어 있는데, 나의 사용 빈도가 뜸해진 와중에 이들로부터 다시 플랫폼으로 돌아오라는 메시지를 받았다면, 이는 내가 이러한 프로그램의 대상자가 되었다는 뜻이다. 마찬가지로 트위터는 '내가 좋아할 만한 콘텐츠'라는 기능을 도입했다. 이 기능은 내가 어떤 저자들을 팔로우하지 않았다 해도 나와 특별히 관련이 있을 수 있음을 알려 준다. 이는 지표에 의한 또 다른 활동 촉진 프로그램이며, 가치 창출 활동 실적이 있는 사용자들 중심으로 상호작용을 늘리기 위해 만들어진 기능이다.[11]

스타트업 단계에 가장 중요한 변수지만 성장 단계에서도 매우 관련성이 높은 지표가 상호작용 전환율(interaction conversion rate)이다. 상호작용 전환율은 검색 또는 질의가 상호작용으로 이어지는 비율이다. 매출 전환율에 초점을 맞추고 잘 설계되어 있으면서 지속적으로 모니터링이 가능한 지표는 플랫폼 관리자들이 똑똑한 전략을 수립하는 데 도움이 될 수 있다. 이는 에어비앤비가 고품질의 숙소 사진이 부동산 임대료를 높인다는 사실을 알아낸 후 전문 사진 서비스를 도입한 것과 같다.[12]

흥미롭게도 에어비앤비는 게스트가 되어 본 경험이 있는 사람들이 호스트가 될 가능성이 가장 높다는 사실을 알아냈다. 그 결과 에어비앤비는 이제 플랫폼상의 소비자들을 생산자로 전환하려고 노력한다. 이런 경우 사이드 전환율, 즉 특정 유형의 사용자가 다른 유형의 사용자로 전환하는 비율은 플랫폼이 사용자 층의 건전성을 추적하고 네트워크 전반에 걸친 균형을 유지하는 데 이용할 수 있는 중요한 지표이다.

플랫폼 관리자들은 자기들의 구체적인 목표와 관심 사항에 기반을 둘 뿐 아니라 플랫폼 사용자들의 독특한 특성을 고려하여 새로운 지표를 지속적으로 고안해 내야 한다. 하이얼 그룹은 중국 칭다오에 있는 제조 기업으로 빠르게 성장하고 있다. 현재 하이얼 그룹은 가전제품과 전자제품을 만드는 회사 안팎의 디자인 및 생산 팀을 고객과 연결하는 플랫폼을 구축하고 있다. 하이얼의 장루이민(張瑞敏) 회장은 이 책의 저자들과 하이얼 그룹이 적극적으로 수집하고 이용하려는 특별한 지표에 대해 이야기한 바 있다. 이른바 소비자와 생산자의 거리(distance)라는 지표였다.[13] 이 경우 '거리'라는 단어는 문자 그대로의 의미가 아니라 비유적인 뜻을 품고 있다. 즉 소비자와 생산자의 직접적인 상호작용 빈도, 하이얼의 생산자와 이들 사용자들을 연결하는 소셜 네트워크의 규모와 접근성, 영향력 등을 가리킨다.

이러한 거리를 측정하기 위해 하이얼은 중국 기업 텐센트(Tencent)가 개발한 소셜 인스턴트 메신저이자 사진 공유 도구인 위챗(WeChat)에서 일어나는 상호작용을 기반으로 지표를 고안해 냈다.

목표는 하이얼과 고객과의 거리를 최소화함으로써 소비자의 요구에 맞는 제품을 생산하고 회사의 혁신 역량을 향상시키며 마케팅과 홍보 비용을 아끼면서도 더 큰 효과를 얻으려는 데 있었다.

장 회장이 우리에게 언급했듯이, 광고 예산 규모를 회사와 고객과의 거리로 볼 수도 있을 것이다. 예를 들어 컨설팅 기업 인터브랜드(Interbrand)가 발표한 2013년 연례 브랜드 가치 보고서에 따르면, 구글의 예산에서 광고가 차지하는 비중은 코카콜라와 비교했을 때 매우 적다. 추측긴대 구글은 자체 출시한 다수의 생산성 앱과 소셜 앱을 통해 사람들의 삶과 깊게 연관되어 있기 때문에 코카콜라와 달리 지속적인 사용자 피드백을 받기 때문이 아닐까 싶다.

이러한 유추를 바탕으로 하이얼의 경영진들은 사용자와의 거리를 좁히게 되면 자사의 제품 디자인, 고객 서비스, 마케팅 효율이 개선될 거라는 가설을 세웠다. 따라서 사용자 거리와 같은 확연히 추상적인 지표라도 회사의 재무 상태에 매우 실질적이면서도 금전적인 영향을 줄 수 있다.

성숙 단계: 혁신 주도, 신호와 소음, 자원 할당 점검이 핵심

일단 플랫폼 기업이 스타트업 단계에서 초기 성장 단계를 지나면 새로운 도전과 문제에 직면하게 된다. '린 스타트업(Lean startup, 제품이나 시장을 발달시키기 위해 기업가들이 사용하는 프로세스 모음 중 하나로 애자일 소프트웨어 개발과 고객 개발, 주로 오픈 소스인 기존의 소프트웨어 플랫폼 등을 활용한다-옮긴이)' 활동의 선구자로 알려진 저자이자 기업가인 에릭 리스(Eric Ries)는 성숙 단계의 기업은 점진적 혁신과 지표가 반드시 서로 긴밀하게 연관되어 있어야 한다고 강조한다. "제품을 개선할 때 성공 여부를 판가름할 수 있는 유일한 결정권자는 지표이다. 실제로 제품을 개선하게 되면 기준선을 가지고 그것이 이뤄졌는지 테스트해야 한다."

리스의 생각과 다소 비슷한 앰릿 티와나(Amrit Tiwana) 조지아 대학교수는 성숙 단계에 도달한 정보 기술 플랫폼에서 적절한 지표는 3가지 주요 요건을 만족시켜야 한다고 말한다. 즉 지표가 혁신을 주도해야 하고 신호 대 소음 비율(주어진 시점에서 원하는 신호 크기와 잡음 신호 크기의 비율-옮긴이)이 커야 하며, 자원 할당을 촉진해야 한다.[14]

먼저 혁신을 주도하는 지표의 역할을 살펴보자. 활력 있는 플랫폼으로 남기 위해서 플랫폼은 반드시 사용자의 요구, 경쟁 및 규제 환경의 변화에 적응할 수 있어야 한다. 플랫폼이 어떤 변화에 적응해야 할지 알아내는 한 가지 방법이 있다. 개발자들이 제공하는 확장 프로그램들을 조사하는 것이다. 개발자들이 만들어 낸 확장 프로그램이 핵심 플랫폼에 빠진 기능일 수 있다. 플랫폼은 이 기능들을 흡수할 수 있다. 예를 들어 데스크톱 컴퓨터 시절, 마이크로소프트 윈도는 단독 기업들이 한때 제공했던 애플리케이션, 이를테면 디스크 조각 모음, 파일 암호화, 미디어 재생 등을 흡수했다.[15]

시스코는 동일한 흡수 전략을 라우터 사업에도 적용했다. 시스코는 시스코 애플리케이션 확장 플랫폼(AXP)으로 알려진 플랫폼을 운영한다. 이 시스코 AXP(Cisco Application eXtention Platform)는 리눅스 기반의 플랫폼으로 서드 파티 개발자들이 시스코 라우터에서 작동하는 애플리케이션을 개발할 수 있으며, 시스코 고객들이 유용하다고 여길 만한 새로운 기능, 예컨대 향상된 보안 기능과 커스터마이즈된 모니터링 시스템을 제공한다. 우리가 시스코의 귀도 주렛(Guido Jouret) 최고기술책임자(CTO)에게 시스코 AXP에 어떤 기능을 집어넣을지 회사가 어떻게 결정하느냐고 물었을 때, 그의 대답은 매우 분명했다.

쟁점은 동일한 문제에 대하여 플랫폼에 여러 개의 독립적인 솔루션을 집어넣는 데 있었습니다. 누구나 흔히 겪는 문제였죠. 이제부터는 시간문제입니다. 즉시 실행에 옮기면 내가 속한 생태계는 이런 솔루션이 혹시라도 기존의 캐시 카우를 죽이게 되지 않을까 두려워할 겁니다. 만일 어떤 개발 회사가 특정 기능을 개발하면 그 기능을 선뜻 끌어오고 싶진 않을 겁니다. 그러나 모든 개발 회사가 달려들어 기능을 개발하면 경쟁이 치열해지고 수익도 줄어듭니다. 바로 그때 집어넣을 수 있습니다.[16]

이러한 전략을 가능케 하기 위해 시스코는 여러 수직 산업—예컨대 의료 산업이나 자동차 산업—에서 공급되는 동일한 역량을 찾아내는 지표를 이용한다. 동일한 기능이 제공된다는 것은 다음 단계의 플랫폼에 포함시켜야 할 중요한 기능이 빠져 있다는 신호이다.

만일 사용자들이 누리는 전체 가치에서 서드 파티가 제공하는 기능의 가치가 큰 부분을 차지한다면 플랫폼이 그 기능을 도입할 수도 있다. 우리가 7장에서 봤듯이 이런 사실은 구글 맵이 엄청난 인기를 끌자 애플이 왜 2012년에 애플 지도를 도입했는지를 설명해 준다.

어떤 유형의 플랫폼들은 성숙 단계에서 여전히 자기들만의 특화된 지표를 필요로 한다. 여기에는 업워크와 같은 인력 플랫폼, 톰슨 로이터와 같은 데이터 플랫폼, 스카이프(Skype)와 같은 연결 플랫폼, GE의 인더스트리얼 인터넷(Industrial Internet)과 같은 기계와 기계를 연결하는 플랫폼들이 포함된다. 비록 저마다 이질적인 요구를 충족시켜야 하는 다른 유형의 플랫폼들이지만, 핵심 상호작용을 촉진하고 가치의 원동력을 판단하며 혁신을 통해 사용자들에게 큰 가치를 제공할 수 있는 자신의 역량을 유지해야 한다는 문제에 모두 직면해 있다.

스마트한 플랫폼 경영 지표가 답해야 할 핵심 질문들

플랫폼을 위해 개발한 지표들을 늘어놓고 보면 꽤 복잡하지만 실시간으로 아주 미묘한 수준의 활동까지 한눈에 파악할 수 있다. 그러나 플랫폼 비즈니스를 위한 지표를 만들 때 가장 중요한 덕목은 간결성이다. 지표가 지나치게 복잡하면 소음을 유발하고 자주 분석하기 어려우며 가장 중요한 몇 가지 데이터에 집중하지 못하게 만들어 효과적으로 관리하기가 어렵다.

한번은 오데스크(ODesk, 현재의 업워크)에 지표(구인 광고, 등록된 작업자, 서비스 종류 등을 측정하는 다른 요인들)가 너무 많아서 한 임원이 "측정하는 것들은 너무 많은데 우선순위가 조정되어 있지 않다"고 불평했다. 이러한 실수로부터 교훈을 얻은 오데스크의 전 CEO 게리 스와트(Gary Swart)는 초점이 잘 맞춰진 지표의 필요성에 대해 매우 설득력 있게 글을 썼다. 특히 스타트업 초기에 이러한 지표가 매우 중요하다고 그는 말했다.

비즈니스 리더는 회사의 가장 중요한 지표가 무엇인지 파악할 수 있어야 하고, 더 많이 측정하려 할수록 우선순위 결정이 힘들어진다는 사실을 알아야 한다. 모든 것을 측정해야 한다는 함정에 빠지지 말라. 사업 초기에 내가 얻은 교훈은 우리 제품을 좋아하고 사용하는 고객이 가장 중요하다는 사실이다. 여기에 도움이 될 만한 한두 개의 지표가 무엇인지 파악하라.[17]

린 스타트업의 권위자 에릭 리스는 지표를 설계하고 사용하는 데 있어서 선별적이어야 한다고 누누이 강조한다. 특히 총 가입자 수와 같이 상호작용의 양이 사실 정체되어 있거나 줄어들고 있는데도 불구하고 늘어나는 것처럼 보이는, 상대적으로 무의미한 지표인 이른바 '허상 지표(vanity metrics)'를 멀리하라고 경고한다. 허상 지표들은 실제로 사업이 임계량 또는 필요한 유동성에 도달했는지를 정확히 알려주지 못한다.

오히려 리스는 "만들려는 지표가 실행 가능(actionable)한지, 접근 가능(accessible)한지, 검사 가능(auditable)한지를 따지는 '3A 테스트'를 통과하는지 확인하라"고 제안한다. 실행 가능하다는 말은 전략적·관리적 의사 결정을 위해 명확한 방향을 제시할 수 있어야 하고, 비즈니스의 성공과 관련해서 관련성이 높아야 한다는 뜻이다. 접근이 가능하다는 말은 정보를 수집하고 사용하는 사람들이 반드시 이해하기 쉬워야 한다는 뜻이다. 검사가 가능하다는 말은 지표가 현실적으로 유의미해야 한다는 뜻이다. 깔끔하고 정확한 데이터를 바탕으로 신중하게 정의되어 있으면서 사용자들이 인식하는 비즈니스의 현실을 반영한 지표여야 한다는 말이다.[18]

결국 가장 중요한 지표는 매우 단순하다. 네트워크 전체에서 만족을 표하는 고객들의 수이다. 이들은 긍정적이면서 가치를 창출하는 상호작용에 반복적으로 더 많이 참여하는 사람들이다. 절대 잊어서는 안 되는 중요한 질문은 바로 사람들이 계속해서 적극적으로 참여하고 싫어 할 만큼 플랫폼 생태계를 만족해하는가이다. 플랫폼 비즈니스를 위해 지표를 어떻게 설계하든 궁극적으로 지표는 이 핵심 질문에 정확하게 답할 수 있어야 한다.

Platform Revolution

10장

경영 전략

플랫폼은 경쟁 구도를 어떻게 바꿔 놓았는가

플랫폼 세계에서는 경쟁의 성격이 바뀐다

플랫폼 세계에서는 경쟁의 성격이 바뀐다. 기업들은 예상치 못한, 종종 직관에 반하는 경쟁자들이 가하는 새로운 위협의 실체를 이해하는데 어려움을 겪고 있다.[1] 미국의 교육 전문 출판사인 호튼 미플린 하코트(Houghton Mifflin Harcourt)는 맥그로힐(McGraw-Hill) 출판사보다아마존을 더 두려워한다. NBC 방송국은 ABC 방송국보다는 넷플릭스에 대해 더 걱정한다. 법률 정보 서비스 회사 렉시스(Lexis)는 미국의 대표적인 법령 정보 데이터베이스인 웨스트로(Westlaw)보다는 구글과 온라인 법률 서비스 플랫폼인 리걸줌(LegalZoom)이 더 위협적이라고 느낀다. 가전업체인 월풀은 떠오르는 '사물 인터넷'의 핵심요소로 부상하는 스마트 홈 모니터링 관리 기기 제조업체인 네스트(Nest)를 GE와 지멘스보다 더 두려워한다. 그리고 소셜 네트워크 페이스북은 서비스를 재개한 마이스페이스보다 인스타그램과 왓츠앱에 대해 더 걱정하다가 결국 이 두 회사를 인수해 버렸다.

그동안 바뀐 것은 단순히 경쟁자의 유형이 아니라 경쟁이 벌어지는현장의 성격 자체였다. 그 결과 비즈니스 환경이 거의 알아볼 수 없을정도로 달라지는 커다란 지각 변동이 연이어 일어나고 있다. 우리가 말하는 지각 변동이란 단순히 전통적인 시장에 플랫폼 기업이 나타나 벌여 놓은 극적인 파괴 혁신(이 책의 4장에 설명했음)만 가리키는 것이 아니다. 우리는 플랫폼 세계에서 플랫폼 기업들끼리 벌이는 경쟁까지도 여기에 포함된다고 본다. 게다가 그 경쟁 결과는 종종 깜짝 놀랄 정도이며 심지어 충격적일 때도 있다.[2]

2014년 9월 알리바바 그룹은 기업 공개(IPO) 역사상 최대 규모인 250억 달러(한화 약 28조 원-옮긴이)로 상장했는데, 그 해 누구도 예상치 못한 사건이었다. 전자 상기래 세계를 집요히게 파헤쳐 보지 않은 서양인들 대다수가 알리바바에 대해 잘 모른다. 설령 안다고 해도 침체에서 허우적거리는 야후와 연관 지어 아는 사람들이 대부분일 것이다. 알리바바의 지분 상당 부분을 야후가 보유하고 있기 때문이다. 미국 언론은 알리바바를 은근히 무시했으며, 알리바바의 놀라운 성장과 엄청난 기업 규모를 그저 어마어마하게 큰 중국의 시장 규모와 중국 정부의 보호주의 덕분에 거둔 일시적인 성과인 양 대수롭지 않게 여겼다.

2010년 『뉴욕 타임스』 기사가 이런 언론의 전형적인 태도를 보여 주었다. 데이비드 바보자(David Barboza) 기자는 알리바바가 온라인 매출을 통해 엄청난 이익을 내면서 빠르게 성장하는 지역 회사들 중 하나임을 인정했다. 그러나 바보자는 앞으로 "중국의 인터넷 시장이 수익성은 좋지만 고립된 장터가 되어 갈 거라고 전문가들은 말한다. 이렇게 자국 내에서 거둔 성공은 (……) 세계적인 글로벌 브랜드가 되기에는 문제가 있다"고 기사를 썼다. 바보자는 한 애널리스트의 말을 인용하면서 "중국 기업들은 중국 밖으로 나올 때에도 자국에서 경쟁할 때와 마찬가지로 자기들이 누구와 경쟁하고 있는지 모를 것"[3]이라고 내다봤다.

2014년 여름, 알리바바가 미국 주식 시장에 상장되기 몇 주 전쯤 미국의 비즈니스 애널리스트들은 입장을 바꾸었다. 저널리스트 브래드 스톤(Brad Stone)은 『비즈니스위크』에서 '알리바바의 침공'을 경고하면서 인터넷을 주름잡고 있는 미국 기업들에게 알리바바가 갑자기 왜 최초의 커다란 위협이 되었는지 설명했다. 스톤은 어떻게 알리바바가 중국에서 이베이를 따라잡았고 어떻게 전 세계 기업을 상대로 중국 상품을 공급하는 기업이 되었으며, 어떻게 중국 소비자 시장을 나이키와 애플 같은 글로벌 기업이 진출할 수 있게끔 개방했는지, 또 아마존과 이베이의 본거지인 미국에서 이들 기업과 경쟁하기 위해 인프라를 얼마나 빨리 구축했는지 설명했다. 그리고 그는 결론에서 "중국의 인터넷 기업가들이 사상 처음으로 진정한 글로벌 온라인 시장을 구축하는 경쟁에서 승리를 거둘 만반의 태세를 갖추고 있다"[4]고 말했다.

대부분의 전통적인 산업에서는 세계적으로 잘 알려지지 않은 기업이 이토록 빠른 속도로 부상하는 것이 사실상 불가능하다. 비즈니스 역사를 돌아볼 때 우리는 철강과 중장비 같은 산업에서 미국 기업들이 영국과 독일 경쟁자들을 따라잡는 데 수십 년이 걸렸다는 사실을 알고 있다. 제2차 세계대전 이후, 일본의 신생 기업들이 미국이 지배하던 자동차와 전자제품 시장에서 주도권을 잡기까지는 30년이 걸렸다. 그러나 오늘날 알리바바는 플랫폼 시장 지배력 다툼의 장에 진입한 지 10년 남짓에 불과하지만 이베이와 아마존 같은 기업들을 따라잡을 수 있는 잠재력을 지니게 되었다.

어떻게 이런 일이 벌어졌을까?

대부분의 대형 기업들의 사례가 말해 주듯이, 알리바바 왕국이 세워지는 데에는 많은 요인들이 작용했다. 여기에는 마윈 회장의 전략적 통찰을 비롯해 중국 중산층의 폭발적인 성장, 그리고 잘 알려진 것처럼 알리바바가 미국 경쟁업체들로부터 숨통을 틔울 수 있게 해 준 중국 정부의 자국 내 해외 기업에 대한 규제가 한몫을 했다. 그러나 알리바바의 급격한 성장에 가장 많이 기여한 것은 플랫폼 경쟁이라는 새로운 현실이었다.[5]

폭발적인 네트워크 효과와 강력한 규모의 경제는 스타트업인 일리바바가 비교적 빠르게 국제 상거래 무대로 확장하는 데 일조했다. 알리바바닷컴(Alibaba.com)은 알리바바 그룹에 속한 다섯 개의 큰 기업 중 하나로 전 세계 기업들이 알리바바닷컴을 통해 상품과 제품, 부품들을 중국 제조업체들로부터 조달한다. 캘리포니아의 한 화장품 업체는 알리바바닷컴을 통해 "나는 손가락 몇 개로 수백 개에 달하는 공급업체들과 접촉하고 있다"며 놀라워한다. 반대로 알리바바의 또 다른 자회사인 티몰(Tmall)은 수백만에 달하는 중국 소비자들을 상대로 외국 제품을 판매하는데, 티몰을 이용하면 중국의 전통적인 중개 시스템을 우회할 수 있다. 기존 중개 시스템은 수입을 지연시키며 복잡한 서류 작업과 비용이 필요했다. 미국의 신발 소매업자는 알리바바가 "소매 유통의 중간 단계를 모두 압축시켰다"고 말한다. 그 결과 수천에 달하는 상인과 수백만에 달하는 고객이 거의 마찰 없이 연결되는 국경 간 교역을 탄생시켰다. 플랫폼이 등장하기 전에는 상상하기 힘든 일이다.

게다가 알리바바는 플랫폼의 또 다른 어마어마한 경쟁력을 지혜롭게 활용하고 있다. 바로 외부 파트너들의 자원과 연결망을 플랫폼의 활동과 역량으로 매끈하게 통합시킨 것이다. 일례로 알리바바는 미국의 상품을 중국의 소비자에게 더 많이 제공할 수 있도록 현재 자사가 지분을 보유하고 있는 미국 기반의 물류 회사 숍러너(ShopRunner)와 제휴 관계를 맺었다. 숍러너는 이미 백화점 니먼 마커스(Neiman Marcus)와 토이저러스를 비롯한 미국 브랜드와 제휴 관계를 맺어 알리바바가 미국 제품을 중국 고객들에게 이틀 안에 배송할 수 있게 하고 있다.[6]

19세기와 20세기 초 시어스 로벅(Sears, Roebuck and Company)은 미국의 유통업체로 자리 잡기까지 수십 년이 걸렸으며 소매업, 창고업, 제품 테스트, 관리, 인쇄, 배송, 서비스, 고객 주문 처리 시스템에 대해 막대한 투자를 해야 했다. 오늘날 알리바바와 같은 플랫폼 기업은 수십 개 기존 기업의 역량을 통합하여 빠르게 전자 상거래 시장에 도전장을 내밀 수 있게 되었다. 물론 왕좌를 놓고 알리바바와 겨루는 주요 경쟁자들은 아마존과 이베이 같은 플랫폼 기업들이다. 이런 것이 플랫폼의 부상이 가져온 경쟁 구도이다.

그러나 플랫폼의 부상이 어떻게 경쟁의 성격을 바꾸었는가에 대해 온전히 이해하려면 수십 년 동안 비즈니스 사고를 지배해 온 전통적인 경쟁의 개념을 다시 살펴볼 필요가 있다. 게다가 대다수의 사업가들은 여전히 이런 경쟁의 개념을 당연시 여기고 있다.

경쟁 우위를 향한 20세기 기업 경영 전략 약사

지난 30년간 하버드 경영대학원의 마이클 포터(Michael Porter) 교수가 만든 5가지 경쟁 요소 모델이 전략적 사고의 세계를 지배해 왔다.[7]

포터의 영향력을 수치로 말하자면, 그의 저술은 25만 회 이상 인용되었으며 이는 그 어떤 노벨 경제학상 수상자들의 피인용 회수를 뛰어넘는다.

포터의 모델은 특정 비즈니스의 전략적 포지션에 영향을 주는 5가지 요소를 규정한다. 그 5가지란 시장 신규 진입자의 위협, 대체 제품 또는 대체 서비스의 위협, 구매자의 교섭력, 공급자의 교섭력, 그리고 라이벌 기업 간의 경쟁 강도이다. 전략의 목표는 이 5가지 경쟁 요소를 통제하여 비즈니스 주변에 경쟁사들이 넘어오지 못하도록 해자(垓子)를 파서 난공불락의 요새를 만드는 데 있다.

따라서 회사가 진입 장벽을 세울 수 있으면 경쟁자로부터 시장을 지킬 수 있으므로 진입자들이 대체 제품을 들고 성으로 쳐들어올 수 없다. 회사가 공급업체들을 지배할 수 있으면 공급업체들 간의 경쟁이 교섭력을 약화시키므로 공급 가격을 낮게 유지할 수 있다. 또 구매자들의 규모를 다소 작게 유지하고 분열시키고 무력화하여 지배할 수 있으면 회사는 계속해서 높은 가격을 받을 수 있다.

이 모델에서 회사가 이익을 극대화하는 방법은 파괴적인 경쟁을 피하고 모두가 가치 사슬 안에 있도록 독려하는 것이다. 이 모델의 장점은 해자를 보유하는 산업 구조에서도 찾을 수 있다. 해자가 있으면 회사가 시장을 분할하고 제품을 차별화하며 자원을 통제하고 가격 경쟁을 피하여 이익률을 보호할 수 있다.

수십 년간 기업들은 5가지 경쟁 요소 모델을 연구하면서, 어떤 시장에 진출하고 철수해야 할지, 어떤 회사를 인수합병해야 할지, 어떻게 제품을 혁신해야 할지, 어떤 공급망 전략을 펼쳐야 할지 결정했다. 수평적 통합(회사가 특정 제품이나 서비스 시장의 대부분 또는 전체를 통제하는 것)과 수직적 통합(회사가 원자재에서 제조부터 마케팅까지 전체 가치 사슬을 통제하는 것) 같은 접근법들은 5가지 경쟁 요소 모델의 전략적 함의에 바탕을 두고 분석되고 실행되었다. 이러한 모델을 바탕으로 출판사 호튼 미플린 하코트는 최고의 저자와 콘텐츠를 통제하면서 가치를 보호하는 요새 주변에 해자를 파기 위해 저작권을 사용하여 맥그로힐과 경쟁한다. 월풀은 GE와 경쟁하면서, 차별화된 제품을 만들고 공급 사슬을 쥐어짜고 지속적으로 제조 효율성을 개선함으로써 해자를 만들어 GE가 월풀의 고객을 빼 가기 어렵게 만든다.

　나중에 등장한 사상가들은 포터의 접근법에 조금씩 변화를 주면서 새로운 통찰을 더해 나갔다. 1984년 MIT의 버거 워너펠트(Birger Wernerfelt) 교수는 여러 초창기 학자들의 연구에 뿌리를 둔 전략적 사고의 변형이자 자신이 기업의 자원 기반 이론이라고 부르던 내용을 처음으로 상세하게 설명했다.[8] 자원 기반 이론은 없어서는 안 되면서 모방 불가한 자원을 통제하는 것이 매우 효과적인 진입 장벽임을 강조한다. 이러한 자원을 보유한 회사는 그런 자원도 없고 만들어 낼 수단도 없는 신규 진입자로부터 안전하다. 단순한 예가 드비어스(De Beers)다. 드비어스는 전 세계 다이아몬드 카르텔을 통제하여 20세기 내내 다이아몬드 업계에서 거의 독점적 지위를 유지했다. 드비어스 카르텔이 깨진 것은 2000년, 일부 다이아몬드 생산업자들이 드비어스가 통제하는 시스템 바깥에서 자신들의 제품을 판매하기로 결정하면서부터였다. 이로써 1980년대 90%에 달했던 카르텔의 시장 점유율이 2013년 약 33%까지 떨어졌다.[9] 그러나 그때까지 드비어스의 대체 불가능한 자원에 대한 통제력은 100년 동안 지속 가능한 우위를 제공하여 수익을 창출했다.

20세기에 전략을 연구하는 대다수의 학자들이 기존의 자원 기반 이론을 비판하면서 기민한 기업은 신기술을 가지고 희소 자원에 대한 통제권이라는 해자를 뛰어넘는다는 점을 언급했다. 다른 연구에서 리처드 다베니(Richard D'Aveni)와 리타 건서 맥그래스(Rita Gunther McGrath)는 '초경쟁'(hypercompetition, 다베니가 사용한 용어) 시대에 지속 가능한 우위는 환상에 불과하다고 주장했다. 기술적인 발전이 "마이크로칩에서 옥수수칩까지, 소프트웨어에서 소프트 드링크까지, 패키지 상품에서 택배 배달 서비스까지"[10] 모든 것의 주기를 더욱 단축시키고 있다. 또 인터넷 연결로 인해 기업들이 산업과 지리적 경계를 재정의할 수 있게 됨으로써 안정적이지만 행동이 굼뜬 과점 기업들이 새로운 도구와 기술을 들고 달려드는 발 빠른 경쟁자들에게 함락당하고 있다.

맥그래스는 어떻게 인터넷 시대에 탄생한 완전히 새로운 도구와 기술이 기존 기업들을 공격했는지 기술한다. 1915년 유니온 퍼시픽 철도와 경쟁하기를 원했던 회사가 있다고 상상해 보자. 유니온 퍼시픽 철도는 1862년 의회의 승인 덕분에 50년간 유리한 고지를 차지할 수 있었다. 새로운 경쟁자는 기관차, 철도 차량, 차고, 터미널, 창고를 비롯해서 국가 철도망을 건설하는 데 필요한 합법적인 통행권에 투자해야 했다. 유니온 퍼시픽 철도의 막대한 투자와 기타 고정 비용 자체가 엄청난 크기의 해자였기에, 기존 철도 시장에 들어가는 것은 사실상 불가능했다.[11]

반대로 2015년 글로벌 500대 기업들 가운데 아무 기업하고 경쟁하기를 원하는 회사가 있다고 상상해 보자. 이 신생 회사가 속한 산업군이 무엇이냐에 따라 생산 자재는 전 세계에 있는 제조 기업들로부터,

클라우드와 컴퓨팅 서비스는 다양한 공급업체들로부터, 마케팅과 유통 서비스는 다양한 중개 기업들로부터, 인력은 다수의 온라인 프리랜서 네트워크를 통해서 사들일 수 있다. 그것도 매우 적은 비용으로……. 오늘날 기술에 의한 초경쟁 환경에서는 인프라를 소유했다고 해서 더 이상 방어적 우위를 점하지 않는다. 오히려 유연성이 더 큰 경쟁 우위를 제공한다. 경쟁은 영원히 계속되지만 경쟁 우위는 있다가 사라진다.

다른 분석가들은 진화하는 경쟁의 특성에 대한 새로운 통찰을 제시했다. 저술가 스티브 데닝(Steve Denning)은 전략의 목적이 경쟁을 피하는 데 있다는 포터의 가정에 허점이 있음을 지적했다. 데닝은 오히려 경영의 대가 피터 트러커(Peter Drucker)의 금언, 즉 비즈니스의 목적은 '고객 창출'에 있다는 말을 언급하며, 지속 가능한 우위가 환상에 지나지 않는 세계에서 기업과 고객의 관계만이 유일하면서 영구한 가치 창출원이라고 말했다.[12]

물론 지난 10년 동안 벌어졌던 사건들이 5가지 경쟁 요소 모델을 무너뜨렸다고 말하면 지나친 과장일 것이다. 그러나 그동안 벌어진 일을 통해 우리는 경쟁의 성격이 포터의 모델에서 말하려고 한 것보다 더 복잡해지고 변화무쌍함을 알 수 있다.

플랫폼이 직면한 3차원 체스라는 새로운 경쟁 환경

플랫폼에 들어가 보라. 5가지 경쟁 요소 모델, 자원 기반 이론, 초경쟁 모델에서 말하는 통찰의 대다수가 여전히 유효하다. 그러나 2가지 새로운 현실이 기존 전략을 대대적으로 흔들고 있다.

첫째, 플랫폼의 작동 원리를 파악한 기업들은 이제 시장에 대응할 뿐 아니라 네트워크 효과를 조종하여 시장을 재편하려 한다. 경쟁은 제로섬 게임이라는 전통적인 비즈니스 전략에 담긴 암묵적 가정은 플랫폼 세계에서 잘 통하지 않는다. 플랫폼 비즈니스는 어느 정도 정해진 크기의 파이를 재분할하기보다는 파이의 크기를 키우거나(예를 들어 아마존은 전통적인 출판 산업 내에 자가 출판과 주문형 출판과 같은 획기적인 모델을 내놓았다) 새로운 시장과 공급원을 이용하는 등 또 다른 파이를 만든다(에이비앤비와 우버는 진통적인 호텔과 택시 산업과 나란히 비즈니스를 운영한다). 적극적인 네트워크 효과 관리는 시장을 고정시키지 않고 시장의 지형을 바꿔 버린다.

둘째, 플랫폼은 기업의 안팎을 뒤집어서 의사 결정의 초점을 기업 내부에서 외부로 이동시킨다. 따라서 기업은 더 이상 혼자서 모든 기회를 포착하기 위해 애쓸 필요가 없다. 대신에 최고의 기회만 추구하면서 생태계에 속한 파트너들이 다른 기회를 잡을 수 있게 도와주고 다른 파트너들과 함께 창출한 가치를 공유한다.[13]

이 두 가지 새로운 현실은 비즈니스 경쟁에 복잡한 결을 하나 더 추가한다. 3차원 체스가 전통적인 체스와 비슷한 것처럼 플랫폼 전략도 전통적인 전략과 닮았다.[14] 생태계 내에서 선두 기업은 3가지 차원의 역학 관계, 즉 플랫폼 대 플랫폼, 플랫폼 대 파트너, 파트너 대 파트너의 관계를 조정한다.

첫 번째 차원에서는 플랫폼과 플랫폼이 경쟁한다. 소니(PSP), 마이크로소프트(Xbox), 닌텐도(Wii) 사이에서 벌어지는 비디오 게임 콘솔 경쟁을 떠올리면 된다. 여기서 전략적 우위는 특정 제품이나 서비스에 대한 매력도에 있지 않고 생태계 전체에 미치는 파급력에 있다. 소니의 PSP는 아이폰보다 강력한 게임 기기이다. 아이폰에는 게임에 특화된 좌우 컨트롤 기능이 없다. 소니가 PSP-2000을 발표한 시점은 2007년 가을로 같은 해 여름에 애플이 아이폰을 출시한 직후였다. 이때 소니의 주가가 약 10% 상승했다. 그러나 이보다 한참 전부터 아이폰의 생태계는 PSP의 생태계보다 훨씬 발전해 있었다. 우리가 언급했듯이 애플이 아이폰을 출시한 이후 경제적인 측면에서 소니보다 훨씬 크게 성공한 이유는 앞서 구축한 생태계의 규모와 가치의 덕분이었다.

두 번째 차원에서는 플랫폼과 플랫폼의 파트너들이 경쟁한다. 예를 들어 마이크로소프트는 브라우저, 멀티스레딩(한 프로세스를 여러 수행 단위, 즉 스레드로 나누어 처리하는 것-옮긴이), 스트리밍 미디어, 인스턴트 메시지와 같은 파트너의 신기술들을 채택하고 이 기술들을 자사의 운영체제에 통합시킨다. 아마존은 독립 상인들을 위한 플랫폼을 운영하면서 그들이 판매하는 상품과 똑같은 것을 동일한 플랫폼에서 판매하면서 이들 상인들과 경쟁한다. 이는 매우 위험한 시도라 할 수 있다. 이런 시도는 플랫폼을 강화시킬 수 있지만 파트너들을 약화시킬 수 있으며, 그래서 단기적으로는 좋을 수 있지만 장기적으로는 나쁜 결과를 낳을 수 있다.

세 번째 차원에서는 플랫폼상의 아무런 관계가 없는 두 파트너가 플랫폼 생태계 안에 있는 입지를 두고 경쟁한다. 이를테면 앱 개발자 두 사람이 같은 콘솔을 사용하는 고객을 유치하기 위해 경쟁하는 것으로 볼 수 있다.[15]

그렇다면 이러한 플랫폼 주도의 변화가 전통적인 전략 이론에 어떤 영향을 끼쳤는지 생각해 보자.

우리가 살펴본 대로 플랫폼은 기업의 경계를 확장한다. 의사 결정 요인들이 바뀌면서 전략가들에게 경쟁의 중요성은 협력과 공동 창조보다 줄어들었다. 혹은 배리 J. 네일버프(Barry J. Nalebuff)와 애덤 M. 브랜던버거(Adam M. Brandenburger), 아구스 마우라나(Agus Maulana)와 같은 학자들이 말한 코피티션(Co-opetition, 협동cooperation과 경쟁 competition의 합성어로 동종 업계 간의 상호 협력과 경쟁을 통해 이익을 추구하는 것-옮긴이)보다 중요성이 떨어졌다.[16] 회사 내부의 가치를 보호하다가 회사 외부의 가치를 보호하는 쪽으로 방향을 선회했다는 말은 이제 소유가 아니라 기회가 더 중요해졌으며 가치를 보호하는 주된 수단이 독재가 아니라 설득임을 뜻한다.

5가지 경쟁 요소 모델은 전통적인 제품 시장을 특징짓는 경계에 바탕을 두고 있다. 각각의 경쟁 요소—구매자의 교섭력, 공급자의 교섭력 등—는 개별 객체로서 독립적으로 관리되어야 한다. 반대로 플랫폼 시장에서 이기는 전략은 시장 참여자들 간의 경계를 희미하게 만들어 플랫폼에서 가치 있는 상호작용을 늘리는 데 있다. 오늘은 스킬셰어에서 학생이었던 사람이 내일은 선생이 될 수 있고, 오늘 엣시를 이용한 고객이 다음 날엔 거기에서 자신이 만든 수공예품을 판매할 수도 있다. 플랫폼에서 경쟁하려면 구매자와 공급자를 자기 통제하에 둬야 하는 개별 위협 요소로 취급하는 대신 가치를 창출하는 파트너가 될 수 있도록 북돋아 주고 응원하고 다양한 역할을 수행할 수 있도록 밀어 줘야 한다.

자원 기반 이론은 기업이 모방 불가능한 자원을 보유하거나 아니면 적어도 통제할 수 있어야 한다고 본다. 플랫폼 세계에서 모방이 불가능한 자원은 물리적인 성질을 띠지 않고 고객-구매자 네트워크에 대한 접근성과 그에 따른 상호작용이라는 특질을 지닌다. 오히려 기업에겐 잘된 일이다. 물리적 자산이 없으면 더 빠른 성장을 시도할 수 있기 때문이다. 에어비앤비와 우버의 사례에서 알 수 있듯이, 플랫폼 기업에서 사용 가능한 자원이 플랫폼 기업 당사자보다 더 빨리 늘어난다.

플랫폼의 전략 1: 알리바바와 애플의 멀티호밍 방지

전통적인 비즈니스에서 포터의 5가지 경쟁 요소와 모방 불가능한 자산을 통제할 수 있는 능력—기술 주도 초경쟁의 힘에 의해 수정되면서—이 비즈니스 전략의 큰 뼈대를 이룬다. 플랫폼 세계에서는 새로운 경쟁 요소들이 전면에 등장했다. 이 새로운 요소가 누가 플랫폼 생태계에 참여하는지, 누가 가치를 창출하는 데 도움이 되는지, 누가 그 가치를 통제하고 나아가 시장 규모를 통제할지를 결정한다. 이들 새로운 경쟁 요소가 일련의 경쟁 전략의 핵심을 이루게 된다.

그럼 하나씩 살펴보도록 하자. 먼저 플랫폼의 접근을 제한하여 플랫폼에서 창출되는 가치를 통제하고 획득하는 전략부터 논해 보기로 한다.

우리가 살펴봤듯이 플랫폼 기업에 비즈니스 가치에 대한 자원 기반 이론을 적용하려면 반드시 손을 봐야 한다. 그러나 모방이 불가능한 자원을 강조하는 자원 기반 이론이 플랫폼 세계에서도 그대로 적용될 수 있다. 플랫폼도 핵심 자산에 배타적으로 접근하기를 원한다. 그래서 어느 정도는 규칙, 관행, 프로토콜 등을 만들어 멀티호밍(multihoming)을 억제한다.

멀티호밍은 사용자가 하나 이상의 플랫폼에서 비슷한 유형의 상호작용에 참여할 때 발생한다. 프리랜서 전문가가 두 개 이상의 서비스 마케팅 플랫폼에 자신의 이력서를 올린다거나, 한 음악 팬이 한 개 이상의 음악 사이트에서 음악을 내려받고 저장하며 공유한다거나, 한 운전자가 우버와 리프트를 통해 동시에 승객들을 유치하는 것 모두가 멀티호밍 현상이다. 플랫폼 기업들은 멀티호밍을 어떻게든 막으려고 한다. 멀티호밍이 전환, 즉 사용자가 좋아하는 플랫폼에 가기 위해 다른 플랫폼을 떠나는 것을 용이하게 하기 때문이다. 따라서 멀티호밍을 제한하는 것은 플랫폼의 경쟁에서 매우 기본적인 전술이다.

그러면 멀티호밍 제한이 전략적으로 어떻게 펼쳐지는지 예를 들어 보겠다. 어도비 플래시 플레이어는 인터넷 콘텐츠를 사용자들에게 제공하는 브라우저 앱으로, 오디오/비디오 재생 및 실시간 게임 플레이 기능을 갖고 있다. 애플 아이폰 운영체제 앱 개발자들은 플래시를 사용할 수도 있었지만, 애플은 iOS에서 플래시가 호환되지 않도록 하여 개발자들에게 애플이 직접 만든 유사한 도구를 사용할 것을 강요하면서 플래시 사용을 막았다.

이러한 애플의 결정에 개발자들과 사용자들은 무척 놀랐다. 일부 평론가들은 애플의 이러한 정책이 반경쟁 조치라며 정부의 반독점 규제 제재 조치를 받을 수도 있다고 평했다. 사람들이 격렬하게 반발하자 2010년 스티브 잡스는 애플의 정책을 옹호하기 위해 공개서한을 발표해야 할 필요성을 느꼈다. 이는 CEO가 내리는 조치로는 상당히 이례적이었다. 잡스는 '플래시에 대한 입장'이라는 글에서 플래시는 폐쇄적이며 다른 선택지에 비해 기술적으로 뒤떨어지고 에너지 소모가 너무 심하며 그 밖에 모바일 기기에서 성능이 떨어진다고 주장했다. 잡스는 아이폰에서 플래시를 사용하지 않게 되면 애플 사용자 경

험의 품질을 유지할 수 있을 거라고 주장했다.[17]

　그러나 실제로는 훨씬 깊고 전략적인 이유가 있었다. 어도비는 플래시 개발자들의 도구를 설계하면서 애플 iOS에서 구글 안드로이드와 다른 웹페이지에 콘텐츠와 프로그램을 이식할 수 있게 만들었다. 플래시에서 개발된 앱들은 한마디로 멀티호밍이 가능해지면서 아이폰만의 특수성을 제거해 버린 셈이었다. 게다가 어도비는 앱에서 구매 가능한 확장 기능을 발표하기까지 했다. 플래시는 개발자가 아이튠스 플랫폼과 더 이상 상호작용을 하지 않아도 되도록 했는데, 이로써 애플과 개발자의 상호작용을 30% 감소시켰으며 사용 데이터에 대한 애플의 통제력까지 축소시켰다. 사용 데이터는 애플에게 시장의 흐름과 관련된 귀중한 단서를 제공하는 정보이다.

　만일 플래시를 지원했다면 애플은 사용자들에게 이미 웹상에 존재하는 막대한 플래시 콘텐츠에 대한 접근을 허용하는 한편, 개발자들에게는 플랫폼 멀티호밍을 통해 수익 창출의 통로를 더 많이 제공했을지도 모른다.[18] 그러나 그랬다면 애플에게는 큰 손실이 생겼을 것이다. 애플은 라이선싱 규제와 기술을 이용하여 플랫폼에서 벌어지던 상호작용이 다른 곳으로 빠져나가지 않도록 했다.

　고객에 대한 접근을 통제하려는 전략 경쟁이 어떤 결과를 낳았는지 보여 주는 또 다른 예가 바로 알리바바 사례이다.

　2014년 이 책의 저자들이 주최한 MIT 플랫폼 전략 서밋에서 알리바바의 최고전략책임자인 정밍(Zeng Ming)은 강력한 경쟁자들의 접근을 알리바바가 거부함으로써 어떻게 시장을 재편할 수 있었는지, 그리고 그러한 전략이 알리바바의 놀라운 성장에 어떻게 일조했는지 설명했다.[19]

알리바바가 진화를 시작하던 무렵, 회사는 어떻게든 사용자들을 늘려서 막대한 네트워크 효과를 일으키려고 바쁘게 움직였다. 알리바바가 직원 전체에게 어떤 사람이나 상점이 판매할 아이템 2만 개를 찾아서 리스트에 추가하도록 하는 정책을 펼치기 전까지는 '폭발적인' 네트워크 효과는 일어나지 않았다. 이러한 사내 정책을 시행한 결과 늘어난 제품 목록은 양면 수요를 창출했다. 알리바바와 자사의 일반인 대상 쇼핑몰 사이트인 타오바오는 가장 빠르게 성장하는 인터넷 쇼핑몰이 되었다. 이곳에서 중국 소비자들은 상상할 수 있는 거의 모든 제품을 살 수 있었다.

이렇게 폭발적으로 성장하기 이전, 알리바바가 트래픽을 늘리기 위해 애를 쓰던 때에 마윈 회장과 그의 팀은 직관에 반하는 결정을 내렸다. 이들은 바이두(Baidu)의 웹사이트에서 알리바바 제품을 검색하지 못하게 막은 것이다. 바이두는 중국 최대의 인터넷 검색 엔진으로 중국판 구글이었다. 바이두 사용자들이 바이두의 검색 봇을 통해 알리바바의 제품을 검색할 수 없게 막으면서 잠재 고객이 크게 줄어들었다. 어떻게든 고객을 늘려야 하는 입장에서 알리바바가 내린 조치는 '미친 짓'처럼 보였다.

그러나 알리바바의 경영진들은 장기적인 전략을 펼치고 있었다. 이들은 알리바바 플랫폼에서 쇼핑과 관련된 단순한 상호작용에 관심을 뒀을 뿐 아니라 광고 매출을 통해 수익을 창출할 수 있는 가능성까지 내다봤다. 알리바바는 자사에서 조금씩 형성되고 있는 잠재 구매 고객 커뮤니티에 대한 통제력을 유지하기로 결정했다. 그렇게 하면 알리바바 단독으로 쇼핑객들을 목표로 하는 광고를 판매할 수 있을 것이다. 알리바바는 판매 아이템에 바이두의 검색 봇의 접근을 막아 중국 온라인 쇼핑객들을 자기들 웹사이트로 유치하는 기업 광고를 바이두가 호스팅하지 못하게 했다. 대신에 알리바바 플랫폼에 해당 기업 광고를 노출시키려고 했다.

알리바바의 전략은 효과를 거두었다. 알리바바 사용자 층이 늘어나자 사용자들은 점차 중국 최고 온라인 광고 플랫폼인 바이두를 떠났다. 마치 이베이나 아마존이 구글이 누리고 있는 타깃 광고 수익을 획득한 것에 비견할 만한 일이었다. 여기서 나온 수입은 왜 알리바바가 2014년에 거둔 순이익이 아마존이 설립된 이후 기록한 총 순이익보다 더 많은지를 설명해 준다.

플랫폼의 전략 2: SAP, MS, 페이스북의 가두리 양식

플랫폼의 개방성은 사용자들이 새로운 가치를 생성할 수 있는 엄청난 기회를 제공한다. 플랫폼 관리자들은 일단 파트너들이 자유롭게 혁신할 수 있는 기회를 준 다음 이들이 창출한 가치의 일부 혹은 전부를 획득하는데, 이때 파트너들을 인수하기도 하고 이들을 복제하기도 한다. 우리가 8장에서 봤듯이, SAP는 자사 비즈니스 서비스 플랫폼에서 파트너들의 혁신을 독려한다. SAP는 정기적으로 로드맵을 발표하면서 SAP가 개발자들에게 향후 18~24개월 동안 오픈하려고 계획 중인 플랫폼 자산에 대해 공개한다. 이러한 로드맵은 개발자들이 어디를 개발할지 알려 주고 SAP 플랫폼에서 경쟁하기까지 최대 2년이라는 사전 준비 시간을 준다. 그리고 이런 로드맵은 개발자들이 시간과 자원을 들여 SAP 사용자들을 위해 기껏 개발한 사이트가 SAP 자체의 혁신으로 기반이 약화되는 것을 막아 준다.

장기적으로 플랫폼 관리자들은 사용자들에 의해, 사용자들을 위해 창출되는 가치의 공급원을 통제하는 것이 유리하다. 이는 이른바 플랫폼 버전의 가치에 대한 자원 기반 이론이라 할 수 있을 것이다. 즉 플랫폼 기업은 모방 불가능한 모든 자원을 생태계 안에 둘 필요는 없지만 가치가 매우 큰 자원은 보유해야 한다. 이 때문에 알리바바는 (바이두 대신) 자체 검색 기능을 보유하며, 페이스북도 (구글 대신) 자체 검색 기능을 보유하며, 마이크로소프트도 (외부 소프트웨어 개발자 대신) 자체직으로 워드와 파워포인트, 엑셀을 직접 개발한다. 이 모든 것이 플랫폼 사용자들을 위해 창출되는 가치의 주된 원천이기 때문이다. 그런 점에서 이를 통제하는 것이 플랫폼 소유자들에게 중요하다. 대신 가치가 떨어지거나 틈새시장에 적합한 자원은 플랫폼 자체의 경쟁 우위를 크게 약화시키지 않고도 생태계 파트너들에게 양보할 수 있다.

이러한 원칙들은 플랫폼 관리자들이 플랫폼에 등장한 새로운 기능이나 앱을 신중하게 지켜봐야 하는 이유를 설명한다. 대부분 이러한 기능이나 앱들은 처음에는 대개 수용을 나타내는 '롱테일(long tail)'의 꼬리에 위치한다. 그리고 비교적 적은 수의 플랫폼 참여자들이 이들을 이용함으로써 공동으로 가치를 창출한다. 또 대부분의 기능과 앱이 롱테일의 꼬리에 계속 머물 것이다. 그러나 일부는 순위 안에 들면서 빠르게 머리 쪽으로 이동한다. 심지어 직접 상호작용이 활발한 커뮤니티를 조성할 조짐을 보이기도 한다. 즉 스스로 플랫폼이 될 가능성이 있다는 뜻이다. 소셜 게임 회사인 징가와 사진 공유 서비스인 인스타그램, 스냅챗을 떠올려 보라. 이 모든 것들이 처음에는 페이스북 플랫폼에서 작게 시작했다. 그러나 이들은 소셜 공유와 네트워크 효과를 통해 빠르게 성장했다.

이런 식으로 성장하는 플랫폼은 전략적인 줄다리기를 벌이는 경우가 잦다. 플랫폼은 혁신적인 파트너들이 보유한 기능과 이들이 생성한 가치를 인수합병을 통해 흡수하려 한다. 앞에서 언급했듯이 페이스북은 인스타그램을 2012년에 10억 달러에 인수하는 데 성공했지만, 스냅챗은 (아직까지) 인수하지 못하고 있다. 2013년 12월 페이스북은 인수 자금으로 30억 달러를 제안했지만 스냅챗의 공동 창업자인 에번 스피겔(Evan Spiegel)은 거절했다.

플랫폼은 경쟁자들을 동원해 스타트업들의 기를 꺾으려 하기도 한다. 페이스북이 징가에게 그랬던 것처럼 말이다. 2011년 현재 페이스북에는 3000개 이상의 게임이 있으며, 이 게임들로 인해 징가의 개별 협상력이 약해진다.[20] 징가는 회사를 매각하거나 멀티호밍을 통해 반격하거나 아니면 다른 비즈니스 경쟁의 각축장으로 확장하는 수밖에 없다. 예를 들어 징가는 현재 텐센트의 인스턴트 메신저 QQ와 애플, 그리고 구글 모바일 플랫폼에서 멀티호밍을 하고 있을 뿐 아니라 자체 클라우드 서비스를 제공하고 있다.

플랫폼의 전략 3: 아마존, 링크드인의 데이터 도구 강화

인터넷 경제를 말할 때 등장하는 흔한 상투어 중 하나가 바로 '데이터가 새로운 석유'라는 말이다. 그리고 대부분의 상투어가 그렇듯이 일말의 진실을 담고 있다. 데이터는 플랫폼 기업들에게 엄청난 가치를 제공하며 성공적인 기업들은 데이터를 이용하여 다양한 방법으로 경쟁 우위를 지킨다.

플랫폼 기업들은 데이터를 크게 전술적인 방식과 전략적인 방식으로 활용하여 경쟁력을 높인다. 전술적인 데이터 사용의 한 예가 플랫폼의 특정 도구나 기능을 최적화하기 위해 A/B 테스트를 수행하는 경우이다. 만일 아마존이 '바로 구매하기' 버튼을 웹페이지의 우측 상단에 배치하는 게 매출을 더 높일 수 있을지, 아니면 좌측 하단에 배치하는 게 좋을지 알고 싶으면, 임의로 버튼의 위치를 바꾸어 가면서 가능한 대로 다양한 고객 특성별로 교차 테스트를 해 볼 수 있다. 전술적 데이터 분석은 매우 효과적이다. 아마존이 왜 웹페이지 오른쪽 위에 '바로 구매하기' 버튼을 배치했는지 보면 알 수 있다.

전략적 데이터 분석은 적용 범위가 훨씬 광범위하다. 누가 플랫폼 안팎에서 가치를 창출하는지 통제하는지 빼돌리는지 등을 추적하고 이들 활동의 특성을 분석하여 플랫폼 생태계를 최적화하는 데 활용한다. 페이스북이 회원들의 활동 데이터를 이용해서 징가의 은밀한 움직임을 주시한다거나 인스타그램이 트래픽을 전혀 새로운 방식으로 전용하는 것을 포착하는 것은 전략적으로 데이터를 분석하는 행위이다 .

일부 잘 알려진 플랫폼 전략 전쟁에서 승리는 데이터 우위를 이용하여 경쟁자들을 이긴 기업에게 돌아갔다.

누가 뭐래도 몬스터(Monster)는 직업 소개 플랫폼들 간의 우위 경쟁에서 승리할 수 있었다. 직업 소개 시장에서 몬스터는 선두 주자로서의 우위를 확보한 상태에서 고용자와 피고용인이 서로를 찾는 양면 시장에서 강력한 네트워크 효과를 빠르게 일으켰다. 그러나 몬스터가 수집한 데이터에는 내재적 한계가 있었다. 몬스터는 오직 활발한 구직자들에게만 관심을 가졌기 때문에 사용자의 폭넓은 사회적 관계망에 대한 정보를 수집하지 않았다. 따라서 일단 구직을 위한 상호작용이 종료되면 고용인과 피고용인 모두 플랫폼을 떠나게 되고, 데이터의 흐름은 거기서 정지했다.

반대로 링크드인은 단지 활발한 구직자들뿐 아니라 모든 전문가들의 사회적 관계망에 관심을 가졌다. 이로 인해 지속적인 참여가 더 많이 일어났으며, 현재 일자리에 만족하지만 언제라도 새로운 구직 기회를 적극적으로 수용하려는 이들에 대한 데이터까지도 수집했다. 이렇게 해서 링크드인은 사용자 기반을 크게 확대할 수 있었다. 또한 링크드인은 전문직 종사자들끼리의 상호작용은 물론 이들과 채용 담당자들 사이의 상호작용 데이터까지도 수집하여, 서로 다른 두 개의 피드백 고리를 동일한 플랫폼에 제공했다. 나중에 링크드인은 사용자들의 콘텐츠 생산과 공유를 독려하면서 사람들이 링크드인에 머물러야 할 또 다른 이유를 제공했다. 링크드인은 시장 데이터의 범위, 심도, 양적인 측면에서 몬스터에 비해 막대한 우위를 점했다.

플랫폼 설계는 더 나은 사용자 데이터를 생성할 수 있게끔 다양한 방식으로 최적화할 수 있다. 양면 네트워크 분석 결과에 따라서 이 책의 저자들은 SAP가 자사에 유리하게 플랫폼 생태계를 활용하는 데 도움을 주는 데이터 분석 도구 설계 방법에 대한 몇 가지 권고안을 개발했다.

우리는 고객들이 SAP 생태계에 있는 협력사들 가운데 솔루션 제공자들을 찾을 수 있는 검색 도구의 가치를 강조했다. 데이터를 강화하여 만족스러운 매칭이 일어난다면 양쪽 참여자들 모두 기쁠 것이다. 또 우리는 솔루션 제공자들이 실패한 사용자 검색을 살펴보면 비즈니스 솔루션을 필요로 하는 잠재 고객이 누군지 알아낼 수 있다는 사실을 언급했다. 게다가 우리는 SAP 플랫폼의 고객이 플랫폼에 있는 자기들과 비슷한 기업들과 자기들의 역량을 벤치마크할 수 있는 도구가 필요하며, 마찬가지로 개발자들이 플랫폼에 있는 다른 개발자들과 자기들의 역량을 벤치마크할 수 있는 도구가 필요하다는 사실을 밝혔다. 이러한 도구는 SAP 사용자들이 플랫폼 외부의 경쟁자들과 더 효과적으로 경쟁하게 해 준다.

마지막으로 우리는 SAP에게 수직 산업(비슷한 방법을 사용하여 비슷한 제품이나 서비스를 개발하는 특정 산업이나 기업들의 그룹-옮긴이)을 가로지르는 새로운 비즈니스 서비스 역량과 빠르게 롱테일의 머리 쪽으로 이동하는 새로운 기능을 발굴하라고 권고했다. 즉 비즈니스 사용자들 사이에서 인기가 높아지고 있는 기능들을 찾으라는 뜻이다. 이런 기능은 새로운 가치의 공급원으로서 SAP와 같은 플랫폼들이 이를 미처 발견하지 못한 플랫폼 생태계의 파트너들을 위해서 자기 플랫폼으로 흡수할 수 있다.

그런 점에서 데이터 분석(data analytics)은 플랫폼 기업과 플랫폼 기업 생태계에 존재하는 파트너 양쪽의 역량을 크게 증대시켜, 플랫폼의 성장을 도모하고 사용자들을 위한 플랫폼의 가치 창출 역량을 향상시킨다. 데이터 분석은 제품 디자인이라든가 고객과 파트너의 성공을 위해 어떤 노력을 기울여야 할지 안내하여, 플랫폼의 네트워크 효과를 강화시킨다. 한 마디로 이러한 새로운 데이터 도구들이 모여 엄청난 진입 장벽을 만들어 낸다. 포터가 말하는 해자의 플랫폼 버전이라 할 수 있다. 만일 경쟁자에게 데이터가 없다면 그들은 가치를 창출할 수 없다. 이 말은 곧 경쟁자들이 상호작용을 일으킬 수 없으며, 상호작용이 없으면 데이터 접근이 제한된다는 의미이다.

플랫폼의 전략 4: 인수합병의 기피

전통적인 인수합병(M&A) 전략에 따르면 비즈니스 경영자들은 보완 제품을 추가하거나 시장 진입 비용 또는 공급 사슬 비용을 줄이기 위해 인수합병을 한다. 5가지 경쟁 요소가 지배하는 세계에서 M&A를 평가할 때 던져야 할 핵심 질문은 합병을 하려는 회사가 막대한 가치라는 요새를 보호할 수 있는 해자를 보유하고 있느냐 여부이다.

플랫폼 관리자들은 이러한 인수합병 전략을 조정할 필요가 있다. 이들에게 핵심 질문은 인수합병 대상 기업이 기존 플랫폼 고객들과 겹치는 사용자 기반을 위해 가치를 창출할 수 있느냐 여부이다.

만일 답이 '그렇다'라고 하면, 잠정적으로 대상 기업을 인수할 가치가 있다고 결론지을 수 있다. 그러나 최종 인수 결정을 내리기 전에 인수합병 대상 기업의 수익성이 어떠한지, 플랫폼 참여자들이 꾸준히 상호작용을 지속할 역량이 있는지도 확인해야 한다. 다행히도 잠재적인 인수 가치를 측정하는 측면에서 플랫폼 기업은 매우 특별한 위치를 점유한다. 전통적인 파이프라인 기업과 달리 플랫폼 소유자는 파트너가 플랫폼에서 어떻게 거래하는지 확인할 수 있을 때까지 인수를 늦출 수 있다.

이렇게 되면 M&A 평가에 있어서 정보의 비대칭성이라는 오래된 문제가 해소된다. 누군가의 감사를 거친 재무 정보를 바탕으로 인수 의사 결정을 내리는 대신, 인수 기업은 직접 거래 데이터를 살펴보거나 심지어 다양한 전략 시나리오를 실제로 테스트해 볼 수 있다. 또한 플랫폼을 관리해 보면서 최종 인수 계약서에 서명하기 전에 제휴 관계를 직접 시험해 볼 수도 있다.

게다가 플랫폼 생태계를 통해 중요한 자산에 접근할 수 있는 한, 플랫폼 기업들은 모든 자산을 직접 소유할 필요가 없다. 그런 면에서 플랫폼 기업들은 대다수의 전통적인 기업들에 비해서 인수합병의 필요성을 절실히 느끼지 않는다. 그 과정에서 플랫폼 기업들은 최소한 두 가지 중요한 혜택을 누린다.

첫째, 플랫폼 파트너가 창출하는 가치의 일정 부분을 요구하는 것이 파트너를 인수하는 것보다 리스크가 훨씬 낮다. 2011년 팜빌(Farmville)과 마피아 워스(Mafia Wars)가 큰 인기를 끌면서 게임 개발 기업 징가의 주가가 치솟았다. 페이스북 경영진들이 징가를 인수하고 싶었을 거라고 생각하기 쉽다. 징가의 게임 포트폴리오에서 나오는 가치를 온전히 소유할 수 있을 뿐 아니라 마이스페이스와 같은 경쟁 플랫폼이 징가에 접근하지 못하게 막을 수 있기 때문이다.

그러나 페이스북은 이러한 유혹을 눌렀고, 이는 매우 현명한 결정이었다. 게임 개발은 한치 앞도 내다보지 못하기로 악명이 높다. 크게 히트 친 게임이라도 몇 년 후엔 사라지기 때문에, 아무도 또 다른 히트작이 나올 거라고 장담하지 못한다. 징가를 인수해서 다음 히트작이 나오길 초조하게 기다리느니, 수백 개의 게임 회사들이 다음 히트작을 만들기 위해 서로 경쟁하게 놔두고, 잘 되면 이들 수익의 일부를 가져가는 것이 페이스북에게는 훨씬 유리했다.

둘째, 파트너들과 적절히 거리를 유지하면 플랫폼의 기술적 복잡도가 낮아진다. 수직적 통합이라는 용어가 암시하듯이, 플랫폼이 인수하는 새로운 비즈니스는 반드시 플랫폼과 통합되어야 하는데, 이는 기술적·전략적으로 매우 어렵다. 수십 가지의 독립된 기술을 가지고 개발된 플랫폼이 무너지는 것은 시간문제인 데다 비용도 더 많이 들어간다. 게다가 사용자 경험 측면에서 깔끔한 인터페이스를 통해 모든 비즈니스 활동이 수행되는 군더더기 없이 매끈한 아키텍처에 기반한 플랫폼에 비할 바가 아니다. 우리가 3장에서 모듈화의 장점에 대해 논했던 것을 떠올려 보라. 모듈화 시스템에서는 부품 하나 또는 파트너 하나가 실패하면 비교적 쉽게 다른 것으로 교체할 수 있다. 그러나 통합 시스템은 어느 한 곳이나 파트너가 문제를 일으키면 시스템 전체가 주저앉을 가능성이 있다.

이 때문에 플랫폼 기업 관리자들은 전통적인 기업의 관리자들보다 M&A 전략에 대해 좀 더 사려 깊고 신중하게 생각할 수 있는 여유가 더 많다. 일반적으로 전통적인 기업의 관리자들은 막 뜨기 시작한 스타트업에 대해서 다른 누군가가 채 가기 전에 서둘러 인수해야 한다는 압박감을 느끼는 경우가 많다.

플랫폼의 전략 5: MS의 브라우저, 리얼오디오 흡수

플랫폼 관리자들은 지속적으로 변화의 흐름을 살피면서 다른 플랫폼의 활동을 주시해야 한다. 특히 자기들의 사용자 층과 유사하거나 겹치는 플랫폼을 주시해야 한다. 우리는 이런 플랫폼들을 인접 플랫폼이라고 부른다. 인접 플랫폼에 새로운 기능이 추가되면 이는 경쟁 위협을 의미한다. 내 플랫폼 사용자들이 인접 플랫폼의 새 기능을 마음에 들어 하면 멀티호밍을 시작하거나 심지어 플랫폼을 완전히 떠날 가능성이 있기 때문이다.

이에 대응하여 플랫폼 관리자는 직접 유사한 기능을 제공하든가 생태계 내 파트너를 통해 유사한 기능을 간접적으로 제공하든지 둘 중의 하나를 택한다. 이러한 전략을 성공적으로 수행했을 때, 우리는 이를 플랫폼 흡수라고 부른다. 플랫폼 흡수는 한 플랫폼이 인접 플랫폼의 기능과 사용자 기반을 효과적으로 흡수할 때 발생한다.

예를 들어 1990년대 리얼네트웍스(RealNetworks)는 스트리밍 오디오를 발명하여, 1995년 리얼오디오(Real Audio)를 내놓았다. 곧이어 리얼네트웍스는 시장 점유율 100%를 달성했다. 그러나 일단 마이크로소프트가 이 시장을 점유하기로 결정하자, 마이크로소프트라는 기존 플랫폼이 제공하는 어마어마한 우위는 실로 막강했다. 마이크로소프트 윈도의 운영체제 점유율이 90%가 넘었기에, 미디어 스트리밍에 관심 있었던 사람이면 거의 누구나 이미 마이크로소프트 운영체제를 사용하고 있었다. 마이크로소프트는 그저 리얼오디오와 비슷한 소프트웨어 제품을 개발하고 그 제품을 윈도 운영 시스템의 번들 소프트웨어 일부로 제공하기만 하면 됐다. 윈도 스트리밍 오디오 플랫폼이 리얼오디오가 개발한 훨씬 작은 플랫폼을 흡수한 것이다. 비록 더 먼저 나온 리얼오디오의 성능이 훨씬 좋았지만 소용없었다.

흡수 전략은 플랫폼 세계에서 가장 흔하게 볼 수 있다. 애플은 현재 아이폰 플랫폼을 이용하여 모바일 결제 시스템 시장과 웨어러블 기술 시장을 흡수하려고 온갖 노력을 다하고 있다. 마찬가지로 중국의 하이얼 그룹은 커넥티드 홈 애플리케이션 시장을 흡수하기 위해 가전 플랫폼을 확장하고 있다.

물론 여기에는 기회와 위협이 동시에 존재한다. 만일 플랫폼 A가 인접한 플랫폼 B의 대표적인 기능과 경쟁할 수 있는 기능을 개발하여 B를 흡수하려고 한다면, 플랫폼 B는 거꾸로 플랫폼 A를 상대로 맞불 작전을 감행하여 플랫폼 A를 흡수하려 할 것이다. 이런 종류의 흡수 전쟁에서 승자는 대개 규모가 더 크고 최초 사용자 기반이 더 많으면서 네트워크 효과가 강력한 플랫폼이다. 그러나 몬스터와 링크드인의 사례에서 볼 수 있듯이, 초기에는 규모 면에서 우위를 점하기 않았다 해도 사용자에게 월등한 가치를 제공하는 플랫폼이 경쟁에서 승리하기도 한다.

전통적인 파이프라인 기업들과는 비교해서 플랫폼 기업들은 경쟁이 벌어지는 상황에서 매우 기민하게 대응할 수 있다. 그리고 먼저 도전장을 내밀기도 한다. 대개 승리는 지속적으로 사용자에게 가치를 가장 많이 제공하는 플랫폼 기업에게 돌아간다. 그러나 오늘날의 기업 환경에서 영원한 승자란 없다. 따라서 플랫폼 기업들은 최소한 전통적인 기업들처럼 안주하지 않기 위해 경계를 늦춰서는 안 된다.

플랫폼의 전략 6: 에어비앤비의 사용자 편의성 강화

전통적인 비즈니스 세계에서 기업은 더 높은 품질의 제품과 서비스를 만들어 가며 경쟁한다. 마찬가지로 플랫폼은 사용자들을 늘리고 상호작용을 촉진하며 생산자와 소비자를 서로 매칭시켜 주기 위해 제공하는 도구(3장에서 기술한 플랫폼 설계의 기본 요소)의 품질을 개선하면서 경쟁한다.

우리는 5장에서 이에 대한 간단한 사례들을 소개했다. 어떻게 동영상 호스팅 플랫폼 비메오가 유사한 서비스 시장에서 유튜브와 공존했는지 설명했다. 비메오는 더 나은 호스팅 서비스와 더 빠른 속도, 더 가치가 높은 시청자 피드백, 과도한 프리롤 광고(영상을 시청하기 전에 먼저 재생이 되는 광고-옮긴이)의 금지, 그리고 유튜브의 시청자가 더 많음에도 불구하고 보다 엄선된 비디오 생산자들을 끌어들일 수 있는 매력적인 기능을 제공하여 스스로를 차별화했다. 유튜브와 관련해서 비메오가 경쟁에 대처하는 자세는 시장 지배자들과 공존하는 대다수의 전통적인 기업들이 취한 방식과 비슷하다. 특화된 틈새시장을 발굴하고 특화된 고객들을 만족시키기 위해 고급 제품을 만든 것이다.

어떤 경우에는 뛰어난 디자인을 무기로 플랫폼이 기존 경쟁자를 극적으로 따돌리기도 한다. 원래 에어비앤비는 오래전에 만들어진 크레이그리스트보다 사용자 수가 훨씬 적었다. 게다가 크레이그리스트도 단기로 임대해 주는 방과 아파트 목록을 제공했다. 그러나 에어비앤비는 편이성과 매칭이라는 핵심적인 플랫폼 기능면에서 크레이그리스트보다 훨씬 탁월했다. 크레이그리스트를 통해 방을 빌리려는 사람은 도시를 중심으로 중구난방인 옵션 목록과 포스팅 시간 순으로 정렬된 목록을 샅샅이 뒤져야 했다. 반대로 에어비앤비는 방의 특징에 따라 정렬할 수 있는 옵션뿐 아니라 방의 시설, 방의 개수, 가격, 위치정보가 표시된 지도까지 확인해 가면서 원하는 방을 찾을 수 있다. 게다가 사용자들은 에어비앤비를 통해 직접 계약을 할 수 있는 반면 크레이그리스트 사용자들은 오프라인에서 당사자들끼리 직접 만나서 계약서를 작성해야 했다. 덕분에 사람들은 에어비앤비를 쉽게 사용했으며, 이전까지 카테고리 리더였던 크레이그리스트를 에어비앤비가 빠르게 따라잡을 수 있었다.

플랫폼에서는 언제 승자 독식 시장이 만들어지는가

비즈니스 세계에서 영원한 승자는 없다. 그러나 때에 따라 특정 기업이 해당 산업 내에서 십 년 이상 우위를 차지하기도 한다. 이런 일이 벌어질 때, 우리는 이 회사가 지속 가능한 우위를 유지하고 있다고 말한다. 이런 일이 가장 자주 발생하는 곳이 승자 독식 시장이다. 이런 시장에서는 사용자들이 플랫폼을 버리고 하나의 플랫폼으로 끌려오게끔 특정 세력들이 공모한다. 승자 독식 시장을 특징짓는 4가지 요소에는 규모의 공급 경제, 강력한 네트워크 효과, 높은 멀티호밍 비용과 전환 비용, 특화된 틈새 전문화 부족이 있다.

2장에서 설명했듯이, 규모의 공급 경제는 산업화 시대에 막강한 시장 지배력의 근원이었다. 이런 지배력은 철도, 석유와 가스 탐사, 광산, 의약품 개발, 자동차, 항공기 제조와 같은 산업의 막대한 고정 생산 비용에서 나왔다. 이런 산업에서는 양이 중요하다. 더 많은 구매자들이 분할 상환 비용을 감당한다는 것은 곧 마진이 어마어마하게 좋아진다는 것을 의미하기 때문이다. 인텔이 반도체 제조 공장 건설에 10억 달러의 비용이 들어갔다고 해도, 일단 공장이 세워지면, 칩 100만 개—또는 10억 개—를 생산하는 데 따른 증분 원가(정상적인 생산에서 추가 주문에 따른 생산 시 기존의 생산 활동에 비해 늘어난 만큼의 원가–옮긴이)는 미미해진다. 공급 경제의 규모가 크면 클수록 시장 집중도 성향이 더 커진다. 미국에서는 경쟁 시장에다 독점 금지법에 의한 규제 압력이 존재하는 데도 소수의 기업이 산업을 지배한다. 이 때 대규모 공급 경제가 큰 역할을 한다. 대표적인 예가 자동차 산업이다.

2장에서도 살펴봤듯이, 네트워크 효과는 인터넷 시대 시장 지배력의 원천이다. 긍정적인 네트워크 효과 덕분에 많은 사용자가 플랫폼 생태계에 참여하면 할수록 기업들이 창출하는 가치와 이들 기업이 가져가는 이익률이 모두 증가한다.[21] 바로 이 때문에 네트워크 효과를 누리는 기업들은 비슷한 수익을 거두지만 상대적으로 네트워크 효과가 부족한 기업에 비해 10배 이상의 기업 가치를 자랑한다.[22] 현재의 주력 제품과 비즈니스 모델을 봤을 때 호튼 미플린 하코트, NBC, 렉시스, 월풀은 모두 강력한 네트워크 효과가 없지만, 아마존, 넷플릭스, 리걸줌, 네스트는 강력한 네트워크 효과를 보유하고 있다. 긍정적인 네트워크 효과는 플랫폼의 규모와 상관없이 더 많은 사용자들을 끌어온다는 점에서 시장의 승자 독식 경향을 강화시킬 가능성이 있는 두 번째 요소가 된다.

승자 독식 효과를 가져 오는 세 번째 요소는 높은 멀티호밍 비용과 전환 비용이다. 우리가 이번 장 앞부분에서 언급했듯이, 멀티호밍은 사용자가 하나 이상의 플랫폼에 참여할 때 발생한다. 물론 멀티호밍을 통해 사용자들은 여러 플랫폼이 제공하는 혜택을 누릴 수 있다. 그러나 거기에는 언제나 대가가 따른다. 그것은 금전적인 것(여러 곳에 내야 하는 사용료)일 수도 있고, 다른 것(데이터를 하나 이상의 플랫폼 웹사이트에 올려야 하는 불편함)일 수도 있다.

멀티호밍 비용과 어느 정도 비교할 만한 것이 전환 비용이다. 전환 비용은 한 플랫폼을 떠나 다른 플랫폼으로 이동할 때 발생하는 비용이다. 여기서 비용은 금전적인 것(휴대전화 사용자가 계약 기간 중에 통신 사업자를 변경할 때 내야 하는 위약금)일 수도 있고, 비금전적인 것(가족사진을 모두 한 웹 호스팅 사이트에서 다른 사이트로 옮길 때 겪는 불편함)일 수도 있다.

높은 멀티호밍 비용과 높은 전환 비용은 시장의 집중도를 높이지만, 소수의 대형 기업이 시장을 지배하게 되는 경향이 있다. 예긴대 대부분의 사람들은 안드로이드 휴대폰과 애플 휴대폰을 한꺼번에 가지고 다닐 여력이 안 되기 때문에 둘 중 하나를 선택하고 최소한 몇 년 동안 하나만 사용한다. 반대로 비용이 낮으면 사람들은 한꺼번에 두 개 이상의 플랫폼에 참여하려 한다. 대부분의 신용카드는 연회비가 없거나 있더라도 얼마 되지 않는다. 그래서 많은 사람들이 지갑에 비자, 마스터카드, 아메리칸 익스프레스 카드는 물론 백화점 카드 몇 장도 같이 넣고 다니면서 편의성과 상황에 따라 적합한 카드를 사용한다.

멀티호밍 비용과 전환 비용이 낮은 시장에서는 후발 주자들이 더 쉽게 시장 점유율을 확대할 수 있어서, 시장을 보다 개방적이고 유연하게 만든다. 예를 들어 대부분의 소셜 네트워크는 기본적으로 무료 서비스이다 보니, 두 개의 플랫폼을 동시에 이용하는 멀티호밍에 사실상 아무런 비용이 들지 않는다. 이 때문에 페이스북과 링크드인이 자신들의 선배 격인 마이스페이스와 몬스터와 성공적으로 경쟁할 수 있었다. 반면에 높은 멀티호밍 비용 때문에 마이크로소프트는 애플과 구글의 뒤를 따라 모바일 시장에 진입하는 데 큰 어려움을 겪었다. 마이크로소프트가 데스크톱 운영체제 시장에서 우위를 점하고 있음에도 불구하고 휴대폰 제조 기업인 노키아를 인수하면서 시장 점유율을 다소 확보했을 뿐 사정이 크게 달라지지 않았다.

마지막으로 네 번째 요소는 수요 측면의 규모에 영향을 주는 요인으로 사용자들의 입맛을 맞추는 틈새 전문화이다. 특정 사용자 그룹이 필요로 하거나 원하는 것이 특수할 때, 해당 사용자들이 특정 네트워크를 지원함으로써 승자 독식 효과를 약화시키기도 한다. 1990년대 윈도 시스템이 세계 데스크톱 운영체제 시장에서 강력한 우위를 차지한 이유는 윈도의 강력한 네트워크 효과와 시장에서의 높은 멀티호밍 비용 때문이었다. 애플은 다행히도 틈새 전문화를 통해 살아남을 수 있었다. 애플은 그래픽 아티스트와 뮤지션들 사이에서 유난히 사랑을 많이 받았다. 마찬가지로 링크드인이 페이스북의 막강한 네트워크 효과에도 불구하고 여러 소셜 네트워크 사이트에서 나름의 발판을 다질 수 있었던 이유는 비즈니스 전문직 종사자들의 특별한 요구를 충족시킬 수 있었기 때문이다.

틈새 전문화의 여지가 조금밖에 없거나 아예 없는 시장은 승자 독식 효과에 더욱 취약하다. 게다가 승자 독식 효과가 크면 클수록 플랫폼 경쟁은 더욱 더 치열해진다. 차량 공유 서비스 시장에서 독특한 사용자 요구의 부재와 강력한 네트워크 효과의 존재는 우버와 리프트 사이에 치열한 경쟁이 왜 벌어지고 있는지를 설명해 준다. 두 회사는 소개 수수료와 현금 인센티브를 제공하면서까지 상대방 회사의 운전자들을 무차별적으로 끌어오려고 한다. 일부 회자되고 있는 전술들은 윤리적으로 도를 넘어서기까지 한다. 예를 들면 리프트는 우버가 허위로 탑승 예약을 한 후 취소하기를 5000회 이상 반복하여 리프트 서비스를 먹통으로 만들었다고 비난했다. 우버는 이에 대한 주장을 부인했다. 그러나 두 회사 모두 현재의 경쟁 구도에서 오직 한 명만 살아남을 거라고 확신하는 듯하다. 그리고 서로가 마지막 승자가 되기 위해 무엇이든 할 태세이다.[23]

• • •

우리가 지금까지 살펴봤듯이, 플랫폼 세계에서 경쟁은 본질적으로 전통적인 파이프라인 기업들 간의 경쟁 양상과 매우 다르다. 따라서 이러한 차이가 비즈니스 규제에 어떤 영향을 어떻게 주었는지 궁금해지는 것은 당연한 수순이다. 독점, 공정 거래, 가격 담합, 반경쟁적 관행, 거래 제한과 같은 기본 개념을 플랫폼 기업들에게 적용할 때 재고할 필요가 있지 않을까? 소비자와 근로자, 공급자와 경쟁자, 커뮤니티 전체의 이익을 보호하기 위해 만들어진 기존 규칙이 플랫폼 세계에서도 유효하고 합리적일까? 이러한 여러 의문에 대해서는 다음 장에서 살펴보겠다.

Platform 10   **이것만은!**

❏ 플랫폼 경쟁은 3차원 체스와 같아서 플랫폼 대 플랫폼, 플랫폼 대 파트너, 파트너 대 파트너 등 세 개의 층으로 이뤄진 경쟁이 벌어진다.

❏ 플랫폼 세계에서 경쟁은 협력과 공동 창조에 비해 덜 중요하며, 관계를 통제하는 것이 자원을 통제하는 것보다 더 중요해지고 있다

❏ 플랫폼이 서로 경쟁할 때 사용하는 방법에는 플랫폼 접근을 제한하여 멀티호밍 예방하기, 혁신을 장려한 다음 가치 획득하기, 정보의 가치 이용하기, 인수합병을 추구하기보다는 파트너십을 확대하기, 플랫폼 흡수, 플랫폼 설계 개선 등이 있다.

❏ 승자 독식 시장은 특정 플랫폼 시장에 존재한다. 승자 독식 시장은 규모의 공급 경제, 네트워크 효과, 높은 멀티호밍 비용과 전환 비용, 틈새 전문화 부족 등 네 가지 핵심 요소에 따라 움직인다. 승자 독식 시장에서는 경쟁이 유독 심해지는 경향이 있다.

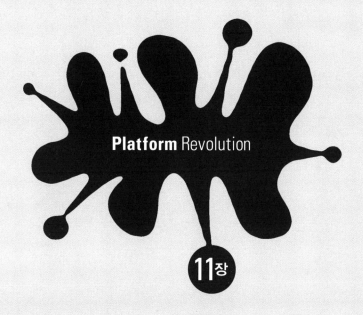

Platform Revolution

11장

규제 정책

플랫폼에 적합한 규제 정책은 따로 있다

플랫폼은 정말 시민에게 이익을 가져다주는가

2014년 가을, 뉴욕 시 거주자들에게 이제 막 알려진 기업의 광고물이 지하철을 가득 메우기 시작했다. 바로 에어비앤비 광고였다. 이것은 단순히 잠재 고객에게 에어비앤비의 임대 서비스를 이용해 보라고 설득하는 광고가 아니었다. 광고업계 사람들끼리 기업 이미지 광고라고 말하는, 기업의 명성을 드높일 목적으로 제작된 것이었다. "에어비앤비는 뉴욕 시에게 아주 좋습니다(Airbnb is great for New York City)"라는 슬로건이 광고물마다 쓰여 있었다.

그러나 지하철 승객들이 모두 이에 동의한 것은 아니었다. 며칠 내에 대다수의 광고가 '편집'되었다. 사람들이 마커펜으로 에어비앤비에 대한 자기들 생각을 광고 위에 낙서를 해 놓았다. 제시카 프레슬러(Jessica Pressler) 기자는 낙서들 가운데 고르고 고른 일부를 주간지 『뉴욕(New York)』 매거진에 게재했다. 한 광고 포스터 옆에는 "에어비앤비는 절대 책임지지 않는다"라는 의견이 적혀 있었다. 또 다른 포스터에는 "아파트 건물에서 가장 멍청한 사람은 자기 집 현관문 앞에 열쇠 꾸러미를 던져 놓고 가는 사람"이라는 낙서를 휘갈겨 놓았다. 그리고 "뉴욕 시에게(for New York City)"라는 문구를 "에어비앤비는 에어비앤비에게 가장 좋습니다(Airbnb is great for Airbnb)"라고 사람들이 손으로 고쳐 놓은 포스터가 여러 개 있었다.

이러한 포스터 전쟁은 이미 뉴욕 시를 비롯해 에어비앤비가 발판을 확장하려고 하는 전 세계 도시에서 수많은 갈등이 빚어지고 있음을 보여 준다. 에어비앤비의 기업 이미지 광고 캠페인은 에어비앤비 입장에서 규제 기관, 비즈니스 경쟁자, 잘못 알고 있는 언론인들 및 일반 대중들이 일삼는 불공정한 공세에 대응하기 위해 준비한 것으로 비용이 매우 많이 들어가는 로비 활동이자 홍보 활동의 일환이었다. 이러한 논쟁에서 사람들의 입장이 갈리는 논지는 다음과 같다. 과연 에어비앤비는 뉴욕 시와 시민에게 축복이자 대단히 유용한 기업인가? 아니면 이 도시의 삶의 질과 건전한 경제를 해치는 암적인 존재인가? 그렇다면 누가 이런 것들을 정할 권리와 권한을 가져야 하는가?

플랫폼 규제, 새로운 세상에 맞게 오래된 규칙 다듬기

플랫폼 세계가 출현함에 따라 사회적 도전이 점점 더 거세지고 있다. 내부 거버넌스 체계와 외부 규제 환경이 조화를 이루어 공정하게 작동할 수 있도록 플랫폼을 설계해야 할 필요가 생긴 것이다.[1] 에어비앤비, 우버, 업워크, 릴레이라이즈와 같은 많은 플랫폼들이 경제와 사회, 정치 영역에서 차지하는 역할이 커지면서, 참여자의 권리 문제뿐 아니라 플랫폼 기업들이 다른 부문과 사회 전반에 미치는 영향이 눈에 띄게 늘었다. 따라서 유례없는 플랫폼 성장으로 인해 2008~2009년 금융 위기 이후 특별한 관심을 보이지 않던 규제 문제가 완전히 새로운 방식으로 대중의 의식 전면에 등장했다.

이러한 사안에 대한 논쟁이 격렬해지면서 평론가들은 우리 모두가 '알고' 있다고 생각했던 규제 정책이 틀렸다는 사실을 깨닫기 시작했다. 적어도 오늘날 빠르게 진화하는 플랫폼 시장에서는 맞지 않았다. 그런 가운데 사회의 목표가 혁신과 경제 발전에 있기에 플랫폼 규제에 대해서는 상대적으로 자유방임적인 접근법을 취하자는 주장과, 이에 반해 사회의 목표가 폐해를 막고 공정 경쟁을 도모하여 법치주의를 존중하는 데 있다는 주장이 팽팽히 맞서고 있다.

지금은 정책 입안가, 법률학자, 비즈니스 옹호 단체들이 플랫폼의 부상에 힘입은 변화에 비추어 규제에 대해 갖고 있던 구태의연한 생각을 재고할 때이다. 이번 장에서 우리는 경제적 변화를 가져오는 플랫폼에 대해 앞으로 기업의 리더들이 반드시 답해야 할 핵심 질문을 생각해 볼 것이다. 우리는 플랫폼이 조세 정책, 주택 가격, 공공 안전, 경제의 공정성, 데이터 프라이버시, 노동권 등에 미칠 파급 효과에 대해서 다룰 것이다.

플랫폼 혁명이 빚어낸 어두운 그림자

우리는 이미 네트워크 플랫폼의 폭발적인 성장이 가져다준 많은 혜택에 대해 이야기했다. 그러나 플랫폼 확산이 우리를 새로운 '경제적 열반' 따위에 이르게 하지 않을 거라는 사실도 반드시 인정해야 한다. 비즈니스와 소셜 또는 기술적 혁신이 그러하듯, 플랫폼의 출현에도 폐해가 있을 수 있다.[2]

일부 플랫폼의 출현에 대해서 속출하는 불만 사항들은 플랫폼 기업이 전통적인 산업에 미친 파괴적인 영향력을 반영한다. 새로운 비즈니스 모델에 의해 수익과 생계를 위협받는 기업과 근로자들이 수단 방법을 가리지 않고 맞서려고 하는 것은 매우 자연스런 현상이다. 이들은 의미가 있든 없든 새로운 플랫폼 모델이 경제적·환경적·사회적·문화적으로 해악을 끼친다는 증거를 확보하려고 눈에 불을 켜고 있다. 플랫폼 기업에 대한 공격 가운데 일부는 분명히 이런 범주에 속한다. 왜 대형 출판사와 서점 체인이 아마존을 싫어하고, 음반 회사가 아이튠스를 싫어하고, 택시 회사가 우버를 싫어하고, 호텔 체인들이 에어비앤비를 싫어하는지 이해하는 건 어렵지 않다. 당연히 플랫폼에 대해 비판하는—이들의 영향력을 제한할 수 있는 엄격한 규제를 요구하는—목소리가 이처럼 이해 당사자들로부터 나올 때는 어느 정도 가감해서 들어야 한다.

그렇다고 플랫폼 기업들의 영향력에 대한 불평이 모두 합당하지 않다는 말은 아니다. 에어비앤비를 통해 뉴욕에서 저렴한 숙소를 구한 방문객들은 에어비앤비 서비스의 팬이며, 마찬가지로 여분의 방을 빌려주어 돈을 버는 호스트들도 에어비앤비의 팬이다. 그러나 이웃에 사는 사람들 중 몇몇은 불만을 품을 수 있다. 에어비앤비를 통해 빌려준 집이 난장판이 되고 매춘 현장이 되었으며(그 중 한 곳에서는 누군가가 칼로 찔렸다고 한다), 술 취한 젊은이들이 정신없이 소란스러운 파티를 열었다는 끔찍한 이야기들이 타블로이드 신문에 등장했다. 상황을 매우 심각하게 느낀 맨해튼의 한 임대업자 켄 팟지바(Ken Podziba)는 자신의 세입자가 단기 전대를 금지하는 주법을 어기고 다른 사람에게 집을 빌려줬다는 사실을 증명하려면 감시 카메라를 설치해야겠다는 생각이 들었다. 결국 그는 세입자를 쫓아내는 데 성공했다. 팟지바는 "에어비앤비는 사람들이 자기들 맘대로 하게 내버려 두고 돈을 번다"

며 이는 '미친 짓'이라고 소리쳤다.[3]

우리가 8장에서 살펴봤듯이 임대 계약과 관련이 없는 제3자에게 에어비앤비가 미치는 영향을 경제학자들은 '외부효과'라고 부른다. 매번 되풀이되는 경제 문제는 부정적인 외부효과에 의한 비용을 이를 만들어 낸 사람들이나 기업이 아닌 어쩔 수 없이 문제에 휩쓸린 '무고한 구경꾼'이 부담할 때 발생한다. 외부효과 문제는 한 기업이 이웃들로부터 반감을 사고 규제 기관에게 개입의 여지를 주기에 딱 좋다. 그리고 이는 현재 에어비앤비가 겪고 있는 문제이기도 하다.

보험의 보상 범위가 일정하지 않다는 점이 에어비앤비의 가장 심각한 외부효과 문제 중 하나였다. 2014년 12월, 여러 해에 걸쳐 불만이 제기되자 에어비앤비는 다루기 힘든 게스트에 의해 야기되는 피해로부터 미국 내 호스트들을 보호하기 위해 100만 달러에 달하는 배상책임보험을 제공한다는 회사의 새로운 정책을 발표했다. 문제는 이 보험이 소위 부차적인 보상이라는 데 있었다. 에어비앤비의 보험은 호스트 본인이 주택 소유주 보험의 보상금 한도를 넘었을 경우에만 적용된다. 그런데 미국에서 개인이 가입하는 거의 모든 주택 소유주 보험은 임대를 비롯한 '상업 활동'을 보장에서 특별히 제외한다. 에어비앤비는 마치 피해 보상 비용을 어떻게든 보험 청구 조사를 게을리하는 보험사가 판매하는 개인 보험에 떠넘기려 하는 것처럼 보인다. 아니면 에어비앤비의 호스트임을 숨기는 주택 소유자에게 속아 넘어가는 보험사에게 떠넘기거나……

이렇게 해당 보험이 전체를 보상해 주지 않으니 대다수의 에어비앤비 호스트들은 걱정스러울 수밖에 없다. 그러나 금융 저널리스트 론 리버(Ron Lieber)가 지적하듯, 이러한 배상책임보험도 수천 명에 달하는 아무 관계가 없는 시민들에게 외부효과를 끼친다. 리버는 "만일 에어비앤비가 개인이 가입한 보험사와 리스크를 공유하는 데 성공한다면, 그 다음엔 그 리스크를 보상하기 위해 전체 보험료가 올라갈 수밖에 없다"고 썼다.[4]

물론 우리가 언급했듯이, 긍정적인 외부효과도 있다. 기업이 아무 관련 없는 제3자에게 제공하는 경제적 혜택과 기타 혜택은 긍정적인 외부효과이다. 일부 데이터에 의하면, 에어비앤비가 시장에 진입한 이후 호텔 가격이 조금 떨어지면서 관광 사업이 증가했으며, 지역 레스토랑과 다른 관광 명소들이 혜택을 누렸다.[5] 또 다른 데이터에 의하면, 우버가 시장에 들어온 이후 음주 운전 사망자 수는 약간 줄었다.[6] 그러나 이러한 긍정적인 외부효과는 문서화하거나 정량화하기 어려운 경우가 많은 반면, 부정적인 외부효과는 강렬하고 너무나 분명하며 사람들을 괴롭힌다. 에어비앤비가 이러한 외부효과 비용을 플랫폼과 상관없는 개인이나 사회 전반에 전가하는 것이 과연 공정한 일인가?

이 문제는 단순히 이론적인 차원의 문제가 아니다. 어떤 플랫폼 기업들은 사실 부정적인 외부효과를 우려하여 문을 닫기도 했다. 몽키파킹(MonkeyParking) 앱을 생각해 보자. 2014년 1월 샌프란시스코에서 출시된 이 앱은 운전자들이 비운 주차 공간을 이 앱의 다른 사용자들에게 경매로 팔아서 거둔 수익을 운전자와 나눠 가졌다. 대다수의 평론가들은 몽키파킹이 공공재, 즉 주차 공간을 사유화하고 거기서 수익을 창출하도록 몰아감으로써 수많은 개인과 기업이 의존하는 공공 교통 시스템의 개방성과 접근성에 영향을 줬다는 점에서 불공정하다고 봤다. 또한 몽키파킹은 같은 목적으로 주차 수요가 있을 것으로 보고 민영 주차장을 사들인 소유주들에게도 부정적인 영향을 주었다.

이를 지적하는 목소리가 커지자 2014년 6월, 규제 당국은 몽키파킹 플랫폼에 폐쇄 조치를 내렸다.[7]

몽키파킹의 사례는 흑백 논리로 판단하고 끝날 문제가 아니다. 이 사례는 공공재를 사유화함으로써 발생하는 사회적 폐해가 과연 희소한 자원을 계획적으로 이용할 수 있게 함으로써 얻는 혜택보다 클 수 있는가, 크다면 언제 그 폐해가 커지는가, 또 어떻게 커지는가 하는 질문을 던진다. 몽키파킹 같은 시스템이 환경 보호에 도움이 된다고 주장할 수도 있다. 사람들이 주차 공간을 찾기 위해 도심을 배회할 필요가 없어지므로 화석 연료를 덜 태울 수 있고, 교통 혼잡도 줄일 수 있기 때문이다. 그러나 만일 우리가 몽키파킹이 공용 주차 공간을 사적인 이익을 위해 경매에 붙이는 것을 허락한다면 다른 문제가 될 만한 시장 활동들도 허용하게 되는 것은 아닐까? 플랫폼 사용자가 여름철 주말에 공원이나 해변가의 좋은 장소를 점유한 다음 최고가를 부른 입찰인에게 파는 행위도 허락해야 하는 걸까? 누구나 가고 싶어 하는 공립 학교의 빈자리는 어떻게 해야 할까? 아니면 유명한 공공 병원의 1인실은 어떨까? 우리는 돈 많은 사람이 공공재의 가장 좋은 부분을 가져갈 수 있는 사회에 살기를 원할까? 이러한 것들이 바로 몽키파킹과 같이 너무나 단순한 사례가 제기하는 외부효과에 대한 의문이다.

프리랜서 경제 또는 1099 경제(1099 ecomony, 미국 국세청이 프리랜서 및 자영업 근로자들에게 제출토록 한 세법상 서식명 Form 1099-MISC에서 유래-옮긴이)의 방벽이라고 하는 노동 플랫폼들도 여전히 사회적 충격과 형평성이라는 문제에 대해 의문을 제기한다. 업워크, 태스크래빗, 워시오(Washio) 같은 플랫폼들은 무엇보다도 유연한 업무 스케줄을 소중히 여기는 사람들에게는 좋지만, 아무런 복지 혜택도 없고 보통 법으로 정해진 근로자 보호 장치 없이 프리랜서 기반으로 풀타임으로 일하지 않으면 안 되는 사람들에게는 매우 심각한 문제일 수 있다. 기업들이 노동 플랫폼의 기민함과 낮은 간접 비용의 혜택을 누리고 싶어 하는 것은 이해할 수 있다. 그러나 미국처럼 의료 보험과 같은 기본 복지가 대부분 직장을 통해 제공되는 사회에서 이러한 복지 비용을 프리랜서에게 전가하거나 아니면 이미 재정적으로 어려운 정부 지원 프로그램에 전가하여 기업이 경제적 이익을 보는 것이 과연 바람직한가?[8]

플랫폼은 분명히 사용자에게 이익이 될 만한 것들을 만든다. 그렇지 않다면 폭발적으로 성장할 수 없었을 것이다. 그러나 플랫폼은 부정적인 외부효과를 비롯해서 모든 사회가 반드시 고민하고 해결해야 할 의도치 않은 부작용 또한 만들어 낸다.

플랫폼 규제 반대론자들의 주장과 근거

몽키파킹과 같은 플랫폼 비즈니스의 사례가 드러낸 문제에도 불구하고 많은 사람들이 플랫폼이 야기하는 잠재적인 남용과 사회적 혼란이 혁신과 새로운 가치, 플랫폼에 의한 경제 성장을 위해 지불해야 할 작은 대가라고 주장한다. 플랫폼 기업들은 우리 삶의 일부이고 이들은 수백만에 달하는 사람에게 확실히 이익을 가져다준다. 그런데 왜 규제를 강화하여 혁신을 억제하는 위험을 감수하려 하는가?

규제 반대자들은 재빨리 규제 실패 사례나 역효과를 일으킨 사례들을 들고 나오고 있다. 노벨상 수상자인 로널드 코스(Ronald Coase)와 조지 스티글러(George Stigler)는 자유방임주의 체계 옹호로 유명한 시카고 경제학파의 학자들로 대부분의 시장 실패는 시장 메커니즘만 가지고도 잘 해결할 수 있다고 주장한다. 예컨대 이들은 경쟁자들보다 막대한 사회적 편익을 제공하는 상품과 서비스를 생산하는 기업이 자유롭게 증가하게 함으로써 시장 실패를 해결할 수 있다고 주장한다. 역사적 증거에 따르면, 정부 규제는 무능하거나 부패하기 쉽다. 다시 말해서 규제를 통해서는 문제를 해결하지 못한다는 것이 이들의 입장이다. 좀 더 구체적으로 말하자면 자유 시장이 시장 공정성이나 소비자 보호에 관한 중대한 문제를 해결하지 못한다면 법정에서 사적인 소송을 통해 해결할 수 있다고 본 것이다.

규제 실패의 가장 흔한 기제 가운데 하나가 스티글러가 이름을 붙인 '규제 포획(regulatory capture)'[9]이다. 이 이론은 시장 참여자가 자기들의 이익을 위해 규제에 영향을 미치는 행위를 함으로써 근본적인 시장 문제를 해결하지 못하고 더 악화시킨다는 것을 기본 전제로 한다. 1971년 자신의 논문에서 스티글러는 규제 포획에 대하여 석유 수입 할당 제도, 항공이나 트럭 운송업, 은행업에 신규 기업의 진입 금지, 그리고 이발사, 방부 처리사, 의사, 약사와 같은 직업에 면허 자격을 필수화하여 노동 시장 진입을 통제했던 예시를 들어 설명했다. 규제 포획 때문에 정부 규제는 소비자를 보호하고 사회 편익을 증대하기보다는 경쟁을 막고 혁신의 발목을 잡는 데 자주 악용된다. 스티글러와 그의 추종자들은 규제 포획이 사라지면 경제와 사회 전체가 이득을 얻게 될 것이라고 주장한다. 그리고 그렇게 되기 위해서는 비즈니스에 대한 대부분의 정부 규제가 사라져야 한다고 말한다. 장 자크 라퐁트(Jean-Jacque Laffont)와 장 티롤(Jean Tirole, 2014년 노벨 경제학상을 받았다)은 대리인 관점을 이용하여 스티글러의 분석을 확장하면서 투표자와 같은 '당사자'가 선출 및 임명 공무원과 같은 '대리인'을 완벽하게 통제하지 못한다고 주장했다. 라퐁트와 티롤은 만일 당사자가 대리인의 행동에 대해 보다 완전한 정보를 갖고 있고 통제력을 행사할 수 있다면 기업이 규제 포획으로 이익을 얻는 일은 결코 없을 거라는 사실을 보여 준다.[10]

규제 포획이 존재한다는 점은 분명하다. 비즈니스 규제 제도를 설계하고 시행할 책임이 있는 정부 관리자들은 어떻게 규제를 가해야 할지 비즈니스 리더들에게 조언과 지침을 자주 구하곤 한다. 이 말은 곧 이렇게 만든 규제가 일반 시민이 아닌 기업—또는 영향력이 큰 특정 기업—에게 혜택을 제공하는 경우가 많다는 뜻이다. 금융 서비스와 같은 일부 강력한 산업은 고위 임원들이 워싱턴 정가와 민간 부문을 오가며 경력을 쌓고, 규제 체계를 세운 동일 인물이 나중에 기업에 돌아가 어떻게 하면 규제를 피할 수 있을지 또는 규제를 이용해 어떻게 이익을 얻을 수 있을지 최고의 방법을 전수하는 것으로 알려져 있다(라퐁트와 티롤이 이런 관행을 특별히 강조했다).

오늘날 플랫폼 기업에 대한 일부 규제 전쟁은 부분적으로 정부 규제를 플랫폼 기업이 도입한 경쟁 모델에 대한 방어막으로 사용하려는 전통적인 산업계의 노력을 반영한다. 따라서 시사 평론가 코너 프리더스도프(Conor Friedersdorf)가 말했듯이 "차량 서비스 우버가 미국 전역의 도시에서 싸우는 이유는 택시 산업이 누리고 있는 규제 포획을 종식시키기 위함"이다.[11] 에어비앤비는 호텔 산업과 규제 당국이 오랜 기간 맺어 온 관계 때문에 유사한 전쟁을 치를 상황에 직면해 있다.

일부 평론가들이 보기에 규제 포획 현상은 대부분 정부의 경제 규제 타당성을 급격히 약화시킨다. 예를 들어 자유주의 경제학자 돈 보드록스(Don Boudreaux)는 자신의 블로그 카페 하이에크(Cafe Hayek)에 올린 포스팅에서 우버가 운전자들로 하여금 자신들의 개인 자동차를 사유 재산에서 경제의 자본금 일부로 변모시킨 방식을 요약한 다음 "우버와 다른 공유 경제 혁신에 대한 정부 개입"이 "소비자의 상품과 서비스에 대한 접근을 개선하려는 시장의 힘을 가로막는" 동시에 "평범한 사람들이 소유할 수 있고 통제할 수 있으며, 부를 창출할 수 있는 자본을 늘리려는 시장의 힘을 공격"[12]하는 것이라며 비판한다.

우버의 확장을 제한하려는 시도가 오늘날 "가장 불쾌한 정부 개입 사례"라는 보드록스의 주장에 독자들은 동의할 수도 있고 하지 않을 수도 있다. 그러나 규제 포획 현상의 존재 자체가 반드시 규제, 특히 플랫폼 규제를 찬성하는 입장에 치명타를 가하는 것은 아니다. 규제를 모두 없애기보다는 규제 포획의 가능성을 줄일 수 있는 정치적·사회적·경제적 시스템을 만들 필요가 있다는 주장도 있을 법하다. 이를테면 기업과 정부 사이를 오고가는 '회전문'을 엄격히 제한하는 법을 만들어 규제 포획을 줄일 수 있다.

기업 거버넌스와 정부 규제 분야를 연구하는 경제학자 안드레이 슐라이퍼(Andrei Shleifer)는 국가마다 규제 포획 정도의 차이가 크다는 점을 지적한다. 정부가 시민들에 의해 상대적으로 감시를 덜 받는 경우, 규제가 강하면 공무원들의 부패와 강제 수용이 늘어난다는 것이다. 실제로 권위주의 국가에서 이런 현상이 만연하다. 그러나 정부의 책임을 강하게 물을 수 있는 국가의 경우, 예컨대 북유럽 국가들은 높은 수준의 규제를 펼쳐도 비교적 이러한 부패가 없으므로 규제 포획의 수준이 낮다. 이런 상황에서 규제는 사회 복지 및 경제 성장과 양립할 수 있다고 슐라이퍼는 주장한다.

게다가 슐라이퍼는 규제의 대안으로 소송을 제시한 시카고 학파의 주장은 독립적이고 정직한 사법부의 존재를 가정하고 거기에 의존한다고 지적한다. 이는 공무원과 마찬가지로 판사와 변호사도 조종과 포획의 대상이라는 사실을 무시한 것이다.[13] 더 넓게는 슐라이퍼의 주장은 국가와 기술에 특화된 규제를 옹호하는 라퐁트와 티롤의 주장과 일치한다.[14]

대개 역사적 기록은 비즈니스 규제 철폐를 옹호하는 사람들의 주장을 뒷받침하지 않는다. 사실 선진국 정부 중에서 규제를 하지 않는 정부 당국을 찾기란 어렵다. 반경쟁적 관행을 예방하기 위한 규제는 적어도 고대 그리스와 로마 시대까지 거슬러 올라간다. 이 때 도시 국가는 자연재해(날씨)에 따른 곡물 시장 가격 변동뿐 아니라 상인과 운송 대리인들에 의한 고의적인 시장 가격 조작을 완화하기 위해 신속하게 조치를 취했다.[15] 마찬가지로 현대 사회도 규제 기관에 의지하여 시장에서의 공정 경쟁을 강화하려 한다. 규제가 실패할 때 우리는 내부자 거래 스캔들이나 모기지 담보 증권 시장 붕괴, 또는 기존 독점 기업들이 맘껏 높이는 가격 때문에 한숨짓게 된다.

완벽하게 규제 없는 세상에서 살기 원하는 사람은 거의 없다. 그리고 오늘날 우리가 살고 있는 복잡한 사회에서 규제는 여러 중요한 사회적 기능을 담당한다. 항공 시스템을 받치고 있는 기술의 복잡성과 이를 파괴하려는 테러리스트의 시도가 있다는 점을 고려하면 선진국의 항공 시스템은 놀라울 정도로 안전하다.[16] 이는 향상된 기술과 훈련, 그리고 미국 연방 교통안전위원회와 같은 정부 기관이 충돌 사후 조사를 빈틈없이 수행하여 리스크 요인을 체계적으로 제거한 결과이다. 비슷한 방식으로 우리는 깨끗한 식수와 교통안전을 유지하기 위해, 또 전염병에 대한 대응과 통제를 위해서 규제에 의존한다.

이런 이유들 때문에 비교적 소수의 사람들만이 비즈니스 규제 철폐를 요구하는 극단적인 자유주의 입장을 옹호할 것이다. 그러니까 진짜 문제는 플랫폼 기업을 규제해야 하는가가 아니라 정확히 어떻게 규제할 것인가를 정하는 일이다.

물론 규제에 따른 장단점이 있다. 규제가 아예 없다면 비즈니스 사기, 불공정한 경쟁, 독점 및 과점적 관행, 시장 조작 등으로 인해 높은 사회적·경제적 비용이 끊임없이 발생할 것이다. 반면에 일부 전체주의 국가에서 볼 수 있는 정부의 극단적인 시장 개입은 부패, 비효율, 낭비, 혁신의 부재와 같은 다른 문제를 낳는다. 이러한 이점과 폐해의 존재는 중간적인 해결책이 최고임을 의미한다. 그리고 실제로 세계에서 가장 활력 있는 경제 국가들은 일반적으로 감시 기관이나 사법 심사 또는 이 둘을 적당히 조합하여 중간 수준의 정부 규제를 적용한다.

경제학자 시메온 잔코프(Simeon Djankov)와 그의 동료 학자들은 가능한 규제 제도의 범위를 (우리가 사적 거버넌스라고 부르는) 사적 규제부터 독립적인 판사의 판결, 국가 공무원의 규제, 그리고 자산에 대한 정부의 직접 소유(사회주의)까지 분류하였다.[17] 이 스펙트럼을 시각화(그림 11.1)한 것을 보면, 사적인 행위로 인한 사회적 손실과 정부의 과실로 인한 사회적 손실 사이의 균형을 파악할 수 있다.

안드레이 슐라이퍼가 언급했듯이, 지난 두 세대 동안 대부분의 경제학자와 정치 이론가들은 정부 개입에 대해 긍정적이던 입장에서 민영화를 선호하는 쪽으로 입장을 선회했다.[18] 한때 정부가 쥐고 있던 규제

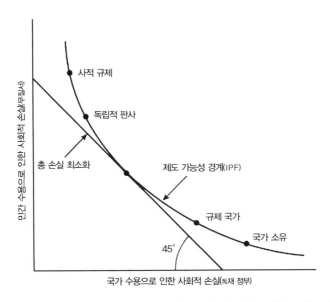

〈그림 11. 1〉 규제가 완전히 부재(좌측)하거나 정부에 의해 비즈니스가 전적으로 통제(우측)되는 데 따른 '사회적 손실'을 나타낸 잔코프의 곡선. 허가를 구하고 게재함.

에 대한 주도권이 이제는 자신의 이익에 따라 움직이는 민간 기업으로 옮겨가는 추세이다. 예컨대 미국에서 적용되던 '일반적으로 인정된 회계 원칙(GAAP)'처럼 국가가 제정한 회계 기준이 런던에 본부를 둔 민간 기구인 국제회계기준위원회가 제정한 국제 회계 기준(IFRS)으로 점차 바뀌고 있다. 우리는 이러한 추세가 지속될 것으로 예상하며, 각국 정부들이 무엇을 규제할지, 민간 기구가 더 효과적으로 규제할 수 있는 대상은 무엇인지 다시 고민해야 한다고 본다. 이번 장에서 우리는 규제 기관의 개입이 필요한 플랫폼 시장 상황과 플랫폼이 자체적으로 해결할 수 있는 시장 상황이 무엇인지 제시할 것이다.

플랫폼 규제를 둘러싼 7가지 쟁점

지난 20여 년간 플랫폼 기업들이 출현하면서 주목받게 된 중요한 규제 문제 몇 가지를 살펴보자.

플랫폼 접근

플랫폼이 점차 상품과 서비스 시장으로서 그 중요성이 늘어나면서 플랫폼에 대한 접근이 규제 당국의 조사 대상이 된 것은 타당하다. 어떤 잠재적 참여자가 플랫폼 접근 대상에서 제외되었을 때 그 같은 조치로 인해 누가 혜택을 보는지, 또 그러한 조치가 공정했는지, 전반적 시장에 미치는 장기적인 파급 효과는 무엇인지 묻게 된다.

예를 들어 알리바바 그룹은 중국 전자 상거래의 80%를 처리한다.[19] 인터넷에서 사업하는 기업에게 접근 차단의 위협은 상당히 심각한 문제이다. 플랫폼 접근은 최고의 기업들과 어깨를 나란히 하겠다는 희망을 품고 있는 모든 스타트업들의 관심 사항이기도 하다. 수백만 개에 달하는 기업들을 헤치고 나가야 할 판국에 이들에게는 페이지 랭킹을 올려 줄 수 있는 거래 이력이 아예 없기 때문이다. 컴퓨터 게임 콘솔 시장에서 플랫폼 스폰서(소니, 마이크로소프트, 닌텐도)들이 일렉트로닉아츠와 같은 특정 기업들에게 플랫폼을 지원할 수 있게 해 주는 대가로 카테고리 독점을 제안하는 것으로 알려져 있다. 기업들도 플랫폼 스폰서들과 같은 목적을 달성하기 위해 자기들 플랫폼에 중요한 요소나 소프트웨어를 제공하는 생산자들을 인수한다. 예컨대 마이크로소프트가 게임 스튜디오인 번지를 인수한 것은 2001년 X박스를 출시하면서 인기 있는 비디오 게임 헤일로 사업권에 대한 접근을 독점하기 위해서였다.

접근과 독점은 플랫폼 호환성에도 영향을 미친다. 1997년 선 마이크로시스템스(Sun Microsystems)는 마이크로소프트가 의도적으로 자바 프로그래밍 언어를 '통째로 복사해 갔다'—코드 베이스(모든 소스 코드 혹은 컴퓨터 프로그램의 집합체-옮긴이)에 호환이 불가능한 버전을 만들었다—며 소송을 제기했다. 마이크로소프트의 윈도 시스템 이외에 다른 운영체제에서 매력을 떨어뜨리려 했다는 것이었다. 선은 2002년 또 다른 소송을 제기했다. 이번엔 마이크로소프트가 자사의 독점 언어인 닷넷(.Net)을 위해 데스크톱 배포 시 자바를 제외한 데 따른 것이었다.[20] 2015년 모바일 운영체제인 안드로이드는 개방형과 독점형으로 버전을 분리시켰다. 호환성을 유지하기 위한 상업 및 규제 차원의 유인책은 소비자의 이익을 보호하기 위해 필요할 수 있다.

칼 샤피로 경영학 교수가 주장하듯, 배타성 문제가 특별히 더 크게 다뤄지는 경우는 네트워크 효과가 강력할 때이다. "이러한 배타적인 계약과 배타적인 회원 규칙이 네트워크 산업에서 특히 치명적인 이유는 새롭고 향상된 기술이 현재 시장 선도자를 위협할 만큼의 임계량에 도달하지 못할 위험이 생기기 때문이다."[21] 샤피로 교수는 이어서 "궁극적으로 소비자가 독점 가격제로 인해 피해를 본다는 이야기가 아니다. 물론 문제는 될 수 있지만 더욱 심각한 문제는 혁신의 속도가 느려지면서 역동적인 경쟁 시장에서 발생하는 기술 발전의 혜택을 소비자들이 온전히 누릴 수 없다는 데에 있다."고 말했다. 이러한 현상을 과잉 관성(excess inertia)이라고 부른다. 이는 새롭거나 더 나은 기술의 채택을 더디게 하거나 방해하는 네트워크 효과의 파급력을 가리킨다. 하나의 플랫폼 또는 여러 플랫폼이 네트워크 효과의 힘 때문에 특정 시장을 지배하게 되면, 플랫폼은 변화에 따른 비용과 파괴 효과로부터 스스로를 방어하기 위해 혁신을 거부하기도 한다.

특정 플랫폼에 임의로 접근하는 것을 제한하는 일이 과잉 관성으로 이어지는 것처럼 보이는 상황에서, 정부가 개입하는 것이 적절한지를 규제 기관이 고려해야 한다는 문제는 논란의 여지가 있다.[22] 그러나 평론가들이 어떤 경쟁 조치가 가져올 파급 효과가 실제로 어떨 것인지 판단하는 일은 언제나 쉽지 않다. 어떤 경우에는 수없이 관찰하다 보면 미치는 효과가 매우 다를 수 있다.

예컨대 2014년에 발표된 한 논문에서, 이 책의 저자 중 두 사람(제프리 파커와 마셜 밴 앨스타인)은 개발자들 간의 경쟁을 제한하는 플랫폼 정책은 혁신 비율을 높이므로, 장기적으로 소비자들에게 실질적인 혜택을 가져온다고 주장했다.[23] 그 과정은 특허 임시 출원처럼 처리된다. 즉 플랫폼 기업이 특정 확장 개발자에게 신규 제품 또는 서비스에 대한 막대한 투자를 대가로 단기간 카테고리 독점을 제공하는 방식이다(SAP는 ADP와 같은 개발업체를 상대로 '우선 협상 파트너' 전략을 이용했으며, 마이크로소프트는 선별한 게임 개발자들을 대상으로 이러한 전략을 사용했다). 시간이 흐르면서 이러한 한시적인 협정에 의한 혁신은 핵심 플랫폼 안으로 흡수되는 경향이 있다. 그렇게 되면 모든 소비자들이 직접 이용할 수 있게 되며, 다음 세대의 개발자들이 또 다른 혁신을 일으키는 데 이용되기도 한다.

그래서 우리가 규제 기관들에게 플랫폼 접근과 관련된 상황에 개입할 때는 매우 신중해야 한다고 주장하는 것이다.

공정 가격

전통적으로 규제 기관들이 관심을 갖는 관행이 약탈적 가격이다. 약탈적 가격이란 한 회사가 상품이나 서비스에 대한 가격을 거의 수익을 내는 게 불가능할 정도로 낮게 책정하는 것이다. 낮은 가격은 일시적으로 소비자에게 이익을 가져다주지만 장기적으로는 경쟁자들을 망하게 한다. 그러면 살아남은 공급자들이 가격을 독점 수준으로 올릴 수 있게 되면서 소비자들은 피해를 본다. 바로 이런 점을 노린 업체들이 약탈적 가격을 책정한다. 그리고 이 때문에 규제 당국은 약탈적 가격 정책을 규제하려 한다.

그러나 이 책의 저자 두 사람(파커와 밴 앨스타인)은 원가보다 낮은 가격에 대한 전통적인 해석과 그로 인해 규제 당국이 내린 약탈적 가격의 정의에 대해서 문제를 제기하는 연구를 하고 있다. 우리가 분석한 바에 따르면, 강력한 양면 네트워크에 따른 외부효과를 누리는 기업들은 시장의 한쪽 면에 무료로 서비스를 제공해도 이익을 극대화할 수 있다. 이런 기업은 시장의 다른 쪽에 있는 이들에게 상품이나 서비스를 판매하여 상당한 이익을 얻는다.[24]

장 티롤을 비롯한 다른 저자들의 양면 네트워크에 대한 연구 결과는 통념을 뒤집었으며, 규제 기관들에게 기존의 포식자 판별 시 네트워크 효과를 고려할 것을 촉구했다.[25] 일반적으로 규제 당국은 상품이나 서비스를 원가에, 또는 원가보다 낮게 판매하는 관행이 시장에서 경쟁자를 퇴출시킨 후 가격을 올리려는 의도 때문이라고 보았다. 그러나 위에서 말했듯이, 기업이 교차 시장에서 발생하는 외부효과를 고려할 때 특정 그룹의 고객을 대상으로 상품이나 서비스 가격을 무료로 책정하는 것이 합리적일 수 있다. 심지어 경쟁이 없는 상태에서 마찬가지이다.

이렇게 경쟁을 분석하는 방법의 변화에도 불구하고 여전히 플랫폼 법률 정책에서 결정해야 할 사안들이 남아 있다. 2015년 유럽 연합(EU)은 구글이 자사의 가격 비교 서비스를 운영하면서 다른 경쟁사를 차별했다며, 구글의 검색 서비스를 제소했다. 방금 앞에서 언급한 경우와 비슷한 사례이다.[26] 흥미롭게도 2013년에는 미국 연방통상위원회(Federal Trade Commission, FTC)를 상대로 유사한 소송 제기 건수가 줄어들었다.[27] 또 다른 대형 플랫폼 기업인 아마존은 출판 시장에서의 역할에 대한 엄격한 조사를 받을 상황에 있었다. 사람들은 아마존이 시장 점유율을 늘리기 위해 가격을 낮추었으며, 일단 경쟁자들이 시장에서 물러나면 가격을 올릴 거라며 우려한다.[28] 우리는 아마존에 대한 이러한 비난—다시 말해서 아마존이 시장을 독식하고 나면 책값을 급격히 인상할 거라는 비난—에 회의적이다. 그러나 우리도 아마존이 중요한 문화 산업에서 힘자랑하는 게이트키퍼가 될 거라는 데에는 어느 정도 공감한다. 아마도 아마존은 킨들 리더기에서 사용되는 독자적인 포맷인 아마존 워드(Amazon Word, AZW)를 가지고 특유의 디지털 콘텐츠 포맷을 확립하려고 시도할 수 있다. 예컨대 AZW 포맷으로 책의 일부를 무료 배포하는 것은 트로이의 목마로 이용될 수 있다. 장기적인 전략의 일환으로 독자들을 끌어들여서 플랫폼에 대한 통제력을 확대하고 개방적 표준에서 폐쇄적인 독자 표준으로 이동할지도 모를 일이다.

데이터 프라이버시와 보안

일반 시민들은 오랫동안 기업들이 수집한 고객의 개인 정보를 가지고 무엇을 하는지 궁금해할 만한 이유가 있었다. 개인 신용카드가 도입되면서 개별 가계에 대한 상세 데이터를 수집할 수 있는 기업의 역량이 크게 확대되었다. 이러한 금융 혁신으로 인해 소비자들이 더욱 쉽게 신용 대출을 받을 수 있게 되면서 소비가 늘어났다. 그러나 이 얘기는 은행이 데이터를 이용하여 고객의 신용도를 측정해서 얻는 인센티브가 상당하다는 사실까지도 말해 준다. 이러한 신용도를 분석하기 위해 이퀴녹스(Equinox), 엑스페리안(Experian), 트랜스유니온(Transunion) 등 세 개의 주요 신용 정보 회사가 뜨기 시작했다. 은행으로부터 상호작용에 대한 상세 내용을 제공받는 대가로 이 회사들이 소비자들의 신용 점수를 계산해 주면, 은행은 해당 소비자에게 신용 대출을 해 줄지 결정한다. 또 일단 제공하기로 하면 이런 데이터를 이용해 이율은 어떻게 부과할지 결정한다. 자동차 담보 대출을 받았거나 주택 담보 대출을 받은 적이 있는 사람이라면 자신의 신용 점수가 얼마나 중요한지, 또 얼마나 파급력이 큰지 매우 잘 알 것이다.

초창기 데이터 보안에 대한 규제는 신용 점수를 계산하는 기준의 투명성을 확보하는 데에 집중했다. 이때 인종적·지리적 차별에 대한 사례가 넘쳐 났다.[29]

1974년 의회는 '평등신용기회법(Equal Credit Opportunity Act)'을 통과시켰다. 이 법은 성별, 결혼 여부를 바탕으로 한 신용 대출에 대한 차별을 금지했다. 이 법은 1976년 수정되면서 차별 금지 조항에 인종, 피부색, 종교, 출신 국가, 소득원, 연령을 포함시켰다. 1977년 FTC는 상당한 재원을 투입해 이 법의 시행과 이후 수정을 촉발했던 차별 관행을 없애기 시작했다.[30]

그러나 오늘날 소비자 데이터 사용과 관련한 문제의 규모와 복잡도가 매우 커지고 있다. 신용 정보 회사들은 명의 도용과 신원 오인과 같은 문제로 고심하고 있다. 이런 문제는 소비자가 해결하는 데 몇 년이 걸리는 데다 막대한 피해를 가져올 수 있다.[31] 신용 정보 회사의 고객 정보 이용과 남용, 그리고 이들에게 의존하는 대출 기관들도 격렬한 논쟁의 대상이다. 신용 대출을 받을 수 없는 소비자들을 대상으로 과도한 이율과 연체 수수료를 부과하여 돈을 챙기는 데 혈안이 된 대출 기관들의 약탈적 대출 관행이 경제적 불평등과 시장 불안을 야기하는 원인으로 지탄의 대상이 되고 있다.

이런 상황에 맞서 FTC가 데이터 서비스 제공업체들의 관행을 규제하는 미국의 대표 기관이 되었다.

대부분의 소비자들은 신용 대출을 쉽게 받기 위해서 자신들의 지출 행태에 대한 상세한 데이터를 적극적으로 제공하는 것처럼 보인다. 그러나 대다수의 소비자들이 신용 정보 회사에게 힘을 실어 주는 동력이 '무료' 정보 서비스 기업, 즉 우리가 7장에서 기술한 데이터 애그리게이터들이 제공하는 서비스에 바탕을 두고 있다는 사실을 잘 모른다. 인터넷에서 카메라나 책, 또는 다른 소비자 제품을 검색하거나 단순히 그에 관련된 정보만 검색했는데도 이후 동일한 제품에 대한 광고가 내가 방문하는 웹사이트마다 뜨는 것을 본 적이 있을 것이다. 바로 이런 것이 데이터 주도 마케팅이며, 이에 바탕이 되는 소비자의 개인 정보 매매는 대다수 플랫폼 기업들의 짭짤한 수입원이다.

독자들은 이러한 개인 맞춤 인터넷 광고가 다소 불쾌할 것이다. 그보다 더 기분 나쁜 것은 개인 정보가 이용되는 방식이 은밀한 경우이다. 플랫폼 기업과 비플랫폼 기업들 모두 소비자의 웹 이용과 금융 거래, 잡지 구독, 정치 단체 및 자선 단체에 대한 기부, 이외에 더 많은 정보를 추적하여 꽤 상세한 개인 프로필을 생성한다. 그래서 이런 프로필을 종합하면 유사한 프로필을 지닌 사람들을 대상으로 교차 마케팅을 진행할 수 있다. 이를테면 쇼핑 사이트에 있는 추천 엔진이 "A 제품을 구매한 당신과 같은 사람들은 B 제품도 좋아합니다!"라는 메시지를 띄운다. 사람들은 이러한 프로세스의 익명성에 대해서는 크게 거부감을 느끼지 않는다. 그러나 여기에 이용된 동일한 데이터가 내가 지원할 수도 있는 회사, 정부 기관, 의료 보험 회사 등 온갖 유형의 마케팅 담당자들에게 팔릴 수 있으며 실제로도 팔린다. 성적 지향, 처방약, 알코올 중독, 개인 여행(휴대폰의 위치 데이터를 통해 추적한다) 등과 같은 민감한 사생활에 대한 개별적으로 식별 가능한 데이터가 액시엄(Acxiom)과 같은 데이터 브로커에 의해 판매된다.[32]

데이터 브로커 산업의 관행에 대한 소비자들의 우려로 인해 브로커들에 대한 조사가 실시된 사례는 많이 있다. 대표적인 예가 FTC의 조사이다. FTC는 '데이터 브로커: 투명성과 책임성 요구(Data Brokers: A Call for Transparency and Accountability)'[33]라는 제목의 결과 보고서를 발표했다. 그러나 많은 사람들이 불쾌하다고 여기는 관행을 예방하기 위해 실제로 바뀐 것은 거의 없었다.[34]

회의론자들은 실제로 데이터 프라이버시에 대한 일반인들의 우려가 피상적이라고 말한다. 이들은 소비자들이 매일 자신의 지극히 사적인 개인 정보를 링크드인과 페이스북과 같은 소셜 미디어 플랫폼에 공유하고 핏빗(Fitbit), 조본, 마이피트니스팔과 같은 피트니스, 건강, 다이어트 도구를 이용하여 점점 더 많은 '개인 정보를 도구화'한다고 지적한다. 이러한 플랫폼들은 소비자들이 확인 가능한 개인 정보 보호 정책을 보유하고 있긴 하지만, 난해한 법률 용어로 가득한 문서를 읽는 사람은 거의 극소수이다. 어떤 소비자가 플랫폼을 통해 자신에 관한 정보를 기꺼이 노출하려는 태도는 데이터 프라이버시 문제에 대해 적극적으로 관심을 갖는 시민들이 거의 없다는 사실을 방증한다. 이 때문에 규제 기관이나 플랫폼 관리자들은 당분간 개인 정보 사용에 고삐를 당기지 않을 것이다.

마지막으로 개인 정보 보호와 관련해서 쟁점이 되는 사안이 데이터 소유이다. 데이터 애그리게이터와 정보에 대한 접근 권한을 가진 기업들은 사실상 개인에게 속한 것으로 볼 수 있는 데이터에 대해서 소유권을 주장한다. 이 문제에 대해 사람들의 관심을 모으기 위해 제니퍼 린 모론이라는 이름의 한 젊은 여성이 직접 회사를 설립하여 자신이 생성한 데이터 흐름에 대한 소유권을 주장했다.[35] 개인 정보를 이용하고 판매하여 수익을 얻는 회사들은 모론의 이런 제스처를 좋아하거나 설득력 있다고 여기지 않을 것이다. 그렇다고 이 문제가 사라지진 않을 것이다. 도이체방크(Deutsche Bank)의 최고데이터책임자 J. P. 랑가스와미(Rangaswami)는 다음과 같이 내다봤다.

우리가 개인 정보와 집단 정보의 가치에 대해 알면 알수록 이 같은 정보에 대한 우리의 접근법은 우리의 본래 동기를 반영할 것이다. 우리는 이런 권리를 발전시키고 확장하는 법을 배울 것이다. 가장 중요한 변화는 집단 정보(때에 따라서는 공개 정보이지만 언제나 공개 정보는 아닌)와 관련이 있다. 우리는 집단 정보를 더욱 가치 있게 여길 것이고, 개인 정보와 집단 정보 사이에 절충점이 존재한다는 사실을 깨닫게 될 것이다. 우리는 관습과 관행, 법률에 관한 한 이런 깨달음을 통해 배울 것이다.[36]

데이터를 흔히 '새로운 석유'라고 기술하는 세계에서, 데이터 소유 문제를 해결하기 위해서는 규제 조치와 법원 판결, 산업계의 자기 규제를 틀림없이 혼합해야 할 것이다.[37] 민감한 정보 노출과 관련된 새로운 스캔들, 이를테면 2014년 소니 픽처스가 수백만에 달하는 사용자들의 시청 이력 정보를 유출한 사건은 사용자 데이터에 대한 소유권 문제 해결에 더 큰 압력으로 작용할 것이다.[38] 데이터에 대한 소유권은 데이터가 유출된 후에 피해자들이 법적인 조치를 취할 수 있게할 것이다. 이론적으로는 가장 큰 책임을 지는 기업들이 데이터 보안을 보다 중요하게 다루게 될 것이고, 향후 데이터 유출 사고 방지를 위해 노력할 것이다.[39] 일부 틈새시장에서 데이터 소유에 대한 협약이 이미 만들어지고 있다. 예컨대 2014년 11월, 다우, 듀폰, 몬산토, 전미 옥수수 재배자 협회를 비롯한 주요 농업 기업 및 기관들이 공동으로 작물에 대한 데이터 소유와 통제에 대한 농민들의 권리를 정의하는 일련의 원칙에 합의했다.[40] 이것이 의미하는 바를 생각해 보라. 곡물 수확량을 늘리기 위해 사용되는 센서 데이터는 대두 선물을 예측하는 데 쉽게 이용될 수 있다. 이러한 데이터의 2차적 사용을 통해 막대한 부를 거둘 수도 있으며, 이러한 데이터 자원을 보유한 이들에게는 소유에 대한 정당한 지분을 주장할 권리가 있을 것이다.

정보 자산에 대한 국가의 통제

전 세계로 뻗어 있는 인터넷 때문에 비즈니스 규제가 상당히 복잡해졌다. 인터넷으로 연결된 세상의 비즈니스 거래에서 국경의 역할과 관련한 합리적인 규칙을 개발하고 이러한 규칙을 일관되고 공정하게 시행하기란 정말 어렵다. 한 가지 예가 데이터 접근에 대한 국가 통제와 관련한 규제를 플랫폼 기업에 적용하는 일이다.

　다국적 기업이 비즈니스를 저개발 국가로 확장할 때, 이들 기업은 보통 현지의 콘텐츠 규정을 따르게 되어 있다. 그리고 이러한 현지 규정은 해당 국가의 경제를 발전시키는 한편, 신규 벤처 기업이 창출한 부의 일부를 다국적 기업의 본사가 있는 국가로 이전하지 않고 해당 국가에 계속 묶어 두는 데 그 목적이 있다. 예를 들어 지멘스와 GE 같은 기업들이 아프리카 사하라 사막 이남 지역으로 사업을 확장할 때, 이들 기업들이 교육과 서비스 활동을 하려면 반드시 현지 법인을 설립하도록 되어 있다. 이 때문에 지멘스는 나이지리아 라고스(Lagos)에 지멘스 전기 아카데미(Siemens Power Academy)를 세워 운영하면서, 이곳에서 전력 기술자들을 훈련시키고 있다.

　어떤 업계 평론가들은 현지 콘텐츠 규정이 데이터 서비스에까지 확대 적용될 수 있다고 본다. 예를 들어 비즈니스 데이터를 현지에서 저장하고 처리하도록 하는 것이다. 이러한 원칙이 확립되면 관련 데이터 가치는 현격히 떨어질 것이다. 예컨대 GE나 지멘스의 전 세계 동력 터빈이 데이터 수집과 연구를 위한 단일 네트워크에 연결되어 있다면, 그에 따른 데이터 흐름을 비교 분석의 기초 자료로 활용할 수 있을 것이다. 그리고 이 분석을 토대로 각 기계의 '사용적 특징'을 알아낼 수 있을 것이다. 그렇게 되면 데이터 분석가들이 터빈의 성능을 더욱 정확히 예측하여 맞춤형 유지 보수 계획을 수립할 수 있게 되면서 기업과 고객의 비용을 절감할 수 있다. 그러나 이러한 긍정적인 결과를 얻으려면 실시간으로 처리되는 어마어마한 양의 정보에 접근할 수 있어야 한다. 그러나 현지 데이터 콘텐츠 관련 법에 의해 접근이 차단될 수 있다. 이는 정부가 재고해야 할 규제 제약의 좋은 사례이

다. 이제 정부는 플랫폼 생태계가 제공하는 새로운 역량에 대해 다시 생각해 봐야 한다.[41]

유럽의 사생활 보호법은 데이터 민족주의라 불릴 수 있을 정도이다. 데이터 흐름에 대한 규제는 겉으로는 시민의 프라이버시를 보호한다는 명목으로 만들어졌다. 그러나 결국 여기저기 중구난방으로 흩어져 있는 데이터 처리 센터와 잘 모아서 정리하면 사용할 수도 있었을 데이터 파편들만 남아 있다. 미국에는 수십억 달러 규모의 스타트업 회사가 42개에 이르지만, 유럽 연합에는 13개밖에 없다.[42] 네트워크 효과를 확장하지 못했기 때문일 수도 있다. 최근 자료에 따르면 유럽 연합의 데이터 프라이버시 체제가 이미 경제에 뚜렷한 영향을 미치고 있다. 예를 들어 광고 회사들은 빅데이터에서 얻은 정보를 바탕으로 최적의 의사 결정을 내린다. 그런데 유럽의 광고 회사들은 데이터 관리에 대한 규제가 느슨한 미국 같은 선진국에 비해서 상대적으로 효율이 떨어진다.[43]

조세 정책

플랫폼 기업들이 직면한 가장 뜨거운 규제 이슈 중 하나가 조세 정책이다. 국가와 세계를 대상으로 사업하면서 빠르게 성장하는 플랫폼 기업이 경제를 재편하고 수없이 많은 '가족 경영' 회사들의 문을 닫게 하는 상황에서, 이들에게서 거둬들인 판매세로 득을 보는 사람들은 누구일까? 핵심 생산자가 위치한 지역에 세금을 납부해야 할까, 아니면 소비가 이뤄지는 지역에 세금을 납부해야 할까? 이와 같은 질문이 갖는 경제적·정치적 파급 효과는 상당히 클 수 있다.

세계에서 두 번째로 큰 인터넷 소매점(수익을 기준으로)인 아마존은 이런 문제에 직면한 대표적인 사례이다. 아마존이 영업을 하는 대부분의 국가에서 판매세나 부가 가치세를 부과하므로, 아마존은 반드시 모든 고객들로부터 세금을 거둬야 한다. 그러나 미국 내 주들의 다양한 세금 제도와 지역 판매세 덕분에 아마존은 세금 징수 의무를 최대한 가볍게 가져감으로써 상품에 대한 인지 가격을 최대한 낮출 수 있었다. 아마존은 그동안 다수의 주 규제 기관과 의회를 상대로 판매세 규정을 놓고 줄다리기를 해 왔으며, 새로운 법이 통과되기 전까지는 세금 징수를 거부하는 경우가 잦았다. 일부 주에서 아마존은 판매세 납부 요건에 해당하는 '법적 지위'에 있지 않다고 주장하면서도, 그러한 주에서 대형 창고와 물류 센터를 운영한다. 어떤 경우에는 해당 주끼리 서로 경쟁을 시킨다. 예컨대 아마존은 인디애나 주에서 아마존의 판매세 징수를 면제하는 법을 통과시키면 그 주에 최소한 다섯 개 이상의 대형 창고를 지음으로써 누가 봐도 확실히 보답한다. 현재 아마존은 가장 큰 주 여러 곳을 비롯해 미국의 23개 주에서 판매세를 부과하는 한편, 다른 곳에서는 세금 징수 요구에 계속 저항하고 있다.[44]

같은 문제가 다른 온라인 플랫폼에도 존재한다. 이를테면 노동 플랫폼인 업워크 때문에 지역 인력 채용 업체들이 문을 닫게 되자 지방 정부의 세금 징수액이 줄어들었다. 전 세계로 뻗어 가는 온라인 플랫폼 기업들에게 지방 또는 주마다 다른 전통적인 판매세 징수 제도는 시대착오적인 것처럼 보인다. 나아가 국가 판매세 징수법 제정이 자연스럽고 논리적인 수순인 듯 보인다. 그러나 2010년대 중반 현재, 반조세 편향이 강한 미국 의회가 이런 법을 통과시킬 가능성은 매우 낮아 보인다.

차선책은 다른 주에서 온라인으로 구매한 상품에 대해 주가 판매세를 쉽게 부과할 수 있도록 법을 제정하는 것이다. 그리고 이러한 법은 사실 2010년 이래로 여러 차례 의회에서 도입되었다. 메인 스트리트 공정 법안(Main Street Fairness Act)이라고 불린 초기 버전은 위원회 단계를 넘어서지 못하고 좌초되었다. 이는 아마존의 대리인들이 이 법안 통과를 막기 위해 엄청난 로비 활동을 펼친 덕분이기도 했다.

이후 시장 공정법(Marketplace Fairness Act)이라고 불린 새로운 버전의 법안이 2013년 5월 상원을 통과했지만 아직까지 하원에서 표결에 부쳐지지 않았다. 놀랍게도 아마존(또 다른 거대 소매 기업인 월마트도)은 이 시장 공정법을 공개적으로 지지하고 있다. 이렇게 입장을 바꾼 이유는 무엇일까? 이제 아마존은 자기들이 판매하는 대부분의 상품에 대해서 판매세를 부과한다. 그러므로 아마존으로서는 이왕 모든 인터넷 상점에게 동일하게 적용할 수 있는 간소화된 판매세 제도를 마다할 이유가 없다. 여기에는 현재 매출에 대해 거의 세금을 걷지 않거나 아예 세금을 부과하지 않는 아마존의 소규모 경쟁자들까지도 간소화된 세금 제도의 적용을 받게 될 것이다. 이는 규제와 관련된 논쟁이 형평성, 자유, 시장의 신성함과 같은 뭔가 고상한 개념을 따지는 것 같지만, 사실상 논쟁의 핵심은 순전히 돈 문제이며 이해관계자들을 입법 논의의 장으로 불러오는 정치권력의 문제라는 사실을 보여 주는 전형적인 사례이다.

노동 규제

노동 플랫폼을 운영하는 기업들은 일반적으로 자기들의 시스템을 인력과 서비스 수요를 매칭해 주는 중개인으로 기술한다. 이런 관점에서 볼 때 우버, 태스크래빗, 메커니컬 터크(Mechanical Turk)와 같은 기업을 통해 일거리를 받는 사람들은 진정으로 독립적인 계약자이며, 플랫폼은 일단 매칭이 이뤄지면 양쪽 당사자에 대해서 법적인(또는 도덕적인) 책임을 거의 지지 않는다.

그러나 근로자 복지를 보호할 책임이 있는 규제 당국의 관점에서 볼 때 이런 관점은 미심쩍은 데가 있다. 전통적인 오프라인 비즈니스 세계에서 사람들은 법과 규제 차원의 이유로 풀타임 정규직 직원을 계약직으로 분류하는 대다수의 기업들을 부정적인 시선으로 바라봤다. 예를 들면 2014년 8월, 페덱스는 캘리포니아에서 2300명에 달하는 인원을 정규직이 아닌 계약직으로 분류한 데 대해 연방 법정 소송에서 패소했다. 법원에서 불법이라고 판결을 내린 이러한 관행은 복지 수당, 초과 근무 수당, 사회보장 및 메디케어(Medicare, 65세 이상 노인에 대한 의료 보장-옮긴이) 기여금, 그리고 심지어 유니폼과 같은 업무 관련 비용의 변제 등에 대한 회사의 책임을 경감해 준다(페덱스는 상고할 계획이라고 밝혔다).[45]

노동 플랫폼은 이 분야의 규제가 어떻게 진화하고 있는지 매우 신중하게 지켜볼 필요가 있다. 정부 기관과 판사들은 저마다 가치관이 다르며 만연한 비즈니스 관행을 바라보는 관점도 모두 다르다. 그 와중에 많은 이들은 회사가 근로자 복지에 대한 책임을 회피할 수 있도록 설계한 고용 모델을 의심의 눈초리로 지켜보고 있다.

마찬가지로 중요한 것은 이미 비공식 '여론 법정'에서 온라인 노동 플랫폼의 평판이 심각한 타격을 받았다는 사실이다. 예컨대 '인터넷 스웨트숍(Internet sweatshop, 스웨트숍은 노동 착취 업체를 말한다-옮긴이)'[46]이라는 검색어를 입력하면 백만 건 이상의 구글 검색 결과들 중 대다수가 명망 있는 주류 매스컴이라는 점을 알 수 있다. 장기적으로 비즈니스 행동에 대한 대중의 반감은 기업의 브랜드 가치에 큰 타격을 줄 수 있다. 다시 말하면 경영자들은 때에 따라 비공식 규제 기관 역할을 하는 여론 법정을 주시할 필요가 있다.

마찬가지로 노동 플랫폼도 근로자를 채용하고 조사하고 훈련하고 감독할 책임을 회피할 수 만은 없다. 근로자가 엄밀히 독립적인 계약자로 분류되더라도 책임에서 벗어나지 못한다. 예컨대 우버는 운전자들이 승객을 성폭행했다는 혐의로 비난을 사고 있다.[47] 우버로서는 전통적인 택시 산업과 규제를 놓고 치열한 전쟁을 벌이고 있는 와중에 운전자들의 문제 행동을 제대로 감독하지 못하고 있다는 의심은 큰 부담이 아닐 수 없다.

전혀 다른 측면에서 온라인 노동 플랫폼의 출현은 국가와 지방 노동 시장을 감시하고 관리할 임무를 띤 규제 기관에게 새로운 도전이다. 멀티호밍 때문에 프리랜서들은 하루에도 여러 플랫폼을 오고갈 수 있다. 예를 들어 운전자는 우버와 리프트 양쪽에서 일을 받을 수 있다. 이는 정부 기관들이 경제적·정치적 정책 논쟁에서 중요한 요소인 근로와 실업 데이터를 정확하게 수집하기 더욱 어렵게 만든다.

소비자와 시장에 대한 잠재적인 조작

플랫폼은 충분히 성장하면 단순히 시장 참여자—현재의 공급과 수요를 효율적으로 매칭하는 역할—에 머물지 않고 개별 사용자와 심지어 시장 전체를 자기들의 거대한 규모와 영향력을 이용해 조종하기 시작한다.

이런 일이 이미 벌어지기 시작했다는 불길한 징후가 있다. 소매 플랫폼 아마존은 온라인 출판 시장에서 막대한 시장 점유율을 좌지우지하고 있다. 거대 출판사마저 예전 같으면 절대 수용하지 않았을 비즈니스 계약을 수용하라는 압력을 받고 있다. 가격 책정 정책을 놓고 아마존과 7개월 간 분쟁을 지속 중인 프랑스의—세계 최대 출판사로 손꼽히는—아셰트 출판 그룹(Hachette Book Group)은 자사의 도서 판매가 지연되고 일부 도서에 대한 사전 예약 주문 버튼이 제거되었다는 사실을 알게 되었다. 사전 예약 주문은 책이 베스트셀러가 될지 여부를 판가름하는 데 중요한 역할을 하기 때문에 아마존의 조치는 아셰트 출판물의 장기적인 성과에 영향을 주었다. 결국 2014년 11월 합의에 이르렀지만 누가 봐도 양쪽 모두 어느 적당 선에서 타협한 것이었으며 그 어느 쪽도 확실한 승리를 거두진 못했다.[48]

2014년 6월, 페이스북 사용자와 프라이버시 전문가들은 2년 전에 70만 명에 달하는 회원들의 뉴스 피드가 심리적인 실험의 일환으로 고의로 조작되었다는 사실을 알고 충격에 빠졌다. 코넬 대학교 제프리 핸콕(Jeffrey Hancock) 교수와 일부 페이스북 직원을 비롯한 연구자들이 뉴스 흐름을 바꾸어 지나치게 많거나 지나치게 적은 수의 긍정적인 포스팅 또는 부정적인 포스팅을 올렸다. 연구 결과에 따르면, 페이스북 회원이 올린 상태 메시지에 따라서 "감정 전염을 통해 다른 이에게 감정 상태가 전이될 수 있으며, 사람들은 자기도 모르게 다른 이들과 동일한 감정을 경험한다"는 사실을 보여 주었다.[49]

영향력이 정치 분야로 이동하면 그 파급 효과는 더욱 커진다. 페이스북 사용자 6100만 명을 대상으로 한 연구에서, 긍정적인 사회적 압력이 담긴 뉴스 피드를 받은 사람은 그런 메시지를 받지 않은 사람과 비교해서 더 많이 투표를 하거나 적어도 투표를 했다고 밝힌 사람이 2% 더 많았다. 사실 페이스북의 소셜 메시지가 직접 늘린 투표자 수는 6만

명이며, 간접적으로 늘린 투표자 수는 약 28만 명 이상이었다. 모두 '소셜 감염'을 통해서 가져온 결과였다.[50] 실제로 선거 결과가 바뀌었다는 증거는 없지만 2% 차이만으로도 승패는 갈릴 수 있다.

참 흥미로운 결과이다. 페이스북에 광고를 올리는 회사와 기타 많은 사람들의 태도와 행동에 영향을 끼칠 수 있는 방법을 찾는 사람들에게 이런 연구 결과는 중요할 것이다. 그러나 이런 연구는 실험 대상이 인지하지 못했거나 동의를 구하지 않고 수행되었다. 그리고 사람을 대상으로 한 실험을 수행하기 전에 반드시 받아야 하는 연구 심의위원회의 사전 승인을 받지도 않았다. 외부 전문가들은 페이스북의 이러한 조치에 대해 윤리적 문제는 물론 법적인 문제까지 제기했다. 연이은 분노가 한창 일고 있을 때, 페이스북 최고기술책임자 마이크 슈뢰퍼(Mike Schroepfer)는 페이스북이 앞으로 민감한 감정 문제를 다루는 연구를 수행하기 전에는 '더 향상된 심의 절차'를 거치겠다고 발표했다.[51]

세 번째 사례로, 2015년 7월 우버는 마이크로소프트가 후원하는 연구 기관인 퓨즈 랩(FUSE Labs)의 연구 기금을 받은 한 연구팀이 우버 탑승객 앱상에 '유령 택시'가 있다고 보고하면서 논란에 휘말렸다. 유령 택시란 승객의 탑승 지점과 가까운 것으로 보이는 자동차가 실은 존재하지 않는 것을 가리킨다. 우버 대변인은 유령 택시가 그저 '시각 효과'에 지나지 않는다며 탑승객들에게 무시하라고 했지만, 일부 운전자와 탑승객들은 우버 택시가 실제보다 더 가까이에 있다는 인상을 주려는 술책이 아닐까 의심한다. 어떤 사람들은 우버 앱에서의 시각적 이상 현상은 탑승객 수요가 많아 가격이 '치솟을 것'으로 예상되는 지역이라는 잘못된 인상을 심어 준다고 말했다.

퓨즈 랩 연구자들은 운전자와 탑승객 양쪽 모두 우버의 부정확한 시각 데이터에 의해 잘못 판단하는 것을 피하기 위해 우버 시스템 이용법을 역이용하려 한다고 말한다. 이들은 "우버가 실시간으로 탑승객과 운전자의 위치 정보에 접근할 수 있었기 때문에 최근 몇 년간 실리콘밸리에서 개발한 것 중에서 가장 효율적이고 유용한 앱이 될 수 있었다. 그러나 우버의 스마트폰 앱을 실행하면서 우버와 똑같은 수준의 정보를 얻을 거라고 믿는다면, 다시 잘 생각해 보기 바란다. 운전자와 승객은 단지 큰 그림의 일부일 뿐이다"라며 말을 맺었다.[52]

이러한 사례들은 매우 인기 있는 플랫폼이 자신들의 시장 지배력과 방대한 데이터에 대한 접근을 다양하게 이용하여 사람들을 호도하고, 아무도 모르게 또는 누구의 동의를 구하지 않고 사람들의 행동을 조작하는지 여실히 보여 준다. 플랫폼 관리자들로서는 이런 관행을 통해 얻을 잠재적인 경제적 이득 때문에 받는 유혹이 매우 클 것이다. 그러나 규제 기관 입장에서 윤리적으로 문제가 될 만한 행동을 정의하고 이를 억제하기 위해 명확하고 합리적인 규칙을 만들며, 지나치게 관료주의를 강조하거나 정당한 권리를 침해하지 않는 선에서 이런 규칙을 시행하는 데 따른 부담이 훨씬 더 크다.

이제는 규제 2.0의 시대로 나가야 한다

일부 평론가들은 정보화 시대가 되면서 이전에는 접근할 수 없었던 막대한 양의 데이터를 평가하고 분석하며, 현명하게 의사 결정을 하는 데 이용할 수 있게 되었으니, 이제는 규제에 대한 접근법이 완전히 달라져야 한다고 말한다. 기업가이자 투자자이며 전 MIT 미디어 랩

(MIT Media Labs) 객원 연구원인 닉 그로스먼(Nick Grossman)은 오늘날 규범적 규칙, 인증 프로세스, 어떤 것은 되고 어떤 것은 안 된다는 식의 게이트키핑을 강조하던 규제 1.0에서 벗어나 그가 말하는 새로운 시스템, 즉 데이터 주도의 투명성과 책임성으로 단련된 개방형 혁신에 기반을 둔 규제 2.0으로 전환해야 한다고 주장한다.[53] 그가 말하는 두 종류의 규제 체제에는 모두 신뢰를 구축하고 공정성과 보안, 안전을 도모한다는 공통의 목표가 있다. 그러나 사용되는 수단이 매우 다르다.

그로스먼의 관점에서 접근 제한에 바탕을 둔 규제는 정보가 희소한 세계에서만 통한다. 전통적으로 소비자가 특정 택시 운전사의 자질이나 호텔의 안전에 대한 정확한 정보를 얻는 것은 어렵거나 불가능했다. 이 때문에 거의 모든 정부가 택시 운전사를 선별하여 면허를 발급하고 운전자에게 보험을 가입할 것을 요구하며, 호텔의 안전과 청결도를 감시해 왔다.

그러나 정보가 넘쳐 나는 시대에는 데이터 주도 책임성에 기초한 규제가 훨씬 합리적이다. 우버와 에어비앤비와 같은 기업에게는 데이터에 대한 접근을 제공하고 자유롭게 비즈니스를 하게 할 수 있다. 누가 무엇을, 누구와 언제 했는지에 대해 정확히 알 수 있게 되었기 때문에 소비자와 규제 기관은 사람들과 플랫폼이 어떤 일을 벌인 후에 자신들의 행동에 대한 책임을 물을 수 있다. 우버 고객은 특정 운전자의 차를 탈지 여부를 결정할 때, 운전자 등급을 보고 결정할 수 있다. 에어비앤비 고객은 집주인인 호스트의 등급을 보면서 하룻밤 묵기에 안전하고 편한 숙소를 고를 수 있다. 우버와 에어비앤비 모두 이들의 활동이 안전과 공정 거래에 대한 공공의 기대를 저버리면, 규제 당국으로부터 제재 조치를 받거나 심지어 폐업하게 될 수도 있다.

그로스먼의 규제 2.0 체제에서 정부 규제 당국은 오늘날과 전혀 다른 방식으로 운영된다. 이들은 시장 접근에 대한 규정을 만들지 않고 주로 사후 투명성에 대한 요건을 만들어 놓고 시행에 들어간다. 그로스먼이 생각하기엔, 우버 서비스가 나타나면 시 정부는 다음과 같은 조례를 통과시키기만 하면 된다. "차량 운전 서비스를 제공하려는 누구나 모바일 차량 배치, 모바일 차량 신청, 전자 납부를 시행하고, 운전자와 탑승객으로부터 다면 평가를 수행하며, 공정성, 접근, 성과, 안전과 관련한 시스템 성능에 대해 공공 감사를 받는 데 필요한 오픈 데이터 API를 제공하는 한, 기존의 규제 대상에서 제외될 수 있다."[54]

정책 입안자들로서는 온라인 비즈니스—특히 플랫폼이 부상하면서—로 인해 생성된 방대한 데이터 흐름을 이용할 방법을 찾아내고, 이런 데이터를 이용해 경제 활동을 감시하고 규제하기 위한 새로운 시스템을 개발하는 것이 합리적이다. 그리고 분야에 따라서, 특히 법에 따라 투명성을 높이는 것은 기존의 규제를 보완하거나 심지어 대체하면서 정부 개입에 따른 비용을 줄이고 관성에서 벗어나 혁신을 도모할 수 있다.[55] 예를 들어 법에 따라 식품 영양 데이터와 자동차 안전 등급, 가전제품의 에너지 효율을 공개하면서 많은 소비자들이 더 현명한 선택을 할 수 있게 되었으며, 기업은 자사 제품의 품질을 향상시키는 데 도움을 받았다.[56]

그로스먼은 투명성의 힘을 강조하면서 커뮤니티의 행동 기준을 강화하자고 주장했다. 그의 이런 입장은 특히 정보화 시대에 큰 의미가 있다. '프리 소프트웨어(free software)' 운동의 지도자인 프로그래머이자 활동가인 리처드 스톨먼(Richard Stallman)이 천명한 아이디어에서 흥미로운 비유를 끌어낼 수 있다. 스톨먼은 프리(또는 오픈 소스) 소프트웨어의 가장 중요한 장점 중 하나가 누구나 코드를 확인할 수 있고 그 코드가 무엇을 수행하는지 알 수 있다는 데 있다고 말한다. 물론 전문가들만이 할 수 있는 일이다. 그러나 기회만 주어지면 누구나 프로그램의 장점과 약점에 대해 제대로 된 판단을 할 수 있다. 필요하면 일반 대중에게 자기들이 발견한 문제가 무엇인지 경고할 수도 있다. 만일 소프트웨어 코드를 가지고 어떤 회사가 몰래 고객을 감시한다거나 이들을 속이거나 이들의 데이터를 유용하고 있을 때, 누구나 자유롭게 코드에 접근할 수 있다면 문제가 빨리 공개될 것이고, 사람들은 잘못을 시정하라고 압력을 넣을 수 있다.[57]

그런 점에서 프리 소프트웨어는 미국의 제1차 수정 헌법에 따라 미국인에게 언론의 자유가 보장되는 것과 비슷하다. 프리 소프트웨어와 언론의 자유는 모두 사적인 악행과 공적인 악행에 대항하는 전쟁에서 중요한 무기가 될 수 있다. 그리고 그로스먼이 제안한 새로운 규제 시스템의 근간인 플랫폼 데이터도 비슷한 역할을 한다고 말할 수 있다. 대법원 판사 루이스 브랜다이스(Louis Brandeis)는 다음과 같은 유명한 말을 남겼다. "사람들은 햇빛이 최고의 살균제라고 말한다. 전등불빛은 최고의 경찰이다."

물론 단기적으로 전통적인 규제를 새로운 정보 기반 시스템으로 완전히 대체할 수는 없을 것이다. 그리고 새로운 시스템이 대부분의 시민들이 수용할 만한 결과를 빠른 시간 안에 만들어 내긴 힘들다. 만일 한 식품 기업이 살모넬라균과 선모충병에 관련된 사망 통계를 완전히 공개하는 조건으로 정부가 식품 처리 공장에 대한 관리 당국의 감독을 면제해 준다고 한다면, 사람들이 과연 좋아할까? 사느냐 죽느냐 문제에 있어서, 표준 확립과 인증 같은 전통적인 시스템은 사람들이 마음 편히 상품과 서비스를 소비하게 해 준다. 그리고 대부분의 소비자들이 전통적인 규제 시스템이 완전히 사라지기를 바란다고 보기도 어렵다.

게다가 효과적인 규제 2.0 체제로 전환하려면, 정부 기관 입장에서는 인재를 육성해야 할 뿐 아니라 기존 법 조항을 수정해야 한다. 이번 장 앞부분에서 우리가 소개한 고객과 시장을 조종하려 했던 사례에서 알 수 있듯이, 기업은 독립적인 외부인이 플랫폼 기업들의 행동을 감시하지 않는 한 일관되고 투명하다는 신뢰를 반드시 얻을 수는 없다. 여기서 외부인들은 정부 기관이 고용한 기술적으로 능숙한 전문가로 구성된 팀일 수도 있고, 경쟁사의 행동을 연구하고 잘못된 행위를 고발하기 위해 오픈 데이터 액세스를 이용하는 경쟁사 직원일 수도 있다. 어떤 경우가 됐든 규제 2.0을 시행하려면 꽤 많은 개입이 일어나고 비용도 많이 필요하다.

그로스먼은 경제학자 카를로타 페레스(Carlota Perez)의 연구를 인용한다. 페레스는 기술의 '대분출(great surges)'이 어떻게 '일종의 관습 타파의 소용돌이에서 사람과 조직, 기술에 엄청난 변화'를 가져왔는지 설명했다. 페레스는 이러한 대분출이 규제 제도의 변화까지 요구한다고 말한다. 그리고 그로스먼은 정보화 시대의 출현이 최근의 대분출을 나타낸다고 주장한다.[58]

정보화 시대—플랫폼의 출현을 비롯해—가 정부의 기업 규제를 비롯해 사회 구석구석에 엄청난 패러다임 변화를 몰고 온다는 개념은 진실에 가깝다. 그러나 그로스먼이 언급했듯이, 페레스는 대분출을 약 50년에 걸친 변화 주기로 설명한다. 얼추 맞는 말이다. 그리고 이 말은 규제 2.0과 같은 시스템을 위해 전통적인 규제 시스템을 안전하게 폐기할 수 있을지 그 방법을 결정하는 데 시간이 필요하다는 점을 암시한다. 대개 우리는 최소한 기존의 허가에 기반을 둔 규제 도구의 일부라도 유지하면서, 허가 제도가 필요 없는 데이터 주도의 책임성을 갖춘 시스템을 이용하여 효율성을 늘려 가는 것이 최선이라는 결론을 내릴 수 있다.

규제 기관을 위한 우리의 제언

우리는 이번 장을 시작하면서 사적 거버넌스(사적 규제)와 정부 규제의 기본적인 경제적 타협 관계에 대해 설명했다. 기업의 거버넌스는 기업의 사적 이익에 영향을 주는 부정적인 외부효과로부터 완충재 역할을 한다. 플랫폼은 플랫폼 안에서 벌어지는 시장 실패를 규제하는 데에는 능숙하지만, 플랫폼 밖에서 일어나는 것을 규제하기엔 역부족이다. 경험에 비춰 볼 때 기업은 보통 기술과 시장 변화에는 신속하게 대응하면서도 사회 복지를 극대화하는 행동에 대해서는 대중의 여론이 압력을 가하거나 규제를 적용하지 않는 한 소극적이다.

반면에 사람들은 정부 규제는 일반 시민과 민간 산업의 이익을 지키는 데 집중해야 한다고 생각한다. 정부는 수색 영장, 민사 몰수의 위력, 법의 권위 같은 법률 집행 도구들을 휘두를 수 있다. 불행히도 규제 기관은 폐지 대상이다. 특히 민주주의와 정부 관리가 취약한 국가에서 더욱 그렇다. 따라서 사적 거버넌스도 정부 규제도 모두 완벽하게 공익을 수호할 수 없다.

전통적인 규제 시스템을 새로운 플랫폼 시대의 환경에 맞춰야 하는 어려운 도전에 직면한 정책 입안자들에게 우리는 두 개의 프레임워크를 추천한다. 첫 번째 프레임워크는 경제학자 헬리 코스키(Heli Koski)와 토비아스 크레치머(Tobias Kretschmer)가 제시한 것이다. 강력한 네트워크 효과를 보유한 산업은 시장 비효율성을 야기할 수 있다. 따라서 공공 정책의 목표는 이러한 시장 비효율성을 최소화하는 데 두어야 한다고 제안한다. 특정 시장의 비효율성은 시장 우위를 남용하고 새롭고 향상된 기술이 이용 가능해졌을 때 재빨리 수용하지 못하는 데에서 발생한다.[59]

두 번째 프레임워크는 경제학자 데이비드 에번스(David S. Evans)가 개발한 것으로, 정부 규제 행동이 바람직한가를 시험하는 3단계 프로세스이다. 1단계는 플랫폼의 내부 거버넌스 체계가 제대로 작동하는지 살핀다. 2단계는 거버넌스 체계가 플랫폼을 해치는 부정적인 외부효과(이를테면 사용자들에 의한 범죄 행위)를 줄이거나 경쟁을 완화하거나 우월한 시장 지위를 이용하는 데 대부분 적용되고 있는가를 지켜본다. 모든 것을 감안했을 때, 회사가 거버넌스 체계를 이용하여 부정적인 외부효과를 막는다면 더 이상의 조치가 필요 없다. 그러나 거버넌스 체계가 반경쟁 행위를 부추기는 것 같다면 3단계, 즉 마지막 단계로 가야 한다. 3단계에는 반경쟁 행위를 통해 얻는 이익이 거버넌스로 인해 얻는 이득보다 더 큰지를 묻는 과정이 포함된다. 만일 그렇다면 법 위반이 발생했다는 것이므로 규제 대응이 필요하다. 그렇지 않다면 더 이상의 행동이 필요 없다.[60]

느슨한 규제를 옹호하는 이들은 정부에게 플랫폼 기업을 규제하지 말 것을 촉구할 수 있다. 특히 스타트업 단계 있는 기업에 대한 정부 규제를 제한하라고 요구할 것이다. 이들은 그 주장의 근거로 스타트업이 시장과 공공에 끼치는 해악이 스타트업이 주도하는 혁신과 신규 비즈니스 모델 개발, 경제 성장 등으로 인한 긍정적 효과와 비교했을 때 비교적 적다는 것을 든다. 그렇지만 스타트업에도 엄격한 규제를 적용해야 할 시기는 찾아온다. 그 때가 되면 스타트업도 충분히 성장했을 것이므로 규제를 적용하는 것이 타당한지 따질 수 있다.

초창기 유튜브에는 공식적이진 않으나 저작권이 있는 자료 업로드를 허용하는 암묵적인 정책이 있었다. 회사가 성장하면서 느슨한 지적 재산권 보호 노력에 대한 우려의 목소리가 높아졌고, 유튜브는 엄격한 규정을 만들라는 압력을 받게 되었다. 시간이 흐르면서 저작권 소유자에게 적절한 보상을 제공하는 메커니즘이 작동했고, 오늘날 많은 뮤지션들이 유튜브 채널을 통해 많은 수익을 거두고 있다.

그러나 이런 접근법이 모두를 만족시키는 것은 아니다. 하버드 대학의 벤저민 에덜먼(Benjamin Edelman) 교수는 다음과 같이 말한다.

우리가 기술 기업들로 하여금 일단 먼저 사업을 개시하고 문제 제기는 나중에 하게 놔둔다면, 우리는 이들의 비행을 방조하는 것이다. (……) 아마도 일부 산업 부문은 불필요하거나 시대에 뒤쳐진 규제로 인해 힘들 것이다. 그렇다면 우리는 적절한 민주적 절차를 통해서 해당 규제를 폐지하면 된다. 우리가 몇몇 기업이 규칙을 무시하게 내버려 둔다면 우리는 법을 준수하는 기업에게 효과적으로 벌주는 동시에 멋대로 날뛰는 경쟁자에게는 상을 주는 셈이 된다. 당연히 소비자들은 이런 비즈니스 모델을 원하지 않는다.[61]

우리는 규제 가이드에 대한 몇 가지 일반 원칙을 제시하면서 이번

장을 끝맺으려 한다.

가능하다면, 우리는 규제 기관들이 기술 변화에 맞추어 법을 적용시켜 가길 바란다. 오래된 규제 관행, 이를테면 비네트워크 산업을 대상으로 한 약탈적 가격 책정 테스트 같은 관행은 말 그대로 새로운 기술과 비즈니스 모델에 효과적이지 않다. 규제에는 반드시 특정 제품과 서비스를 0원에 판매해도 수익을 극대화할 수 있음을 보여 주는 진화된 경제 이론을 반영해야 한다.

규제 기관들은 차익 거래 기회를 줄이는 쪽으로 행동해야 한다. 뉴욕 시 택시 사업자 면허를 뜻하는 메달리온(medallion)의 수가 1937년 이후 바뀌지 않은 것을 볼 때, 대체 시장이 규제 장벽을 뛰어넘게 된 것은 어찌 보면 당연하다. 그런 점에서 우버는 규제 주도 시장 실패의 산물이다. 규제망 아래에서 오랜 기간 몰래 영업해 온 불법 택시와 비슷하다.

규제 기관이 새로운 기술에 부가 가치를 더할 수 있는 또 다른 분야가 있다. 바로 소비자에게 정확한 정보를 제공하여 제대로 시장이 기능할 수 있는 분야이다. 오래전부터 주유소는 주유기 펌프가 정확한지 확인받았고, 레스토랑은 위생 검사를 받았으며, 건물은 안전 점검을 받아 왔다. 이러한 감시 활동은 소비자들에게 해당 시장에 대한 신뢰를 제공한다. 플랫폼 비즈니스에도 이와 유사한 평가와 서비스 품질 등급 시스템이 있다면 새로운 플랫폼 기반 시장이 발전하고 성장하는 데 도움이 될 것이다. 플랫폼 데이터에 대한 접근은 온라인과 오프라인 플랫폼 양쪽에서 일어나는 시장 실패를 실질적으로 줄일 수 있게 해 준다.

마지막으로 우리는 규제 기관들이 규제를 조금씩만 사용하여 혁신을 도모하길 바란다. 변화는 우려를 낳는 경향이 있다. 그래서 예측 불가능한 나쁜 상황을 막기 위해 기술과 경제 혁신의 속도를 늦추고자 하는 충동이 일어나는 것은 어찌 보면 당연하다. 그러나 역사를 돌아보면 대개의 경우 변화로 인한 발전이 장기적으로 긍정적 결과를 낳는 경우가 많았음을 알 수 있다.

기술 변화와 관련 있는 가장 유명한 규제 전쟁 중 하나가 1980년대 초에 벌어졌다. 주요 영화 제작사들은 일반인들이 당시 최신 비디오 녹화 기술을 이용하여 영화와 텔레비전 프로그램 사본을 만들어 사적인 용도로 사용하지 못하게 하려고 사력을 다했다. 1984년 미국 소니 사와 유니버설 시티 스튜디오 간의 유명한 소송에서 미국 대법원은 이러한 사본 제작은 공정한 사용에 해당하므로 저작권법을 침해하지 않는다고 판결했다. 경제적 관점에서, 이 판결은 소니에게 많은 이익을 가져다주었다. 그런데 놀랍게도 영화계의 거물들, 한때 비디오 녹화 기기를 반대했던 영화 제작사들은 오히려 더 많은 돈을 벌었다. 신기술이 허용되자 이전에는 없었던 영화 대여라는 완전히 새로운 2차 시장이 형성된 덕분이었다. 마찬가지로 플랫폼 시장도 예상치 못한 새로운 기회를 통해 성장과 이익을 도모할 수도 있으며, 심지어 이런 변화를 두려워하는 상당수의 기존 기업들에게도 이익을 가져다줄 수 있다. 이런 이유에서라도 규제 때문에 산업이 퇴보하는 일은 어떻게 든 피해야 한다. 설령 자신의 영역을 지키는 데 열심인 초조한 기업가들로부터 정부 관료들이 압력을 받는다 해도 말이다.

❏ 규제 반대자들은 규제 포획과 같은 현상을 들어, 정부가 비즈니스에 개입하는 것이 대개 비효율적이라고 주장한다. 그러나 역사를 돌아보면 일정 정도 수준의 사회 규제가 경제와 사회 전반을 더욱 건전하고 이롭게 만든다는 것을 알 수 있다.

❏ 플랫폼 기업들에게만 독특하게 적용되거나 플랫폼이 가져온 경제 변화에 비추어 새롭게 생각해야 하는 규제 문제가 여러 가지 있다. 그중에는 플랫폼에 대한 접근, 호환성, 공정 가격, 데이터 프라이버시 및 보안, 정보 자산에 대한 국가 통제, 조세 정책, 노동 규제 등이 포함된다.

❏ 오늘날 정보화 시대 기술 덕분에 이용할 수 있는 엄청난 양의 새로운 데이터는 시장 접근을 제한하는 게 아닌, 사실에 기반한 투명성과 책임성에 근거한 새로운 규제 접근법이 가능하다는 사실을 말해 준다. 그러나 이러한 새로운 접근법은 일반 대중을 온전히 보호하기 위해 사려 깊고 신중하게 마련되어야 할 것이다.

❏ 네트워크 효과를 보유한 산업을 위한 경제 프레임워크는 독점적 우위가 정부 개입을 정당화할 수 없음을 의미한다. 오히려 외부효과 관리 실패, 독점적 우위의 남용, 대중 조작, 혁신 지연이 플랫폼 시장에 언제 개입해야 하는지, 그리고 개입하는 것이 적절한지를 알려주는 지표라 할 수 있다.

Platform Revolution

12장

미래

플랫폼 혁명의 내일

우리가 미래를 준비하며 알아야 할 것들

지금까지 이 책의 각 장을 통해서 살펴봤듯이, 플랫폼은 경제의 전 영역에 변혁을 몰고 왔으며, 기존 기업들을 변방으로 밀어내고 소규모 스타트업들을 세계적인 기업으로 빠르게 성장시켰다. 하나의 새로운 비즈니스 모델이 이토록 다양한 산업 분야에서, 이토록 빨리 승승장구하는 것은 매우 드문 일이다.

독자들은 여전히 우리가 플랫폼의 파급력을 과장하는 건 아닌지 의심스러울 수 있다. 어쨌거나 지금까지 플랫폼 혁명이 일어난 산업군은 단지 몇 개에 불과하지 않은가. 반면에 우리 경제와 사회, 그리고 우리의 삶을 차지하는 중요한 분야, 이를테면 교육과 행정, 의료 서비스와 금융, 에너지와 제조업은 플랫폼의 영향을 거의 받지 않는 것처럼 보인다.

맞는 말이다. 지금까지는 그렇게 보일 것이다. 그러나 플랫폼 비즈니스 모델은 이미 이런 영역과 기타 다른 분야를 파고 들어가기 시작했다. 앞으로 몇 년간 우리는 플랫폼 기업들이 전체 산업은 아니어도 전체 경제에서 가장 중요한 몇 개 영역에 영향을 줄 거라고 믿는다. 이번 마지막 장에서 우리는 이미 막 틀을 잡아 가는 미래 모습과 독자들이 미래를 준비하면서 알아야 할 것들에 대해 개략적으로 살펴보겠다.

어떤 산업이 플랫폼 혁명의 희생양이 될 것인가

플랫폼에 의해 해체된 산업을 연구하면서 우리는 플랫폼의 위력에 특별히 취약한 산업의 특성에 주목했다. 지금부터 향후 플랫폼 혁명의 소용돌이에 합류할 가능성이 높은 유형의 산업에 대해 기술하겠다.

- **정보 집약적 산업** 오늘날 대부분의 산업에서 정보는 중요한 가치의 보고이다. 그러나 정보의 중요성이 크면 클수록 해당 산업은 플랫폼에 의해 변화될 가능성이 더 커진다. 그런 점에서 왜 일찍이 플랫폼이 미디어와 통신을 완전히 점령하게 되었는지 알 수 있다. 새로운 플랫폼은 직원 수천 명을 거느린 대형 기업보다 콘텐츠와 소프트웨어를 더 쉽고 빠르게 만들거나 해체할 수 있다.

- **확장 가능하지 않은 게이트키퍼가 있는 산업** 소매업과 출판업은 전통적으로 비용이 높고 확장 가능하지 않은 인간 게이트키퍼—소매업의 경우 구매자(바이어)와 재고 관리자, 출판업의 경우 편집자—를 고용하는 대표적인 산업이다. 이미 둘 다 디지털 플랫폼의 위력에 힘입어 해체되고 있다. 수백만에 달하는 생산자(장인, 기능공, 작가)들이 엣시, 이베이, 아마존과 같은 플랫폼을 통해 자신의 상품을 직접 만들고 판매하고 있다.

- **고도로 분화된 산업** 플랫폼에 의한 시장 통합은 효율성을 높이고, 개인과 기업이 흩어져 있는 지역 생산자들의 상품과 서비스를 찾는 데 드는 비용을 낮춰 준다. 옐프와 오픈테이블에서부터 엣시와 우버, 에어비앤비에 이르기까지 고객은 이들 플랫폼 한 곳만 가도 수천 개의 소규모 공급자들을 만날 수 있다.

- **극단적인 정보 비대칭으로 특징지어진 산업** 경제 이론에 따르면 공정하고 효율적인 시장이 되기 위해서는 반드시 모든 참여자가 평등하게 상품, 서비스, 가격, 기타 중요한 변수와 같은 정보에 접근할 수 있어야 한다. 그러나 대다수의 전통적인 시장에서는 특정 참여자군이 다른 참여자군보다 더 우월한 접근권을 갖는다. 예컨대 중고차 딜러는 자기들이 판매하는 자동차의 상태와 이력은 물론 중고차의 공급과 수요 변인에 대해서도 고객들보다 더 많이 알고 있다. 따라서 고객의 불신을 많이 샀다. 데이터 수집과 공유 플랫폼인 카팩스(Carfax) 같은 플랫폼은 당장 소정의 수수료만 낼 의사가 있는 사람이면 누구나 이용 가능한 상세한 중고차 가격 정보를 제공하여, 중고차 시장을 공정한 경쟁의 장으로 만들어 가고 있다. 의료 보험부터 주택 담보 대출 시장에 이르기까지 정보 비대칭으로 인해 공정한 거래가 어려운 시장에서도 이와 유사한 변화가 무르익고 있다.

위에서 언급한 이러한 요인을 바탕으로 누군가는 은행과 의료, 교육은 왜 여전히 변화를 견뎌 내고 있는지 질문할 것이다. 이 세 분야는 정보 집약적인 산업이다(의료는 서비스 집약적인 산업처럼 보일 수 있지만 모든 서비스 효율성이 정보로부터 나온다). 그래서 플랫폼의 접근에 취약할 것처럼 보이지만 이런 파괴력을 잘 견디는 편이다. 이런 산업에는 다음과 같은 특징이 있다.

- **규제를 많이 받는 산업** 은행, 의료 서비스, 교육은 모두 상당한 규제를 받는다. 규제는 기존 산업에게 호의적이며 새로운 가치 원천을 열려고 하는 스타트업들의 이익에 대해서는 호의적이지 않다. 새롭게 떠오르는 플랫폼들이 새로운 가치 공급원을 생성하기 위해 이 문제 해결에 나서겠지만, 규제가 이들을 저지할 것이다.

- **실패 비용이 높은 산업** 부도가 난 채권을 매칭하거나 엉뚱한 의사와 환자를 매칭했을 때 치러야 할 대가는 미디어 플랫폼에서 부적절한 콘텐츠를 보여 주고 치러야 할 대가보다 훨씬 크다. 소비자들은 인지된 실패 비용이 높은 플랫폼에는 참여하기를 주저한다.

- **자원 집약적 산업** 일반적으로 자원 집약적 산업은 인터넷의 영향을 그리 크게 받지 않는다. 이러한 시장에서 참여자들의 마음을 사는 것은 자원에 대한 접근성과 대규모 프로세스를 효율적으로 관리하는 능력에 달려 있다. 이를테면 광업, 석유와 가스 탐사, 농업 등과 같이 정보가 제한적인 역할을 하는 산업이 여기에 해당된다.

이러한 요인들은 시간 흐름에 따라 바뀔 것이다. 점점 더 많은 프로세스와 도구가 인터넷으로 연결될수록 각 산업은 정보 집약적인 산업이 될 잠재력을 갖게 된다. 예를 들면 광업과 에너지와 같은 자원 집약적인 산업은 점점 더 플랫폼의 위력을 이용할 필요성이 늘어날 것이다. 플랫폼은 효율성을 높이고, 중앙 네트워크에 있는 자원—자재, 노동, 기계—을 연결하여 업무 흐름을 조정할 수 있어 업무에 대한 학습 속도를 높인다. 앞으로 몇 년간 우리는 거대 자원 집약적 기업들이 효율성 증대를 위해 플랫폼의 힘을 지렛대로 삼는 현장을 보게 될 것이다.

비록 우리가 근시일 내에 플랫폼 혁명을 맞이하게 될 다양한 산업군에 대해 이야기하고 있지만, 명심해야 할 것은 플랫폼 때문에 산업들 간의 경계에 점점 더 많은 구멍이 생기고 있다는 사실이다. 광고 산업을 예로 들어 보면, 파이프라인 세계에서 기업이 소비자에게 만날 수 있는 창구는 미디어와 소매 유통 채널로 한정되어 있었다. 텔레비전 방송국, 신문, 잡지, 백화점이 전부였다. 극히 소수의 기업들만이 자사의 상품과 서비스를 홍보할 수 있는 직접 채널을 보유할 수 있었다. 반대로 오늘날 인터넷을 등에 업은 플랫폼 세계에서는 어떤 기업이라도 소비자와 직접 대화하고 소비자 선호도에 대한 데이터를 수집하며 외부 생산자와 관계를 맺고 각각의 고객에게 맞는 가치를 제공하는 특화된 서비스를 제공할 수 있다.

지금은 모든 기업이 사실상 광고 회사이기도 하다. 우버를 예로 보자. 우버는 지역 특성화에 성공한 세계 최대의 광고 기업이 될 잠재력을 갖고 있다. 탑승객 데이터를 통해 우버는 사용자들이 어디에서 일하며, 언제 어떻게 통근하는지, 기타 탑승객의 여러 행동적 측면에 대한 특별한 정보를 수집할 수 있다. 우버는 이러한 데이터를 활용하여 사용자와 현지 상점을 연결해 주기도 할 것이다. 은행에서 소매상에 이르기까지 활기찬 플랫폼을 갖춘 대다수의 기업들이 이와 유사한 전략을 펼칠 수 있다.

플랫폼의 위력은 한때 산업과 산업의 경계를 구분 지었던 여러 경계선을 변경하거나 아예 없애고 있다. 따라서 플랫폼이 가져온 가장 놀라운 변화는 예상치 못한 새로운 경쟁자의 출현이었다. 전혀 관련이 없는 것처럼 보이는 산업 부문에서 새로운 경쟁자들이 나타났다. 따라서 향후 어떤 플랫폼 모델의 영향을 받을 것인지 생각할 때, 어떤 산업군에 속해 있든지 언제든 새로운 경쟁자가 출현할 수 있다는 사실을 고려해야 한다.

이런 점을 염두에 두고 플랫폼의 확장과 진화가 일어날 가능성이 있는 몇 가지 산업에 대한 흥미로운 시나리오 몇 가지를 살펴보자.

교육: 글로벌 강의실이 만들어지다

교육은 아마도 플랫폼 혁명이 무르익은 주요 산업 가운데 대표적인 분야일 것이다. 정보 집약적인가? 그렇다. 사실 학교, 특히 단과 대학과 종합 대학에서 판매하는 기본 상품은 다양한 유형의 정보이다. 확장 불가능한 게이트키퍼? 있다. 최근에 운 좋은 소수만 들어가는 명문 대학의 느리고 복잡하며 제멋대로인 절차를 거쳐야 했던 자녀를 둔 부모들 중 아무나 붙잡고 물어보라. 세계에서 가장 강력한 게이트키퍼에 얼마나 문제점이 많은지 듣게 될 것이다. 고도로 분화되어 있는가? 그렇다. 미국에서 1만 3000개 이상의 공립 학교 교육구가 있을 뿐 아니라 수천 개에 달하는 사립 학교 제도, 단과 대학, 종합 대학, 직업 학교가 있으며 각각 매우 독립적이고 자체 프로그램과 기준을 무척 자랑스럽게 여긴다. 정보 비대칭성? 있다. 부모들 중 오직 소수만이 자신 있게 학교와 대학의 자질과 명성을 판단한다. 이 때문에 여러 기관에서 발행하는 대학 순위표가 급증하고 서로 경쟁하며 학생들은 누구나 선망하는 몇 개 안 되는 대학—세계적인 하버드 대학과 예일 대학—의 입학 허가를 얻어야 한다는 압박감에 시달린다.

수백만에 달하는 가정이 매년 체계가 없는 제도를 상대해야 하니, 많은 사람들이 자녀에게 맞는 학교를 찾았는지 확신할 수 없어 좌절하고 불안해하는 건 당연하다. 그럼 미국의 교육이 당면한 지속 불가능한 비용 인플레이션을 생각해 보라. 지난 50년간 교육에 들어가는 비용이 25% 증가했으며, 고등 교육에 들어가는 비용은 심지어 의료비보다 더 빠른 속도로 치솟고 있다. 전반적으로 투자 대비 가치를 제공하기 위해 엄청난 변화를 감행하지 않으면 안 되는 사업이 눈앞에 그려진다.

교육 플랫폼을 만들지 않으면 안 되는 흐름이 탄력을 받고 있다. 스킬셰어, 유데미, 코세라, 에드엑스, 칸 아카데미(Khan Academy) 등의 기업들을 보면 알 수 있다. 신생 플랫폼 기업들에 의해 무관하거나 낡은 것으로 취급받지 않기 위해 세계 최고의 대학들이 직접 교육 혁명의 리더가 되려고 적극적으로 움직이고 있다. 하버드, 프린스턴, 스탠퍼드, 펜실베이니아 등 여러 대학교가 자기 대학에서 가장 인기를 끈 강의를 온라인 공개 강좌(massive open online course, MOOC)의 형태로 제공하고 있다. 대다수가 코세라와 같은 기업과 제휴하여 서비스를 제공한다.

앞으로 몇 년 후에는 교수 학습 생태계가 확산되고 그 인기가 높아지면서 공립 학교 시스템과 사립 학교, 전통적인 대학에 엄청난 영향을 끼칠 것이다. 그동안 최고 수준의 교육을 독점하여 값비싼 고급 사치재로 만들어 온 진입 장벽이 이미 무너지기 시작했다. 플랫폼 기술은 수십만에 달하는 학생들이 세계 최고의 강의를 최소의 비용으로 인터넷 접속이 가능한 세계 어디에서나 동시에 듣는 게 가능해졌다. MIT의 화학 공학 학위와 맞먹는 수준의 학위를 아프리카 사하라 사막 이남의 한 마을에서 최소한의 비용으로 얻게 될 날이 머지않은 것 같다.

교육이 플랫폼 세계로 이동하면서 단순히 교육에 대한 접근 확대 이외에도 다른 양상으로 변화가 일어날 것이다. 그리고 그 변화는 교육 접근성의 확대만큼이나 중요하고 강력할 것이다. 현재 진행 중인 한 가지 변화는 이전에는 단과 대학과 종합 대학이 하나로 묶어 판매하던 다양한 상품과 서비스가 분리되고 있다는 사실이다. 엄청나게 많은 예비 대학생들이 훌륭한 도서관, 번쩍이는 과학 실험실, 시끌벅적한 학생 사교 클럽, 풋볼 경기장 등을 갖춘 전통적인 대학 캠퍼스에 관심이 없거나 이를 필요로 하지 않게 된 것이다.

전통적인 대학은 선별된 소수만을 교육했다. 특정 분야에서 매우 어렵게 학위를 얻은 교수들과 캠퍼스 생활에 시간과 돈을 투자할 수 있는 뛰어난 학생들에게만 교육의 혜택이 돌아갔다. 상대적으로 소수에 해당하는 이런 사람들에게는 오래된 모델의 교육이 나름대로 효과적일 수 있다. 그러나 스킬셰어와 같은 교육 플랫폼은 전통적인 교육의 틀에 맞지 않거나 그 틀을 탈피하려는 이들에게 높은 수준의 교수 학습을 제공한다. 뛰어난 강사와 열의에 찬 수강자들이 언제 어디서나 서로를 만날 수 있게 된 것이다. 이는 엄청나게 귀중한 기회로 온라인 플랫폼이 전통적인 교육에 들어가는 비용의 극히 일부만 가지고도 이를 가능케 한 것이다.

교육 플랫폼은 오랜 기간 종이 학위 증명서와 한 묶음이었던 학습 과정을 분리하기 시작했다. 2014년 현재 통계에 따르면, MOOC에 등록한 학생의 5%만이 수료증을 받는다. 많은 이들이 이러한 통계 수치만 보고 온라인 학습 효과가 떨어진다고 결론을 내렸다. 그러나 펜실베이니아 대학교의 MOOC 등록자 180만 명 이상을 대상으로 한 조사에서, 학생 60%가 적극적으로 강좌 콘텐츠를 학습하고 강좌 동영상을 시청하며 동료 수강생들과 교류하고 한 개 이상의 과제를 수행한다고 밝혔다. 연구자들은 "학생들은 MOOC를 뷔페 음식처럼 취급한다. 자신들의 관심과 목적에 따라 조금씩 맛을 본다."[1] 학생들은 MOOC―특히 구체적인 업무 기술, 예컨대 소프트웨어 공학, 디자인, 마케팅, 영화 편집 등의 분야에 대한 많은 온라인 강좌―를 매력적으로 느끼고 학과 성적이나 학위 증명서와 같이 전통적인 성취의 상징물을 얻는 것보다는 현실 세계에서 쓰이는 역량을 갈고닦는 데 더 관심이 많은 것 같다. 프로그래밍 대회를 여는 플랫폼인 톱코더 (TopCoder)에서 상위권에 드는 사람은 카네기 멜런 대학, 캘리포니아 공과대학(칼텍) 또는 MIT에서 전산학 학위를 얻는 것만큼 빨리 페이스북이나 구글에서 개발자로 취직하게 될 것이다. 플랫폼 기반의 학생들 중에 전통적인 학위가 중요한 학생은 특약을 맺고 학위를 취득할 수도 있다. 예컨대 코세라에서는 추가로 비용을 지급하고 '프리미엄 서비스'를 받으면 학점을 딸 수 있다.

플랫폼에 기반한 교육 활동의 분리는 특정 기술 교육을 받기 위해 전통적인 대학과 같은 대규모 다목적 교육 기관에 의지할 필요가 없어졌음을 의미한다. 듀오링고(Duolingo)는 크라우드소싱 플랫폼을 이용하여 외국어를 가르친다. 듀오링고 창업자 루이스 폰 안(Luis von Ahn)은 컴퓨터 과학자로 언어 교수에 대해 공부한 적이 없었다. 그러나 이 분야에 대해 가장 권위 있는 문헌을 읽은 후, 자기 웹사이트 방문자들을 대상으로 주요 이론들을 비교 테스트했다. 그리고 테스트 결과를 도출하기 위한 도구들을 개선해 나갔다. 현재 듀오링고를 이용해 외국어를 배우는 사람들이 미국 전체 고등학교의 학생 수를 합친 것보다 많다.[2]

듀오링고는 외국어 학습을 전통적인 교육 기관으로부터 독립시켰다. 똑같은 일이 프로그래밍은 톱코더에서, 마케팅은 세일즈포스, 기타 연주는 마이크로소프트 X박스에서 가르친다.

학습 플랫폼은 전통적인 교육 형태, 구조, 내용을 끊임없이 실험하도록 자극한다. 예를 들어 2014년 9월 미네르바 프로젝트(Minerva Project)는 학생 33명으로 시작했다. 이 프로젝트의 목표는 전통적인 인문 대학 교육을 온라인 플랫폼으로 대체하여 학생들을 전 세계 어디서나 교수와 쌍방향 대화식 세미나에 참석시키는 데 있다. 학생들이 직접 여러 도시—샌프란시스코, 베를린, 부에노스아이레스—의 기숙사에서 한 번에 1년씩 살면서 현지 문화와 전문 기관, 여가 활동이 포함되어 있는 커리큘럼을 따르게 된다. 미네르바 프로젝트는 1년에 약 2500명의 학생을 받는 수준까지 성장하길 바라고 있으며, 각학생들로부터 총 2만8000달러(여기에는 숙박과 식사가 포함됨) 정도의 수업료를 받으려고 한다. 이는 유명 단과 대학이나 종합 대학을 다니는 비용의 절반 수준에 불과하다.

저널리스트 그래미 우드(Graeme Wood)는 "미네르바 프로젝트의 자랑거리는 대학 경험을 학생들의 학습에 직접적으로 기여할 것으로 보이는 일로만 채울 거라는 데 있다"[3]고 논평한다. 미네르바 프로젝트가 성공할까? 시간이 지나 봐야 알 수 있다. 그러나 미네르바 프로젝트의 성공 여부와 관계없이 색다른 교육 실험이 분명히 뒤따를 것이다. 교사와 학생의 원활한 소통을 돕는 플랫폼의 유연성과 위력은 이러한 변화를 사실상 불가피하게 만든다.

교육 분야에서 폭발적으로 늘어날 새로운 실험이 장기적으로 어떤 의미를 지닐지 확실하게 예측할 수는 없다. 그러나 현재 미국의 고등교육 시장을 지배하고 있는 3000개 대학들 중 대부분이 망한다고 해도 놀랍지 않을 것이다. 이들 대학의 경제적 합리성은 그보다 훨씬 더 경제적인 플랫폼에 의해 약화될 것이다.

의료: 파편화된 데이터가 장애물

교육처럼 의료 서비스도 정보 집약적인 산업이다. 확장성이 없는 게이트키퍼(보험 회사 네트워크와 진단 의뢰서를 받아야만 만날 수 있는 명의), 높은 수준의 분화(병원, 개인 병원, 실험실, 약국, 수백만 명에 달하는 의사들), 그리고 엄청난 정보 비대칭성(어느 정도는 현대 의학의 복잡성 앞에서 빈번히 기죽는 환자들 사이에서 '의사가 가장 잘 알지'라는 태도를 주입하길 일삼는 전문가들 때문에 발생한다)을 모두 갖추고 있다. 교육과 마찬가지로 의료 산업도 위기를 많이 느끼는 분야이기도 하다. 특히 미국에서 더욱 그런 현상이 두드러진다. 분화된 미국의 의료 서비스 체계는 오진, 알아보기 힘든 글씨의 차트, 시간 낭비, 자원 낭비로 인해 엄청난 비용을 발생시킨다.

가장 단순한 형태의 플랫폼 모델은 어디에 있든지 의료 도움을 요청할 수 있도록 우버와 같은 인터페이스를 제공하여 사람들이 더 빠르고 편리하게 의료 서비스를 이용하게 해 주는 것이다. 이런 시스템이 메디캐스트(Medicast)라는 회사에 의해 이미 마이애미, 로스앤젤

레스, 샌디에이고와 같은 여러 도시에서 시작되었다. 메디캐스트 앱을 클릭하고 증상을 기술하면, 의사가 두 시간 내로 도착한다. 이 서비스는 비번인 날에 추가로 소득을 올리려는 의사들 사이에서 인기를 얻고 있다.[4]

그러나 플랫폼 모델이 의료에 미칠 잠재적인 영향력은 이러한 기본적인 1회성 상호작용보다 훨씬 크다. 사실 플랫폼 혁명은 미국의 의료 시스템에 만연한 문제를 개선할 수 있는 엄청난 기회이다. 효율적인 플랫폼에 연결되어 있는 모든 공급자들—뿐만 아니라 의료 소비자들—은 기존 의료 서비스 체계를 뒤엎을 수 있다.

앞으로 수십 년 뒤에 우리가 기대할 수 있는 변화의 징조 가운데 하나가 엄청난 인기를 끌고 있는 모바일 의료 서비스 앱과 몸에 착용할 수 있는 피트니스 기기들이다. 네트워크에 연결되어 있는 이런 기기들은 생성된 개인 데이터를 분석하여 정보를 제공한다. 이미 수백만에 달하는 미국인들이 자기들의 맥박, 혈압, 활동 수준, 수면 패턴 및 기타 건강 지표를 측정하는 전자 기기를 보유할 뿐 아니라 이런 정보를 분석하여 맞춤형 조언을 제공하는 소프트웨어 패키지와 공유하는 것에 대해서는 편안하게 느낀다는 것을 보여 준다. 이런 식으로 방법을 확장하고 개선한다면 의료 서비스 체계를 질병 치료와 관리—종종 너무 늦게 진단하여 엄청난 비용을 들여 치료하게 된다—에서 예방으로 전환할 수도 있을 것이다.

또한 개인이 당뇨, 고혈압, 심장병, 자폐증, 알레르기, 비만과 같은 만성적인—또 꽤 비용이 많이 드는—질병을 관리하는 데에도 도움을 줄 거라는 점을 쉽게 머릿속에 떠올릴 수 있다. 예를 들어 웨어러블 기기는 당뇨병 환자의 영양 섭취, 운동 요법, 혈당치를 추적하고,

과거 의료 경험과 이력을 바탕으로 이 데이터를 분석하여 치료법을 추천하고 그 이유를 설명한다. 그리고 위기 상황에 임박했다는 경고 신호가 뜨면 담당의에게 알려 준다. 한 투자 분석가는 이러한 플랫폼을 통해 국가적으로 당뇨병 관리에 드는 투자 비용을 최소한 연간 1000억 달러나 절감할 수 있다고 추산했다.[5] 같은 논리를 수천만 미국인을 괴롭히는 만성 질환—그리고 제대로 운영되고 있지 않은 현행 행위별 수가 체계의 의료 보험 제도—에까지 확대 적용하면 잠정적으로 절감할 수 있는 비용이 크게 늘어날 것이다. 물론 이로 인해 생명이 연장되고 삶이 개선되는 사람이 수천 명에 이를 거라는 건 말할 것도 없다.

게다가 다양한 데이터 공급원—단순히 웨어러블 센서뿐 아니라 환자가 직접 입력하고 서비스 제공업체가 생성하고 관리하는 전자 의료 기록—에 흩어져 있는 방대한 의료 데이터를 통합할 수 있는 하나 이상의 플랫폼이 나타난다면 사람들이 누리게 될 혜택은 더욱 커진다. 환자와 다양한 전문가—의사, 간호사, 기술자, 치료사, 약사, 보험사 등—들이 접근할 수 있는 플랫폼을 개발하는 것은 환자의 비밀 보호라는 매우 중요한 과제를 낳게 된다. 의료 컨설턴트 빈스 쿠라이티스 (Vince Kuraitis)는 다음과 같이 말한다.

대다수의 의료 서비스가 제안하는 가치는 다양한 네트워크와 플랫폼에 의존하게 된다. 고혈압이 있는데 의사의 도움을 받아 스스로 관리해야 한다고 하자. 이 때 검사 결과 수치는 다른 플랫폼에 있고 치료 약 정보는 상호 정보를 교환하지 않는 별도의 플랫폼에 있다고 하면 무슨 소용이 있는가? 여행 중에 병원 응급실에 실려 갔는데, 의료 데이터가 해당 병원이 접근할 수 없는 네트워크에 저장되어 있으면 무슨 소용이 있는가?[6]

오늘날 대다수의 선도 기술 기업들은 이미 의료 플랫폼 비즈니스를 선점하기 위해 경쟁에 돌입할 태세를 갖추기 시작했다. 마이크로소프트, 아마존, 소니, 인텔, 페이스북, 구글, 삼성 모두 빠르게 성장하는 건강과 의료 분야에서 최소한 한 가지라도 차지하기 위해 플랫폼을 발표했다.

이런 움직임에 이제 막 합류한 도전자가 있었으니, 바로 애플의 헬스킷(HealthKit)이다. 2014년 중반에 출시된 이 앱은 다양한 건강 및 피트니스 앱―나이키와 같은 외부 제공업체의 앱들―끼리 데이터를 공유하게 해 준다. 애플은 유명한 메이요 클리닉(Mayo Clinic, 존스 홉킨스 병원과 함께 매년 최고 병원 선정에서 수위를 다투는 세계적인 병원-옮긴이)과 다른 의료 기업들과 함께 헬스킷의 데이터를 의사 및 간병인들과 공유(여기에 적절한 프라이버시 보호 장치를 더해서)할 수 있는 시스템을 구축하겠다고 발표했다. 그리고 2015년 초, 애플은 새로운 애플 워치를 공개하면서 여러 가지 다양한 건강 및 피트니스 기록, 측정, 커뮤니케이션 도구 등에 대해 자랑스럽게 발표했다.

이런 상황에서 컨설턴트 쿠라이티스가 말했듯이, 애플이 의료 플랫폼 비즈니스를 위해서 인력을 늘리려고 많은 전문가―의학 박사 및 다른 분야의 박사 학위 소지자―들을 채용하는 것은 당연한 일이다. 분명한 것은 향후 10~20년 내에 의료 플랫폼 기업 한 곳이 미국 의료 산업에서 주요 강자로 등극할 것이라는 사실이다. 애플은 이 같은 목표를 달성하기 위해 열심히 달리는 기업들 중 하나이다.

현재의 분화된 의료 보험 체계를 효율적인 플랫폼 기반 시스템으로 전환하는 일은 쉽지 않을 것이다. 의료 보험 플랫폼 개발을 가로막는 장애물에는 환자 데이터와 서비스를 공유하는 것을 저지하는 경제적·관리적 요인들이 있다. 이러한 요인들은 예컨대 왜 건강보험개혁법(Affordable Care Act, 2010)에 따라 법에서 규정한 전자 의료 기록 시스템이 왜 잘 이행되고 있지 않은지를 설명해 준다. 현재 기록 시스템은 의료 기관마다 달라서 같은 지역에 있더라도 병원 두 곳에서 동일한 환자 데이터를 공유하지 못한다. 더구나 환자 한 사람을 하나의 1차 의료 기관에서 관리하는 데 따른 경제적 인센티브는 이런 상황을 더욱 악화시킨다. 많은 환자들이 보험사에 의해 주로 지리적으로 결정되는 단일 의료 보험 체계 안에서만 서비스를 받을 수 있게 되어 있다. 그러나 이런 접근법은 대부분의 젊은 사람들처럼 자주 거주지를 이동하거나 한 곳에 단기간만 머무는 환자들에게는 맞지 않는다.

게다가 의사마다 의료 시스템을 사용하는 방식이 가지각색이다. 병원이나 다른 대형 기관에 고용되어 있는 의사들이 있는데, 이런 의사들은 상대적으로 쉽게 플랫폼 데이터에 접근할 수 있다. 또 어떤 의사들은 정부가 고용한 공무원 신분인 경우도 있다. 이때 정부는 의사들이 플랫폼 데이터에 접근할 수 있지만 다른 이들은 접근하지 못한다. 또 개인 주치의들의 경우 이들이 생성하는 플랫폼 데이터는 극도로 파편화되어 있다.

의료 서비스 및 데이터의 보편적인 공유와 재정적 인센티브가 일치하기 전까지 의료 분야 내에서 플랫폼의 성장은 더딜 것이다. 공유와 인센티브 일치를 도모하는 것이 규제 기관과 의료 업계 리더들이 중점을 둬야 할 부분이다.

에너지: 스마트 그리드에서 다방향 플랫폼으로

엄청난 양의 에너지로 움직이는 세계—그리고 에너지 수요와 공급이 세계 기후 변화와 국제 지정학적 분쟁과 같은 중요한 요인들로 긴밀하게 연결되어 있는 세계—에서는 우리가 보유한 에너지를 낭비하거나 자연환경을 파괴해 가면서 사용할 여력이 없다. 바로 이 지점이 플랫폼 기술이 큰 변화를 가져올 수 있는 부분이다. 오랫동안 전력망은 석탄, 가스, 석유, 물, 바람, 태양력, 원자력을 바탕으로 복잡한 기술로 만들어진 거대한 네트워크를 이루고 있었다. 그러나 이 네트워크에는 고질적으로 비용 효율성이 낮다는 문제가 있었다. 하루 동안 아니면 일 년 내내 들쑥날쑥한 에너지 사용에 의해 수급이 일치하지 않았다. 우리가 전력망을 지능적으로 상호작용하는 생태계로 온전히 전환하여, 생태계 참여자들이 에너지를 지혜롭게 생산하고 공유하고 보존하며 저장하고 관리할 수 있다면, 우리는 에너지 자원으로부터 더 큰 가치를 뽑아낼 수 있다. 나아가 후손들에게 더 건강한 세상을 물려줄 수 있을 것이다.

오늘날 전 세계 에너지 기업과 정부 당국은 방대한 양의 데이터를 측정하고 전송하며 분석하고 대응할 수 있는 디지털 시스템을 이용해 에너지를 더욱 잘 사용하고 통제할 수 있는 '스마트 그리드(smart grid)' 기술을 구현하기 위해 과학자와 엔지니어들과 협력하고 있다. 전기 계량 도구가 개선되면 다양한 가격 체계를 더 쉽게 시행할 수 있을 것이다. 그렇게 되면 수요 변화에 발 빠르게 대응하고, 에너지를 절약할 수 있으며 에너지 이용과 사용 변동폭을 줄일 수 있다. 분산화는 소수의 대형 발전소에 대한 전력망의 의존도를 낮춰 주고 신뢰도를 높여 주며 사보타주나 재해에 대한 취약성을 줄이면서, 풍력 발전용 터빈, 광전지 패널, 기타 소형 시스템을 이용해 소비자가 생산한 전력을 보다 쉽게 배전할 수 있게 해 준다.

이러한 변화는 미래의 세계 에너지 시장을 형성할 인터랙티브한 네트워크의 모습을 미리 보여 준다. 사실상 우리는 에너지 생산과 분배에서 단방향의 파이프라인 모델을 거쳐 수많은 개인과 조직이 서로 연결되어 있으면서 상황에 따라—한때는 에너지를 소비하고 그다음에는 에너지를 생산해서 판매하는—다양한 역할을 수행하는 플랫폼 모델로 이동하고 있다. 소수의 대형 전력 회사들이 지배했던 중앙 집중식 에너지 생산과 통제 방식은 앞으로 가정집 지붕 위에 설치된 태양 전지판 수만큼이나 많은 수백만에 달하는 소규모 생산자·소비자들에게 자리를 내줘야 할 것이다.

지속적인 기술 혁신은 이러한 변화를 더욱 가속화시킬 것이다. 예컨대 배터리 기술이 큰 역할을 할 것이다. 풍력과 태양 에너지 같은 주된 재생 에너지원은 간헐적으로 생산되다 보니 수급이 일치하지 않는 경우가 잦다는 문제가 있는데, 이는 보다 효율적으로 재충전이 가능한 에너지 저장 배터리가 해결책이 될 수 있다. 가장 유명한 전기 자동차 업체인 테슬라(Tesla)는 현재 소위 기가팩토리(gigafactory)라는 배터리 공장을 네바다 주에 건설 중이다. 이곳에서는 최대 이틀 치에 달하는 가정용 전력을 공급할 수 있는 강력한 차세대 배터리가 생산될 예정이다. 테슬라의 자회사 솔라시티(SolarCity)—일론 머스크(Elon Musk) 회장의 사촌이 운영하고 있다—는 이미 주거용 태양광 시장의 39%를 점유하고 있으며, 10년 내에 모든 동력 장치에 배터리 저장팩을 포함시킬 것이라고 발표했다.

이러한 기술이 전통적인 전력 산업에 미칠 파괴적인 잠재력은 실로 막대하다. 사실 2013년 에디슨 전기협회(Edison Electric Institute)는 "언젠가 배터리 저장 기술이나 마이크로 터빈에 의해 고객들이 전력망으로부터 독립할 날이 올 것"이라고 경고했다. 에너지 전문가 라비 망가니(Ravi Manghani)는 오늘날의 전력 회사가 "현재의 중앙 집중식 전력 회사가 아니라 서비스 공급자 및 분산화가 된 전력망 관리 주체"[7]에 더 가까워질 날이 올 것이라고 전망한다.

이는 우리가 목도해 온 플랫폼 세계 각처에서 일어나고 있는 변화의 패턴이라 할 수 있다. 수백만 명의 시장 참여자들이 한때 중심부에서 한 방향으로만 움직였던 힘을 점점 더 많이 공유하고 통제한다. 이러한 변화는 말 그대로 전선을 통해 흐르던 힘, 즉 전력뿐 아니라 전통적인 기업의 우두머리들이 휘두르던 힘에도 적용된다.

에너지 산업의 혁신에서 끊어진 연결 고리는 대량의 전력 거래를 허용하는 플랫폼이었다. 이것도 바뀌기 시작했다. 이제 캘리포니아 주에서는 분산 전력의 일괄 판매업자들이 자기들의 전력을 도매 시장에서 내놓을 수 있다. 그리고 우리가 4장에서 언급했듯이, 뉴욕 주는 분산 전력 관리를 전담할 플랫폼 개발을 고려 중이다. 이런 시스템은 기존의 분산 자원을 동원하여 청정하고 재생 가능한 자원을 통합하여 본질적으로 변동하기 마련인 에너지 수요를 맞춰야 한다.

불확실한 것은 에너지 산업의 이해관계자들이 에너지 플랫폼의 출현을 받아들일지, 아니면 현재 자기들의 우월한 지위를 지키기 위해 규제 전쟁에 돌입할지 여부이다. 규제 기관들의 도전 과제는 적절한 에너지 공급과 청정하고 건강한 환경을 물려받아야 할 후손들을 비롯해 최대한 많은 이해관계자들에게 혜택이 돌아가는 제도를 만드는 것이다.

금융: 모두가 플랫폼으로 향하고 있다

어떤 의미에서 최초의 화폐 형태—역사적으로 문서화된 시기가 최소한 기원전 2000년 바빌로니아 함무라비 법전의 시대로까지 거슬러 올라간다—는 최초의 플랫폼 기업을 나타낸다. 화폐는 특정 경제 체제의 참여자 전원이 수용하는 가치의 한 형태로, 참여자들은 상호작용이 가능한 네트워크를 구성하여 상호 이익을 위해 화폐를 주고받는다. 따라서 금융 세계—지급, 통화, 신용, 투자로 인해 발생하는 수없이 많은 거래—는 언제나 플랫폼과 유사한 행위를 수반한다.

오늘날 페이팔과 스퀘어(Square) 같은 온라인 금융 플랫폼은 새로운 지급 거래(페이팔의 경우는 인터넷, 스퀘어의 경우에는 모바일과 앱 기반 거래) 방식을 개발했으며, 이는 다시 새로운 범주의 상인이 생길 수 있는 기회를 열어 주었다. 약 4000년 전 화폐의 발명이 경제에 놀라운 유연성을 가져오고 성장을 촉진했듯이, 금융 거래를 위한 새로운 디지털 플랫폼은 수많은 참여자들이 소비자뿐 아니라 생산자와 판매자까지 될 수 있는 환경을 조성한다.

또 금융 플랫폼 기업들은 거래 데이터 안에 숨겨진 색다른 형태의 가치를 발굴하기 위해 애쓰고 있다. 데이터를 수집하고 분석할 수 있는 새로운 디지털 도구가 있기에 가능한 일이었다. 누가 누구와 거래했는지 알면 소비자의 취향과 지출 습관을 알아낼 수 있으며, 그런 정보를 가지고 기업은 더 많은 경제 활동을 창출할 수 있다. 예컨대 마스터카드(MasterCard)는 오늘날에도 20억 명의 카드 보유자들을 전 세계 2만5000개 은행과 4000억 개 이상의 상거래 업체들과 연결하는 금융 생태계를 운영하는 훌륭한 플랫폼 기업이다. 현재 마스터카드 랩(Mastercard Labs)으로 알려진 기술 연구 개발 부서는 신용카드 플랫폼의 유용성을 확장할 기회를 창출하기 위한 지불 메커니즘을 실험하고 있다. 플랫폼에서 수집한 상황 자료를 이용하여 개발한 새로운 도구는 사용자들이 거래를 더 많이 하도록 만든다. 이후에 이용 가능한 지불 기회를 결정하고, 사용자가 그 기회에 다가가도록 유도하며 상호작용을 촉진하는 식이다. 이를테면 마스터카드 랩이 개발한 숍디스!(ShopThis!)는 잡지 독자들이 내장된 앱을 클릭하면, 독자가 읽고 있던 아이템을 숍디스!와 제휴 관계에 있는 소매업체, 예컨대 백화점 삭스 피프스 애비뉴에서 즉시 구입할 수 있다.[8]

우리에게 익숙한 기타 금융 플랫폼—대다수가 전통적으로 보수적인 비즈니스 문화와 규제에 의해 상당한 제약을 받아온 플랫폼—은 어쩔 수 없이 최신 기술의 플랫폼을 개발하지 않으면 안 되는 상황에 놓일 것이다. 예를 들어 시중 은행들은 조파와 렌딩 클럽 같은 인터넷의 개인 간 네트워크(P2P, Peer-to-peer) 커뮤니티의 출현을 면밀히 모니터링해 왔다. 현재 이런 금융 플랫폼에서는 수십 억 달러 규모의 금융 거래가 이뤄지고 전통적인 대출 기관을 우회하여 대출을 해 준다. P2P 대출 플랫폼은 특별히 파괴적인 잠재력을 가진다. 플랫폼이 수집한 디지털 데이터를 가지고 대출 패턴을 알아낼 수 있기 때문이다. 이러한 패턴을 이용하는 플랫폼들은 정적인 데이터 표식지에 의존하던 기존 은행보다 채무 불이행과 사기가 예견되는 행태를 더 잘 식별할 수 있다. 이 때문에 렌딩 클럽은 대부분의 대출자들에게 전통적인 은행보다 더 낮은 대출 금리를 제공하면서도 기존 투자 방식보다 더 높은 수익을 거둔다.[9] 시간이 흐르면 시중 은행도 P2P 대출 플랫폼이 의사 결정과 리크스 통제에 사용하는 것과 동일한 빅데이터 도구에 적응해 갈 것이다.

기업의 대체 자금 조달원이 은행에게 새로운 도전장을 내밀고 있다. 엔젤리스트(AngelList)와 같은 플랫폼은 투자자가 초기 단계의 스타트 업에게 지분 참여를 대가로 투자금을 제공하는 신디케이트(syndicate, 엔젤리스트에서 신디케이트는 기업 단위의 크라우드펀딩을 의미한다−옮긴이)에 합류할 수 있게 해 준다. 이 같은 애플리케이션은 아직 개발 초기 단계에 있지만, 플랫폼 때문에 가능해진 새로운 유형의 투자 모델을 제시한다.

플랫폼 기반의 데이터 분석 도구 또한 금융 상품 마케팅 역량을 향상시키는 데 이용할 수 있다. 민트(Mint)와 같은 개인 금융 플랫폼은 사용자의 재정 상태, 문제점, 목표에 대한 데이터를 수집하고 분석하여, 금융 기관이 사용자의 특수한 요구에 맞는 상품을 제안하고 판매할 수 있게 해 준다. 잘 설계된 금융 플랫폼은 소비자와 금융 서비스를 서로에게 이익이 되는 방향으로 완벽하게 매칭해 주는 일을 전통적인 판매 및 마케팅 채널보다 잘해 낸다.

더욱 중요한 것은 전통적인 금융 기관이 플랫폼 모델을 이용하여 이전에는 쉽게 닿을 수 없었던 경제 영역에까지 확장하기 시작했다는 사실이다. 예를 들어 은행은 플랫폼을 지렛대 삼아 현금 경제(cash economy, 사업상 수입을 숨기거나 세금을 피하기 위해 현금으로 거래하는 행위−옮긴이)에서 수익을 창출하려 하고 있다. 금융 기관들은 특히 아시아에서 현금 경제를 거대한 미래 성장 동력원으로 보고 있다. 이 분야에서 발판을 확보하기 위해 금융 기관은 청구서 및 지급 결제 플랫폼을 구축하여 현금 경제 안에 있는 소기업끼리 거래할 수 있게 해 주고, 이러한 프로세스에서 발생하는 상호작용에 관한 데이터를 수집한다. 수집한 데이터를 분석하면, 은행은 소기업 대상으로는 처음으로 관련성이 높은 금융 상품으로 타기팅할 수 있을 것이다. 마찬가지로 어떤 은행은 소비자의 부동산 정보 검색을 도와주는 디지털 서비스를 제공하여 데이터를 수집하면서 대출 기회를 얻으려 할 것이다.

보험은 데이터 플랫폼 시대에 빠르게 변화하고 있는 또 하나의 영역이다. 커넥티드 카(connected car, 인터넷과 모바일 기기, 나아가 운전자와 연결된 자동차를 의미-옮긴이)는 이제 실시간으로 운전 행동에 대한 데이터를 수집하고, 보험 회사는 이런 데이터를 이용하여 이용자 특유의 운전 습관을 바탕으로 보험료를 책정한다. 의료와 건강 지표를 추적하는 웨어러블 기기의 인기가 늘면서 앞으로는 의료 보험 회사들도 운전자 보험과 유사한 고객 맞춤 보험 패키지를 제공할 기회를 마련할 것이다.

미래 성장의 또 다른 잠재적 보고는 수억 명에 달하는 '금융 서비스를 제공받지 못하는' 사람들이다. 현재 개발도상국은 물론 미국과 다른 선진국의 저소득층이 청구서를 납부하고 돈을 빌리거나 저축하고 투자할 수 있는 도구에 접근하지 못하고 있다. 이들이 사는 지역에 은행 지점이 없거나, 이들에게 일반 은행 계좌를 개설하거나 대출 자격을 얻는 데 필요한 자본이 부족한 관계로 어쩔 수 없이 비싸고 불편한 서비스에, 때로는 수표 현금화 서비스, 우편환 서비스, 소액 대출 서비스, 불법 고리대금 등과 같은 사기성 짙은 업체의 서비스에 기댈 수밖에 없는 것이다. 이런 열악한 금융 환경은 가난한 사람들이 굴레를 벗어나 자립하기 어렵게 만드는 장벽으로 작용한다.

이제 수백만 명의 저소득층 소비자들이 휴대폰이라는 형태의 모바일 기술을 이용하게 되면서 이들에게 필요한 저렴한 인터넷 금융 플랫폼이 현실화될 가능성이 높아졌다. 당연히 금융 플랫폼 기업 입장에서는 빈곤층이나 차상위 계층 고객들이 창출하는 가치가 부유층 고객보다는 더 적을 것이다. 그러나 이런 사람들이 너무나 많기 때문에 이 시장은 잠재적으로 어마어마한 비즈니스 기회가 될 것이다. 아프리카의 사하라 사막 이남 지역과 개발도상국에서는 보다폰(Vodafone, 케냐의 통신사인 사파리콤Safaricom 자회사를 통해 서비스한다)과 같은 통신 및 기술 기업들이 누가 선도 금융 플랫폼과 수억 명의 잠재 고객을 통제할 것인지를 놓고 케냐 에쿼티 은행(Equity Bank)과 같은 전통적인 금융 기관과 겨루는 중이다.[10]

다른 많은 분야와 마찬가지로 여러 산업으로 확산되고 있는 메시지가 은행가들의 귀에게 전달되었다. 결국 누군가 파괴하거나 아니면 파괴될 거라는 메시지이다. 점점 더 많은 금융업계 리더들이 플랫폼 모델을 주된 혁신 메커니즘으로 바라보고 있다.

물류와 수송: 이동을 넘어 수급 조절까지

물류와 수송—사람과 물건을 효과적으로 한곳에서 다른 곳으로 이동시키는 비즈니스 기능—은 자원 집약적인 산업으로 디지털 비즈니스 모델이 출현한 이후에도 영향을 크게 받지 않았던 분야이다. 페덱스(FedEx)와 같은 물류 기업들은 자동차와 트럭, 비행기를 보유하는 데 따른 어마어마한 고정 비용 덕분에 그동안 상당한 경쟁 우위를 점하고 있었다. 이런 고정 비용은 경쟁업체들에게 진입 장벽이 된다. 그러나 플랫폼 방식을 따르면 이렇게 많은 차량을 보유하지 않아도 된다. 물리적 상품과 차량의 움직임에 대한 시장 정보를 실시간으로 통합하는 플랫폼은 제3의 운송 에이전트 간의 관계를 조정할 수 있어서 최소한의 자본 투자로 효율적인 물류와 배송 서비스를 관리할 수 있다.

복잡한 물류 프로세스에 의존하는 몇몇 산업은 이미 차량과 자원의 이동을 조정하여 수급을 맞추는 고도로 효율적인 알고리즘을 지닌 플랫폼의 탁월한 역량에 힘입어 변화하고 있다. 예를 들어 샌프란시스코에 본거지를 둔 먼처리(Munchery)는 빠르게 성장하고 있는 새로운 음식 배달 플랫폼 중 하나이다. 먼처리의 알고리즘은 특정 시간대의 주문 수요를 종합하여 배달 지점을 최대한 조밀하게 만든 다음 최적의 운반 경로를 찾아낸다. 그런 식으로 배달에 들어가는 마진 비용을 최소화한다. 인도네시아에는 고젝(Go-Jek)이라는 이름의 플랫폼 기업이 있다. 이 회사는 오토바이 운전자들이 우버와 비슷한 서비스를 제공하게 해 준다. 고젝은 플랫폼에 연결된 오토바이와 가장 효율적인 배달 경로를 알려 주는 알고리즘을 이용하여 인도네시아 수도 자카르타 전역을 대상으로 무료로 음식 배달도 한다.

노동과 전문 서비스: 일이 재정의되고 있다

우리가 언급했듯이, 플랫폼 발전에 의해 가장 극적으로 변화한 영역 중 하나가 노동 시장이다. 모든 지표가 플랫폼에 의한 노동 시장 변화가 앞으로 수십 년 동안 지속될 것임을 가리킨다. 그중 일부는 쉽게 예견할 수 있지만 어떤 것들은 세계를 깜짝 놀라게 할 수 있다.

택시 운전, 음식 배달, 또는 가사와 같은 매우 일상적이면서 기술이 그리 필요하지 않은 일들만이 플랫폼에 취약할 것이라는 가정은 이미 무너졌다. 의약과 법률처럼 전통적으로 전문직이라 여겨졌던 일까지도 플랫폼 모델에 취약하다는 사실이 속속 드러나고 있다. 앞에서 우리는 이미 우버와 비슷한 모델을 의사를 찾아 주는 데에 적용한 플랫폼 메디캐스트를 언급한 바 있다. 몇몇 플랫폼 기업은 비교적 쉽고 빠르고 편리하게 이용할 수 있는 법률 서비스를 온라인으로 제공한다. 엑시엄 로(Axiom Law)는 2억 달러 규모의 플랫폼 비즈니스를 구축하여 데이터 마이닝(date-mining, 대규모로 저장된 데이터 안에서 체계적이고 자동적으로 통계적 규칙이나 패턴을 찾아내는 것-옮긴이) 소프트웨어와 프리랜서로 활동하는 법률 전문가들을 조합하여, 기업 고객을 대상으로 법률 자문 서비스를 제공하고 있다. 인클라우드카운셀(InCloudCounsel)은 허가 양식과 기밀 유지 협약과 같은 기본적인 문서를 일반적인 법률 회사에 비해 최대 80% 낮은 비용으로 처리해 준다고 주장한다.[11]

앞으로 플랫폼 모델이 사실상 모든 노동 및 전문 서비스 시장에 적용—적어도 시험 적용—될 것으로 보인다. 그렇다면 이러한 추세가 수억 명에 달하는 노동자들은 물론 서비스 산업에 어떤 영향을 줄까?

한 가지 예측 가능한 결과는 서비스 제공업체들 간에 부와 힘, 권위의 계층화가 더욱 뚜렷해질 거라는 사실이다. 표준화된 일상 업무 처리는 상대적으로 저임금의 프리랜서 전문가들이 많이 모여 있는 온라인 플랫폼으로 옮겨 갈 것이다. 한편 세계 최대 법률 회사, 의료 기관, 컨설팅 회사, 회계 법인은 쉽사리 사라지진 않겠지만 이들의 상대적 규모와 중요도는 낮아질 것이다. 이들의 서비스를 비교적 적은 비용으로 훨씬 편리하게 제공하는 플랫폼이 가져가기 때문이다. 살아남은 몇 안 되는 세계 최고의 전문가들은 고도로 특화되고 어려운 임무만 맡을 것이고, 이들은 온라인 도구를 활용하여 전 세계 어디에서나 일을 하게 될 것이다. 따라서 최고 수준의 전문 서비스 분야에서는 승자 독식 시장이 출현하게 될 가능성이 높다. 예컨대 전 세계에서 벌어지는 가장 주목받고 돈이 많이 걸린 소송을 놓고 세계 최고의 변호사 20여 명이 서로 경쟁할 것이다.

노동 분야에서 벌어지는 플랫폼 혁명은 이미 조직에서 일어나고 있는 변화의 속도를 더욱 가속화시킬 것이다. 약 300년 전 애덤 스미스가 조직의 생산 능력의 핵심이라고 말한 바 있는 분업은 그 단위가 점점 더 작아질 것이다. 게다가 점점 더 똑똑해지고 있는 알고리즘에 의해 복잡한 과업이 수백 명의 노동자들이 처리할 수 있는 수준의 작고 단순한 업무로 쪼개진 다음 최종 단계에서 하나로 재조립될 것이다. 아마존의 메커니컬 터크는 이미 이러한 논리를 업무 상당수에 적용하고 있다.

프리랜서, 자영업, 계약직 근로, 비전통적인 직업 경로 쪽으로 기우는 추세 또한 지속적으로 가속화될 것이다. 프리랜서 노동조합은 미국 근로자 세 명 중 한 명이 이미 프리랜서 업무를 하는 것으로 추산하며, 그 비율은 더 늘어날 것으로 보인다. 물론 이런 추세가 바람직할 수도 있고 아닐 수도 있다. 자신의 근무 시간과 근로 여건을 스스로 정할 수 있는 유연성과 자유를 원하는 많은 사람들—예술가, 학생, 여행가, 워킹 맘, 비상근직에 있는 사람들—은 이러한 새로운 환경을 즐길 것이다. 직업 안정성과 예측 가능성을 선호하는 사람들—또는 직장에서 의료 보험과 퇴직금과 같은 중요한 복지 혜택을 지원받는 데 익숙해진 사람들—은 이러한 변화가 무척 힘들거나 심지어 고통스러울 것이다. 거대 기업이 고용한 수많은 노동자들의 권리를 결집시키고 그것을 지키려 했던 전통적인 노동조합은 계속 힘을 잃게 되고, 개인은 스스로를 보호하기 위해 직접 싸워야 할 것이다.

우리가 11장에서 플랫폼 규제에 대해 논의할 때 언급했듯이, 플랫폼이 세력을 확장할수록 사회는 또 다른 도전에 직면하게 된다. 전통적인 기업은 고용을 통해 수백만 근로자들과 그 가족들에게 안전망을 제공했다. 그러나 플랫폼 혁명이 그 안전망에 구멍을 낸다면, 분명 정부—또는 아직은 가시화되지 않은 새로운 사회 기관—가 그 구멍을 메울 방법을 찾아야 할 것이다.

플랫폼으로서의 정부 : 어디까지 개방할 것인가

물론 정부는 전통적인 의미에서 산업이 아니다. 그러나 모든 시민들의 삶에 막대한 영향력을 행사하는 경제 주체이기도 하다. 분명히 정부는 정보 집약적인 특징을 가지고 있으며, 게이트키퍼(꿈쩍 않는 관료주의로 고생한 사람이면 누구나 이 말에 동의할 것이다)에 둘러싸여 있으며, 분화(수십 수백 개의 담당 업무가 겹치거나 상충되는 법에 따라 조직들이 마구 나뉜다)되어 있고, 정보 비대칭(법과 규제에 이해하기 어려운 각종 법률 용어가 난무한다)적 특징을 보인다.

따라서 일반 시민들이 선한 의도를 품은 의원들과 선출직 공무원, 일반 공무원과 함께 정부에 플랫폼 모델을 적용하는 데 적극적인 것은 이해할 만하다. 잘 설계되어 있고 잘 관리되어 있는 플랫폼처럼 정부가 투명한 업무 절차에 따라 사람들의 요구에 발 빠르게 대응하면서 사용자 친화적인 데다 혁신적이기까지 하다면 국가에게는 엄청난 축복이며, 시민들은 정부에 대한 냉소와 부정적인 시선을 거둘 것이다.

물론 정부를 개혁하자는 말은 쉽지만 행동이 어렵다. 헌법과 법적인 제약, 이익 단체와 로비스트들의 상충된 이해관계로 인한 압력, 당파적 적개심, 예산 통제, 특정 소수가 아닌 모든 시민들에게 적합한 서비스를 개발하는 데 따른 복잡한 문제들, 200년이 넘는 세월이 흐르면서 늘어난 조직의 관성 등 모든 요인들이 영리 기업이 추구하는 원칙을 플랫폼 방식으로 행정 개혁에 적용하길 원하는 지도자들에게는 엄청난 도전이 되고 있다.

그러나 이런 난관에도 불구하고 자치 단체와 지방 정부 및 각국 정부에서 플랫폼 모델의 장점을 일상 업무에 적용하기 시작했다. 아마도 그중 대표적인 사례가 실리콘밸리 북단에 위치한 샌프란시스코 시 정부라는 사실은 어찌 보면 당연해 보인다. 샌프란시스코의 오픈 데이터 정책은 원래 2009년 시행을 목표로 시청의 도시 혁신실(Mayor's Office of Civic Innovation)에서 발표했다. 이 정책은 시의 누구나 사용할 수 있게 개방된 오프 액세스 포털을 통한 데이터 공유, 시민과 기업이 사용할 수 있는 가치 창출 도구 개발을 위한 민관 협력, 샌프란시스코 베이 에어리어와 그 주변에 사는 모든 이들의 삶의 질 개선을 위한 데이터 기반 이니셔티브를 목적으로 수립되었다.

데이터에스에프(DataSF)라 명명한 샌프란시스코의 데이터 플랫폼은 샌프란시스코에 대하여 민관이 수집한 방대한 정보를 담고 있으며, 이 데이터를 이용해 앱을 개발하길 원하는 외부 개발자들을 위해 API와 실용적인 조언을 제공한다. 플랫폼을 보다 창의적으로 이용하는 것을 독려하기 위해 시 정부는 일련의 데이터 잼(Data Jam, 데이터 세트를 사용하여 사람들이 모여 문제를 해결하는 워크숍 훈련-옮긴이), 해커톤(Hackathons, '해커'와 '마라톤'의 합성어로 마라톤을 하듯 24~48시간 동안 아이디어를 토대로 직접 기획에서 프로그래밍 과정을 거쳐 프로토타입의 결과물을 만들어 내는 것 또는 그러한 대회-옮긴이), 기타 운송에서 지속 가능한 개발에 이르기까지 시민들의 삶과 밀접한 앱 개발 경진 대회 등을 후원하고 있다.

일례로 2013년 6월 샌프란시스코 시청에서 주택 문제 해결을 위한 데이터 잼이 열렸다. 이 행사에는 50명의 기업가들이 모여 노숙자, 저렴한 주택 융자, 건물 안전성, 에너지 효율 등 현지 주택 관련 문제 해결에 몰두했다. 그리고 샌프란시스코의 주택 여건 개선을 위한 도구들을 만들기 위해 DataSF의 정보를 활용하여 개인이 개발한 앱이 10월까지 10개가 출시되었다. 그중에서 몇 가지를 소개하자면 네이버후드스코어(Neighborhood Score)라는 모바일 앱이 있는데, 이 앱은 블록 단위로 도시 전체의 건강한 삶과 지속 가능성에 대한 점수를 제공한다. 빌딩아이(Buildingeye)는 지도 기반 앱으로 건물과 개발 계획 정보를 쉽게 접근할 수 있게 해 준다. 프로젝트 홈리스 커넥트(Project Homeless Connect)는 모바일 기술을 이용하여 노숙자들이 길거리에서 벗어나 제대로 된 숙소를 얻는 데 필요한 자금을 구할 수 있게 도와준다. 하우스 팩스(House Fax)라는 앱은 '카팩스의 주택 버전'으로 주택 소유자와 거주자들이 특정 건물의 유지 보수 이력을 볼 수 있게 해 준다.[12]

플랫폼 중심 사고방식을 샌프란시스코 시 정부에 적용하려는 여러 이니셔티브가 지속적으로 진행 중이다. 지역 사업체들이 샌프란시스코에서 운영하는 문제와 관련이 있는 허가, 규제, 보고 요건들을 모두 한 곳에서 관리할 수 있는 포털을 만들었으며, 유니버설 시티 서비스 카드(Universal City Services Card)는 혼인 증명서 발급에서 골프 코스 할인에 이르기까지 샌프란시스코의 각종 서비스를 단 한 곳에서 이용할 수 있게 한다. 그리고 레스토랑 평가 플랫폼인 옐프와 제휴하여 샌프란시스코의 공중 위생국이 평가한 지역 식당의 위생 점수를 온라인 옐프 프로필과 통합한 것도 이런 이니셔티브에 속한다.

샌프란시스코가 다른 지역에 비해 '플랫폼으로서의 정부'라는 개념을 비교적 많이 발전시켰지만, 이와 유사한 노력이 도시와 주, 미국과 전 세계 여러 지역에서 펼쳐지고 있다. 연방 정부도 이와 유사한 단계를 밟아 갈 것이다. 2009년에 오픈한 데이터닷거브(Data.gov)는 조금씩 확장되고 업데이트되고 간결해졌으며 개선되었다. 이제 시민들은 한때 접근할 수 없었던 대량의 정부 데이터에 쉽게 이용할 수 있다. 그뿐만 아니라 데이터를 이용하여 앱을 개발할 수 있는 도구까지 제공받는다.

여기저기서 막 생겨나면서 급성장 중인 전 세계의 정부 플랫폼은 지원 기관과 정치 지도자들이 허용하는 만큼만 개방적이고 민주적이며 강력해질 것이다(그런 점에서 미국의 국가안보국NSA과 정보 기관이 다른 연방 정부 기관과 더불어 Data.gov에 참여하지 않는 것은 전혀 놀랍지 않다.) 플랫폼화가 정부의 즉각적인 대응력을 높이고 효율과 자유의 시대를 열어 갈 것인가? 아니면 가난하고 힘없는 사람들을 희생시켜 가며 부자와 연줄이 많은 이들을 더욱 배부르게 할 것인가?

사물 인터넷: 전 세계 플랫폼의 플랫폼

플랫폼 혁명의 핵심은 기술을 사용하여 사람들을 이어 주고 이들이 가치를 함께 창출하는 데 사용할 도구를 제공하는 데에 있다. 디지털 기술이 지속적으로 발전하면서—특히 반도체 칩, 센서, 통신 기기들이 더욱더 소형화되고 효율은 높아짐에 따라—어디에서나 쉽게 연결할 수 있게 되었다. 이제 이런 디지털 기술은 노트북과 휴대폰과 같은 컴퓨터 기기뿐 아니라 평범한 기계와 가전제품—가정용 자동 온도 조절 장치와 차고 문 개폐 장치에서 산업용 보안 시스템—에도 적용되고 있다. 디자이너와 엔지니어들이 사람들이 매일같이 상호작용하는 기계와 장치, 기기들끼리 온전히 연결하는 방법을 찾아내자, 사물 인터넷이라는 새로운 데이터 인프라 계층이 부상하고 있다. 이 새로운 네트워크 세계는 플랫폼의 미래에 어마어마한 영향을 끼칠 것이다.

매우 다양한 기업들이 사물 인터넷을 구축하기 위해 긴밀하게 협력하고 있다. 그리고 가능하면 새로운 인프라와 그것이 제공하게 될 엄청난 가치의 데이터를 통제하려 달려들 것이다. 우리가 언급했듯이 GE, 지멘스, 웨스팅하우스와 같은 제조 기업들은 터빈, 엔진, 모터, 가열 및 냉각 시스템, 건설하고 운영 중인 제조 공장들 간의 정보에 링크를 생성하려고 하고 있다. 이로써 효율성을 극대화하고 비용을 절감할 것을 기대한다. IBM, 인텔, 시스코와 같은 디지털 기술 기업들은 방대한 네트워크 구축을 가능하게 할 도구와 연결 장치를 설계하기 위해 치열하게 경쟁하고 있다. 그리고 구글과 애플 같은 인터넷 기업들은 기술 전문가와 일반인이 사물 인터넷에 쉽게 접근할 수 있게 해 주고 엄청나게 다양한 사물 인터넷 활용 방법들을 시험할 수 있게끔 인터페이스와 운영체제를 설계하고 있다.

게다가 이용 가능한 기기가 다양해지고 그 기기의 기능이 확장될수록 사물 인터넷의 잠재력은 더욱 늘어날 것이다. 일례로 무인 자동차, 싸고 강력한 가정용 전기 저장 배터리, 유용한 사물을 빠르게 복제할 수 있는 편리한 3D 프린터 등과 같이 이제 막 실현 단계에 있는 기술이 지닌 잠재력을 생각해 보라. 이런 새로운 도구를 누구나 사용할 수 있게 되면, 이들 기기는 더 빨리 사물 인터넷으로 연결되어 훨씬 더 강력한 가치 창출 플랫폼이 될 것이다.

플랫폼 경제를 사물 인터넷에 적용하면 우리에게 익숙한 엄청나게 많은 상품 및 서비스 관련 비즈니스 모델이 완전히 달라질 것이다. 전구를 예로 들어 보자. 1878년 토머스 에디슨이 처음으로 특허를 낸 백열전구의 기본 원리는 이후로 거의 바뀌지 않았다. 그렇기 때문에 일반 전구 하나가 단돈 40센트에 불과하며 사실상 제조업체들의 이윤 폭은 0에 가깝다. 또한 전구는 효율이 매우 떨어져서 사용하는 에너지의 95%를 열에너지로 소모한다.

소형 형광등과 발광다이오드(LED) 같은 향상된 제품들은 조명 기술을 더 효율적으로 만들었을 뿐 아니라 수익성까지 향상시켰다. 그러나 가정용 조명 시스템이 사물 인터넷과 연결되면 전구의 본래 목적도 바뀐다. 조명은 침입자가 있음을 알리도록 프로그래밍 될 수 있다. 이제 막 걷기 시작한 아기가 계단이나 난로 근처에서 돌아다니면, 조명을 비추어 부모에게 알릴 수도 있다. 불빛을 깜박이게 해서 할머니에게 약 드실 시간이 되었다고 알려 줄 수도 있다. 무선 접속기를 갖춘 조명은 다른 가전제품의 에너지 소비량을 추적하여, 전구 판매회사가 주택 소유자와 전력 회사에게 에너지 관리 서비스를 제안하는 것도 가능해진다. 갑자기 전구 제조업체가 40달러짜리 LED 전구를 무료로 나눠 주고 그 대가로 네트워크 연결 서비스에 의해 발생하는 수익의 일부를 요구할 수도 있게 된 것이다.

가정용 기기와 개인 기기들이 플랫폼을 기반으로 연결되면서 사물 인터넷에 대한 관심이 상당히 높아지고 있다. 그러나 기업 간(B2B) 세계에서 이런 변화가 일어난다면, 그 파급력은 훨씬 더 클 것이다. 첨단

기술 투자 회사인 클라이너 퍼킨스 코필드 앤드 바이어스(Kleiner Perkins Caufield and Byers, KPCB)의 파트너 데이비드 마운트(David Mount)는 다가올 혁신의 물결을 '산업 지각(Industrial Awakening)'이라고 부른다. 데이비드 마운트는 산업용 기기들 간의 스마트 연결을 바탕으로 수십억 달러 규모의 산업을 창출할 잠재력을 갖춘 여덟 개의 시장 목록 다음과 같이 제시했다.

- **보안** 플랫폼 기반 네트워크를 사용하여 산업용 자산을 공격으로 부터 보호한다.
- **네트워크** 산업용 도구들을 연결하고 통제하는 네트워크를 설계하고 구축하고 서비스한다.
- **접속 서비스** 새로운 네트워크를 관리하는 소프트웨어와 시스템을 개발한다.
- **제품으로서의 서비스** 기계와 도구를 판매하는 제조 기업을 플랫폼 연결을 통해 서비스 판매 회사로 변모시킨다.
- **지급** 산업용 장비를 가지고 가치를 창출하거나 획득할 수 있는 새로운 방법을 실천한다.
- **개조** 미국에 있는 6조8000억 달러 가치의 기존 산업용 기계가 새로운 산업용 인터넷에 참여할 수 있게 필요한 장비를 갖춘다.
- **번역** 다양한 기기와 소프트웨어 시스템이 서로 데이터를 공유하고 통신할 수 있게 가르친다.
- **수직적 애플리케이션** 특정 문제 해결을 위해 산업용 도구들이 가치 사슬의 다양한 지점에서 연결할 수 있는 방법을 찾는다.

데이비드 마운트는 산업 지각으로 인해 2030년까지 생성되는 세계 총 생산량이 모두 통틀어 14조2000억 달러에 달할 것이라고 결론(세계 경제 포럼World Economic Forum의 보고서 데이터를 근거로) 짓고 있다.[13]

경제학자 제러미 리프킨(Jeremy Rifkin)은 이러한 발전 양상과 이러한 발전이 의미하는 바를 다음과 같이 깔끔하게 요약했다.

현재 사물 인터넷에 기기를 연결해 주는 센서가 110억 개에 달한다. 2030년까지 센서는 100조 개에 이를 것이며 (……) 지속적으로 빅데이터를 통신, 에너지, 물류 인터넷에 전송할 것이다. 누구라도 사물 인터넷에 접근할 수 있으며 빅데이터와 데이터 분석 도구를 이용하여 효율성 속도를 가속화하고 생산성을 급격히 증가시키며 에너지, 제품 및 서비스를 비롯한 물리적 사물의 생산과 유통의 한계 비용을 현재 정보재처럼 거의 0에 가깝게 낮출 수 있는 자동 완성 알고리즘을 개발할 수 있게 될 것이다.[14]

우리는 대다수의 물리적인 상품 가격이 0이거나 거의 0에 가까운 상황 직전에 있지는 않다. 아직은 아니다. 그러나 이제 막 플랫폼 모델의 혁신적인 잠재력에 대해서 알아 가고 있다는 것만큼은 확실하다.

플랫폼으로 어떤 사회를 만들 것인가

여기까지 읽으면서 독자들은 이 책의 저자들이 다양한 측면에서 플랫폼의 출현으로 인한 경제적 사회적 변화에 대해 열정을 갖고 있다는 사실을 분명히 인지했을 것이다. 플랫폼으로 인한 탁월한 효율성 개선, 혁신적 역량, 늘어난 소비자 선택지들은 이미 각계각층의 수많은 사람들을 위해 새로운 형태의 훌륭한 가치를 창출하기 시작했다.

그러나 모든 혁명적 변화에는 위험이 뒤따르며 사회와 경제가 크게 붕괴할 때마다 승자와 패자가 양산된다. 플랫폼 혁명도 예외가 아니다. 우리는 오래전부터 존재해 온 몇몇 산업이 플랫폼의 출현으로 익숙한 비즈니스 모델이 무너져 힘겨워하는 모습을 목도해 왔다. 신문사부터 음반 제작사, 택시 회사에서 호텔 체인, 여행사부터 백화점에 이르기까지 수많은 기업들이 시장 점유율, 수입과 수익률 측면에서 플랫폼과 경쟁하면서 나락으로 떨어지는 것을 보아 왔다. 그 결과 개인과 지역 사회는 불확실성과 손실로 고통받고 있다.

전문가와 컨설턴트들이 비즈니스 리더들에게 바뀐 비즈니스 환경에 대해 '적응하고 받아들이라'고 말하는 것은 어렵지 않다. 그러나 적응 과정은 더디고 혼란스러우며 고통스럽기 일쑤다. 게다가 일부 회사와 근로자들은 떠오르는 플랫폼이 지배하는 세상에서 나아갈 바를 영영 찾지 못할 수도 있다. 이는 사회가 반드시 인식하고 해결해야 할 불행한 현실이다.

또한 우리 사회는 반드시 플랫폼 혁명이 창출한 구조적 변화에 대응해야 한다. 우리는 이러한 구조적 변화에 대해서 11장에서 일부 다룬 바 있다. 대형 플랫폼 기업들의 전례 없는 개인과 기업 정보에의 접근, 전통적인 고용 형태에서 보다 유연하지만 불확실한 임시 프리랜서 직으로의 전환, 예측 불가능한 긍정적·부정적 외부효과, 그리고 강력한 플랫폼에 의해 개인의 행동과 전체 시장이 조작될 가능성 등이 여기에 포함된다.

파이프라인 기업을 위해 개발된 전통적인 형태의 정부 규제는 플랫폼이 야기하는 복잡한 사회 문제를 해결하기에 적절하지 않다. 그러나 정책 입안자들이 이러한 변화의 성질을 온전히 이해하고 혁신이 가져온 이익을 훼손하지 않으면서 플랫폼 혁명이 가져올 심각한 위험으로부터 시민들을 보호하기 위해 규제 대응을 하려면 시간이 필요하다. 일반인과 이들이 지지하고 의지하는 시민 사회 조직이 플랫폼 혁명의 성격을 완전히 파악하고 적절한 제도적 대응 방안을 마련하는데에는 더 많은 시간이 걸릴 것이다.

역사를 돌아보면, 서구 사회가 18세기와 19세기 산업혁명의 부산물인 탈선과 착취에 효과적으로 대응하는 데 여러 세대가 걸렸음을 알 수 있다. 노동조합 활동, 새로운 형태의 고용에 적합한 일꾼을 키우기 위한 현대적인 기술 기반 교육 시스템 구축, 소외된 이들을 위해 사회 안전망 확립을 목적으로 한 재정 지출 등이 모두 이러한 대응책이었다. 마찬가지로 현대 사회가 플랫폼 혁명에 따른 경제·사회·정치권력의 변화에 적절히 대응하기 위해 무엇을 해야 할지 파악하는데에도 시간이 걸릴 것이다. 그렇기 때문에 우리는 지금 당장 이 문제에 대해 고민해야 한다. 이제 혁명의 윤곽이 막 드러나기 시작했다.

급격한 기술 변화가 일어나면 사람들은 무엇이든 과장한다. 자동화(automation)라는 용어가 사람들에게 알려지기 시작한 1930년대(더 이상 일이 필요 없어질 거라는 예측이 일반적이었던 때)부터 닷컴과 인터넷 붐이 일던 1990년대와 2000년대까지 숨도 쉬지 않고 최신 기술을 설명하면서 큰소리로 "이것이 모든 것을 바꿉니다!"라고 외치는 열광자들과 장사치들은 언제나 있었다.

우리는 이 책에서 플랫폼 혁명이 실제로 우리 세상을 상당히 흥미롭게 변화시킬 거라는 확신을 뒷받침할 증거를 독자들에게 제시했기를 바란다. 그러나 플랫폼 혁명이 바꾸지 못하는 것이 한 가지 있다.

바로 기술, 비즈니스, 전체 경제 시스템이 추구하는 궁극의 목적이다. 인간이 만들어 낸 모든 것에는 목적이 있어야 한다. 개개인의 잠재력에 물꼬를 터 주고 모두가 부유하고 보람 있고 창조적이며 풍요로운 삶을 살 수 있는 기회를 갖는 것, 그런 사회를 건설하는 데 목적을 두어야 한다. 플랫폼 혁명이 이러한 목적을 달성할 수 있을지는 전적으로 우리 모두—기업의 지도자, 전문가, 근로자, 정책 입안자, 교육자, 일반 시민—에게 달려 있다.

Platform 12	이것만은!

❑ 가까운 장래에 플랫폼 혁명에 다가갈 가능성이 가장 큰 산업은 정보 집약적이며, 확장이 가능하지 않은 게이트키퍼를 보유하고, 고도로 분화되어 있고, 정보 비대칭성이 극도로 큰 특징을 가진 산업들이다.

❑ 단기간 플랫폼에 의해 바뀔 가능성이 가장 적은 산업에는 정부 규제가 심하고 실패 비용이 클 뿐 아니라 자원 집약적인 산업이 들어간다.

❑ 앞으로 수십 년 후에 교육, 의료, 에너지, 금융을 비롯한 특정 산업에 영향을 줄 수 있는 변화를 몇 가지 예측할 수 있다.

❑ 플랫폼 모델은 계속해서 노동과 전문 서비스 시장뿐 아니라 정부 운영에도 변화를 가져올 것이다.

❑ 사물 인터넷의 급속 성장은 사람과 기기를 새로운 가치 창출 방식으로 서로 연결함으로써 새로운 층위의 연결성과 힘을 플랫폼에 가져올 것이다.

❑ 플랫폼 혁명은 궁극적으로 우리 세상을 예측할 수 없는 방식으로 변화시킬 것이며, 사회 전반에 걸쳐 이러한 변화가 양산할 문제를 창조적이고 인간적인 방식으로 해결할 것을 요구할 것이다.

한 권의 책을 만드는 데에는 여러 사람의 노고가 필요합니다. 출판 팀의 구성원 모두는 『플랫폼 레볼루션』을 집필한 우리 세 명의 공동 저자들에게 특별히 중요했습니다.

우리는 편집 고문을 맡아 준 칼 웨버에게 감사의 마음을 전하고 싶습니다. 세 저자의 목소리를 하나로 멋지게 통일시켜 준 데 대해 감사드립니다. 칼! 당신의 인내, 지혜, 경험은 정말 소중했습니다.

에이전트 캐럴 프랑코에게도 감사의 말을 전합니다. 이번 책을 집필하는 단계마다 현명한 조언 고마웠습니다. 그리고 W. W. 노턴에서 우리 책의 편집을 맡아 준 브렌던 커리에게 고마운 마음을 전하며, 노턴 출판사의 다른 팀에게도 이 책에 열정을 갖고 믿음을 준 데 대해 감사의 말을 전합니다.

이 책의 집필을 위해 연구비를 지원하고 네트워크 비즈니스 모델을 잘 이해하기 위한 우리의 노력을 지원하도록 직원들의 시간을 내어준 많은 기업과 기관들에게도 감사의 말을 전합니다. 제프리 파커와 마셜 밴 앨스타인은 액센츄어, AT&T, 브리티시텔레콤(BT), 캘리포니아 ISO, 셀룰러 사우스, 시스코, 호주 커먼웰스 은행, 던 앤 브래드스트리트, 프랑스 텔레콤, GE, 골드만삭스, 하이얼 그룹, 호튼 미플린 하코트, IBM, 인텔, 국제 우정 협회, 로 앤 이코노믹스 컨설팅 그룹, 매스 뮤추얼, 마이크로소프트, 마인드트리, 미츠비시 은행, 넷앱, PIM 인터커넥션, 뉴욕 주, 피어슨, 화이자, SAP, 텔레콤 이탈리아, 톰슨 로이터, 미국 우정공사, 연방 법무부 감찰국 등의 지원에 감사드립니다.

상지트 초더리는 글로벌 엔터프라이즈 센터, 인시아드(INSEAD) 경영대학, 인튜이트, 야후, 쉽스테드 미디어, 스포티파이, 호주 커먼웰스 은행, 500스타트업, JFDI 아시아, 오토데스크, 어도비, 액센츄어, 던 앤 브래드스트리트, 웹 브라질, BHP 빌리턴, 필립스, 셔터스톡, SWIFT, 아이스피릿 재단, 텔콤 인도네시아 등을 비롯해서 자문 위원으로 함께 일한 회사와 연구를 위탁해 준 여러 회사에게 감사의 말을 전합니다. 이 모든 경험은 플랫폼에 대한 연구 결과를 쌓아 가는 데 있어서 매우 소중했습니다.

뿐만 아니라 각각의 저자들에게는 따로 감사의 말을 전하고 싶은 친구와 동료, 조언자, 지지자들이 있습니다.

마셜 W. 밴 앨스타인

에릭과 알렉산더, 아빠가 이 책을 쓰는 동안 아빠를 사랑해 주고 응원해 주고, 참아 줘서 고맙구나. 조이스, 집필이 끝날 때까지 함께 해 줘서 고마워요. 언제나 내겐 가족이 제일 소중합니다.

MIT에서 조언을 해 준, 에릭 브리뇰프슨, 크리스 케머러, 스튜어트 매드닉, 토머스 말론, 완다 오를리코프스키, 론 스미스에게도 감사의 말을 전합니다. 여러분이 세운 기준은 훌륭했습니다. 또 나를 한 사람의 일원으로 받아 주고, 언제나 열려 있으며 실험의 즐거움을 선사해 준 MIT 커뮤니티에도 고마움을 전합니다. 오픈 코스웨어, edX, PET

스캔, RSA 암호화, 스프레드시트, 그리고 즉석 수프가 이런 환경에서 갑자기 생겨난 데에는 이유가 있습니다. MIT는 가장 힘든 동시에 가장 좋은 의도로 만들어진 곳이자 가장 보람 있는 장소입니다.

저도 제프리 파커와 함께 MIT 디지털 경제 이니셔티브의 데이브 베릴, 에릭 브리뇰프슨, 앤디 맥아피, 글렌 어반, 토미 부젤, 저스틴 로켄위츠를 비롯한 훌륭한 팀의 일원이 된 것을 고맙게 생각합니다. 마이클 슈레이지, 훌륭한 와인과 깊이 있는 생각을 나눠 준 것 고맙습니다. 여러분 덕분에 훌륭한 아이디어를 얻을 수 있었습니다.

플랫폼에 대한 우리의 작업은 상당 부분 하버드 대학의 톰 아이젠먼 교수와 안드레이 학주 교수에서 기댔습니다. 게다가 두 분의 수업 자료는 아주 훌륭했습니다. 특히 아이젠먼 교수로부터 얼마나 많은 이론을 실제로 적용해야 하는지 배웠으며, 공동 연구자로 함께 훌륭한 논문을 다수 발표할 수 있었습니다.

스타트업을 이해하고 플랫폼의 사회적 측면을 이해하는 데 있어서 이 책의 공동 저자인 상지트 초더리보다 적합한 사람은 거의 없을 겁니다. 초더리는 다수의 플랫폼 기업에서 일하고 컨설팅을 했습니다. 그는 훌륭한 경력을 보유하고 있으며 그보다 더 나은 공동 저자는 아마 없을 겁니다.

최근에는 피터 에번스가 플랫폼 연구자 커뮤니티를 구축하고 새로운 데이터 애널리틱스에 대한 통찰을 네트워크 경제 행동에 적용하면서 우리에게 영감을 주었습니다.

보스턴 대학에서 정기적으로 점심시간에 만나서 연구 주제를 논의하고 이야기를 나누며 서로의 아이디어를 재미 삼아 조롱하며 연구하는 반항아들—에롤 페코즈, 스틴 그로달, 크리스 델라로카스—에게도 고맙다는 말을 전합니다. 디지털 학습 이니셔티브의 수장인 크리스는 우리가 여기에서 논한 내용을 실제로 수행하고 있습니다. 폴 칼라일, 학교 전체에서 서로 지원하고 협동하는 연구 문화를 창출하는 데 도움을 주어 고맙습니다. 마리아 앤더슨, 브렛 막스, 이 모든 것을 이룰 수 있게 해 줘서 감사합니다.

가르치는 데 많은 학생들에게 많은 빚을 졌습니다. 특히 IS710, IS827, IS912 과목 수강생들에게 미완의 아이디어를 완성할 수 있게 도와줘서 고맙다는 말 전합니다. 또 수강생들 중에 많은 이들이 회사를 창업하고 리더의 역할을 맡게 되어 무척 기쁩니다. 경력을 꽃피우는 동안에도 계속해서 저와 연락을 주고받기를 바랍니다. MIT의 탁월한 학생이었다가 교수가 된 사이넌 아랄은 네트워크에 대한 나의 핵심 아이디어 일부를 다듬는 데 도움을 주었습니다. 지금 에어비앤비에서 근무하는 투샤르 샌커와 같은 학생들이야말로 제가 교수로 일하는 이유입니다.

국립과학재단은 나에게 CAREER라는 상을 주어 학계에서 경력을 시작하는 데 특별히 많은 도움을 주었습니다. 그뿐만 아니라 IOC, SGER, iCORPS, SBIR 프로그램을 통해 많은 연구 기금을 지원했습니다.

제프리 파커, 당신이 없이는 이 모든 것을 상상하기 어렵습니다. 파커는 내 친구이자 공동 연구자이고 술친구이자 스파링 파트너입니다. 인생의 중요한 길목에서 내가 성장하는 데 많은 도움을 주었습니다. 연구를 시작한 지 거의 20년이 다 되었지만, 이제 우리는 막 시작했을 뿐입니다. 내 최고의 업적들은 모두 파커 덕분에 가능했습니다. 감사합니다.

상지트 폴 초더리

무엇보다도 아내 데비카, 부모님 바루와 에피에게 제가 내린 결정을 모두 지지해 준 데 대해 감사를 전합니다. 특히 전통적인 직장 생활을 그만두고 어떻게 연결된 시스템이 세상을 바꾸는가를 이해하기 위해 인생을 바치기로 한 결정을 지지해 준 것 정말 감사합니다. 이와 같은 호기심에 의해 플랫폼 연구에 집중하게 되었습니다.

또 장인과 장모인 파얄 시카와 아룬 시카에게 제 삶의 고비마다 보여 주신 열의와 성원에 감사를 드립니다. 친구 요우 킨 정, 데이비드 다이얄란, L. T. 제이야찬드란, 그리고 나와 열정적으로 함께해 준 다른 친구들에게도 고마움 마음을 전합니다.

특별히 공동 저자인 제프리 파커와 마셜 밴 앨스타인에게도 감사드립니다. 기술과 연결성이 오늘날 경제에 미치는 영향을 이해하기 위해 책을 집필하는 과정에서 그들은 최고의 동맹이자 파트너였습니다. 두 사람과 함께 이 분야를 설명하는 작업에 참여하게 된 것은 제게 영광이었습니다.

마지막으로 인터넷과 연결된 비즈니스 모델의 원칙을 비롯해 이 주제에 대한 저의 연구를 포함한 다양한 활동을 미디어 채널을 통해서 지켜봐 준 모든 이들에게도 감사드립니다. 매일 플랫폼에 대해 더 공부하도록 저를 밀어붙인 것은 광범위한 개념 증명―세계적으로 다수의 기업들이 저의 연구를 적용하여 중요한 성과를 얻은 것―이었습니다.

제프리 G. 파커

아내 데브라, 아버지 돈, 아이들 벤저민과 엘리자베스가 책을 쓰는 동안 지지해 주고 생각을 들려주어서 정말 고맙습니다.

MIT 지도 교수님과 멘토들—아놀드 바넷, 스티브 코너스, 리처드 노이프빌, 찰스 파인, 고든 해밀턴, 리처드 레스터, 리처드 태보어스, 대니얼 휘트니—이 지지해 주고 방향을 제시해 주고 열정을 보태 주어서 감사합니다. 이분들은 제게 새로운 세계를 알려 주었습니다.

MIT에서 평생의 동료들인 에드워드 앤더슨, 니틴 조그레카, 마셜 밴 앨스타인을 만난 것은 행운이었습니다.

플랫폼에 대해 가르치고 배우는 과정에서 만난 톰 아이젠먼은 훌륭한 친구이자 공동 연구자였습니다. 그의 아이디어가 이 책의 집필에 상당히 기여했습니다.

또 공동 저자 상지트 초더리를 만난 것도 행운이었습니다. 상지트는 다수의 플랫폼 기업에서 근무하면서 이 회사들을 상대로 컨설팅을 해 왔습니다. 그의 경험은 제 경험을 아주 훌륭하게 보완해 주었습니다.

에릭 브리뇰프슨, 앤디 맥아피, 데이브 베릴, 그리고 MIT 디지털 경제 이니셔티브(IDE)의 훌륭한 팀에게도 감사드립니다. IDE는 MIT 플랫폼 서밋을 주최하는 데 도움을 주었으며, 마셜과 제가 현실과 학계의 다리를 놓기 위한 노력의 일환으로 여러 기업들과 일할 기회를 제공해 주었습니다.

피터 에번스의 엄청난 호기심과 플랫폼 경제 성장 평가에 대한 투지는 제게 영감을 주었습니다. 저는 정보 시스템 경제에 관심을 가진 많은 동료 학자들로 이뤄진 커뮤니티의 구성원이라는 사실이 무척 행운이라고 여기며 정기적으로 이들과 만날 수 있다는 사실이 기쁩니다.

툴레인 대학의 동료들에게도 감사합니다. 이들은 이 책에 나온 아이디어를 시험해 보고 강화하는 데 필요한 조언을 해 주었습니다. 또한 툴레인에서 훌륭한 학생들을 가르칠 수 있게 된 데 대해서도 무척 행운이라고 생각합니다. 툴레인의 학생들은 이 책의 초기 버전을 다듬는 데 적극적으로 도움을 주었습니다.

나의 연구 의제를 아낌없이 지원해 준 미국 국립과학재단과 에너지부, 루이지애나 주 교육위원회에도 감사를 드립니다.

마지막으로 다시 한 번 마셜에게 감사의 마음을 전합니다. 마셜은 우리가 살고 있는 세상을 지배하는 규칙과 계속해서 바뀌는 물살 속에서 어떻게 항해해야 하는지 이해하고자 하는 20년 가까이 지속된 여정을 함께 해 주었습니다. 앞으로도 이 흥미롭고 놀라운 여정을 함께 하길 고대합니다.

- **가격 효과(price effects)** 극도로 낮은 상품이나 서비스 가격이 발휘하는 힘. 일시적으로 소비자를 끌어들이고 비즈니스를 급격히 성장시킨다. 네트워크 효과와 혼동하기 쉽다.

- **가치 단위(value unit)** 플랫폼 사용자가 교환할 수 있는 가장 기본적인 가치. 예를 들면 인스타그램의 사진, 유튜브의 동영상, 엣시에서는 수공예 제품, 아니면 업워크의 프리랜서 프로젝트가 이들 플랫폼의 가치 단위이다. 가치 단위가 확산 가능하면, 온라인과 오프라인 플랫폼 양쪽의 사용자들에게 쉽게 전달될 수 있어서, 바이럴 확산을 자극하기가 쉬워진다.

- **공유 경제(sharing economy)** 제품, 서비스, 자원에 대한 사용권을 누군가가 독점하기보다는 여러 사람들과 기관이 공유하는 것으로 현재 세계 경제에서 차지하는 부문이 늘어나고 있다. 종종 플랫폼 기업들에 의해 촉진되곤 하는 공유 경제는 숨겨져 있거나 발굴하지 않은 가치를 끌어내고 낭비를 줄일 수 있는 잠재력을 지닌다.

- **과잉 관성(excess inertia)** 새롭거나 더 나은 기술의 채택을 더디게 하거나 막는 네트워크 효과의 힘을 말한다. 하나의 플랫폼 또는 여러 플랫폼이 네트워크 효과의 위력 때문에 특정 시장을 지배할 수 있을 때, 플랫폼은 변화 비용과 다른 파괴적인 영향으로부터 스스로를 보호하기 위해 혁신을 거부하기도 한다.

- **교차 네트워크 효과(cross-side effects)** 양면 시장에서 한쪽 면의 시장에 있는 사용

자가 다른 쪽에 있는 시장 사용자에게 끼치는 네트워크 효과. 예를 들며 소비자가 생산자에게 끼치는 영향과 생산자가 소비자가 끼치는 영향이 교차 네트워크 효과이다. 교차 네트워크 효과는 긍정적일 수도 있고 부정적일 수도 있다. 이는 시스템의 디자인과 규칙에 따라 달라진다.

- **규모의 공급 경제(supply economies of scale)** 생산 효율성으로 인한 경제적 우위로, 생산량 증대로 인해 제품이나 서비스 생산의 단위 비용을 낮출 수 있다. 이러한 규모의 공급 경제는 선진 공업 경제 국가에 있는 대기업들에게 다른 경쟁자들이 극도로 따라잡기 어려운 비용 우위를 제공한다.

- **네트워크 효과(network effects)** 플랫폼의 사용자 수가 각 사용자를 위해 창출되는 가치에 끼치는 영향. '긍정적인 네트워크 효과'는 잘 관리되고 있는 대형 플랫폼 커뮤니티가 각 플랫폼 사용자를 위해 상당한 가치를 생산하는 것을 말한다. '부정적인 네트워크 효과'란 형편없이 관리되는 플랫폼 커뮤니티가 각 플랫폼 사용자를 위해 생성되는 가치를 떨어뜨릴 가능성을 말한다.

- **데이터 애그리게이터(data aggregators)** 다양한 정보원으로부터 얻은 데이터를 플랫폼에 가져와 플랫폼의 매칭 기능을 향상시키는 외부 개발자를 말한다. 플랫폼 관리자로부터 얻은 라이선스를 바탕으로 데이터 애그리게이터는 플랫폼 사용자들에 대한 데이터와 사용자들이 참여한 상호작용을 모조리 '빨아들이며', 일반적으로 광고 삽입을 목적으로 다른 기업들에게 데이터들을 재판매하기도 한다. 이러한 데이터를 제공한 플랫폼은 이들이 창출한 수익의 일부를 공유한다.

- **동일면 네트워크 효과(same-side effects)** 양면 시장에서 시장의 한쪽 면에 있는 사용자가 같은 쪽 사용자에게 미치는 네트워크 효과. 소비자가 다른 소비자에게 영향을 주고, 생산자가 다른 생산자에게 영향을 주는 것을 의미한다. 동일면 네트워크 효과는 긍정적일 수도 있고 부정적일 수도 있다. 이는 시스템 설계와 적용된 규칙에 따라 달라진다.

- **자유로운 진입(frictionless entry)** 사용자가 빠르고 쉽게 플랫폼에 가입하여 가치

창출 활동에 참여할 수 있게 해 준다. 자유로운 진입은 플랫폼이 빨리 성장할 수 있게 해 주는 핵심 요인이다.

- **매칭 품질(matching quality)** 사용자가 가치 창출을 위해 상호작용에 참여할 수 있는 다른 사용자를 찾는 동안 사용자에게 제공되는 검색 알고리즘의 정확성과 탐색 도구의 직관성을 말한다. 매칭 품질은 플랫폼이 가치를 실현하고 장기적으로 성장을 도모하는 데 매우 중요하다. 매칭 품질은 제품이나 서비스 큐레이션의 우수성을 통해 달성할 수 있다.

- **멀티호밍(multihoming)** 사용자가 하나 이상의 플랫폼에서 비슷한 유형의 상호작용에 참여하는 현상. 프리랜서 전문가가 두 개 이상의 서비스 마케팅 플랫폼에 자신의 이력서를 올린다거나, 한 음악 팬이 한 개 이상의 음악 사이트에서 음악을 내려받고 저장하며 공유한다거나, 한 운전자가 우버와 리프트를 통해 동시에 승객들을 유치하는 것 모두가 멀티호밍 현상이다. 플랫폼 기업들이 멀티호밍을 어떻게든 막으려는 이유는 그로 인해 전환이 쉽게 일어나기 때문이다. 전환이란 사용자가 새로 선호하게 된 플랫폼으로 떠나는 것을 말한다.

- **멧커프의 법칙(Metcalfe's law)** 로버트 멧커프가 만든 법칙으로 네트워크 사용자가 증가할수록 네트워크의 가치가 비선형적으로 증가함으로써, 사용자들이 더 많이 연결될 수 있게 만든다(이런 유형의 성장은 볼록 성장convex growth이라고도 알려져 있다). 특히 멧커프의 법칙은 n명의 사용자가 접속해 있는 네트워크의 가치가 사용자 수의 제곱(n^2)에 비례한다고 가정한다.

- **바이럴 확산(viral growth)** 풀(pull) 기반의 프로세스로 사용자들이 플랫폼에 대한 소식을 다른 잠재적인 사용자에게 전파하는 것을 독려한다. 사용자들이 직접 다른 사용자들에게 네트워크에 참여할 것을 독려하는 것은 네트워크 자체의 성장 동력이 된다.

- **바이럴리티(virality)** 어떤 생각이나 브랜드가 한 인터넷 사용자에서 다른 인터넷 사용자로 급속도로 폭넓게 퍼지는 경향을 이른다. 바이럴리티는 사람들을 네트

워크로 끌어올 수 있지만, 네트워크 효과는 사람들을 다른 곳으로 이끌지는 않는다. 바이럴리티는 플랫폼 바깥에 있는 사람들을 대상으로 성장을 도모하는 반면, 네트워크 효과는 플랫폼 안에 있는 사람들 사이에서 가치를 증대하려 한다.

- **볼록 성장**(convex growth) '멧커프의 법칙'을 보라.

- **브랜드 효과**(brand effects) 소비자를 끌어들여 비즈니스의 빠른 성장을 돕는 고도로 긍정적인 브랜드 이미지가 지니는 힘. 네트워크 효과와 혼동하기 쉽다.

- **사이드 전환**(side switching) 플랫폼의 한쪽에 있는 사용자가 반대편 쪽에도 참여할 때 발생하는 현상. 예컨대 상품이나 서비스를 소비하던 사람이 다른 사람이 소비하는 상품과 서비스를 생산하기 시작하는 경우가 이에 해당한다. 어떤 플랫폼에서는 사용자가 간편하게 반복적으로 사이드 전환을 한다.

- **선형적 가치 사슬**(linear value chain) '파이프라인'을 보라.

- **승자 독식 시장**(winner-take-all market) 사용자들을 한 플랫폼으로 끌어들이면서도 다른 플랫폼을 떠나게 만드는 어떤 요소가 들어 있는 시장. 승자 독식 시장을 특징짓는 네 가지 요소에는 규모의 공급 경제, 강력한 네트워크 효과, 높은 수준의 멀티호밍 비용 또는 전환 비용, 틈새 전문화 부족이 있다.

- **시장 통합**(market aggregation) 넓게 흩어져 있는 개인과 조직을 위해 일원화된 시장을 제공하는 프로세스. 시장 통합은 이전에는 신뢰할 만한, 또는 시장에 대한 최신 데이터 없이 되는 대로 상호작용에 참여했던 플랫폼 사용자들에게 정보와 영향력을 제공한다.

- **신뢰**(trust) 플랫폼 사용자가 플랫폼의 상호작용에 참여하는 것과 관련해서 편하게 느끼는 리스크 수준. 플랫폼 참여자들을 제대로 걸러 낼 때 얻을 수 있다.

- **유동성**(liquidity) 플랫폼 시장에 최소의 생산자와 소비자가 존재하고 활발한 상호작용이 일어나는 상태. 유동성에 이르면 상호작용 실패가 최소화되고 상호작용하고자 하는 사용자의 의지가 적정 시간 안에 일관성 있게 충족된다. 유동성 달성은 플랫폼의 생명 주기에서 가장 중요한 첫 번째 이정표이다.

- **응용 프로그래밍 인터페이스(Application programming interface, API)** 외부 프로그래머가 코딩을 할 때 플랫폼 인프라와 매끈하게 연결하기 쉽도록 소프트웨어 애플리케이션 개발을 위해 제공되는 표준화된 일련의 루틴과 프로토콜, 도구 세트.
- **인접 플랫폼(adjacent platforms)** 유사하거나 겹치는 사용자 층을 대상으로 한 플랫폼.
- **전환 비용(switching costs)** 사용자가 한 플랫폼을 떠나 다른 플랫폼으로 이동할 때 발생하는 비용. 금전적인 비용(예컨대 취소 수수료)일 수도 있고, 시간, 노력, 불편함 측면의 비용일 수도 있다(일례로 정보 파일을 한 플랫폼에서 다른 플랫폼으로 이동하는 데 따른 불편함).
- **전환(switching)** 사용자가 선호하게 된 플랫폼 때문에 다른 플랫폼을 떠나는 것.
- **제품 또는 서비스 큐레이션(product or service curation)** '매칭 품질'을 보라.
- **재중개화(re-intermediation)** 플랫폼이 새로운 유형의 중재자를 시장에 도입하는 과정. 일반적으로 재중개는 확장 불가능하면서 비효율적인 중개인들을 온라인상의 자동화된 도구와 시스템으로 대체하는데, 이 시스템들은 플랫폼 양쪽에 있는 참여자들에게 가치 있는 새로운 상품과 서비스를 제공한다.
- **참여자 큐레이션(curation of participants)** '신뢰'를 보라.
- **큐레이션(curation)** 플랫폼이 사용자의 접근과 이들이 참여하는 활동, 그리고 다른 사용자들과의 관계 등을 필터링하고 통제하고 제한하는 프로세스. 플랫폼의 품질이 효과적으로 관리되면 사용자들은 자기들에게 딱 맞는 것을 쉽게 찾을 수 있으며, 이는 사용자들에게 큰 가치를 제공한다. 큐레이션을 제대로 처리되지 않으면 사용자들은 아무런 쓸모없는 대상 중에서 잠재적으로 자기들에게 가치 있는 것을 찾기가 어렵다.
- **파이프라인(pipeline)** 전통적인(비플랫폼) 비즈니스 구조에서 기업은 먼저 상품이나 서비스를 디자인한 다음 상품을 제조해서 판매하거나 서비스를 제공하기 위해 시스템을 가동한다. 마지막에는 고객이 나타나 제품이나 서비스를 구매한다.

이와 같이 가치 창출과 전송을 위한 단계적 과정을 일종의 파이프라인으로 볼 수 있는데, 이때 생산자는 파이프라인 한쪽 끝에 있고, 소비자는 다른 쪽 끝에 위치한다. 파이프라인을 선형적 가치 사슬이라고도 한다.

- **플랫폼 흡수(platform envelopment)** 한 플랫폼이 효과적으로 인접 플랫폼의 기능—그리고 사용자 기반—을 흡수하는 프로세스.

- **플랫폼(platform)** 외부 생산자와 소비자들이 가치를 창출하는 상호작용을 할 수 있도록 하는 것에 바탕을 둔 비즈니스이다. 플랫폼은 이러한 상호작용이 일어날 수 있도록 개방적이고 참여적인 인프라를 제공하고 거버넌스를 구축한다. 플랫폼의 가장 큰 목적은 사용자들을 완벽하게 매칭하고 상품이나 서비스, 또는 사회적 통화를 교환할 수 있게 함으로써 모든 참여자가 가치를 창출하게 하는 데 있다.

- **피드백 고리(feedback loop)** 플랫폼에서 자기 강화 활동을 계속 이어가게 만드는 모든 패턴의 상호작용. 전형적인 피드백 고리에서 가치 단위는 반응을 보이는 참여자에게 흘러간다. 가치 단위가 사용자들에게 관련성이 있으면서 흥미롭다면 사용자는 반복해서 해당 플랫폼을 찾아올 것이고, 그렇게 되면 가치 단위의 흐름이 더 많아지고 상호작용도 더 늘어날 것이다. 효과적인 피드백 고리는 네트워크를 더 확대시키고 창출되는 가치를 늘리며 네트워크 효과를 증진시키는 데 도움을 준다.

- **필터(filter)** 플랫폼이 사용하는 알고리즘 형태의 소프트웨어 기반 도구로, 사용자들끼리 적절한 가치 단위를 교환할 수 있게 해 준다. 잘 설계된 필터는 플랫폼 사용자들이 자기들에게 관련 있고 소중한 가치 단위만을 제공받도록 해 준다. 그러나 필터가 제대로 설계되지 않은 경우(또는 아예 필터가 없는 경우) 사용자들에게 관련성도 가치도 없는 가치 단위가 쇄도하게 되어 사용자들이 플랫폼을 떠날 수도 있다.

- **핵심 개발자(core developers)** 플랫폼 참여자들에게 가치를 제공하는 핵심 플랫폼

기능을 만드는 프로그래머와 디자이너. 핵심 개발자들은 일반적으로 애플, 삼성, 에어비앤비, 우버 등과 같이 사용자에게 친숙한 브랜드 기업의 플랫폼 관리자들에 의해 고용된다. 이들의 주된 업무는 플랫폼 사용자들이 실제로 사용하는 플랫폼을 만드는 것이며, 핵심 상호작용을 쉽게 할 수 있게 하고 서로에게 만족을 줄 수 있는 도구와 규칙을 통해 가치를 제공한다.

- **핵심 상호작용(core interaction)** 플랫폼에서 벌어지는 가장 중요한 형태의 활동 형태. 대부분의 사용자들이 처음에 플랫폼에 오게 만드는 가치 교환 활동이 핵심 상호작용이다. 따라서 플랫폼 설계는 일반적으로 핵심 상호작용의 설계에서 시작한다. 핵심 상호작용은 참여자, 가치 단위, 필터 등 세 가지 주요 구성 요소로 이뤄져 있다. 이 세 가지 요소 모두 명확하게 정의되어야 하며, 핵심 상호작용은 쉽고 매력적이며 고객에게 최대한 많은 가치를 제공할 수 있게끔 신중하게 설계되어야 한다.

- **접근성 강화(enhanced access)** 경쟁 관계에 있는 생산자가 많고 그에 따라 소비자들의 관심을 놓고 벌이는 경쟁이 치열한 상황에서 하나의 생산자가 다른 생산자들보다 돋보이거나 양면 플랫폼에서 주목을 받을 수 있게 해 주는 도구를 제공하는 것을 말한다. 생산자에게 수수료를 받고 더 정교한 타깃 메시지, 더 매력적인 모습, 또는 특별히 더 가치가 있는 사용자들과의 상호작용을 제공하는 플랫폼은 수익 창출의 방법으로 접근성 강화를 이용한다.

1장 지금 이 순간

1. Bill Gurley, "A Rake Too Far: Optimal Platform Pricing Strategy," *Above the Crowd*, April 18, 2013, http://abovethecrowd.com/2013/04/18/a-rake-too-far-optimal-platformpricing-strategy/.

2. Thomas Steenburgh, Jill Avery, and Naseem Dahod, "HubSpot: Inbound Marketing and Web 2.0," Harvard Business School Case 509-049, 2009.

3. Tom Goodwin, "The Battle Is for the Customer Interface," *Tech-Crunch*, March 3, 2015, https://techcrunch.com/2015/03/03/in-the-age-of-disintermediation-the-battle-is-all-for-the-customer-interface/.

2장 플랫폼의 파워

1. Aswath Damodaran, "Uber Isn't Worth $17 Billion," *FiveThirty-EightEconomics*, June 18, 2014, http://fivethirtyeight.com/features/uber-isnt-worth-17-billion/.

2. Bill Gurley, "How to Miss By a Mile: An Alternative Look at Uber's Potential Market Size," *Above the Crowd*, July 11, 2014, http://abovethecrowd.com/2014/07/11/how-to-miss-by-a-mile-an-alternative-look-at-ubers-potential-market-size/.

3. W. Brian Arthur, "Increasing Returns and the Two Worlds, Business," *Harvard Business Review* 74, no. 4 (1996): 100-9; Michael L. Katz and Carl Shapiro, "Network Externalities, Competition, and Compatibility,"

American Economic Review 75, no. 3 (1985): 424-40.

4. Carl Shapiro and Hal R. Varian, *Information Rules* (Cambridge, MA: Harvard Business School Press, 1999). 『정보법칙을 알면 .COM이 보인다』, 임세윤 옮김, (미디어퓨전, 1999).

5. Thomas Eisenmann, Geoffrey Parker, and Marshall Van Alstyne, "Strategies for Two-Sided Markets," *Harvard Business Review* 84, no.10 (2006): 92-101.

6. Sarah Needleman and Angus Loten, "When Freemium Fails," *Wall Street Journal*, August 22, 2012.

7. Saul Hansell, "No More Giveaway Computers. Free-PC To Be Bought by eMachines," *New York Times*, November 30, 1999, http://www.nytimes.com/1999/11/30/business/no-more-giveaway-computers-free-pc-to-be-bought-by-emachines.html

8. Dashiell Bennett, "8 Dot-Coms That Spent Millions on Super Bowl Ads and No Longer Exist," *Business Insider*, February 2, 2011, http://www.businessinsider.com/8-dot-com-super-bowl-advertisers-that-no-longer-exist-2011-2

9. "The Greatest Defunct Web Sites and Dotcom Disasters," *Crave*, cnet.co.uk, June 5, 2008, http://web.archive.org/web/20080607211840/http://crave.cnet.co.uk/0,39029477,49296926-6,00.htm.

10. Geoffrey Parker and Marshall Van Alstyne, "Information Complements, Substitutes and Strategic Product Design," *Proceedings of the Twenty-First International Conference on Information Systems* (Association for Information Systems, 2000), 13-15; Geoffrey Parker and Marshall Van Alstyne, "Internetwork Externalities and Free Information Goods," *Proceedings of the Second ACM Conference on Electronic Commerce* (Association for Computing Machinery, 2000), 107-16; Geoffrey Parker and Marshall Van Alstyne, "Two-Sided Network Effects: A Theory of Information Product Design," *Management Science* 51, no. 10 (2005): 1494-1504.

11. M. Rysman, "The Economics of Two-Sided Markets," *Journal of Economic Perspectives* 23, no. 3 (2009): 125-43.

12. Paul David, "Clio and the Economics of QWERTY," *American Economic Review* 75 (1985): 332-7.

13. UN Data: https://data.un.org/Host.aspx?Content=Tools.

14. Christian Rudder, "Your Looks and Your Inbox," OkCupid, http://blog.okcupid.com/index.php/your-looks-and-online-dating/.

15. Jiang Yang, Lada A. Adamic, and Mark S. Ackerman, "Crowdsourcing and Knowledge Sharing: Strategic User Behavior on taskcn," *Proceedings of the Ninth ACM Conference on Electronic Commerce* (Association for Computing Machinery, 2008), 246-55; Kevin Kyung Nam, Mark S. Ackerman, and Lada A. Adamic, "Questions In, Knowledge In?: A Study of Naver's Question Answering Community," *Proceedings of the SIGCHI Conference on Human Factors in Computing Systems* (Special Interest Group on Computer-Human Interaction, 2009), 779-88.

16. Barry Libert, Yoram (Jerry) Wind, and Megan Beck Fenley, "What Airbnb, Uber, and Alibaba Have in Common," *Harvard Business Review*, November 20, 2014, https://hbr.org/2014/11/what-airbnb-uber-and-alibaba-have-in-common.

17. Andrei Hagiu and Julian Wright, "Marketplace or Reseller?" *Management Science* 61, no. 1 (January 2015): 184-203.

18. Clay Shirky, *Here Comes Everybody: The Power of Organizing Without Organizations* (New York: Penguin, 2008). 『끌리고 쏠리고 들끓다 : 새로운 사회와 대중의 탄생』, 송연석 옮김 (갤리온, 2008).

19. Henry Chesbrough, *Open Innovation: The New Imperative for Creating and Profiting from Technology* (Cambridge, MA: Harvard Business School Press, 2003). 『오픈 이노베이션』, 김기협 옮김 (은행나무, 2009).

3장 아키텍처

1. Charles B. Stabell and Øystein D. Fjeldstad, "Configuring Value for

Competitive Advantage: On Chains, Shops, and Networks," *Strategic Management Journal* 19, no. 5 (1998): 413-37.

2. Rajiv Banker, Sabyasachi Mitra, and Vallabh Sambamurthy, "The Effects of Digital Trading Platforms on Commodity Prices in Agricultural Supply Chains," *MIS Quarterly* 35, no. 3 (2011): 599-611.

3. "Hop In and Shove Over," *Businessweek*, February 2, 2015.

4. Mark Scott and Mike Isaac, "Uber Joins the Bidding for Here, Nokia's Digital Mapping Service," *New York Times*, May 7, 2015.

5. Adam Lashinsky, "Uber Banks on World Domination," *Fortune*, October 6, 2014.

6. J. H. Saltzer, D. P. Reed, and D. D. Clark, "End-to-End Arguments in System Design," *ACM Transactions on Computer Systems* 2, no. 4 (1984): 277-88.

7. Steve Lohr, "First the Wait for Microsoft Vista; Now the Marketing Barrage," *New York Times*, January 30, 2007.

8. Denise Dubie, "Microsoft Struggling to Convince about Vista," *Computerworld UK*, November 19, 2007, http://www.computerworlduk.com/news/it-vendors/microsoft-struggling-to-convince-about-vista-6258/.

9. Robin Bloor, "10 Reasons Why Vista is a Disaster," *Inside Analysis*, December 18, 2007, http://insideanalysis.com/2007/12/10-reasons-why-vista-is-a-disaster/

10. https://en.wikipedia.org/wiki/Windows_Vista and https://en.wikipedia.org/wiki/Windows_XP.

11. Steve Lohr and John Markoff, "Windows Is So Slow, but Why?" *New York Times*, March 27, 2006, http://www.nytimes.com/2006/03/27/technology/27soft.html?_r=1.

12. Carliss Young Baldwin and Kim B. Clark, *Design Rules: The Power of Modularity*, vol. 1 (Cambridge, MA: MIT Press, 2000).

13. Robert S. Huckman, Gary P. Pisano, and Liz Kind, "Amazon Web Services," Harvard Business School Case 609-048, 2008.

14. Carliss Young Baldwin and Kim B. Clark, "Managing in an Age of Modularity," *Harvard Business Review* 75, no. 5 (1996): 84-93.

15. Carliss Young Baldwin and C. Jason Woodard, "The Architecture of Platforms: A Unified View," Harvard Business School Working Paper 09-034, http://www.hbs.edu/faculty/Publication%20Files/09-034_149607b7-2b95-4316-b4b6-1df66dd34e83.pdf.

16. Daniel Jacobson, Greg Brail, and Dan Woods, *APIs: A Strategy Guide* (Cambridge, MA: O'Reilly, 2012).

17. Peter C. Evans and Rahul C. Basole, "Decoding the API Economy with Visual Analytics," Center for Global Enterprise, September 2, 2015, http://thecge.net/decoding-the-api-economy-with-visual-analytics/.

18. Michael G. Jacobides and John Paul MacDuffie, "How to Drive Value Your Way," *Harvard Business Review* 91, no. 7/8 (2013): 92-100.

19. Amrit Tiwana, *Platform Ecosystems: Aligning Architecture, Governance, and Strategy* (Burlington, MA: Morgan Kaufmann, 2013), ch. 5.

20. Steven Eppinger and Tyson Browning, *Design Structure Matrix Methods and Applications* (Cambridge, MA: MIT Press, 2012).

21. Alan MacCormack and Carliss Young Baldwin, "Exploring the Structure of Complex Software Designs: An Empirical Study of Open Source and Proprietary Code," *Management Science* 52, no. 7 (2006):1015-30.

22. Andy Grove, *Only the Paranoid Survive* (New York: Doubleday, 1996). 『편집광만이 살아남는다』, 유영수 옮김 (한국경제신문사, 1998).

23. Michael A. Cusumano and Annabelle Gawer, "The Elements of Platform Leadership," *MIT Sloan Management Review* 43, no. 3 (2002): 51.

24. Edward G. Anderson, Geoffrey G. Parker, and Burcu Tan, "Platform Performance Investment in the Presence of Network Externalities," *Information Systems Research* 25, no. 1 (2014): 152-72.

25. 좀 더 자세한 내용에 관심 있는 독자들은 다음에서 소개하는 경영 분야 자료를 참고할 수 있다. Charles H. Fine, *Clockspeed: Winning Industry Control in the Age of Temporary Advantage* (New York: Basic Books,

1998); N. Venkatraman and John C. Henderson, "Real Strategies for Virtual Organizing," *MIT Sloan Management Review* 40, no. 1 (1998): 33; Daniel E. Whitney, "Manufacturing by Design," *Harvard Business Review* 66, no. 4 (1988): 83-91. 마찬가지로 모듈화에 대한 학술 자료도 엄청나게 많다. 모듈화에 대해 더 알고 싶은 독자들은 다음의 자료들을 참고할 수 있다. Baldwin and Clark, Design Rules; Timothy F. Bresnahan and Shane Greenstein, Technological Competition and the Structure of the Computer Industry," *Journal of Industrial Economics* 47, no. 1 (1999): 1-40; Viswanathan Krishnan and Karl T. Ulrich, "Product Development Decisions: A Review of the Literature," *Management Science* 47, no. 1 (2001): 1-21; Ron Sanchez and Joseph T. Mahoney, "Modularity, Flexibility, and Knowledge Management in Product and Organization Design," *Strategic Management Journal* 17, no. S2 (1996): 63-76; Melissa A. Schilling, "Toward a General Modular Systems Theory and Its Application to Interfirm Product Modularity," *Academy of Management Review* 25, no. 2 (2000): 312-34; Herbert A. Simon, *The Sciences of the Artificial* (Cambridge, MA: MIT Press, 1969); Karl Ulrich, *Fundamentals of Product Modularity* (Heidelberg, Germany: Springer Netherlands, 1994).

4장 파괴적 혁신

1. Chris Gayomali, "The Two Startups that Joined the $40 Billion Club in 2014," *Fast Company*, December 30, 2014, http://www.fastcompany.com/3040367/the-two-startups-that-joined-the-40-billion-club-in-2014.

2. Kara Swisher, "Man and Uber Man," *Vanity Fair*, December 2014; Jessica Kwong, "Head of SF Taxis to Retire," *San Francisco Examiner*, May 30, 2014; Alison Griswold, "The Million-Dollar New York City Taxi Medallion May Be a Thing of the Past," *Slate*, December 1, 2014, http://www.slate.com/blogs/moneybox/2014/12/01/new_york_taxi_medallions_did_tlc_transaction_data_inflate_the_price_of_driving.html.

3. Swisher, "Man and Uber Man."

4. Zack Kanter, "How Uber's Autonomous Cars Will Destroy 10 Million Jobs and Reshape the Economy by 2025," CBS SF Bay Area, http://sanfrancisco.cbslocal.com/2015/01/27/how-ubers-autonomous-cars-will-destroy-10-million-jobs-and-reshape-the-economy-by-2025-lyft-google-zack-kanter/.

5. Swisher, "Man and Uber Man."

6. Marc Andreessen, "Why Software Is Eating the World," *Wall Street Journal*, August 20, 2011, http://www.wsj.com/articles/SB1000142 4053111903480904576512250915629460.

7. Phil Simon, *The Age of the Platform: How Amazon, Apple, Facebook, and Google Have Redefined Business* (Henderson, NV: Motion Publishing, 2011). 『플랫폼의 시대: 아마존 애플 페이스북 그리고 구글은 비즈니스를 어떻게 발전시켰나』, 장현희 옮김 (제이펍, 2013).

8. Feng Zhu and Marco Iansiti, "Entry into Platform-Based Markets," *Strategic Management Journal* 33, no. 1 (2012): 88-106.

9. Jason Tanz, "How Airbnb and Lyft Finally Got Americans to Trust Each Other," *Wired*, April 23, 2014, http://www.wired.com/2014/04/trust-in-the-share-economy/.

10. Arun Sundararajan, "From Zipcar to the Sharing Economy," *Harvard Business Review*, January 3, 2013, https://hbr.org/2013/01/from-zipcar-to-the-sharing-eco/.

11. Dan Charles, "In Search of a Drought Strategy, California Looks Down Under," *The Salt*, NPR, August 19, 2015, http://www.npr.org/sections/thesalt/2015/08/19/432885101/in-search-of-salvation-from-drought-california-looks-down-under.

12. Simon, *The Age of the Platform*.

13. Hemant K. Bhargava and Vidyanand Choudhary, "Economics of an Information Intermediary with Aggregation Benefits," *Information Systems Research* 15, no. 1 (2004): 22-36.

14. Marco Ceccagnoli, Chris Forman, Peng Huang, and D. J. Wu, "Cocreation of Value in a Platform Ecosystem: The Case of Enterprise Software," *MIS Quarterly* 36, no. 1 (2012): 263-90.

15. DC Rainmaker blog, "Under Armour (owner of MapMyFitness) buys both MyFitnessPal and Endomondo," February 4, 2015, http://www.dcrainmaker.com/2015/02/mapmyfitness-myfitnesspal-endomondo.html.

16. Peter C. Evans and Marco Annunziata, "Industrial Internet: Pushing the Boundaries of Minds and Machines," General Electric, November 26, 2012, http://www.ge.com/docs/chapters/Industrial_Internet.pdf.

17. Accenture Technology, "Vision 2015 - Trend 3: Platform (R)evolution," http://techtrends.accenture.com/us-en/downloads/Accenture _Technology_Vision%202015_Platform_Revolution.pdf. Accessed October 13, 2015.

18. Barry Wacksman and Chris Stutzman, *Connected by Design: Seven Principles for Business Transformation Through Functional Integration* (New York: John Wiley and Sons, 2014).

5장 론칭

1. Eric M. Jackson, "How eBay's purchase of PayPal changed Silicon Valley," *VentureBeat*, October 27, 2012, http://venturebeat.com/2012/10/27/how-ebays-purchase-of-paypal-changed-silicon-valley/.

2. Blake Masters, "Peter Thiel's CS183: Startup—Class 2 Notes Essay," Blake Masters blog, April 6, 2012, http://blakemasters.com /post/20582845717/peter-thiels-cs183-startup-class-2-notes-essay. Copyright 2014 by David O. Sacks. 허가를 얻어 게재함.

3. Eric M. Jackson, *The PayPal Wars: Battles with eBay, the Media, the Mafia, and the Rest of Planet Earth* (Los Angeles: WND Books, 2012).

4. Andrei Hagiu and Thomas Eisenmann, "A Staged Solution to the Catch-22," *Harvard Business Review* 85, no. 11 (2007): 25-26.

5. Annabelle Gawer and Rebecca Henderson, "Platform Owner Entry and Innovation in Complementary Markets: Evidence from Intel," *Journal of Economics and Management Strategy* 16, no. 1 (2007): 1-34.

6. Joel West and Michael Mace, "Browsing as the Killer App: Explaining the Rapid Success of Apple's iPhone," *Telecommunications Policy* 34, no. 5 (2010): 270-86.

7. K. J. Boudreau, "Let a Thousand Flowers Bloom? An Early Look at Large Numbers of Software App Developers and Patterns of Innovation," *Organization Science* 23, no. 5 (2012): 1409-27.

8. Ciara O'Rourke, "Swiss Postal Service Is Moving Some Mail Online," *New York Times*, July 13, 2009.

9. Ellen Wallace, "Swiss Post Set to Become Country's Largest Apple Seller," *Genevalunch*, June 28, 2012, http://genevalunch.com/2012/06/28/swiss-post-set-to-become-countrys-largest-apple-seller/.

10. Mark Suster, "Why Launching Your Startup at SXSW Is a Bad Idea," *Fast Company*, February 13, 2013.

11. "Instagram Tips: Using Hashtags," Instagram blog, http://blog.instagram.com/post/17674993957/instagram-tips-using-hashtags.

6장 수익 창출

1. *Research Network*, September 12, 2012, http://papers.ssrn.com/sol3/papers.cfm?abstract_id=1676444.

2. Parker and Van Alstyne, "Internetwork Externalities and Free Information Goods"; Geoffrey G. Parker and Marshall Van Alstyne, "Two-Sided Network Effects: A Theory of Information Product Design," *Management Science* 51, no. 10 (2005); Eisenmann, Parker, and Van Alstyne, "Strategies for Two-Sided Markets."

3. Jean-Charles Rochet and Jean Tirole, "Platform Competition in Two-Sided Markets," *Journal of the European Economic Association* 1, no. 4 (2003): 990-1029.

4. Rob Hof, "Meetup's Challenge," *Businessweek*, April 14, 2005, http://www.businessweek.com/stories/2005-04-13/meetups-challenge.

5. Matt Linderman, "Scott Heiferman Looks Back at Meetup's Betthe-Company Moment," *Signal* v. Noise, January 25, 2011, https://signalvnoise.com/posts/2751-scott-heiferman-looks-back-at-meetupsbet-the-company-moment-.

6. Stuart Dredge, "MySpace—What Went Wrong," *Guardian*, March 6, 2015.

7장 개방성

1. Nigel Scott, "Wikipedia: Where Truth Dies Online," *Spiked*, April 29, 2014, http://www.spiked-online.com/newsite/article/wikipedia-where-truth-dies-online/14963#.U7RzHxbuSQ2.

2. Thomas R. Eisenmann, Geoffrey G. Parker, and Marshall Van Alstyne, "Opening Platforms: How, When and Why?" chapter 6 in *Platforms, Markets and Innovation*, edited by Annabelle Gawer (Cheltenham, UK, and Northampton, MA: Edward Elgar, 2009).

3. Kevin Boudreau, "Open Platform Strategies and Innovation: Granting Access Versus Devolving Control," *Management Science* 56, no. 10 (2010): 1849-72.

4. Andrei Hagiu and Robin S. Lee, "Exclusivity and Control," *Journal of Economics and Management Strategy* 20, no. 3 (Fall 2011): 679-708.

5. Joel West, "How Open Is Open Enough? Melding Proprietary and Open Source Platform Strategies," *Research Policy* 32, no. 7 (2003): 1259-85; Henry William Chesbrough, *Open Innovation: The New Imperative for Creating and Profiting from Technology* (Cambridge, MA: Harvard Business School Press, 2006).

6. Felix Gillette, "The Rise and Inglorious Fall of Myspace," *Businessweek*, June 22, 2011.

7. Simon, *The Age of the Platform*.

8. Catherine Rampell, "Widgets Become Coins of the Social Realm," *Washington Post*, November 3, 2011, D01.

9. Peng Huang, Marco Ceccagnoli, Chris Forman, and D. J. Wu, "Appropriability Mechanisms and the Platform Partnership Decision: Evidence from Enterprise Software," *Management Science* 59, no. 1 (2013): 102-21.

10. Thomas R. Eisenmann, "Managing Proprietary and Shared Platforms," *California Management Review* 50, no. 4 (2008): 31-53.

11. Eisenmann, Parker, and Van Alstyne, "Opening Platforms."

12. "Android and iOS Squeeze the Competition, Swelling to 96.3% of the Smartphone Operating System Market for Both 4Q14 and CY14, According to IDC," press release, International Data Corporation, February 24, 2015, http://www.idc.com/getdoc.jsp?containerId=prUS25450615.

13. Matt Rosoff, "It's time for Google to throw 'open' Android under the bus" *Business Insider*, April 19, 2015, http://www.businessinsider.com/google-should-ditch-android-open-source-2015-4; Ron Amadeo, "Google's Iron Grip on Android—Controlling Open Source By Any Means Necessary," *Arstechnica*, October 20, 2013, http://arstechnica.com/gadgets/2013/10/googles-iron-grip-on-android-controlling-open-source-by-any-means-necessary/.

14. Rahul Basole and Peter Evans, "Decoding the API Economy with Visual Analytics Using Programmable Web Data," Center for Global Enterprise, September 2015, http://thecge.net/decoding-the-api-economy-with-visual-analytics/.

15. Shannon Pettypiece, "Amazon Passes Wal-Mart as Biggest Retailer by Market Cap," *BloombergBusiness*, July 23, 2015, http://www.bloomberg.com/news/articles/2015-07-23/amazon-surpasses-wal-mart-as-biggest-retailer-by-market-value.

16. Bala Iyer and Mohan Subramaniam, "The Strategic Value of APIs,"

Harvard Business Review, January 7, 2015, https://hbr.org/2015/01/the-strategic-value-of-apis.

17. Charles Duhigg, "How Companies Learn Your Secrets," *New York Times*, February 16, 2012, http://www.nytimes.com/2012/02/19/ magazine/shopping-habits.html?pagewanted=all.

18. Wade Roush, "The Story of Siri, from Birth at SRI to Acquisition by Apple—Virtual Personal Assistants Go Mobile," *xconomy*, June 14, 2010, http://www.xconomy.com/san-francisco/2010/06/14/the-story-of-siri-from-birth-at-sri-to-acquisition-by-apple-virtual-personal-assistants-go-mobile/.

19. "A letter from Tim Cook on Maps," Apple, http://www.apple.com/letter-from-tim-cook-on-maps/.

20. Amadeo, "Google's Iron Grip on Android."

8장 거버넌스

1. Josh Dzieza, "Keurig's Attempt to DRM Its Coffee Cups Totally Backfired," *The Verge*, February 5, 2015, http://www.theverge.com /2015/2/5/7986327/keurigs-attempt-to-drm-its-coffee-cups-totally-backfired.

2. Geoffrey G. Parker and Marshall Van Alstyne, "Innovation, Openness and Platform Control," October 3, 2014, available at SSRN at http://ssrn.com/abstract=1079712.

3. Tiwana, *Platform Ecosystems*; Youngin Yoo, Richard J. Boland, Kalle Lyytinen, and Ann Majchrzak, "Organizing for Innovation in the Digitized World," *Organization Science* 23, no. 15 (2012): 1398-1408.

4. J. R. Raphael, "Facebook Privacy: Secrets Unveiled," *PCWorld*, May 16, 2010, http://www.pcworld.com/article/196410/Facebook_Privacy_Secrets_Unveiled.html.

5. Brad McCarty, "LinkedIn Lockout and the State of CRM," *Full Contact*, March 28, 2014, https://www.fullcontact.com/blog/linkedin-state-of-

crm-2014/.

6. Nitasha Tiku and Casey Newton, "Twitter CEO: We Suck at Dealing with Abuse,'" *The Verge*, February 4, 2015, http://www.theverge.com/2015/2/4/7982099/twitter-ceo-sent-memo-taking-personal-responsibility-for-the.

7. Juro Osawa, "How to Understand Alibaba's Business Model," *MarketWatch*, March 15, 2014, http://www.marketwatch.com/story/how-to-understand-alibabas-business-model-2014-03-15-94855847.

8. Brad Burnham, "Web Services as Governments," Union Square Ventures, June 10, 2010, https://www.usv.com/blog/web-services-as-governments.

9. Wolfram Knowledgebase, https://www.wolfram.com/knowledgebase/. Accessed May 30, 2015.

10. "Politicians," Corrupt Practices Investigation Bureau, https://www.cpib.gov.sg/cases-interest/cases-involving-public-sector-officers/politicians. Accessed October 13, 2015.

11. "Corrupt Perceptions Index," *Wikipedia*, http://en.wikipedia.org/wiki/Corruption_Perceptions_Index, accessed October 13, 2015; B. Podobnik, J. Shao, D. Njavro, P. C. Ivanov, and H. E. Stanley, "Influence of Corruption on Economic Growth Rate and Foreign Investment," *European Physical Journal B-Condensed Matter and Complex Systems* 63, no. 4:547-50.

12. Estimate based on data from Wolfram Knowledgebase. Accessed October 13, 2015.

13. Daron Acemoglu, Simon Johnson, and James A. Robinson, "The Colonial Origins of Comparative Development: An Empirical Investigation," *American Economic Review* 91, no. 5 (2001): 1369-1401; D. Acemoglu, S. Johnson, and J. A. Robinson, "Reversal of Fortune: Geography and Institutions in the Making of the Modern World Income Distribution," *Quarterly Journal of Economics* 117, no. 4 (2002): 1231-94;

Gavin Clarkson and Marshall Van Alstyne, "The Social Efficiency of Fairness," Gruter Institute Squaw Valley Conference: Innovation and Economic Growth, October 2010.

14. Roger Protz, "Arctic Ale, 1845," *Beer Pages*, March 23, 2011, http://www.beer-pages.com/stories/arctic-ale.htm; Jeremy Singer-Vine, "How Long Can You Survive on Beer Alone?" Slate, April 28, 2011, http://www.slate.com/articles/news_and_politics/explainer/2011/04/how_long_can_you_survive_on_beer_alone.html.

15. "Allsopp's Arctic Ale, The $500,000 eBay Typo," *New Life Auctions*, http://www.newlifeauctions.com/allsopp.html, accessed October 13, 2015. 실제로 낙찰가는 503,300달러였지만, 실제로 누가 이 금액을 지불했는지는 불확실하다.

16. Hillel Aron, "How eBay, Amazon and Alibaba Fuel the World's Top Illegal Industry—The Counterfeit Products Market," *LA Weekly*, December 3, 2014, http://www.laweekly.com/news/how-ebay-amazonand-alibaba-fuel-the-worlds-top-illegal-industry-the-counterfeitproducts-market-5261019.

17. Andrei Shleifer and Robert W. Vishny, "A Survey of Corporate Governance," *Journal of Finance* 52, no. 2 (1997): 737-83, esp. 737.

18. Steve Denning, "The Dumbest Idea in the World: Maximizing Shareholder Value," *Forbes*, November 28, 2011, http://www.forbes.com/sites/stevedenning/2011/11/28/maximizing-shareholder-value-the-dumbest-idea-in-the-world/.

19. Alvin E. Roth, "The Art of Designing Markets," *Harvard Business Review* 85, no. 10 (2007): 118.

20. Lawrence Lessig, *Code and Other Laws of Cyberspace* (New York: Basic Books, 1999). 『코드: 사이버 공간의 법이론』, 김정오 옮김 (나남, 2002).

21. Dana Sauchelli and Bruce Golding, "Hookers Turning Airbnb Apartments into Brothels," *New York Post*, April 14, 2014, http://nypost.com/2014/04/14/hookers-using-airbnb-to-use-apartments-for-sex-

sessions/; Amber Stegall, "Craigslist Killers: 86 Murders Linked to Popular Classifieds Website," WAFB 9 News, Baton Rouge, LA, April 9, 2015, http://www.wafb.com/story/28761189/craigslist-killers-86-murders-linked-to-popular-classifieds-website.

22. Apple, "iTunes Store—Terms and Conditions," http://www.apple.com/legal/internet-services/itunes/us/terms.html. Accessed May 20, 2015.

23. Apple, "iOS Developer Program License Agreement," https://developer.apple.com/programs/terms/ios/standard/ios_program_standard_agreement_20140909.pdf. Accessed May 20, 2015.

24. Stack Overflow, "Privileges," Stack Overflow help page, http://stackoverflow.com/help/privileges. Accessed May 20, 2015.

25. Rebecca Grant and Meghan Stothers, "iStockphoto.Com: Turning Community Into Commerce," Richard Ivey School of Business Case 907E13, 2011.

26. Michael Dunlop, "Interview With Bruce Livingstone-Founder and CEO of iStockphoto," *Retire at 21*, http://www.retireat21.com/interview/interview-with-bruce-livingstone-founder-of-istockphoto.

27. Grant and Stothers, "iStockphoto.Com," 3.

28. Nir Eyal, *Hooked: How to Build Habit-Forming Products* (Toronto: Penguin Canada, 2014).

29. Nir Eyal, "Hooks: An Intro on How to Manufacture Desire," *Nir & Far*, http://www.nirandfar.com/2012/03/how-to-manufacture-desire.html. Accessed October 13, 2015.

30. Elinor Ostrom, *Governing the Commons: The Evolution of Institutions for Collective Action* (New York: Cambridge University Press, 1990).

31. Jeff Jordan, "Managing Tensions In Online Marketplaces," *Tech-Crunch*, February 23, 2015, http://techcrunch.com/2015/02/23/managing-tensions-in-online-marketplaces/.

32. Ibid.

33. Charles Moldow, "A Trillion Dollar Market, By the People, For the People," Foundation Capital, https://foundationcapital.com/fcideasfintech/.

34. Sangeet Choudhary, "Will Peer Lending Platforms Disrupt Banking?" *Platform Thinking*, http://platformed.info/peer-lending-platforms-disrupt-banking/.

35. Michael Lewis, Flash Boys: *A Wall Street Revolt* (New York: Norton, 2014); P. Martens, "Goldman Sachs Drops a Bombshell on Wall Street," *Wall Street on Parade*, April 9, 2014, http://wallstreetonparade.com/2014/04/goldman-sachs-drops-a-bombshell-on-wall-street/.

36. Michael Lewis, "Michael Lewis Reflects on his Book *Flash Boys*, a Year after It Shook Wall Street to its Core," *Vanity Fair*, April 2015, http://www.vanityfair.com/news/2015/03/michael-lewis-flash-boys-one-year-later.

37. William Mougayar, "Understanding the Blockchain," *Radar*, January 16, 2015, https://www.oreilly.com/ideas/understanding-the-blockchain.

38. Ibid.

39. Tamara McCleary, "Got Influence? What's Social Currency Got To Do With It?" Tamara McCleary blog, December 1, 2014, http://tamaramccleary.com/got-influence-social-currency/.

40. Grant and Stothers, "iStockphoto.Com," 3.

41. Hind Benbya and Marshall Van Alstyne, "How to Find Answers within Your Company," *MIT Sloan Management Review* 52, no. 2 (2011): 65-75.

42. Peng Huang, Marco Ceccagnoli, Chris Forman, and D. J. Wu, "IT Knowledge Spillovers and Productivity: Evidence from Enterprise Software," Working Paper, University of Maryland and Georgia Institute of Technology, April 2, 2013, http://ssrn.com/abstract=2243886.

43. Benbya and Van Alstyne, "How to Find Answers within Your Company."

44. Geoffrey G. Parker and Marshall Van Alstyne, "Innovation, Openness,

and Platform Control."

45. Arvind Malhotra and Marshall Van Alstyne, "The Dark Side of the Sharing Economy··· and How to Lighten It," *Communications of the ACM* 57, no. 11 (2014): 24-27.

46. Julie Bort, "An Airbnb Guest Held a Huge Party in This New York Penthouse and Trashed It," *Business Insider*, March 19, 2014, http://www.businessinsider.com/how-an-airbnb-guest-trashed-a-penthouse-2014-3?op=1#ixzz3dA5DDMZz; M. Matthews, "Uber Passenger Says Driver Struck Him with Hammer After He Told Him He Was Going the Wrong Way," NBC Bay Area, October 8, 2014, http://www.nbcbayarea.com/news/local/Passenger-Hit-with-Hammer-by-Uber-Driver-278596821.html.

47. Airbnb, "Host Protection Insurance," https://www.airbnb.co.kr/host-protection-insurance accessed June 15, 2015; A. Cecil, "Uber, Lyft, and Other Rideshare Drivers Now Have Insurance Options," *Policy Genius*, https://www.policygenius.com/blog/uber-lyft-and-other-rideshare-drivers-now-have-insurance-options/accessed June 14, 2015.

48. Huckman, Pisano, and Kind, "Amazon Web Services."

49. Jillian D'Onfro, "Here's a Reminder Just How Massive Amazon's Web Services Business Is," *Business Insider*, June 16, 2014, http://www.businessinsider.com/amazon-web-services-market-share-2014-6.

50. Annabelle Gawer and Michael A. Cusumano, *Platform Leadership: How Intel, Microsoft, and Cisco Drive Industry Innovation* (Boston: Harvard Business School Press, 2002).

51. Adapted from Gawer and Cusumano, *Platform Leadership*.

52. Clarkson and Van Alstyne, "The Social Efficiency of Fairness."

53. Ibid.

54. Benbya and Van Alstyne, "How to Find Answers within Your Company."

9장 경영 지표

1. Jonathan P. Roth, *The Logistics of the Roman Army at War: 264 BC-AD 235* (Leiden, Netherlands: Brill, 1999), 3.

2. Josh Costine, "BranchOut Launches Talk.co to Expand from Networking into a WhatsApp for the Workplace," *TechCrunch*, October 7, 2013, http://techcrunch.com/2013/10/07/talk-co/.

3. Teresa Torres, "Why the BranchOut Decline Isn't Surprising," *Product Talk*, June 7, 2012, http://www.producttalk.org/2012/06/why-the-branchout-decline-isnt-surpising/.

4. John Egan, "Anatomy of a Failed Growth Hack," John Egan blog, December 6, 2012, http://jwegan.com/growth-hacking/autopsy-of-a-failed-growth-hack/.

5. Derek Sivers, "The Lean Startup—by Eric Ries," Derek Sivers blog, October 23, 2011, https://sivers.org/book/LeanStartup.

6. Alistair Croll and Benjamin Yoskovitz, *Lean Analytics: Use Data to Build a Better Startup Faster* (Sebastopol, CA: O'Reilly Media, 2013). 『린 분석: 성공을 예측하는 31가지 사례와 13가지 패턴』, 위선주 옮김, 박태웅 · 권정혁 감수 (한빛미디어, 2014년).

7. Christian Rudder, "The Mathematics of Beauty," OkTrends: Dating Research from OkCupid, January 10, 2011, http://blog.okcupid.com/index.php/the-mathematics-of-beauty/.

8. Bianca Bosker, "OkCupid Hides Good-Looking People from Less Attractive Users," *Huffington Post*, June 16, 2010, http://www.huffingtonpost.com/2010/06/16/okcupid-hiding-hotties-fr_n_614149.html.

9. Eisenmann, Parker, and Van Alstyne, "Strategies for Two-Sided Markets"; Croll and Yoskovitz, *Lean Analytics*.

10. Francis J. Mulhern, "Customer Profitability Analysis: Measurement, Concentration, and Research Directions," *Journal of Interactive Marketing* 13, no. 1 (1999): 25-40; Nicolas Glady, Bart Baesens, and Christophe Croux, "Modeling Churn Using Customer Lifetime Value,"

European Journal of Operational Research 197, no. 1 (2009): 402-11.

11. Minter Dial, "Best of the Web or Death by Aggregation? Why Don't Brands Curate the News?" *Myndset*, December 16, 2014, http://themyndset.com/2014/12/aggregation-curation/.

12. Nidhi Subbaraman, "Airbnb's Small Army of Photographers Are Making You (and Them) Look Good," *Fast Company*, October 17, 2011, http://www.fastcompany.com/1786980/airbnbs-small-army-photographersare-making-you-and-them-look-good.

13. Ruimin Zhang interview by Geoffrey Parker and Marshall Van Alstyne, December 12, 2014.

14. Tiwana, *Platform Ecosystems*.

15. Parker and Van Alstyne. "Innovation, Openness, and Platform Control."

16. Guido Jouret interview by Geoffrey Parker and Marshall Van Alstyne, September 8, 2006.

17. Gary Swart, "7 Things I Learned from Startup Failure," *In*, September 23, 2013, https://www.linkedin.com/pulse/20130923123247-758147-7-things-i-learned-from-startup-failure.

18. Eric Ries, *The Lean Startup: How Today's Entrepreneurs Use Continuous Innovation to Create Radically Successful Businesses* (New York: Random House, 2011). 『린 스타트업: 지속적 혁신을 실현하는 창업의 과학』, 이창수 · 송우일 옮김 (인사이트, 2012년).

10장 경영 전략

1. David J. Teece, "Next Generation Competition: New Concepts for Understanding How Innovation Shapes Competition and Policy in the Digital Economy," *Journal of Law Economics and Policy* 9, no. 1 (2012): 97-118.

2. David B. Yoffie and Michael A. Cusumano, *Strategy Rules: Five Timeless Lessons from Bill Gates, Andy Grove, and Steve Jobs* (New York: HarperCollins, 2015). 『전략의 원칙』, 홍승현 옮김 (흐름출판, 2016); F. F.

Suarez and J. Kirtley, "Innovation Strategy-Dethroning an Established Platform," *MIT Sloan Management Review* 53, no. 4 (2012): 35.

3. David Barboza, "China's Internet Giants May Be Stuck There," *New York Times*, March 23, 2010, http://www.nytimes.com/2010/03/24/ business/ global/24internet.html.

4. Brad Stone, "Alibaba's IPO May Herald the End of U.S. E-Commerce Dominance," *Businessweek*, August 7, 2014, www.bloomberg.com/ news/ articles/2014-08-07/alibabas-ipo-may-herald-the-end-of-u-dot-s-dot-e-commerce-dominance.

5. Sarit Markovich and Johannes Moenius, "Winning While Losing: Competition Dynamics in the Presence of Indirect Network Effects," *International Journal of Industrial Organization* 27, no. 3 (2009): 346-57.

6. Stone, "Alibaba's IPO."

7. Michael E. Porter, "How Competitive Forces Shape Strategy," *Harvard Business Review* 57, no. 2 (1979): 137-45; Michael E. Porter, Competitive Strategy (New York: Free Press, 1980). 『마이클 포터의 경쟁전략: 경쟁우위에 서기 위한 분석과 전략』, 조동성 옮김 (21세기북스, 2008).

8. Birger Wernerfelt, "A Resource-Based View of the Firm," *Strategic Management Journal* 5 (1984): 171-80.

9. Paul Zimnisky, "A Diamond Market No Longer Controlled By DeBeers," Kitco Commentary, June 6, 2013, http://www.kitco.com/ind/ Zimnisky/ 2013-06-06-A-Diamond-Market-No-Longer-Controlled-By-De-Beers. html.

10. Richard D'Aveni, *Hypercompetition* (New York: Free Press, 1994), 4. 『하이퍼컴피티션: 초경쟁 시대 경쟁우위를 선점하는 7가지 전략』, 이현주 옮김 (21세기북스, 2008).

11. Rita Gunther McGrath, *The End of Competition: How to Keep Your Strategy Moving as Fast as Your Business* (Cambridge, MA: Harvard Business Review Press, 2013).

12. Steve Denning, "What Killed Michael Porter's Monitor Group? The One

Force That Really Matters," *Forbes*, November 20, 2012, http://www.forbes.com/sites/stevedenning/2012/11/20/what-killed-michael-porters-monitor-group-the-one-force-that-really-matters/#58b0eb23733c.

13. Ming Zeng, "Three Paradoxes of Building Platforms," Communications of the ACM 58, no. 2 (2015): 27-9, http://cacm.acm.org/magazines/2015/2/182646-three-paradoxes-of-building-platforms/abstract.

14. Thomas Eisenmann, Geoffrey G. Parker, and Marshall Van Alstyne, "Platform Envelopment," *Strategic Management Journal* 32, no. 12 (2011): 1270-85.

15. Geoffrey G. Parker and Marshall Van Alstyne, "Platform Strategy," *New Palgrave Encyclopedia of Business Strategy* (New York: Macmillan, 2014).

16. Angel Salazar, "Platform Competition: A Research Framework and Synthesis of Game-Theoretic Studies," Social Science Research Network, February 15, 2015, http://papers.ssrn.com/sol3/papers.cfm?abstract_id=2565337. Mimeo: Manchester Metropolitan University, 2015; Barry J. Nalebuff and Adam M. Brandenburger, *Co-opetition* (London: HarperCollins Business, 1996). 『코피티션』, 김광전 옮김 (한국경제신문사, 2002).

17. Steve Jobs, "Thoughts on Flash," April 2010, http://www.apple.com/hotnews/thoughts-on-flash/.

18. Vardit Landsman and Stefan Stremersch, "Multihoming in Two-Sided Markets: An Empirical Inquiry in the Video Game Console Industry," *Journal of Marketing* 75, no. 6 (2011): 39-54.

19. Ming Zeng, "How Will Big Data and Cloud Computing Change Platform Thinking?", keynote address, MIT Platform Strategy Summit, July 25, 2014, http://platforms.mit.edu/2014.

20. "Top 20 Apps with MAU Over 10 Million," Facebook Apps Leaderboard, AppData, http://appdata.com/leaderboard/apps?show_na=1. Accessed October 14, 2015.

21. Carl Shapiro and Hal R. Varian, "The Art of Standards Wars," *California Management Review* 41, no. 2 (1999): 8-32.

22. Bill Gurley, "All Revenue Is Not Created Equal: Keys to the 10X Revenue Club," *Above the Crowd*, May 24, 2011, http://abovethecrowd. com/2011/05/24/all-revenue-is-not-created-equal-the-keys-to-the-10x-revenue-club/.

23. Douglas MacMillan, "The Fiercest Rivalry in Tech: Uber vs. Lyft," *Wall Street Journal*, August 11, 2014; C. Newton, "This is Uber's Playbook for Sabotaging Lyft," *The Verge*, August 26, 014, http://www.theverge.com /2014/8/26/6067663/this-is-ubers-playbook-for-sabotaging-lyft.

11장 규제 정책

1. Kevin Boudreau and Andrei Hagiu, *Platform Rules: Multi-Sided Platforms as Regulators* (Cheltenham, UK: Edward Elgar, 2009), 163-89.

2. Malhotra and Van Alstyne, "The Dark Side of the Sharing Economy."

3. Felix Gillette and Sheelah Kolhatkar, "Airbnb's Battle for New York," *Businessweek*, June 19, 2014, http://www.bloomberg.com/bw/articles/ 2014-06-19/airbnb-in-new-york-sharing-startup-fights-for-largest-market.

4. Ron Lieber, "A Liability Risk for Airbnb Hosts," *New York Times*, December 6, 2014.

5. Georgios Zervas, Davide Proserpio, and John W. Byers, "The Rise ofthe Sharing Economy: Estimating the Impact of Airbnb on the Hotel Industry," Boston University School of Management Research Paper 2013-16, http://ssrn.com/abstract=2366898.

6. Brad N. Greenwood and Sunil Wattal, "Show Me the Way to Go Home: An Empirical Investigation of Ride Sharing and Motor Vehicle Homicide," Platform Strategy Research Symposium, Boston, MA, July 9, 2015, http://ssrn.com/abstract=2557612.

7. John Cote, "SF Cracks Down on 'MonkeyParking' Mobile App," *SF Gate*, June 23, 2014, http://blog.sfgate.com/cityinsider/2014/06/23/sf-cracks-

down-on-street-parking-cash-apps/.

8. Kevin Roose, "Does Silicon Valley Have a Contract-Worker Problem?" *New York*, September 18, 2014, http://nymag.com/daily/intelligencer/2014/09/silicon-valleys-contract-worker-problem.html.

9. George J. Stigler, "The Theory of Economic Regulation," *Bell Journal of Economics and Management Science* 2, no. 1 (Spring 1971): 3-21.

10. Jean-Jacques Laffont and Jean Tirole, "The Politics of Government Decision-Making: A Theory of Regulatory Capture," *Quarterly Journal of Economics* 106, no. 4 (1991): 1089-1127.

11. Conor Friedersdorf, "Mayors of Atlanta and New Orleans: Uber Will Beat the Taxi Industry," *Atlantic*, June 29, 2014, http://www.theatlantic.com/business/archive/2014/06/mayors-of-atlanta-and-new-orleansuber-will-beat-the-taxi-cab-industry/373660/.

12. Don Boudreaux, "Uber vs. Piketty," *Cafe Hayek*, August 1, 2015, http://cafehayek.com/2015/08/uber-vs-piketty.html.

13. Andrei Shleifer, "Understanding Regulation," *European Financial Management* 11, no. 4 (2005): 439-51.

14. Jean-Jacques Laffont and Jean Tirole, *Competition in Telecommunications* (Cambridge, MA: MIT Press, 2000).

15. Ben-Zion Rosenfeld and Joseph Menirav, "Methods of Pricing and Price Regulation in Roman Palestine in the Third and Fourth Centuries," *Journal of the American Oriental Society* 121, no. 3 (2001): 351-69; Geoffrey E. Rickman, "The Grain Trade under the Roman Empire," *Memoirs of the American Academy in Rome* 36 (1980): 261-75.

16. Jad Mouawad and Christopher Drew, "Airline Industry Is at Its Safest Since the Dawn of the Jet Age," *New York Times*, February 11, 2013, http://www.nytimes.com/2013/02/12/business/2012-was-the-safestyear-for-airlines-globally-since-1945.html.

17. Simeon Djankov, Edward Glaeser, Rafael La Porta, Florencio Lopez-de-Silanes, and Andrei Shleifer, "The New ComparativeEconomics,"

Journal of Comparative Economics 31, no. 4 (2003): 595-619.

18. Shleifer, "Understanding Regulation."

19. KPMG, "China 360: E-Commerce in China, Driving a New Consumer Culture," https://www.kpmg.com/CN/en/IssuesAndInsights/ArticlesPublications/Newsletters/China-360/Documents/China-360-Issue15-201401-E-commerce-in-China.pdf.

20. S. Shankland, "Sun Brings Antitrust Suit Against Microsoft," CNET News, July 20, 2002, https://www.cnet.com/news/sun-brings-antitrust-suit-against-microsoft-1/.

21. Carl Shapiro, "Exclusivity in Network Industries," *George Mason Law Review* 7 (1998): 673.

22. Neil Gandal, "Compatibility, Standardization, and Network Effects: Some Policy Implications," *Oxford Review of Economic Policy* 18, no. 1 (2002): 80-91.

23. Parker and Van Alstyne, "Innovation, Openness, and Platform Control."

24. Parker and Van Alstyne, "Internetwork Externalities and Free Information Goods"; Parker and Van Alstyne, "Two-Sided Network Effects."

25. David S. Evans and Richard Schmalensee, "The Antitrust Analysis of Multi-Sided Platform Businesses," in *The Oxford Handbook of International Antitrust Economics*, vol. 1, edited by Roger D. Blair and D. Daniel Sokol (Oxford: Oxford University Press, 2015).

26. Tom Fairless, Rolfe Winkler, and Alistair Barr, "EU Files Formal Antitrust Charges Against Google," *Wall Street Journal*, April 15, 2015.

27. "Statement of the Federal Trade Commission Regarding Google's Search Practices: In the Matter of Google, Inc.," FTC File Number 111-0163, January 3, 2013, https://www.ftc.gov/public-statements/2013/01/statement-federal-trade-commission-regarding-googles-search-practices.

28. Jeremy Greenfield, "How the Amazon-Hachette Fight Could Shape the Future of Ideas," *Atlantic Monthly*, May 28, 2014.

29. Helen F. Ladd, "Evidence on Discrimination in Mortgage Lending," *Journal of Economic Perspectives* 12, no. 2 (1998): 41-62.

30. Noel Capon, "Credit Scoring Systems: A Critical Analysis," *Journal of Marketing* 46, no. 2 (1982): 82-91.

31. Jim Puzzangher, "Obama to Push Cybersecurity, Identity Theft and Online Access Plans," *Los Angeles Times*, January 10, 2015, http://www.latimes.com/nation/politics/politicsnow/la-pn-obama-cybersecurity-20150110-story.html.

32. Steve Kroft, "The Data Brokers: Selling Your Personal Information," *CBS News*, March 9, 2014, http://www.cbsnews.com/news/the-data-brokers-selling-your-personal-information/.

33. Federal Trade Commission, "Data Brokers: A Call for Transparency and Accountability," May 2014, http://www.ftc.gov/system/files/documents/reports/data-brokers-call-transparency-accountability-report-federaltrade-commission-may-2014/140527databrokerreport.pdf.

34. Lee Rainie and Janna Anderson, "The Future of Privacy," Pew Research Center, December 18, 2014, http://www.pewinternet.org/2014/12/18/future-of-privacy/.

35. "Who Owns Your Personal Data? The Incorporated Woman," *Economist*, June 27, 2014, http://www.economist.com/blogs/ schumpeter/2014/06/who-owns-your-personal-data.

36. Lee Rainie and Janna Anderson, "The Future of Privacy: Other Resounding Themes," Pew Research Center, December 18, 2014, http://www.pewinternet.org/2014/12/18/other-resounding-themes/.

37. Charles Arthur, "Tech Giants May Be Huge, But Nothing Matches Big Data," *Guardian*, August 23, 2013, http://www.theguardian.com/technology/2013/aug/23/tech-giants-data.

38. James Cook, "Sony Hackers Have Over 100 Terabytes Of Documents. Only Released 200 Gigabytes So Far," *Business Insider*, December 16, 2014, http://www.businessinsider.com/the-sony-hackers-still-have-a-

massive-amount-of-data-that-hasnt-been-leaked-yet-2014-12

39. Lisa Beilfuss, "Target Reaches $19 Million Settlement with Master-Card Over Data Breach," *Wall Street Journal*, April 15, 2015.

40. Andrew Nusca, "Who Should Own Farm Data?" *Fortune*, December 22, 2014.

41. 본 주제에 대해 자문해 준 피터 에번스(Peter Evans) 전 제너럴일렉트릭(GE) 글로벌 전략 및 분석 담당 대표에게 감사를 드린다.

42. Email to Marshall Van Alstyne from Peter Evans, Center for Global Enterprise, using 2015 Crunchbase data.

43. Avi Goldfarb and Catherine E. Tucker, "Privacy Regulation and Online Advertising," *Management Science* 57, no. 1 (2011): 57-71.

44. Robert W. Wood, "Amazon No Longer Tax-Free: 10 Surprising Facts As Giant Loses Ground," *Forbes*, August 22, 2013, http://www.forbes.com/sites/robertwood/2013/08/22/amazon-no-longer-tax-free-10-surprising-facts-as-giant-loses-ground.

45. Bob Egelko, "Court Rules FedEx Drivers in State Are Employees, Not Contractors," *SF Gate*, August 28, 2014, http://www.sfgate.com/bayarea/article/Court-to-FedEx-Your-drivers-are-full-time-5717048.php.

46. Google search results, "Internet sweatshop," accessed January 28, 2015.

47. Krishnadev Calamur, "Uber's Troubles Mount Even As Its Value Grows," *The Two-Way*, NPR, December 10, 2014, http://www.npr.org/blogs/thetwo-way/2014/12/10/369922099/ubers-troubles-mount-even-as-its-value-grows.

48. Jeffrey A. Trachtenberg and Greg Bensinger, "Amazon, Hachette End Publishing Dispute," *Wall Street Journal*, November 13, 2014, http://www.wsj.com/articles/amazon-hachette-end-publishing-dispute-1415898013.

49. Robinson Meyer, "Everything We Know About Facebook's Secret Mood Manipulation Experiment," *Atlantic*, June 28, 2014, http://www.theatlantic.com/technology/archive/2014/06/everything-we-know-about-facebooks-secret-mood-manipulation-experiment/373648/.

50. Robert M. Bond, Christopher J. Fariss, Jason J. Jones, Adam D. I. Kramer, Cameron Marlow, Jaime E. Settle, and James H. Fowler, "A 61-Million-Person Experiment in Social Influence and Political Mobilization," *Nature* 489, no. 7415 (2012): 295-8.

51. Dominic Rushe, "Facebook Sorry-Almost-For Secret Psychological Experiment on User," *Guardian*, October 2, 2012, http://www.theguardian.com/technology/2014/oct/02/facebook-sorry-secret-psychological-experiment-users.

52. Alex Rosenblat, "Uber's Phantom Cars," *Motherboard*, July 27, 2015, http://motherboard.vice.com/read/ubers-phantom-cabs.

53. Nick Grossman, "Regulation, the Internet Way: A Data-First Model for Establishing Trust, Safety, and Security-Regulatory Reform for the 21st Century City," Harvard Kennedy School, ASH Center for Democratic Governance and Innovation, April 8, 2015, http://datasmart.ash.harvard.edu/news/article/white-paper-regulation-the-internet-way-660.

54. Ibid.

55. Tim O'Reilly, *Government as a Platform* (Cambridge, MA: MIT Press, 2010), 11-40.

56. 법에서 규정한 투명성 규칙이 사회에 끼친 영향은 하버드 공공정책대학원의 전문가 세 명이 철저히 분석해 왔다. Archon Fung, Mary Graham, and David Weil, *Full Disclosure: The Perils and Promise of Transparency* (New York: Cambridge University Press, 2007).

57. 예를 들어 다음도 참고하라. Richard Stallman, "Why Open Source Misses the Point of Free Software," *GNU Operating System*, Free Software Foundation, http://www.gnu.org/philosophy/open-source-misses-the-point.en.html.

58. Carlota Perez, *Technological Revolutions and Financial Capital: The Dynamics of Bubbles and Golden Ages* (Cheltenham, UK: Edward Elgar, 2003).

59. Heli Koski and Tobias Kretschmer, "Entry, Standards and Competition:

Firm Strategies and the Diffusion of Mobile Telephony," *Review of Industrial Organization* 26, no. 1 (2005): 89-113.

60. David Evans, "Governing Bad Behavior by Users of Multi-Sided Platforms," *Berkeley Technology Law Journal* 27, no. 12 (Fall 2012), http://scholarship.law.berkeley.edu/cgi/viewcontent.cgi?article=1961&context=btlj.

61. Benjamin Edelman, "Digital Business Models Should Have to Follow the Law, Too," *Harvard Business Review*, January 6, 2015, https://hbr.org/2015/01/digital-business-models-should-have-to-follow-the-law-too.

12장 미래

1. Brandon Alcorn, Gayle Christensen, and Ezekiel J. Emanuel, "The Real Value of Online Education," *Atlantic Monthly*, September 2014.

2. Luis Von Ahn, "Crowdsourcing, Language and Learning," presentation, MIT Platform Strategy Summit, July 10, 2015, available at http://platforms.mit.edu/agenda.

3. Graeme Wood, "The Future of College?" *Atlantic Monthly*, September 2014.

4. "There's an App for That," *Economist*, January 3, 2015.

5. Hemant Taneja, "Unscaling the Healthcare Economy," *Tech-Crunch*, June 28, 2014, http://techcrunch.com/2014/06/28/software-defined-healthcare/.

6. Vince Kuraitis, "Patient Digital Health Platforms (PDHPs): An Epicenter of Healthcare Transformation?" Healthcare Information and Management Systems Society, June 18, 2014, http://blog.himss.org/2014/06/18/patient-digital-health-platforms-pdhps-an-epicenter-of-healthcare-transformation/.

7. Josh Dzieza, "Why Tesla's Battery for Your Home Should Terrify Utilities," *The Verge*, February 13, 2015, http://www.theverge.com/2015/2/13/8033691/why-teslas-battery-for-your-home-should-terrify-

utilities.

8. Daniel Roberts, "How MasterCard became a Tech Company," *Fortune*, July 24, 2014.

9. William D. Cohan, "Bypassing the Bankers," *Atlantic Monthly*, September 2014.

10. Matina Stevis and Patrick McGroarty, "Banks Vie for a Piece of Africa's Mobile Banking Market," *Wall Street Journal*, August 15, 2014.

11. Daniel Fisher, "Legal-Services Firm's $73 Million Deal Strips the Mystery from Derivatives Trading," *Forbes*, February 12, 2015; "There's an App for That," *Economist*.

12. San Francisco Mayor's Office of Civic Innovation, "Announcing the First-Ever San Francisco Datapalooza," blog post, October 12, 2013; San Francisco Mayor's Office of Civic Innovation, "Data Jam, 100 Days to Tackle Housing," blog post, June 7, 2013, http://innovatesf.com.

13. David Mount, "The Industrial Awakening: The Internet of Heavier Things," March 3, 2015, http://www.kpcb.com/blog/the-industrial-awakening-the-internet-of-heavier-things.

14. Jeremy Rifkin, "Capitalism Is Making Way for the Age of Free," *Guardian*, March 31, 2014.